이두시신평

이두시신평

지은이_ 손종섭

개정판 1판 1쇄 인쇄_ 2012. 10. 26
개정판 1판 1쇄 발행_ 2012. 10. 31

발행처_ 김영사
발행인_ 박은주

등록번호_ 제406-2003-036호
등록일자_ 1979. 5. 17.

경기도 파주시 문발동 출판단지 515-1 우편번호 413-756
마케팅부 031) 955-3100, 편집부 031) 955-3250, 팩시밀리 031) 955-3111

저작권자 ⓒ 손종섭, 2012
이 책의 저작권은 저자에게 있습니다. 저자와 출판사의 허락 없이
내용의 일부를 인용하거나 발췌하는 것을 금합니다.

값은 뒤표지에 있습니다.
ISBN 978-89-349-6209-4 03820

독자 의견 전화_ 031) 955-3200
홈페이지_ www.gimmyoung.com
이메일_ bestbook@gimmyoung.com

좋은 독자가 좋은 책을 만듭니다.
김영사는 독자 여러분의 의견에 항상 귀 기울이고 있습니다.

이두시신평

| 손종섭 지음 |

李杜詩新評

김영사

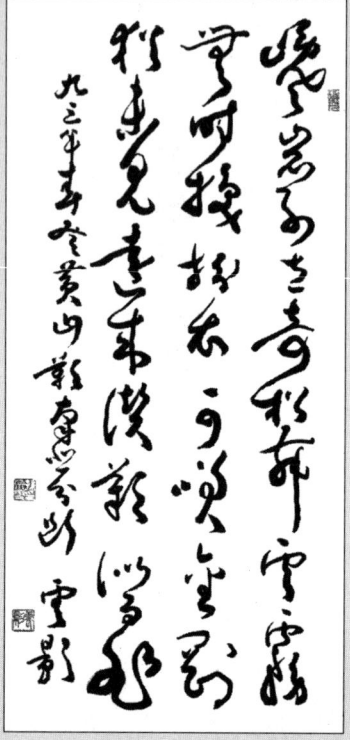

著者筆 竝題

중국 왕산에 올라 남북 분단을 탄식함

창바위 늘어선 데 기송들 춤을 추고
운무는 때도 없이환의幻衣를 바꾸는고!
우습다! 금강산도 못 본 주제에
머리도 와 사이비를 찬탄하다니ㅡ.

雲影 孫宗燮

登中國黃酸欹南北分斷

巉岩列立奇松舞　雲霧無時換幻衣
可笑金剛猶未見　遠來讚嘆似而非

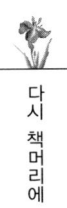

다시
책
머
리
에

나는 '두보(杜甫)'를 읽을 때마다 눈물을 쏟는다. 그 도타운 인정에 감복(感服)되어서다. 읽고 또 읽고 또 읽어도, 읽을 때마다 감전(感電)되듯 눈시울을 뜨겁게 하는, 아, 그 정(情)에 겨운 느꺼움!

그래서 옛 사람들 중에는 두시를 천독(千讀)을 했느니, 만독(萬讀)을 했느니 하는가 하면, 두시광(杜詩狂)으로 별명 지어진 이들도 많다. 읽을 때마다 '읽을맛(감동의 눈물맛)'이 없었다면 그것이 어찌 가능했겠는가?

강물은 늘 흐름으로 해서 썩을 염려가 없지마는, 고여만 있게 마련인 바닷물을 만일 소금으로 간하지 않았다면 어찌되었을까? 그러고도 썩을세라, 갈래갈래 해류의 길을 트고, 무시로 철썩철썩 철썩이는 바다! 그 바다마냥, 모든 생명체가 구유(具有)하고 상호 공감하는 '정(情)'! 그중에도 인간의 정인 '인정(人情)'이란, 너무도 진하고 따사롭고 이름답다. 그러한 '인정(人情)'의 바다 한가운데서, 그 '인정의 원파(圓波)' 원파를 끝없이 끝없이 내보내고 있는 두보의 시정(詩情: 시에 나타난 인정)은, 그 한계가 없고, 또한 고금이 없다.

　진한 감동의 짠 인정의 눈물로 우리의 마음바다를 관개(灌漑)하여, 우리를 간하고 행궈 인생을 감동으로 파동(波動)칠 수 있게 하는, 시의 사명! 그 한가운데 두보는 아직도 건재(健在)하고 있는 것이다.

　문학은 감동이다. 감동에서 감동으로 늘 철썩이는 감동의 파동(波動)!

　읽어서 아무런 감동도 느끼지 못했다면 '헛수고'요 '속은 것'이다.

　두보의 편편의 시는 진하디 진한 '인정'의 눈물이 저류에 고여 있기에, 읽음에 또한 진한 눈물에 흥건히 젖게 마련이다.

　그의 '정'은 요새 소위 '사랑'이니 '애정'이니 하는 것들과는 다르다. 두보의 정은 가장 원초적이요 본질적인 것이라, 다른 유사한 말로 대용될 수 없다.

　무디고 투박하고 우직하고 촌스럽고 바보스럽기조차 한 그의 정은. '정'으로 일컬을 때만 그 맛이 난다. 그의 정은 '육친의 정'에서 '이웃의 정'으로 번지고, 다시 고향의정, 나라의 정, 인류의 정으로 넓어지면서, 마침내 우주의 모든 존재-, 일월성신, 산천초목, 곤충어별(昆蟲魚鼈)등 만유(萬有)에 두루 미쳐 있고, 그 밀도(密度)는 한결같다.

　두보의 시에서 흘리는 눈물은 정화작용(淨化作用)이 강하다. 인생을 사는 동안에 겪게 마련인, 누적(累積)된 분한사(憤恨事: 분한 일, 한스러운 일들. 소위 스트레스)들을 정화함은 물론; 거치러진 마음, 교활해진 마음, 갖가지 욕심으로 얼룩진 때묻은 마음들을 세정(洗淨)하여 원초 상태로 환원하는 순화작용이(醇化作用)마저 강하다.

　정화작용이 강하기로는 이백의 시도 마찬가지다. 그러나 두 분의 시작 차원이 전혀 다른 만큼, 정화작용도 그 방소가 서로 다르다. 이백은 인간세계의 애환(哀歡)에 구애되지 않는, 그 표표한 출세간적(出世間的) 방일(放逸)한 언행으로, 언제나 그의 술자리에 독자를 동참시켜, 독자와 함께 곤드레가 됨으로써 그와 동반한 명정(酩酊) 상태 속에서 일종의 주흥에 편승한, 무아몽중(無我夢中)의 정화작용(淨化作用)을 일으키는 것이라 여겨진다.

11년 차로 같은 시대에 나서, 그 한 시대를 풍미(風靡)하던 두 시인의 시 세계는 천지를 공유하고 일월을 함께하는, 시선(詩仙)이요, 시성(詩聖)으로 아직도 건재하다.

특히 두보는 천 수 백 년 동안 얼마나 많은 천문학적 숫자의 사람들을 울리면서 그들의 멍든 가슴을 정화하고 순화했던고? 그러면서도 정작 오늘날과 같은 거칠어져가는 비인간화(非人間化) 과정의 인간사회에서야말로 어느 때보다 더 절실히 그를 읽을 것이 요망되는 시대는 다시 또 없으리라 여겨진다. 우리시대의 뜻 있는 분들이여! 귀한 일생에 일독(一讀)을 아끼지 마시라!

더구나 시에 뜻을 둔 사람으로서, 서구의 시인들은 두루 알면서도, 우리 옆에 있는 이백과 두보! 이 두 분은 정작 모르고 있는 이는 없는가? 그들의 시에 접하여 감동의 눈물에 젖어 본 적이 없이, 그저 그 이름을 들어 본 적이 있는 것으로 '안다' 할 수는 없는 일이다.

이 두 분은 분명 중국의 옛 시대를 읊은 시인이면서, 오늘날 오히려 '우리'를 읊고 있는 현대의 시선(詩仙)이요 시성(詩聖)이건마는, 그 쓰인 한시(漢詩)의 난해성(難解性)으로 말미암아 접근이 쉽지 않았기 때문이기도 했으리라.

인류사상 공전절후(空前絶後)의 이 두 시인을 읽지 않고 배우지 않은 채, 시를 운운하며 시를 끼적거리는 시인이 있다면, 그는 아무래도 무문천견(無聞淺見)의 아류(亞流)일 수밖에 없지 않을까 여겨진다.

  시인들이여! 시성의 시에서 시정신을 배우려는 겸손으로 돌아가시라. 진정 비진히 권하노니, 두보를 읽고, 두보를 배우라 거듭 권하고 싶다. 이백은 읽어 마음속 앙금을 털어내는 것으로 족하지만, '두보'는 읽는 동안 눈물의 세례 속에, 부지중 각금시이작비(覺今是而昨非: 이제 참 '옳음'을 깨닫고 나니, 어제까지 해온 일이 다 '그른 일'이었음을 깨닫게 된다는 뜻)로 그 시정신의 잉태를 입어, 환골탈태(換骨奪胎)! 새로운 참 시인으로 다시 태어나게 됨을 얻게 되리라.

2012년 10월 15일
손종섭

정신세계사판 서문

나는 이 《李杜詩新評》을, 지난번에 출간한 《옛 詩情을 더듬어》의 자매편으로 세상에 내어놓는 바이다. 《옛 詩情을 더듬어》가, 우리의 정서와 우리의 가락으로 귀화하여, 우리의 문학으로 발전해 온, 신라 이래의 역대 한시(漢詩)의 진수(眞髓)를 다룬 것인 데 반하여, 《李杜詩新評》은 한시의 본고장인 중국에서, 《시경(詩經)》 이래의 역대의 시 가운데서 가장 찬란한 시의 꽃을 피운 당대(唐代), 그중에서도 가장 크고 아름다운 꽃을 피운 이백과 두보의 시를 다룸으로써, 중국 시의 진면목을 보이고자 한 것이다.

이 두 시인은 '이두(李杜)'로 병칭(並稱)되어 오늘에 이르기까지 천 수백 년 동안, 시선(詩仙)과 시성(詩聖)으로 숭앙되어 온, 공전 절후(空前絶後)의 대 시인이기 때문이다.

그러나 이 두 시인의 시는 그 성격, 처지, 사상, 인생관, 시풍 등에 있어 서로 대조적인 데가 많다. 이백이 꿈을 먹고 천공을 나는 멋과 풍류의 시인이었다면, 두보는 인간이 사는 땅에 발붙이고, 인간 속에서, 인간을 대변하는 정(情)의 시인이며 눈물의 시인이었다.

또 이백이 자연으로부터 받는 사랑 속에 화려한 술잔을 기울여 온 것과는 달리, 두보는 가난과 병고에 시달리면 시달릴수록 더욱 빛을 더하는, 초인적인 정열의 시인이었던 점들이 그러하다.

한편 이 두 분의 시는 그 시사상(詩史上)에서의 대표성에서뿐만 아니라, 오늘날과 같은 만사 불여의한 고뇌와 갈등의 시대에 있어, 우선 이백의 시의, 그 표표한 낭만으로 그것들을 발산 승화하는 한편, 갈수록 오염된 환경만큼이나 비인간화(非人間化)로 황폐해 가는 인간 심성을, 두보의 그 알뜰한 정과 눈물로써 순화하고 정화함으로써, 인간 회복의 계기가 되기를 바라는 뜻으로도 일독을 권하고 싶은 것이다. 물론 문학을 이러한 공리성으로 따지는 것은, 자칫 그 본질을 저버리는 편견에 빠질 위험성이 없지도 않으나, 우리는 문학을 그 본질적으로 파악하는 과정에서 저절로 얻어지게 되는, 이런 부차적인 소득은 당연한 것이며, 이는 또한 문학의 본질적으로 구유(具有)하고 있는 인생에 기여하는 공덕성이기도 한 것이다.

무릇 시란 모든 시가 다 운율이라는 음악성을 전제로 하는 것이지만, 한시는 그 이른바 압운(押韻)이니, 고저 장단(高低長短)을 안배한 평측율(平仄律) 등으로 해서, 저마다의 악보(樂譜)를 시 자체 내에 구유하고 있는, 가장 정미로운 운율의 정형시이기 때문에, 역시에 있어 만일 그 운율이 배제된다면, 아무리 미사여구로 줄바꿈을 해놓아도 그것은 이미 시일 수는 없는, 비시 비문(非詩非文)의 기형(畸形)이 되고 말 뿐이다.

어떤 이는 말했다. 산문은 도보요, 시는 무용이라고 ─.

음악의 리듬에 따라 빈틈없이 펼쳐 나가는 미적 몸짓인 무용, 그 무용에 견주어지는 시의 언어의 율동성이야말로, 바로 그 살아 있는 시의 숨결이며 시의 몸짓으로, 시가 시 되는 소이(所以)인 것이다.

한시란 장단구(長短句)를 뒤섞은 고문체(古文體)에서도, 그 운율은 자체 내에 엄존(嚴存)하고 있는 것이니, 더구나 오·칠언(五·七言)의 신체시에 있어서의 그것은 더욱 엄격하여 촌보도 헛디딜 수 없는 것이다. 따라서 시의 번역에 있어서의 선후도 우선 그 운율의 춤사위를 전제로 하여, 그 리듬에 따라 시어가 배치되는 것이라야 할 것으로 보는 것이, 필자의 역시에 취하는 태도인 것이다.

그러므로 역시에 있어, 이런 운율과 시적 내용을 동시에 충족시킬 수 있는 길이란 쉬운 일이 아니며, 더구나 그 눈짓과 속삭임까지 놓치지 않기란 한마디로 불가능하다 할 수밖에 없는 일이다. 나는 여기서《옛 詩情을 더듬어》의 서문에서 한 대문을 인용함으로써, 이에 대한 장황한 말을 줄일까 한다.

'번역도 창작이란 말은, 시에 있어 더욱 절실하고, 역시도 시이어야 하기에, 그 치르는 산고(産苦)는 창작에서나 다를 바 없다. 시가 자연과 인생의 질서요 조화의 한 유기체일진대, 이러한 시로서의 생명은 역시에서도 손상되어서는 안 되기 때문이다. 점화(點火)된 작자의 시심이 역자의 가슴에로 재점화(再點火)되지 않은 상태에서의 섣부른 사무적 축자해(逐字解)는 비시(非詩)에로 전락되게 하기 십상이다.'라고―.

한자는 그 한 자 한 자가 다 알찬 의미의 덩어리기 때문에, 압축적 표현을 요하는 시어로서는, 세계에 유례가 없는 혜택받은 문자임시 분명하다. 더구나 그것은 일자 다의(一字多義)로서, 그 놓인 위치에 따라 의미가 달라짐은 물론, 그 놓인 자리에서의 특채(特採)된 뜻 말고도, 그 인근의 뜻들마저 넌지시 먼 불에서 성원을 보내어, 암유, 상징, 풍자, 우의 등 언외(言外)의 함축이나 여운을 가능케 할 뿐만 아니라, 어떤 분위기나 뉘앙스로도 작용하여, 은근미(慇懃美), 유수미(幽邃味)를 자아내기까지 하기 때문에, 감상자에 따라 엄청나게 다른 인상의 차이를 가져오게 됨도 불가피한 일이다. 따라서 본고에서는 역시에서의 미흡함을 보완하며, 위세(委細)한 저간(這間) 시정을 더 깊이 미도해 보고자 하는 의도에서 【부연】과 【평설】의 난을 설정한 것이다. 그러나 이는 어디까지나 주관적인 필자 자신의 소견일 뿐임은 말할 나위도 없는 일이다.

  한 편의 시를 깊이 있게 감상하려면, 비록 즉흥의 소품일지라도, 그 시경(詩境)의 깊숙한 경내로 진입하지 않고는, 그 진경(眞境)에 이르지 못할 것이며, 따라 그 시혼(詩魂)에 접신(接神)할 수 없게 된다는 것이 필자의 지론이다. 또 시의 이해란 일차적으로는 시어의 개념에서 실마리가 잡히는 것이나, 진정한 공감대(共感帶)는 오히려 저 표면에 나타난 것에서가 아니라, 그 전체에서의 음영(陰影)에서 우러나오는, 마치 자장(磁場)에 자화(磁化)되듯, 심금(心琴)에 와 부딪히는 전심령적 공명에 의해서만 이루어진다는 것도 소신의 하나인 것이다.

  평소에 아무런 부담 없이 건둥건둥 넘기면서 포괄적인 감동으로 대해 오던 이분네들의 시였지만, 이를 깊이 음미해 보는 과정에서 비친 것은, 선인들도 또한, 그 깊은 데까지 미도(味到)하기 전에, 대개는 전인들의 평에 쉽게 동조해 버리는 경향이 없지 않았음을 알게 된 것이다. 그 한 예로 두보의 시〈등고(登高)〉만 해도 그렇다. 그 끝구인 '요도신정탁주배(潦倒新停濁酒杯)'를 천편 일률적으로 금주(禁酒)니 단주(斷酒)로 다룸 따위다. 더구나 이는 우리나라 고등학교 3학년 국어 교과서의 교재로도 채택되어 있어, 대학 입시를 비롯한 각종 시험에 출제됨으로써, 그 당락(當落)이 뒤바뀌는 심각한 결과가 해마다 되풀이되고 있는 실정이다. 한편 이처럼 두드러진 정반대의 시정의 왜곡까지는 아니라 할지라도, 자잘한 심상한 대문에도 시의 참경지에 이르지 못한 피상적인 이해나, 곡해로 그르친 부분도 적지 않음에 놀랐다. 하기야 시가의 평석(評釋)이란 것이 워낙 주관적 자아의 견지에서 이루어지는 것이고 보면, 나름대로의 주장이 어찌 없을 수 있으랴만, 그러나 그 심함에 있어서는, 그대로 지나칠 수 없는 일이라, 감히 나의 천견을 돌아보지 못한 채, 참람하게도 '평석의 새로운 시도'란 의미에서 '新評'이라 제(題)하였거니와, 그 가운데는 또한 독단도 적지 않을 듯, 이 점 대가의 질정을 바랄 뿐이다.

1996년 1월 15일
손종섭

차례

다시 책머리에 •5

정신세계사판 서문 •9

이백(李白) 평전(評傳) •23

【 애정愛情 】

아미산의 달	峨眉山月歌	•35
청평조사(1)	清平調詞(一)	•38
청평조사(2)	清平調詞(二)	•41
청평조사(3)	清平調詞(三)	•44
옥계원	玉階怨	•47
자야오가(가을)	子夜吳歌(秋)	•49
자야오가(겨울)	子夜吳歌(冬)	•52
까마귀 우는 밤	烏夜啼	•54
봄바람에 누워	春怨	•57
봄시름	春思	•60
양반아	楊叛兒	•64
삼오칠언	三五七言	•67

【 한적閒適 】

혼자 마시다 보니	自遣	• 71
술은 안 오고…	待酒不至(抄)	• 74
친구 집에서	下終南山過斛斯山人宿置酒	• 77
달 아래 혼자 마시며(1)	月下獨酌(一)	• 83
달 아래 혼자 마시며(2)	月下獨酌(二)	• 86
달 아래 혼자 마시며(3)	月下獨酌(三)	• 89
달 아래 혼자 마시며(4)	月下獨酌(四)	• 92
술잔 손에 들고	把酒問月	• 95
경정산을 바라보며	獨坐敬亭山	• 101
산중 문답	山中問答	• 104
중양절 용산에 올라	九日龍山飮	• 107
농담삼아 두보에게	戱贈杜甫	• 109
산중 대작	山中與幽人對酌	• 112
봄날 취하여 자다 일어나	春日醉起言志	• 115

【 탐방探訪 · 여정旅情 】

도사를 찾아갔다가	訪戴天山道士不遇	• 123
도사(道士)의 은거처를 찾아	尋雍尊師隱居	• 127
명산을 찾아	秋下荊門	• 131
천문산을 바라보며	望天門山	• 134
여산 폭포를 바라보며	望廬山瀑布	• 136
삼협을 지나며	早發白帝城	• 138
봉황대에 올라	登金陵鳳凰臺	• 141

【 이정離情 】

황학루에서 맹호연을 보내며	黃鶴樓送孟浩然之廣陵	• 149
두보와 헤어지며	魯郡東石門送杜二甫	• 152
금릉을 떠나면서	金陵酒肆留別	• 155
벗을 보내며	送友人	• 158
흰 구름과 가는 그대	白雲歌送劉十六歸山	• 161

【 향사鄕思 】

고요한 밤에	靜夜思	• 167
봄밤 피리 소리를 들으며	春夜洛城聞笛	• 170
동로의 두 어린것들에게	寄東魯二稚子	• 173
아내에게	贈內	• 178
귀양길에 피리 소리를 들으며	與史郞中欽聽黃鶴樓上吹笛	• 181
선성에서 두견화를 보고	宣城見杜鵑花	• 184

【 회사懷思 】

맹호연에게	贈孟浩然	• 189
술을 대하여 하지장을 그림	對酒憶賀監	• 193
사구성에서 두보에게	沙丘城下寄杜甫	• 195
왕창령에게	聞王昌齡左遷龍標遙有此寄	• 198

【 취흥醉興 】

취하여 공산에 누우면	友人會宿	• 203
마주 앉아 마시며	對酒	• 206
양양가	襄陽歌	• 210
장진주	將進酒	• 218

【 행로난行路難 】

행로난	行路難	• 229
추포에서(1)	秋浦歌(一)	• 233
추포에서(10)	秋浦歌(十)	• 236
추포에서(15)	秋浦歌(十五)	• 238

두보편 杜甫篇

두보(杜甫) 평전(評傳) • 243

【 애정愛情 · 우정友情 】

달밤	月夜	• 253
위팔처사에게	贈衛八處士	• 256
꿈에 이백을 만나	夢李白	• 262

【 한정閑情 · 술회述懷 】

태산을 바라보며	望嶽	• 269
못 믿을 봄빛	漫興 九首中(一)	• 273
봄바람이 날 속여	漫興 九首中(二)	• 275
늘그막길 봄맞이 몇 번 더 오리?	漫興 九首中(四)	• 278
가는 봄	漫興 九首中(五)	• 281
창 밖의 실버들	漫興 九首中(九)	• 283
강마을	江村	• 285
봄밤의 단비	春夜喜雨	• 289
강정	江亭	• 293
친구를 맞아	客至	• 297
나그네 밤의 회포	旅夜書懷	• 301
밤배에서	漫成	• 305

【 전란戰亂 · 참상慘狀 】

병거행	兵車行	• 309
신안리	新安吏	• 317
동관리	潼關吏	• 324

석호리	石壕吏	• 328
신혼별	新婚別	• 333
수로별	垂老別	• 340
무가별	無家別	• 347

【 이한離恨 】

한스러운 이별	恨別	• 357
외기러기	孤雁	• 361
등고	登高	• 364

【 향사鄕思 】

나그네의 밤	客夜	• 385
반가운 소식	聞官軍收河南河北	• 388
못 가는 고향	絶句(一)	• 394
밤	夜	• 397
구일오수(1)	九日五首(一)	• 400
추흥(1)	秋興(一)	• 403
추흥(4)	秋興(四)	• 407
악양루에 올라	登岳陽樓	• 411

【 재회再會의 기쁨 】

강촌(1)	羌村(一)	• 417
강촌(2)	羌村(二)	• 421
강촌(3)	羌村(三)	• 425

【 세정世情·무상無常 】

빈교행	貧交行	• 431
옥화궁	玉華宮	• 434
제갈공명의 사당을 찾아	蜀相	• 439

곡강에서	曲江(一)	• 443
봄빛을 바라보며	春望	• 446
강두에 서서	哀江頭	• 450

【 기행紀行 】

봉선현을 찾아가며	自京赴奉先縣詠懷五百字	• 459
북정	北征	• 476

【 곤궁한 생애生涯 】

동곡현에서(1)	乾元中寓居同谷縣作歌(一)	• 493
동곡현에서(5)	乾元中寓居同谷縣作歌(五)	• 496
방에서 비에 젖으며	茅屋爲秋風所破歌	• 499

부록

부록 Ⅰ 두 시인의 대비(對比) • 505
부록 Ⅱ 이백과 두보 연보 • 507
부록 Ⅲ 찾아보기 • 519

이백 편
李白 篇

애정愛情, 한적閑適, 탐방探訪・여정旅情, 이정離情
향사鄕思, 회사懷思, 취흥醉興, 행로난行路難

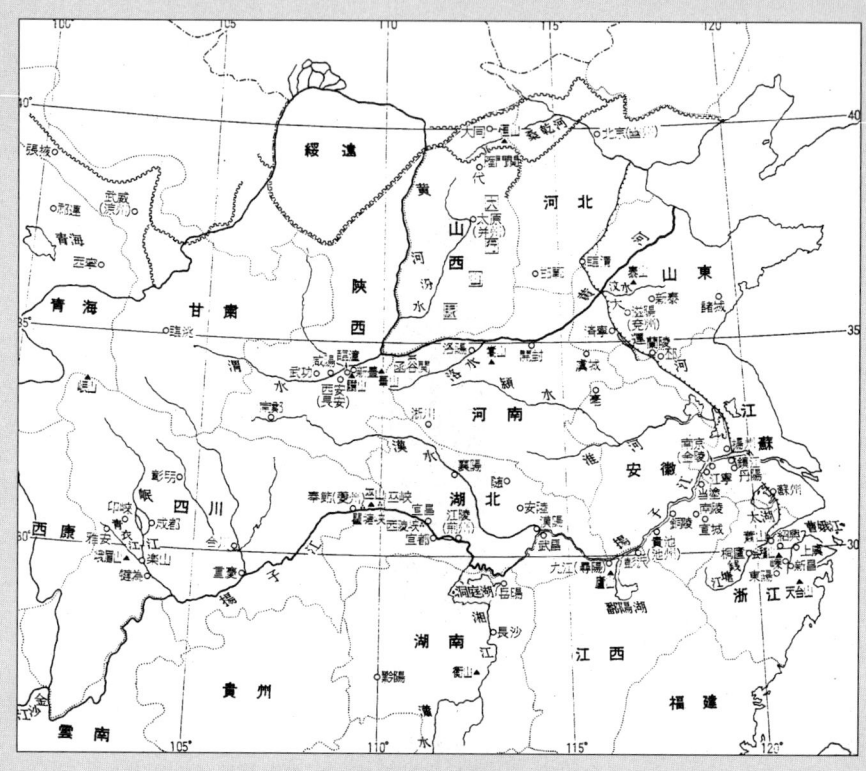

〈李白의 行蹟 參考圖〉

이백(李白) 평전(評傳)

　이백(701~762)의 자는 태백(太白)이요, 호는 청련거사(靑蓮居士)이며, 백(白)은 이름이다.
　그의 출생에 대해서는 여러 이설이 있으나, 범전정(范傳正)이 쓴 그의 비문에 의하면, 그의 원조(遠祖)가 득죄하여 중앙아시아 쇄엽(碎葉)으로 유배되었었다 했으니, 그 길로 거기서 정착했다면, 그도 거기의 태생이리라는 설이 유력한 듯하다. 그러나 그 부모의 이름마저 전하지 않는 터라, 구구한 추측들이 나돌게 되었음도 무리는 아니니, 그는 본래 사천성 창명현(彰明縣) 출생이란 설, 또는 본래 한족이 아니라 서역(西域)의 이민족이란 설, 또는 이민족인 어머니와의 혼혈이란 설 등이다.
　아무튼 쇄엽 출생으로 보아, 그의 5세 무렵 호상(豪商)인 아버지를 따라 사천성(四川省)에 잠입(潛入)한 것으로 봄이 일반적이다.
　그런가 하면, 그의 죽음에 대해서도 여러 가지 전설이 있다. 그는 당도(當塗)의 현령인 족숙 이양빙(李陽冰)에게 만 권의 시고(詩稿)를 맡기고 그 분방(奔放)하던 일생을 마감하매, 용산(龍山)에 장사 지냈음이 확실하건마는, 채석기(采石磯)에서 뱃놀이를 하다 만취된 상태에서, 물에 빠진 달을 건진다고 뛰어들어 익사했다고 하는가 하면, 익사한 것이 아니라, 그 길로 고래를 타고 하늘로 올라갔다는 등의 전설이 그것이다.
　이는 물론 시선(詩仙)이요 주선(酒仙)인 이백의 말로가, 여타인과 다름없이 흙으로 돌아간다는 것을 수긍할 수 없는 그의 팬들이, 그를 시적으로 미화하여 그가 사랑하는 달과의 정사(情死)로 끝마치거나, 극적으로 등선(登仙)하는 등의 찬란한 최후가 되지 못한 아쉬움에서 나온 설들일 것이다.

한편 그의 시 중에 나온 딸 양평(陽平)이와 아들 백금(伯禽)이도 그 후 소식이 묘연하게 되어 버렸다 하니, 그의 전후는 시종 안개 속에서 나타났다 안개 속으로 사라져 간 격이다. 또한 그의 어머니의 태몽에서 따왔다는 그의 자 태백의, 그 태백성(금성)과도 같이 영원히 빛나는 찬란한 시들을 이 땅에 뿌려 놓고, 바람처럼 왔다가 바람처럼 사라져 간 것이기도 하다.

이백의 소년 시절은 물질적으로 부유했기 때문에, 너울너울 구김 없이 자랐음도, 그의 호방한 성격 형성에 크게 작용했으리라 짐작된다. 어려서부터 박람강기(博覽强記)하여 10세에 이미 시서에 통달하고, 백가(百家)의 기서(奇書)를 탐독하였으며, 15세에는 능히 부(賦)를 지어 스스로 사마상여(司馬相如)를 능가한다고 자부했다 한다.

또 검술을 즐겨 익혀, 한때는 부랑인(浮浪人)들의 포위에서 탈출하기 위하여 몇 사람을 스스로 베었다고도 한다.

25세 때에 동경하던 문화의 고장인 광활한 동부 세상을 유람하려고, 삼협(三峽)을 거쳐 장강을 하강, 번화한 양주(揚洲)·금릉(金陵) 등지를 돌아다니며 유협(遊俠)들과 상종하여, 일 년 사이에 30만금을 뿌리기도 했다고 한다.

그는 소년 시절부터 도교(道敎)에 관심을 보였으나, 여기에서도 처처의 명산으로 도사를 방문했으며, 산동성의 조래산(徂徠山)에서 공소보(孔巢父)들과 어울려 죽계 육일(竹溪六逸)의 일원으로 산중에 은서했으며, 도사 오균(吳筠)을 찾아 섬계(剡溪)에 머무르기도 했다. 그 오균이 현종(玄宗)의 부름으로 중앙에 진출하자, 이윽고 그의 추천으로 이백은 한림학사(翰林學士)로서 궁정 생활이 시작되었다. 그것이 42세 때의 일이니, 그의 일생 중 가장 화려하고 영광스럽던 때이다. 현종이 양귀비를 데리고 침향정(枕香亭)에서 모란꽃을 구경하는 잔치 자리에 불려 나간 그는, 작취 미성(昨醉未醒)의 상태에서, 명창 이귀년(李龜年)이 그 자리에서 부를 새 노래의 가사를 지으라는 요청에, 신들린 듯 붓을 달려 〈청평조사(淸平調詞)〉 3수를 일기가성(一氣呵成)으로 이루어, 모두를 놀라게 하였으니, 궁정시인으로서의 애대(愛待)도 융숭하였음은 말할 것도 없다. 그러나 어찌 알았으랴? 그 〈청평조사(2)〉에서, 양귀비를 한나라 때의 비극의 미인 조비연(趙飛燕)에다 견준 것은, 넌짓한 귀비에의 저주임에 틀림없다고 고력사(高力士)가 모함함으로써, 귀비를 충동여 마침내 베개밑공사로 필경 쫓겨나게 될 줄이야! 이는 일찍이 만취된 이백의 호령으로 그의 신을 벗겨 준 일이 있는 환관 고력사로서는, 그 수모를 갚아 줄 절호의 자료가 될 수 있었기 때문이다.

이리하여 약 3년간의 화려했던 생활을 끝마치고 장안을 떠난 그는, 넓은 대륙을 편력(遍歷)하면서, 두보를 비롯한 많은 시인들과 만나게 되고, 그들과 함께 명산 대천을 유람하면서, 여전히 겉으로는 명랑하고 호방하고 정열적이었다. 가는 곳마다 술이 있고 인정이 있었으니, 술로써 울분을 풀며, 시로써 스스로의 속을 달래면서 많은 작품을 남겼던 것이다.

안녹산(安祿山)의 반란이 일어나자 이에 대응하여 군사를 일으킨 영왕(永王) 인(璘)의 초빙에 응하여 선뜻 그의 막료가 되었다. 영왕은 현종의 아들이요 숙종의 아우였으나, 형제 간에 사이가 나빴으므로 필경 반군으로 몰리는 바람에 이백은 체포되어 하옥되었다가, 감일등되어 야랑(夜郎)으로 유배되었다. 그는 장강의 물길로 해서 삼협(三峽)을 거슬러 지금의 봉절에 이르렀을 때, 뜻밖의 사면을 입어 다시 강릉으로 돌아와 각지를 전전하며 시를 읊었다. 상원(上元) 원년, 사조의(史朝義)의 역도를 치기 위하여 출병하는 이광필(李光弼)의 관군에 가담하려고 금릉으로 가는 도중, 병이 나 좌절된 일도 있었으니, 그가 얼마나 정열적인가를 알 만도 하다. 그러나 그 이듬해, 62세를 일기로 한 생애를 마치니, 실로 파란 만장의 일생이었다.

두보의 시풍이 진실 소박한 사실주의의 극치임에 반하여, 이백의 그것은 화려 찬란한 낭만주의의 극치이매서, 시성(詩聖)과 시선(詩仙)의 대조적인 면모를 단적으로 보여 주고 있다.

그리고 이백의 시의 제재에 대해서는 어느 누구보다도 다양하지만, 그 주종을 이루고 있는 것은 술이라 할 수 있으니, 그러므로 이백! 하면 누구나 직감적으로 떠올리는 것은 '술고래'다. 그것은 그가 시선인 동시에 주선이란 두 이미지가 결부되어 있기 때문일 것이다.

이백에게는 겉으로 보이는 낙천적인 표정과는 달리, 남 모르는 시름이 많았으니, 그로 하여금 하루에 모름지기 삼백 잔을 기울이게 한, 그 이른바 백년수(百年愁)·천고수(千古愁)·만고수(萬古愁)·궁수천만단(窮愁千萬端) 등의 시름(愁)이란, 도대체 그 어떤 것이었던가?

사적(私的)으로는, 한 가정에 속박될 수는 없는 방랑벽(放浪癖) 때문에 무책임한 남편이요 비정한 아버지로 되어 있지만, 그럴수록에 매양 마음에 걸리는 그들에 대한 안쓰러움과 죄책감이며, 태연한 듯하면서도 잊을 수 없는 고향에의 그리움이며, 객지를 떠도는 몸에 문득문득 엄습해 오는 외로움이며, 신선을 꿈꾸면서도 인간을 벗어나지 못하는 한탄이며, 만사 불여의한 인생의 고뇌인 동시에, 공적(公的)으로는, 포부를 펴 보지도 못한 채 실각(失脚)한 정객(政客)으로서의 울분이며, 오만한 무리에 대한 분노며, 전쟁으로 글러져 가는 세태이며, 약자에 대한 한없는 동정이며, 천하의 시름을 혼자 걸머진 대리수(代理愁)였던 것이다. 그리고 그의 술잔에는 언제나 인생 무상이 바닥에 깔려 있었던 것이다.

좀 더 부연하면, 그의 시름에는 고독도 한몫을 차지하고 있었으니, 낯선 땅 황혼에 서서, 구름과 새들의 행방을 지켜보면서,

저들은 다 돌아갈 곳이 있건만,
이 나는 의지할 곳이 없고녀.
彼物皆有託　吾生獨無依

하며 탄식했으니, 좀체 슬프니 외로우니 하는, 약한 소리는 하지 않는 그도, 가끔 이렇게 토로하기도 했던 것이다.

그는 또한 눈물 보이기를 꺼리었으나, 그러나 그를 '적선(謫仙)'이라 부르며, 허리춤에 차고 있던 금거북이를 선뜻 끌러 술과 바꾸어 마시던 그 주막에 후일 다시 들러, 이제는 이미 고인이 된 대선배 시인 하지장(賀知章)을 추모하면서 하염없이 눈물을 흘렸고, 만년에 추포(秋浦)에 잠시 우거하면서는 여러 번 눈물을 흘렸다. 달을 바라보다 문득 고향 생각에 고개를 떨구었으며, 두견이 우는 소리에는, 한 소리에 한 마디씩 창자가 끊어지는 향수에 애타기도 했던 것이다.

이백의 '음주의 변(辯)'은 다채롭다. 그에 있어서의 술은 때로는 망기 망정물(忘機忘情物)로, 또는 승월 등천물(乘月登天物)로, 때론 통대도 합자연물(通大道合自然物)로 다양했으며, 주종도 청주·탁주·백주·녹주·포도주·국화주·난릉주·신풍주·울금주…, 이를 통칭해서 '미주(美酒)'로 일컬었다. 주구(酒具)도 금배(金杯)·금준(金樽)·옥완(玉椀)·금뢰(金罍)·옥호(玉壺)·노자작·앵무배·백옥배·야광배·호박배·서주작·역사쟁 등이며, 취태(醉態)도 화하미(花下迷)·취여니(醉如泥)·퇴연와(頹然臥)·성부취(醒復醉)·실천지

(失天地) 등 가지가지다. 이렇게 통음 이취(痛飮泥醉)하여서는, 양양(襄陽) 거리에서 백모(白帽)를 거꾸로 쓰고, 꽃나무 아래 헤매며 비틀거리기도 하여, 모여든 조무래기들을 비롯한 여러 사람들의 구경거리가 되기도 했다.

이백의 시에서의 자연과 인생은 하나의 사랑으로 귀일(歸一)되어 있음을 본다. 산천 초목이며 일월 성신이 다 그러한 중에서도, 달과 꽃과 새와 바람과 구름은 그의 술자리에 동참하여, 사랑으로 다가오는 친구요 애인이었다. 그것은 종래의 시에서처럼 저만치 두고 관조하거나, 또는 주기만 하는 일방적인 짝사랑이 아니라, 이백의 자연은 인간에게로 프로포즈해 오는 사랑으로 위치 바꿈되어 있는 것이 독특하다. 이를 의인시(擬人視)니, 친화(親和)니, 몰입(沒入)이니, 감정 이입(感情移入)이니 할 수도 있을 것이나, 이백에 있어서의 자연은 어디까지나 적극적 능동적 의지와 감정을 가지고, 이백의 의사에 선수를 치듯, 사랑의 눈짓과 속삭임으로 다가오는 그런 자연인 것이다.

이런 남다른 자연관을 이하 몇 들어 보기로 한다.

그대여 이 잔 거절 말게나
봄바람은 생글생글 우리에게 다가오고
勸君莫拒杯　春風笑人來

꾀꼬리는 푸른 가지에 울고,
밝은 달은 술단지 속을 기웃거린다.
流鶯啼碧樹　明月窺金罍

그런가 하면

저물어 푸른 산을 내려오자니
산달이 나를 따라 마을로 돌아온다.
暮從碧山下　山月隨人歸

달도 제 궤도를 벗어나 그의 뒤를 발밤발밤 따라오고 있는 것이다.

산꽃이 내게 방긋 웃나니,
한잔! 딱 하기 좋을 땐데…
山花向我笑　正好銜杯時

술 사러 간 동자가 왜 이리도 늦는지, 술 없는 아쉬움을 이렇게 읊었는가 하면, 독숙 공방의 여인을 위하여는,

지는 달은 처마 밑으로
불 꺼진 방 안을 기웃거리고,
떨어져 나는 꽃잎도 방에 들어와
침상 옆 빈 자리를 비웃는다.
落月低軒窺燭盡　飛花入戶笑空床

또 같은 규방(閨房)의 독숙녀(獨宿女)의 푸념으로

봄바람 나와는 안면 없건만
무슨 일로 비단 휘장 들쳐 드는고?
春風不相識　何事入羅帷

그런가 하면 친구의 입산(入山)을 송별하여

초산 진산 다 흰 구름이니
그대 가는 곳마다 흰 구름은 길이 따르리.
楚山秦山皆白雲　白雲處處長隨君

이렇게 친구의 가는 길에 흰 구름을 딸려 보내고 있다. 또 보라.

연꽃은 아양떨며 "사랑해요" 말해 올 듯
배 젓는 사람을 애타게 하네.
荷花嬌欲語　愁殺蕩舟人

이처럼 자연은 이미 인간에 대한 수동적 피완상체(被玩賞體)가 아니라, 이백에 있어서의 자연은, 적극적으로 사랑을 고백해 오는 능동체로 변신해 있는 것이다.

이백의 시는 과장이 심하다는 것이 정평이다. '백발삼천장(白髮三千丈)'이나 '비류직하삼천척(飛流直下三千尺)' 등이 자주 그 예로 끌려 나오기도 하지만, 그것들은 다 첫눈에 직감된 경악의 외침일 뿐이다. 오랜만에 비쳐보는 거울 속의 어이없는 저 백발! 갑자기 눈에 넘치는 저 어이없는 폭포! 그 너무나 경이로움에 화들짝 놀라는 그 강렬한 순간적 직감적 충격적 인상을, 과장이란 의식 없이 그대로 내지른 한 절규일 뿐이다.

이백의 시는 두보와는 대조적으로 신체시가 적은 반면, 장편 고시체(古詩體)가 많다. 그것은 신체시보다는 격식이 엄격하지 않아 시상이 동하는 대로 분방하게 붓을 달릴 수 있었기 때문이리라. 그런가 하면 신체시에도 평측(平仄)에 얽매이지 않은 파격(破格)이 많으니, 이 또한 그의 성격에서라 볼 수 있다.

그의 시는 만인에 이해되기 쉬운 평이한 시어로 구성되어 있다. 기상천외한 표현도 그것이 특별한 언어가 아니라, 아무런 수식도 없는 일상의 생활 용어일 뿐이다.

그 제재 또한 전인들의 그것과 다를 바 없건마는 분방한 공상력과 솟구치는 정열을 불어넣음으로써, 새로운 경이로움으로 변신한, 영원한 생명의 향기롭고도 찬란한 시의 꽃을 피워 내곤 했던 것이다. 마치 미다스 왕의 손길이 닿는 것마다 찬란한 황금으로 바뀌는 것과도 같이 ―.

그래서 두보는 그를 평하여 '술 한 말에 시 백 편(李白一斗詩百篇)'이라 했고, 또 그의 시를 평하여서는,

붓을 달리면 풍우를 놀라게 하고
시가 이루어지면 귀신도 울리었다.
筆落驚風雨　詩成泣鬼神

고 했으니, 하물며 사람을 울리는 일임에랴?

이백의 시집은 당대에 이미 이양빙이 편집한 《초당집(草堂集)》과 위호(魏顥)가 서문을 붙인 《이한림집(李翰林集)》의 두 가지가 있었으나 다 전하지 아니하고, 지금 전하는 것의 가장 오래된 것은 송대의 것으로, 그 후 여러 판본들이 나왔는데, 수록된 시는 약 1,000여 수이다.

이백 편 李白篇

애정
愛情 一

―愛情―

아미산의 달

아미산 산마루의
가을 초승달
평강강(平羌江) 물에 들어
함께 흐르네.

청계(淸溪) 떠난 밤 배로
삼협(三峽) 향할 제
널 그리며 너 못 보고
가는 유주(渝州) 길…!

峨眉山月半輪秋　影入平羌江水流
夜發淸溪向三峽　思君不見下渝州
　　　　　〈峨眉山月歌〉

부연　아미산 산마루의 아미같이 아름다운 가을 초승달! 그 가냘프고도 애련한 자태는, 은근히 나를 지켜보고 있는 아리따운 소녀의 눈매인 양, 거울같이 평온한 평강강 강물에 잠겨들어, 물 흐르는 대로 배 가는 대로, 나를 놓치지 않으리란 듯 뒤따르고 있다.

峨眉山月(아미산월) 아미산에 돋은 달. 아미산은 사천성(四川省) 아미현에 있는 중국 사대 명산의 하나. '峨'는 '蛾·娥'와도 통용되어, 마치 누에나방의 눈썹같이 아름다운 미인의 눈썹, 또는 미인을 형용하는 말이며, '眉月'은 초승달(초사흗달)의 뜻으로, 다음 구의 '半輪'과 상응한다.

그러나, 그것도 잠깐 청계 나루에서 밤배로 떠나 삼협을 향하여 하강(下江)하는 도중, 문득 그녀의 모습은 보이지 않게 되고 만다. 더 이상 따를 수 없게 되었음이리라. 차마 두고 떠나기 애처로운 그의 모습 잊을 수 없어, 연연히 못내 그리면서도, 가뭇없이 형적 없는 그를 다시는 보지 못하는 채로, 이 몸은 유주로 유주로 흘러가고 있는, 아, 두고두고 애련함이여!

평설 이백의 26세! 낭만에 부푼 시절 한창 발랄하던, 그의 동경(憧憬)은 협소한 오지(奧地)를 벗어나, 장강을 타고 유주·삼협을 거쳐 광활한 동부 천지의 세상 구경이었던 것이다.

그는 마침내 밤배로 떠난다.

꿈 많은 청소년 시절의 정든 고향 땅, 두고 떠나기 서운한 숱한 미련들! 가족과의 헤어짐은 물론, 친구에의 우정도, 이웃 간의 인정도, 산천에의 애정도, 훌훌 떨쳐 버리기에는, 다정 다감한 그로서는

半輪(반륜) '半輪月'의 뜻으로, 반윤곽의 달, 곧 실낱같이 가는 '세월(細月)'이요, '현월(弦月)'이다. 이를 반달, 곧 음력 7·8일의 달로 보는 것은 잘못이다. '秋'는 운자로서 이동할 수 없으며, 또 평측법(平仄法)에 의한 운율에 맞추기 위하여 '月'과 '秋'를 위치 교환한 것이다.
平羌江(평강강) 일명 '청의강(靑衣江)'. 아미산 기슭을 흐르는 양자강 상류의 한 지류.
江水流(강수류) 달 그림자가 강물과 함께 흐른다는 뜻으로, 이는 강물 따라 흐르고 있는 배 위에서의 소견이기 때문이다.
淸溪(청계) 사천성 건위현(犍爲縣)에 있는 '청계역(驛)'.
三峽(삼협) 〈早發白帝城〉 138쪽 참조.
思君(사군) 그대를 그리워함. '君'은 '달'이자 또한 의중의 소녀.
不見(불견) 보이지 않음. '초승달은 잰 며느리나 본다'는 속담처럼 초저녁에 잠깐 나타났단 이내 져 버리기 때문인데, 높은 산들이 하늘을 가리고 있는 촉(蜀)의 초승달은 더욱 그러하다.
渝州(유주) 사천성에 있는 지금의 중경(重慶).

슬픔이 아닐 수 없었지만, 그중에서도 가장 눈에 밟히는 것은, 은근히 사랑해 오던, 아미같이 아리따운, 소녀에의 연정이다.

그러나 슬픔으로 궁상떨기를 싫어하는 그의 시풍은, 언제나 밝고 맑은 시어들로 외포(外包)하여 쓸은 듯, 내색이 없다. 보라, 기·승구에 일어나는 아름다운 운율도 그러려니와, 28자 중 12자나 할애한 고유명사마저도 '峨眉'의 아리따움, '平羌江'의 고요한 흐름, '淸溪'의 맑은 물소리, '三峽'의 장쾌한 경관 등이 다 그렇다. 그러나 깊이 헤집어 보면, 무한 애수가 그 바닥에 서려 있음을 보게 된다.

'아미산월'의 '아미' 같은 초승달의 눈매는, 떠나가는 나의 뒤를 멀리서 발밤발밤 뒤따르며 지켜보고 있을, 두고 온 그 소녀의 애련한 눈매와 겹쳐진다.

광대한 중국 천지를 유랑하여 객사하기까지의 육십 평생을, 한번도 다시 돌아가지 않았던 이 길! 그에게는 처음이자 마지막의 이별 길이고 보면, '思君不見'의 그 못내 섭섭하고 미진함이야 오죽했으랴? 결구에 서리는 그 여정(旅情)이야, 장강의 물만큼이나 기나긴 여운으로 한없이 이어져 가고 있음을 느끼게 하고 있지 않은가?

시형은 칠언절구, 운자는 평성 '尤'운.

청평조사(1)

구름 같은 치맛자락
꽃 같은 얼굴
봄바람에 이슬 짙은
모란꽃일레!

군옥산 산마루서
못 볼 양이면
요대의 달 아래서나
만날 선녀여!

雲想衣裳花想容　春風拂檻露華濃
若非群玉山頭見　會向瑤臺月下逢
　　　　　〈淸平調詞(一)〉

구름치마 꽃얼굴에 봄바람 스쳐 불 제,
함초롬 이슬 진한 아리따운 모란이여!
군옥산, 달밤의 요대 그 어디서 왔는고?

부연　뭉게뭉게 피어나는 구름장을 바라보고 있노라면, 은은한 바람결에 가벼이 흔들려 무늬지는, 귀비의 치맛자락으로 어느덧 영상이 바뀌어지고, 방긋이 벙그는 모란꽃을 보고 있노라면, 아리따운 미소 듬뿍 머금은 귀비의 화사한 얼굴로 오버랩(O.L)되어 나타난다.

부드러운 봄바람이 침향정 헌함을 불어 스쳐 갈 때면, 머금어 있던 영롱한 구슬 주저리가 도그르르 굴러 흩어질 듯, 헌함 밖 모란꽃과 구별할 수 없는 황홀한 미인!

저런 미인은 인간 세상에서는 볼 수 없겠고, 신선이 살고 있다는 '군옥산'에서가 아니라면, 이는 필시 '요대'의 달빛 아래에서나 만나게 될 선녀임이 분명하다.

평설 침향정(沈香亭)의 모란꽃이 활짝 핀 어느 봄날, 현종은 사랑하는 귀비와 더불어 꽃구경을 하러 정자에 올랐다. 연석(宴席)에는 당대 제일의 명창인 이구년(李龜年)이 나와 노래 한 곡을 부를 참이었으나, 현종은 말한다. 아름다운 꽃을 귀비와 함께 완상하는데, 옛 가사란 어울리지 않으니 이백을 부르라는 것이다. 이리하여 불려 나간 이백은 이날도 숙취 미성(宿醉未醒)의 몽롱한 상태였으나, 모란꽃과 다투는 귀비의 아리따움에 눈이 번쩍 뜨이며, 갑자기 솟구치는 시상으로 즉석에서 일기 가성(一氣呵成)으로 지어낸 것이 이 청평조사 3수라는 것이다.

제1구의 '想'은 '상상', '연상'의 뜻이나, 앞뒤 두 영상의 부즉불리(不卽不離)한 전기(轉機)를 담당하고 있어 매우 묘하다. 곧, 구름의 영상에 의상의 영상이, 꽃의 영상에 얼굴의 영상이, 안개같이 포개어지다가 차차 앞의 영상은 사라지고 뒤의 영상만이 또렷이 남

---

* **解題** 악부(樂府)에 청조(淸調)·평조(平調)·슬조(瑟調)의 세 가지 곡조가 있는데, 이백이 그 청조와 평조를 합쳐 청평조라 하고, 그 가락에 맞추어 지은 가사라 하여 '청평조사'라 이른 것이다.
檻(함) 헌함. 난간.
群玉山(군옥산) 선녀인 서왕모(西王母)가 살고 있다는 산. 곤륜산(崑崙山).
瑤臺(요대) 선녀가 산다는 옥으로 된 고대(高臺).

는, 오늘날의 이른바 오버랩의 영화 기법 그대로이다.

제2구, 봄바람이 침향정 난간을 스쳐 지나갈 때면, 모란꽃에 맺혀 있는 이슬 방울들은, 장신구의 보석들처럼 위태로이 흔들리면서 눈부시게 광채를 발하여, 아니라도 염미(艶美)한 모란꽃을 더욱 황홀케 하는 장면으로, 봄바람에 노출된 귀비의 매혹적인 미를 그린 장면이다.

시형은 칠언절구, 운자는 평성 '冬'운.

청평조사(2)

이슬에 향기 엉긴
고운 모란꽃
무산녀(巫山女) 애끊음야
부질없어라.

한나라 궁중이면
뉘에 비기리
새단장한 비연(飛燕)이면
혹시 모를까?

一枝濃艷露凝香　雲雨巫山枉斷腸
借問漢宮誰得似　可憐飛燕倚新粧
〈淸平調詞(二)〉

이슬에 향기 엉긴 한 떨기 모란이여!
운우(雲雨)의 무산녀에 애끊는 일 부질없다.
비연이 새단장한들 저만 할 수 있으랴?

부연 양귀비의 아리따운 용모는, 마치 진한 향기 엉긴, 이슬에 함초롬이 젖어 있는, 한 떨기 모란꽃을 방불케 한다. 이런 아름다운 여인으로 하여금 밤낮으로 시중들게 하고 있는 당 현종에 견준다면, 단 한 번 꿈에서 만나 정을 통한 후론, 구름이 됐다 비가 됐다 하는 아름다운 무산의 신녀를 몹시도 애태우며 그리워한 초양왕(楚襄王)이야말로 공연한 노심(勞心)이 아니고 무엇이랴?

옛날, 미인이 많았다는 한나라의 궁전이라면, 이 양귀비에 견줄 만한 어떤 미인이 있었을까 하고 묻는다면, 글쎄, 갓 화장하고 나서는, 귀여운 조비연이라면 겨우 견주어 볼 수 있을는지?

평설 1·2구는 의미상의 대(對)로, 현실적인 절세 미인 양귀비를 목전에 두고 사랑하는 당 현종과, 구름과 비로 변신하는 비현실적인 무산의 신녀를 연모하여 부질없이 단장의 슬픔을 앓는 초양왕을 대비함으로써, 당 현종의 염복(艶福)을 더욱 두드러지게 기린 내용이다.

맨 끝구에서는, 새로 화장한 조비연과, 화장을 하지 않은 천연 여질(天然麗質)의 맨얼굴인 양귀비가 서로 견줌직하다는 표현에는, 양귀비의 미가 우위임을 보인 언외의 뜻도 함께 음미할 것이다.

濃艶(농염) 진하게 염미함. 썩 아리따운 꽃.
凝香(응향) 향기가 엉김.
雲雨巫山(운우무산) 옛날 초(楚)의 양왕(襄王)이 고당(高唐)에서 낮잠을 자다가, 미녀를 만나 같이 즐기는 꿈을 꾸었는데, 헤어질 때 그녀의 말이, 자신은 양대(陽臺)의 신녀로서, 아침에는 구름이 되고 저녁에는 비가 된다는 것이다. 그날 이후로 과연 그런 현상이 나타났으므로, 양왕은 몹시도 그녀를 그리워하며 애태웠다는 이야기이다.
枉(왕) 공연히. 부질없이.
斷腸(단장) 애끓음. 창자가 끊어지는 듯 몹시 슬픔.
借問(차문) (시험삼아) 한번 물어봄.
可憐(가련) 귀여운. 사랑스러운. 어여쁜.
飛燕(비연) 한(漢)의 성제(成帝)의 애희(愛姬). 성은 조(趙). 한나라 때의 절세 미인으로 임금의 총애를 독차지하여 황후의 자리에까지 올랐으나, 십여 년 동안 그녀는 밤낮없이 임금을 유혹하였으므로, 성제는 그 요염에 매혹되어 정력을 소진하여 마침내 죽고 말았다. 그 후 비연은 평민으로 내쳐져, 끝내는 자살하고 만 비극의 여인이다.

여윈 형의 미인인 조비연과, 살찐 형의 미인인 양귀비는 미인의 전형적인 쌍벽으로 일컬어 온다. 따라서 이백이 그 둘을 비교한 것은 아무런 헐뜯음도 비꼼도 아닌, 순수한 심정에서였으나, 그러나 후일 이것이 화근이 될 줄이야….

이백이 일찍이 취중에 기고 만장하여, 환관인 고력사(高力士)에게 명령하여 자기의 신을 벗기게 한 일이 있었는데, 그 수모에 앙심을 품은 고력사가, 이 시를 빌미로 모함을 꾀하였으니, 곧 '귀비를 구태여 조비연 같은 비극적인 여인에다 견준 것은, 이백이 귀비를 헐뜯고 저주하기 위하여 일부러 한 짓이라'고 귀비를 충동여, 현종에게 '베개밑공사'로 추방하도록 조종했다는 것이다. 이리하여 이백은 천보(天寶) 2년(743) 이 시를 빌미로 쫓겨나, 다시 유랑의 길에 오르게 된 것이다.

시형은 칠언절구, 운자는 평성 '陽'운.

청평조사(3)

모란꽃과 미인이
서로 반기니
눈웃음 띤 임금님
물리지 않네.

봄바람에 무한한 한(恨)
눈같이 녹아
침향정 북난간(北欄干)에
흐뭇 기댔네.

名花傾國兩相歡　常得君王帶笑看
解釋春風無限恨　沈香亭北倚欄干
〈淸平調詞(三)〉

꽃과 미인 서로 반겨 임금님 웃음 띠니
봄바람에 무한한 한 쓸은 듯 살아지어
침향정 북쪽 난간에 마냥 흐뭇 기댔네.

부연　명화인 모란과 미인인 귀비가 서로 반기어 미색을 상승(相乘)하고 있는데, 꽃을 바라보고 있는, 꽃보다 더 아름다운 귀비의 얼굴을, 언제까지나 물릴 줄 모르고, 황홀하게 바라보며, 즐거워하고 있는 임금님의 웃음 띤 시선, 그 흐뭇뭇한 시선에 귀비는 함초롬이 젖고 듬뿍 입고 있는 것이다.

봄바람 불 때면, 누구에게나 부질없이 일어나는 부녀자의 그지없는 봄시름도, 임금님 사랑에 흐뭇이 젖어 있는 귀비의 가슴에는 이미 쓸은 듯 다 녹아 없어져, 침향정 북쪽 깊숙한 난간에 흐뭇이 기대어 있는 모습은, 그저 눈부시게 아름답기만 하다.

평설 제1구는, '사람의 얼굴과 복사꽃이 서로 비치어 붉다(人面桃花相映紅)'는 고시에서와 마찬가지로, 모란과 미인이 서로 반겨 미색을 상승하고 있음이니, 임금은 그 주체가 될 수 없으며, 제2구의 웃음을 띠고 바라보는 임금의 시선은 꽃을 보고 있는 미인에 늘 머물러 있는 것으로, 꽃은 그 시선에 들지 못하고 있음에 유의할 일이다.

침향정 난간에 깊숙이 기대 앉은 귀비의, 저 헌함 밖 흐드러진 모란꽃만큼이나 풍염한 자태는, 이제 털끝만큼의 한스러움도 없이 흐무뭇할 뿐이다.

그러나 역사의 조명하에 두고 보는 그녀의 미래! 봄바람은 쉬 사라지고, 꽃은 떨어져, 지금의 행복이 일조에 뒤집어지는, 저 '마외파(馬嵬坡)'에서의 죽음, 그 천추의 유한을, 그녀인들 어찌 알았으

名花(명화) 중국의 국화(國花)인 모란꽃을 이름.
傾國(경국) '傾國之色'의 준말. 양귀비를 가리킴. 한(漢)의 이연년(李延年)의 시, 북쪽에 한 미인 있으니, 세상에 우뚝 빼어났네. 한 번 돌아봄에 성을 위태롭게 하고, 두 번 돌아봄엔 나라를 위태롭게 하네(北方有佳人 絶世而獨立 一顧傾人城 再顧傾人國)라 했는데, 이 시에 의하여 그의 누이는 한(漢) 무제(武帝)의 부인이 되었다는 고사에서 나온 말로, 후세엔 단순히 미인의 뜻으로 쓰였다.
解釋(해석) 해소(解消)됨. 사라져 없어짐.
沈香亭(침향정) 침향이란 향목(香木)으로 지은 정사.
北(북) 북은 음(陰)으로, 깊숙한 곳의 뜻.
欄干(난간) 헌함.

며, 이백인들 어찌 알았으료?
 시형은 칠언절구, 운자는 평성 '寒'운.

옥계원

섬돌에 이슬 내려 버선에 촉촉하다.
밤 깊어 방에 들어 발 내려 가렸건만
임인 양 가려도 뵈는, 아! 영롱한 가을달이여!

玉階生白露　夜久侵羅襪
卻下水精簾　玲瓏望秋月
〈玉階怨〉

부연　밤도 이미 깊었는 듯, 옥섬돌에 찬 이슬이 내려, 비단 버선에 촉촉한 차가움이 스며든다. 행여 오시려나, 님을 기다려 달 아래 서성이던 발길도 이젠 지쳤다. 차라리 잊으리라. 방에 들어와, 수정발을 내려 달빛을 가렸건만, 잊을래야 잊을 수 없는 님의 모습인 양, 가려도 소용없이 바라다뵈는 영롱한 가을달을 쳐다보면서, 그 님에의 야속한 정을 가슴 깊숙이 묻고 있다.

평설　'옥계원'이란, 임금의 총애를 잃은 한 궁녀의 원한을 주제로 한 고악부(古樂府)의 제명(題名)을 빌린 것이다. '玉階, 白露, 羅襪, 水精簾, 玲瓏, 秋月' 등 맑고 밝은 시어들로만 구

玉階(옥계) 옥의 섬돌. 대리석으로 축조한 궁전의 계단.
羅襪(나말) 비단 버선.
卻下(각하) 내려 가림. 또 '卻'은 '退'의 뜻으로, 방으로 들어가 ~을 내림.
水精簾(수정렴) 수정(水晶)으로 결은 발. 발의 미칭(美稱).
玲瓏(영롱) 광채가 찬란한 모양.

성되어 있는 이 시에는, 더구나 그러한 시어들에 수반되는 차갑고 투명한 이미지마저 가세하여, 별같이 빛나는 눈동자의 아리땁고 영리한 여인상만이 부각되어 나타날 뿐, 어느 구석에도 원망이나 원한 따위 부정적인 심상은 내비쳐 있지 않다.

하마 사랑이 딴 궁인에게로 옮아갔으려니 추측되는, 그 불타는 시기(猜忌)며, 밤마다 기다림에 지친, 야속한 무한 원정일랑 행간에 서리우고 언외에 부쳐, 쓿은 듯 내색하지 않는 냉염(冷艶)한 지성미마저 엿보이게 한, 언어의 요술이다.

시형은 오언절구, 운자는 입성 '月'운.

자야오가(가을)
— 다듬이 소리 —

밤하늘엔 조각달, 집집마단 다듬이 소리,
가을바람 불어불어 애끊나니 님 생각을!
어느 날 싸움 이기고 당신 돌아오려뇨?

長安一片月　萬戶擣衣聲
秋風吹不盡　總是玉關情
何日平胡虜　良人罷遠征
〈子夜吳歌(秋)〉

부연 장안의 밤하늘엔 한 조각 하현(下弦)의 달이 비쳐 있고, 자오록이 달빛에 잠겨 있는 만호 도성의 집집마다에

---

* **解題** 이는 육조(六朝) 시대 장강 유역인 오 지방에 유행했던 민가(民歌)로서, 진(晋) 때에 '子夜'라는 여자가 지은 것이라고도 하고, 또는 '자야', 즉 '한밤중'에 정인(情人)을 그리워하여 노래한 것이라는 설도 있다. 후인들이 이 악부제(樂府題)로 쓴 시가 117수나 전해 오는데, 이백의 것은 춘하추동 네 수로 되어 있다.

長安(장안) 당(唐)의 수도. 지금의 서안(西安). 당시 인구가 백만이었다 한다.
一片月(일편월) 한 조각달. 반달. 여기서는 음력 22~23일경의 하현(下弦)의 달.
擣衣聲(도의성) 다듬이질 하는 소리. 옷을 다듬는 방망이 소리.
總是(총시) 모두 다. '조각달, 다듬이 소리, 가을바람'을 묶어 이른 것.
玉關情(옥관정) 출정한 남편을 그리는 정. '玉關'은 '玉門關'의 약칭. 감숙성(甘肅省) 돈황현(敦煌縣)의 서쪽에 있는, 서역(西域)으로 통하는 변경의 관소(關所).
胡虜(호로) 북방의 오랑캐. 흉노(匈奴)를 이름. '平'은 평정(平定)함.
良人(양인) 남편을 부르는 말.
罷(파) 끝냄.

는, 다듬이 소리가 요란하다.

　불어도 불어도 다함이 없는, 가을바람은 종일을 불고도 이 밤을 내내 그치지 아니하니, 이 모두(조각달, 다듬이 소리, 가을바람) 머나먼 삼천 리 옥문관 밖 싸움터에서 골몰하고 있는 우리 님에 대한 그리운 심정을 일깨우고 부추기는 일이 아니고 무엇이랴?

　아! 어느 날에야 그 지긋지긋한 오랑캐를 쳐 물리치고, 우리 님은 개선하여 돌아오려나?

평설　공규(空閨)에 잠을 이루지 못하고, 아닌밤중 뜰에 내려, 만리 원정(萬里遠征)의 남편 생각으로 애끓는 아낙의 초연(悄然)한 모습이 엿보인다.

　이슥한 밤하늘에 홀로 깨어 있어, 천하 수인(愁人)들의 원정(怨情)을 중개하는 저 달, 이 시각 전선의 그이도 아득히 바라보며 집 생각에 잠겨 있을 저 하현의 달; 늦가을 야심토록 장안 만호 집집마다 핫옷 짓기에 바쁜 아낙네들의 겨울을 재촉하는 초조로운 다듬이 소리의 하염없는 자지러짐; 님 계신 곳에서 불어오는 만리풍(萬里風)인 양, 서리서리 서럽다 옷자락을 흔들며, 낮밤으로 불어오고 불어가는 스산한 가을바람; 이런 밤 뉘 아니 그리운 이를 그리워하지 않으리? 하물며 싸움터에 나가 있는 남편 생각에 애끓이지 않는 아낙 그 뉘 있으리 —.

　'一片月'을 뚜렷한 '一輪月'로 보는 것이 시경(詩境)에 더 어울리는 풀이가 된다고 역설하는 이가 있으나, 무리다. 자의(字意)가 그러하지 못할 뿐만 아니라, 회인(懷人)의 애틋한 맛이야 조각달 — 그 중에도 아닌밤중에 홀로 애처로이 떠 있는 하현의 조각달이야말로, 이런 밤의 달이기에 천연 제격인 것을 —.

　고래로 이 시에 대하여, 후 2구를 사족으로 보고, 전 4구만으로

절구를 삼는다면, 신운(神韻)이 표묘(縹緲)한 무한 여정(餘情)의 걸작이 될 것이란 견해가 있다. 이는 후 2구가 너무나 진솔하여 전 4구의 은근함과는 어울리지 않기 때문이기는 하다. 그러나 주인공의 남편에 대한 애절한 순정과 정절이 소박하게 직서됨으로 해서, 무력(武力)을 함부로 하는 현종(玄宗)의 반성을 촉구하는, 넌짓한 풍의(諷意)마저 곁들여 있는 것으로 보는 견해로선, 후 2구의 역할은 역시 크다 할 것이며, 또한 불가결하다 할 것이다.

시형은 오언고시, 운자는 평성 '庚'운.

자야오가(겨울)
— 바느질 —

날 새면 뜨는 인편, 밤을 새워 솜옷 질 제,
바느질 가위질에 열 손가락 곱아 든다.
먼먼 길 부치긴 하나 어느 제나 닿을꼬?

明朝驛使發　一夜絮征袍
素手抽鍼冷　那堪把剪刀
裁縫寄遠道　幾日到臨洮
　　〈子夜吳歌(冬)〉

부연　이 밤이 밝는 아침이면 역마가 출발한다기에, 그 인편 놓칠세라, 밤을 새워 가며 출정한 남편의 솜옷을 짓는다.
　바느질하는 손가락이 호호 불리거니, 차가운 가위 잡고 옷 마를 제야, 손 마디마디 곱아 들어 차마 견디기가 어렵다. (방에서도 이리 추운 밤, 모진 변경 싸움터에서 님은 차마 어이 지내는고?)

驛使(역사) 옛날 역마(驛馬)로 문서 따위를 전달하던 사람.
絮(서) 옷에 솜을 놓음.
征袍(정포) 출정한 사람이 입을 솜옷.
素手(소수) ① 흰 손. 곧 여자의 아름다운 손. ② 맨손. 장갑 같은 것을 끼지 않은 손. 여기서는 ②의 뜻.
抽鍼(추침) 바늘을 뽑음. 바느질함.
那堪(나감) 어찌 견디랴?
剪刀(전도) 가위.
臨洮(임조) 감숙성(甘肅省) 민현(岷縣)에 있는, 당시 서역(西域)으로 통하는 요새의 지명.

이렁성 옷을 지어, 만리 먼 길에 부치기는 한다마는, 모르겠네! 얼마 만에야 그곳에 도달할는지? (도중에 유실 없이, 이 겨울 나기 전에, 전해지기나 전해질는지? 생각사로 허황도 하고 막막도 하다.)

평설 홀로 지키는 빈방에서, 추운 밤을 지새우며, 손 마디마디 호호 불리는, 옷 짓는 고역이야, 오히려 한편 역설적인 위안이기도 했지만, 지어 부치는 인편의 신뢰성에 이르러서는 너무나 허황하여, '과객 편에 고의 적삼 부친다'는 속담 바로 그대로, 닿을 시기의 조만(早晚)은 고사하고, 우선 과연 전달이 되기는 될 것인지에 커다란 의문이 나지 않을 수 없게 된 것이다. 그러나 방정맞은 생각이라 눙쳐 내색지 않고, 강일등(降一等)하여 '언제나 임조에 가 닿을지?'로 대범을 지켰다. 그러나 그 속에 내포되어 있는 한없는 허탈감을 알 이 알 것이매, 이 한 구 독자의 가슴에마저 공동(空洞)이 생기게 하고 있다.

돌아올 기약도 없이 싸움터에 나가 있는 당자들이야 말할 것도 없거니와, 밤낮으로 염려하는 가족들과의 서로 애태움! 전쟁이란 과연 용서 못할 인류의 대죄악이며, 이를 함부로 하는 호전의 독재자야말로 인류 공동의 철천의 대원수일진저!

시형은 오언고시, 운자는 평성 '豪'운.

까마귀 우는 밤

황혼 놀 성머리에
잘 곳을 찾아
까마귀도 돌아와
가지에 울 제
베틀에 비단 짜던
진천 아낙은
연기 같은 사창(紗窓) 너머
중얼거리며
북 놓고 아득히
먼 임 그리다
혼자 지샐 밤을 울어
눈물 비 오듯 —.

黃雲城邊烏欲棲　歸飛啞啞枝上啼
機中織錦秦川女　碧紗如煙隔窓語
停梭悵然憶遠人　獨宿空房淚如雨
　　　　　　　〈烏夜啼〉

부연　저물어 가는 하늘, 놀이 번져 가는 황혼 성머리엔, 정처없이 떠돌아다니던 까마귀마저도 다시 옛 가지를 찾아 깃들려고, 저리도 연달아 울어 대는 것은, 아마도 암수가 서로 헤어져 다시 볼 수 없음을 애타해 함이리라.

　베틀에 앉아 베를 짜고 있던 아낙은, 연기같이 아슴푸레한 엷은 사창 너머, 대문께로 내다보며, 이제라도 남편이 성큼 들어설 듯 환상하다가, 혼자 무어라 중얼거리고 있다. '까마귀도 해 저물면 찾아드는데, 우리 임은 어찌하여 돌아올 줄 모르시는고?' 모르긴 하나 이런 내용일 것도 같다. 이윽고 베 짜던 일손을 놓고, 멍하니 슬픔에 잠긴 눈으로 먼 곳에 있는 남편을 그리다가, 이 밤도 혼자 지새울 일 생각하고는, 두 눈에 넘치는 눈물, 비 오듯 흥건히 볼을 타고 내리는 것을 어찌하지 못하고 있다.

이는 이백 43세 때의 지음인 듯하다.

평설 까마귀 우는 소리에 촉발된 규정(閨情)의 간절함이다. 미물도 날이 저물면 제 있던 곳으로 돌아올 줄을 알고, 저들도 짝을 잃으면 저리도 애타게 슬퍼할 줄도 알거늘….

* **解題** 옛날 악부(樂府)의 제명(題名). 멀리 출정하여 돌아오지 않는 남편을 그리는, 황혼의 규정(閨情)이다.
黃雲(황운) 황혼 무렵에 이는 구름. 저녁놀.
城邊(성변) 성의 근처. 성머리(城頭).
棲(서) 깃들임.
啞啞(아아) 까마귀의 우는 소리. 까옥까옥. '師曠禽經注'에 '烏失雌雄則夜啼', 곧 까마귀가 짝을 잃으면 밤에 운다는 것이다.
秦川女(진천녀) 두도(竇滔)의 아내인 소혜(蘇蕙)를 가리켜 이름. '秦川'은 섬서성(陝西省) 장안 일대의 지명. 두도는 본디 진주(秦州)의 지방 장관이었는데, 좌천되어 유사(流沙)로 부임하면서는 그 아내를 대동하지 않았다. 소혜는 종횡 8촌(寸) 속에 840자의 글자를 짜 넣은 비단을 보냈는데, 그 내용은, 버림받은 아내의 슬픈 정곡을 노래한 회문시(廻文詩)로, 가로 읽기, 세로 읽기, 내리 읽기, 치읽기, 돌려 읽기, 빗금 읽기 등에 의하여 200여 수의 시가 담겨 있는지라, 두도는 크게 감동하여 즉시 그 아내를 불러 올렸다는 〈진서열녀전(晋書列女傳)〉에 전해지는 이야기이다.
碧紗(벽사) 푸른 깁을 바른 창. 벽사창(碧紗窓).
梭(사) 베틀 부속의 하나인 북.
悵然(창연) 멍하니 슬퍼하는 모양.
空房(공방) 남편 없이 혼자 자는 방. 공규(空閨).

온 천지에 황혼이 번진다. 집 나간 것들은 바야흐로 돌아오기를 서두르고 있을 때이다. 집에 있는 이는, 집 나간 이를 기다려, 대문께로 거리로 자꾸만 눈길이 가는, 하루도 열두 때 중 가장 애타게 기다려지는 시각이다. 하물며, 원정간 남편을 기다리는 아내의 마음임에랴?

이 시는 '까마귀 울음'에서 촉발(觸發)된, '사부(思婦)의 정회'를 서술한 시로, 전 2구와 후 4구로 환운(換韻)되어 있다.

시형은 칠언고시.

봄바람에 누워

수 이불에 비단 휘장 봄바람에 누웠으니
지는 달 처마 밑으로 불 꺼진 방 기웃거리고,
날아든 꽃잎마저도 빈 옆 자릴 비웃네.

白馬金羈遼海東　羅帷繡被臥春風
落月低軒窺燭盡　飛花入戶笑床空
〈春怨〉

부연　남편은 유협아(遊俠兒)라, 호사로이 요동 땅에 떠돌아, 돌아올 기약이 없고, 살랑이는 봄바람은 엷은 비단 휘장을 흔들어, 아니라도 감당하기 힘든 봄시름을 충동이며, 밖으로 나오라 유인하지만, 어쩌랴, 아낙의 정절을 지켜 억지로 참아, 수이불 반만 덮고 바람결에 누웠노라니, 잠은 오지 않고, 한(恨)만큼 밤도 깊어, 한 자루 황촉불도 그 심지, 마치 내 간장같이 탈 대로 다 타 꺼져 버렸는데, 서산에 걸린 달은 처마 밑으로 몰래 들어와 혼자 지키는 여인의 방을 무례하게도 기웃거리고, 창 밖의 꽃나무에서 어느덧 낙화되어 방 안으로 날려든 꽃잎도, 침상의 내 옆자리 비어

白馬金羈(백마금기) 흰 말에 황금의 굴레. 호사로운 여행 차림을 이름.
遼海東(요해동) 요해의 동쪽. 요동(遼東) 땅. 남만주(南滿洲).
羅帷(나유) 비단 휘장.
繡被(수피) 수놓은 이불.
低軒(저헌) 처마보다 낮게. 처마 밑으로.
窺燭盡(규촉진) 촛불이 다 타 꺼진 방 안을 엿봄. 소자범(蕭子範)의 시에 '落花徒入戶 何解妾牀空'이란 구가 있다.

있는 것을 보고는, '가엾어라, 청춘이 덧없거늘. 이 좋은 봄밤을 독수공방 가소롭다. 어제 피어 오늘 지는 나를 봐도 알련마는….' 연민 반 조롱 반의 야릇한 웃음을 짓는 듯, 그 모두가 상심사이다.

평설   춘풍 화월야(春風花月夜)에 공규(空閨)를 지키는 여인의 춘정을 대변한 다분히 염정적(艶情的) 색조를 띤 시이다.

'羅帷', '繡被'는 춘심을 유발하는 소품이며, '春風'은 춘정을 부추기는 선동자인데, '臥春風'은 거의 내맡기다시피 누워 있는 위험 수위에 이른 형태이다.

처마 밑으로 비쳐 들어 안방을 엿보는 달빛의 수상쩍은 소행이나, 어느덧 낙화되어 날아든 꽃잎의 너스레는 다 남편으로 하여금 규방 위기를 직감하여 귀가를 서두르게 하는 효과로 암용(暗用)되어 있음은 물론이다.

더구나 초저녁엔 동창이었던 달이, 이제는 서쪽으로 기울어진 '낙월(落月)'이라니, 그 사이 전전반측, 뜬눈으로 지새우고 있는 밤의, 그 불면의 '시간 길이'마저 또한 거기 역력하지 않은가?

이는 그의 시 〈春思〉의 끝 두 구,

봄바람 나와는
안면 없거늘
무슨 일 휘장 내로
불어 드는고?
　春風不相識　何事入羅幃

의 의중과 일맥 상통한다 하겠다.

이 시의 제2구는 승구로서의 내용이 아니라, 전구(轉句)로서의 내용이므로, 제1구인 기구는 승구가 따르지 않은 불구가 되어 있으니, 절구(絶句) 형식에 있어 보기 드문 파격으로, 한 큰 결함이 아닐 수 없다. 뿐만 아니라 2, 3, 4구만으로도 남편의 출유(出遊)를 간접적으로 짐작할 수 있는 것을, 구태여 이를 구체적으로 명시한 제1구는 4구 체제에서의 한 구의 공백을 충당했다는 의미 외에는, 거의 있으나마나 한 불긴(不緊)한 내용이다. 하기야 대가라 해서 실수 없으란 법이야 있을라구!

시형은 칠언절구, 운자는 평성 '東'운.

봄시름

거기도
파릇파릇
새싹 트리다.
여긴
뽕잎도
다 폈는걸요.

당신도
돌아올
생각하세요.
이럴 때
제 간장은
끊어집니다.

봄바람
나와는
알음 없건만
무슨 일
안방으로
불어 드는지…?

燕草如碧絲　秦桑低綠枝
當君懷歸日　是妾斷腸時

春風不相識　何事入羅幃
〈春思〉

부연　당신 계시는 그곳도 새싹들이 파릇파릇 푸른 실같이 물들어 가겠지요. 거기보다 남쪽인 이곳은 푸른 가지가 척척 휘어지게 뽕잎도 활짝 피어 봄누에를 칠 때가 되었답니다.
　당신도 이 봄이 가기 전에 돌아올 날짜를 잡아 보세요. 이맘 때면 저의 애간장은 마디마디 끊어지는 듯, 당신 그리움에 애가 탑니다.
　나와는 아무 알음도 없는 저 봄바람은, 어인 일로 저리도 무례하게, 끊임없이 비단 휘장을 들치며 안방으로 불어 들어와, 이 마음을 이리도 산란하게 하는지? 원!

평설　봄을 앓고 있는 한 여인의 규원(閨怨)이다.
　전 4구는, 두 곳의 자연에 깃든 봄뜻(春意)을 두 사람의 봄 마음(春心)에 결부함으로써, 남편의 귀환을 재촉하는, 단장(斷腸)의 직소(直訴)인 데 반하여, 후 2구는, 봄바람의 무례함을 탓하는 공규(空閨)의 독백이다.
　후 2구에서 내세운, 봄바람과의 '不相識'은, 외물의 유혹에는 동요되지 않을, 자신의 정절의 과시임에도 불구하고, 그러나 그 매우 선정적인 봄바람의 소행으로 말미암아, 불같이 일어나는 정념을

燕草(연초) '연' 지방의 풀. '燕'은 지금의 북경(北京)을 중심으로 한 북부의 땅.
秦桑(진상) '진' 지방의 뽕나무. '秦'은 장안 부근의 땅.
低綠枝(저록지) 푸른 가지를 드리움.
妾(첩) 남편에 대한 아내의 겸칭(謙稱).
不相識(불상식) 서로 알지 못함. 안면이 없음.
羅幃(나위) 비단 휘장.

차마 이기지 못해하는, 여심의 갈등이, 가슴 속에 서리어 있음을 본다.

뿐만 아니라, 그 독백이 문자 그대로 단순 솔직하여 무슨 의도하에서가 아니었건마는, 결과적으로는 엉뚱한 효과 — 곧, 봄바람의 그 무례한 규방 출입이, 마치 생소한 외간 남자의 내방 잠입(內旁潛入)인 양 의인화됨으로써 간접적으로 은근히 남편의 심기를 자극, 귀심(歸心)을 충동이는, 요외(料外)의 효과 — 에까지 이바지되고 있음을 본다.

《당시선(唐詩選)》 '서(序)'에서 이반룡(李攀龍)이, 이백에 대하여, "작자 자신도 그 절묘한 곳은 무계획, 무자각의 상태에서 쓴 것이라, 그 공효가 어디까지 미칠지 스스로도 알지 못했으리라(蓋以不用意得之 卽太白亦不自知其所至)"고 한 말도 이런 곳을 두고 이름인가?

실로 이 끝연의 함축과 여운은 음미할수록 묘미가 진진하니, 전 4구는 애끊는 하소연이라, 실한 듯하면서도 허하나, 후 2구는 중얼거리는 혼잣말이라, 허한 듯하면서도 기실 실하기 그지없다.

그러면서도 불음 불비(不淫不誹)함이, 마치 《시경(詩經)》 국풍(國風)을 읽는 듯하다.

끝으로 한 가지 부연하고자 하는 것은, 왜 하필 '뽕나무'를 들어 일컬었음인가다.

뽕나무는, 옛날엔 집 안둘레에 심어 가꾸는 필수 수종(必須樹種)의 하나로서, 누에 쳐 명주 길쌈하는, 정숙한 아낙네의 가장 친숙한 나무이다. 그러나, 그는 대추나무 다음은 갈 만큼 봄잠이 짙어, 복사꽃 살구꽃도 지고, 감나무 모과나무 잎이 호랑나비만큼이나 넓어졌을 때에야 부스스 실눈을 뜨는 잠꾸러기 나무다. 그런 만큼 봄이 어느 만큼인가를 가늠하게 하는 데 있어, 이 신변에 공생하고 있어 매일같이 지켜보고 있는 뽕나무 잎을 들어 일컬었음은, 얼마나 자연스럽고도 직감적인 운치로운 일인가를 또한 음미할 것이다.
　시형은 오언고시, 운자는 평성 '支'운.

양반아

당신은 양반아 노래를 부르세요.
저는 신풍주(新豊酒)로 권주할게요.

제일 마음 쓰이는 데가 어딘데요.
백문 앞 버들숲의 까마귀라고요?

그야 울다가 버들꽃 그늘에서 잠들 테지요.
당신은 취해서 제 집에 주무시고요.

박산로(博山爐)에 타오르는 침향 향연(沈香香煙)은
두 가닥 하나 되어 자욱하리다.
― 자줏빛 놀보다도 더 짙게 ―

君歌楊叛兒　妾勸新豊酒
何許最關人　烏啼白門柳
烏啼隱楊花　君醉留妾家
博山爐中沈香火　雙煙一氣凌紫霞
〈楊叛兒〉

부연　당신은 신나는 '양반아' 노래를 부르세요. 저는 유명한 '신풍주' 술을 부어 권주가를 부르리다. 어디에 제일 신경이 쓰이시나요? 저 '백문' 밖 버드나무 숲에 우는 까마귀라고요? 까마귀가 밤에 우는 건 좋은 조짐이라 하잖아요. 저렇게 울다가

저도 버드나무 꽃그늘에 숨어서 단잠이 들겠지요. 그러니 당신도 취했으니 저의 집에서 유하세요. '박산로' 향로 속에 피어오르는 '침향'의 김과 연기의 두 가닥이 한 줄기로 어우러져, 온 방 안은 선궁(仙宮)에 서리는 자줏빛 놀보다 더욱 짙게, 뒤엉클어져 운우의 정〔雲雨之情〕으로 무르익으리다.

평설 이 노래의 바탕이 되었던 《群書札記》의 〈고악부 양반아〉는 다음과 같다.

잠시 '백문' 밖에 나가 봤더니
버들숲 짙어 까마귈 감출 만하네.
당신은 '침향'이 되어 타세요.
저는 '박산향로'가 될게요.
暫出白門前　楊柳可藏烏
歡作沈水香　儂作博山爐

---

* **解題** 고악부(古樂府) 서곡가(西曲歌)의 하나인데, 그 제명으로 원가를 윤색한 남녀상열지사(男女相悅之詞)이다. '叛'은 '伴'으로도 쓴다.
新豊酒(신풍주) 명주(銘酒)의 이름. 장안 근처에 있는 지명.
何許(하허) 어디. 어느 곳.
關人(관인) 관심. 신경 쓰이는 일.
白門(백문) 지금의 남경(南京)의 서쪽 성문.
博山爐(박산로) 향로 이름. 박산 땅에서 만든 향로. 뚜껑은 바다 속의 '박산'을 본따 산봉우리같이 하고, 밑받침에는 끓는 물이 고이게 하여 김과 연기가 함께 서려 오르게 만든 향로.
沈香(침향) 열대 지방에서 나는 향나무로, 오랫동안 물에 담가 두면 목질은 다 썩어 없어지고 속의 심만 남는 것인데, 향료로 진중된다. '沈水香'이라고도 한다.
雙煙(쌍연) 두 줄기 연기.
紫霞(자하) 자줏빛 놀. 선궁(仙宮)에 서리는 노을.

이는 양민(楊旻)과 아후(阿后)와의 염문(艷聞)을 풍자한 노래인데, 이백은 이에 살을 붙여, 그윽한 분위기를 연출하고 있다.

'까마귀'는 깊숙한 곳에 숨겨져 있는 정부(情夫)의 비유인 한편, 밤에 우는 까마귀 울음[烏夜啼]은 고악부로도 불리어, 남녀 상사의 정을 돋움과, 장차 좋은 일이 있을 조짐으로, 마치 우리나라의 아침 까치처럼 여겨 왔던 것이다.

'沈水香'과 '博山爐'는 남녀 성기(性器)의 비유인데, 여기서 '박산로'를 그저 산지명(産地名)을 딴 일반 향로거니 하여, 그 특이한 구조와 독특한 성능을 간과하고들 있음은, 시미(詩味)의 묘(妙)를 송두리째 잃고 있는 것이다. 註에서 언급한 대로 그 구조가, 맨 밑에는 숯불을 넣어 향을 태우고, 그 위의 끓는 물엔 향이 삼기는 김이 올라, 연기와 김이 한데 서리게 함으로써 남녀 정사의 장면을 상징한 향로인 것이다.

雙煙一氣淩紫霞

'紫霞'는 '자하궁' 곧 신선이 산다는 '선궁(仙宮)'에 서리는 자줏빛 노을이니, 이는 운우처럼 자욱하게 서리는 방 안 분위기의 형용이다. 바야흐로 거나한 김에 즉흥으로 대작(代作)해 본, 유녀(遊女)의 염가(艷歌)인 셈이다.

시형은 오언고시, 운자는 상성 '有'운과 평성 '麻'운의 환운.

삼오칠언

바람 맑고
달 밝은데,

낙엽은 몰리랑 흩어지랑
까마귀도 깃들었다 술렁이고….

아! 언제료? 그리운 임 만날 날은―.
이 밤 이 시각, 이 마음 어이할꺼나!

秋風淸
秋月明
落葉聚還散
寒鴉栖復驚
相思相見知何日
此時此夜難爲情
〈三五七言〉

부연 가을 바람은 맑고, 가을 달은 밝은데, 가랑잎은 바람결에 날리어 우수수 몰렸다 흩어졌다 스산하고, 까마귀는 자다 말고 무엇에 놀랐는지 펄쩍 날아 올라 까악까악 울며 어디론지 사라져 간다.
　이렇듯 간절히 그리운 님, 만날 날은 도대체 언제란 말이뇨? 이 밤 이 시각 타오르는 이 마음, 난 모르겠네. 어찌 해야 할지를….

|평설| 바람이 맑을수록, 달이 밝을수록, 그리운 이를 그리워하는 마음은 그 도(度)를 더하거니, 하물며 그것이 가을 바람이며 가을 달임에서랴?

봉별(逢別)이 무상한 낙엽의 취산(聚散), 의지 없이 방황하는 밤까마귀! 이들 또한 가세하여 그 마음을 충동이고 있으니 어이하랴? 그처럼 낭만적, 낙천적이어서 만고의 시름도 술이면 그만이던 이백이건만, 술로써도 어찌할 수 없게 한, 그 '님'은 도대체 어떤 사이던고? 이렇듯 이럴 양이면, 그 님의 심사 또한 심상치 않았으려니, 그리움에 불타던 그 마음들, 꺼진 지 이미 천이요 수백 년이건만, 그 불길 지금도 가슴 가슴에 옮아 재연(再燃)되고 있음이여!

시형은 '3·3, 5·5, 7·7'로, 시정을 점층적으로 고조해 가는, 이른바 '三五七言詩'로서, 이백이 창시한, 그의 독창적인 시 형식이다.

천보 13년(754), 작자 54세 때의 지음으로 추정된다.

운자는 평성 '庚'운.

寒鴉栖復驚(한아서부경) 까마귀도 자다 말고 펄쩍 놀라 낢. 위무제(魏武帝)의 〈단가행(短歌行)〉에 '月明星稀 烏鵲南飛 繞樹三匝 無枝可依'라 있어, 의지할 곳 없는 심사를 나타낸 것.
難爲情(난위정) 심사를 올바로 가지기 어렵다는 뜻.

이백편 李白篇

한적
閒適

一 閒適 一

혼자 마시다 보니

언제 어두웠나? 잔 거듭하는 사이,
떨어져 쌓인 꽃잎 옷자락에 수북하다.
시냇달 흩걷는 길엔 새도 사람도 없어라!

對酒不覺暝　落花盈我衣
醉起步溪月　鳥還人亦稀
　　　　〈自遣〉

부연　꽃나무 아래서 한 잔 한 잔, 잔을 거듭하다 보니, 세상 시름 쓸은 듯 잊은 가운데, 날 저물어 어두워진 줄조차 깨닫지 못하다가, 문득 정신이 들어 살펴보니, 분분히 떨어지는 꽃잎들이 근처 일대에 수북이 널려 있음은 물론, 내 옷자락에도 가득히 쌓여 있는 것이 아닌가? 꽤나 오래 머물러 있었던 줄 비로소 짐작이 간다.
　취한 몸을 일으켜, 시냇길에 비친 달빛을 밟아, 길지자〔之〕 걸음으로 걷노라니, 새들도 둥지로 돌아가 짹 소리 하나 없는, 적적한 봄밤은 깊을 대로 깊어 있다.

自遣(자견) 스스로 자신을 위로함.
對酒(대주) 술을 대함. 술을 마심.
步溪月(보계월) 시냇길에 비친 달빛을 밟아 걸음.
人亦稀(인역희) 사람 또한 드묾. 인적이 없음.

평설 '花, 月'은 이백의 술자리에 불가결한 두 친구다.

꽃 사이 한 병 술을
친구 없이 따르다가
잔 들어 달 맞으니
그림자랑 셋이 됐네.
花間一壺酒　獨酌無相親
擧酒邀明月　對影成三人

그는 〈月下獨酌〉에서, 이처럼 '花, 月'에다 아주 인격까지 부여하여 '三人' 속에 넣고 있다.
도리원(桃李園)에 잔치할 젠,

구슬자리 펴 꽃 위에 앉아
잔 날려 권하며 달에 취하네.
開瓊筵而坐花　飛羽觴而醉月

하며 기염을 토했으니, 취한 것이 술에 뿐 아니라, 달에도 취했음일진데, 꽃에도 취했을 것임은 이르나마나일 것이다.
그의 같은 시제의 다른 시에는, 바람과 꾀꼬리까지 등장시켜 모두 다 등장시켜 그의 술친구로 삼고 있다.

그대여 권하는 잔
거절 말게나.
봄바람은 우리에게
아양을 떨고

꽃들은 옛님인 양
반색을 하며,
푸른 나무엔
꾀꼬리 울고
밝은 달은 금술잔을
기웃거린다.
勸君莫拒杯　春風笑人來
桃李如舊識　傾花向我開
流鶯啼碧樹　明月窺金罍

　모두 다 화하주(花下酒)의 멋이요, 일각 치천금(一刻直千金)인 춘소 화월야(春宵花月夜)의 낭만이다.
　꽃나무 아래서 술을 마시다 '삼배(三杯)에 통대도(通大道)하고, 일두(一斗)에 합자연(合自然)'하여, 천고수(千古愁) 만고수(萬古愁) 다 잊은 터라, 날 저문 줄도, 낙화가 옷에 쌓이는 줄도 몰랐으니, 그 도도한 취태가 오죽했으랴? 달 아래 시냇길을 걷는 발걸음도 온전하진 못했으리라. 두건을 거꾸로 쓰고 꽃나무 아래 비틀거리던(倒着接䍦花下迷), 〈양양가(襄陽歌)〉에서의 소성(素性)에 비추어 보면, 다분히 심한 '之(갈지)'자 걸음이었을 것은 상상하고도 남음이 있다.
　시형은 오언절구, 운자는 평성 '微'운.

술은 안 오고…

옥병 병목에
청실을 매어
술 사러 간 녀석
왜 이리 늦나?

산꽃이 빵긋
내게 웃나니
진정 잔 들기
딱 좋은 땐데….

玉壺繫靑絲 沽酒來何遲
山花向我笑 正好銜杯時
〈待酒不至(抄)〉

부연 옥병 잘록한 병목에 손잡이 끈으로 청실을 매어 들려, 술 사오라 보낸 그 동자 녀석은 왜 이리도 늦는다니?
산꽃이 빵긋 내게 웃어 주는 지금 이 시각이야말로, 한잔 주욱 들이켜기 딱 좋은 땐데…. 아, 이 아쉬움! 술은 안 오고….

玉壺(옥호) 옥으로 만든 호리병. 목이 잘록하고 배가 불룩한 옥병.
繫(계) 맴. 동여맴.
沽酒(고주) 술을 삼.
銜杯(함배) 술잔을 입술에 문다는 뜻으로, '술을 마시다'의 완곡어(婉曲語).

평설 소녀의 머리에 댕기 드리듯, 애완동물 목에 리본을 매듯, 술 품어 올 옥병이 좀 귀여웠으면, 이리도 곰살궂게 청실홍실로 단장까지 해 보냈을까?

주구(酒具)에 베푼 이 각별한 애대(愛待)로도, 주인공의 애주 풍정이 눈에 넘친다.

"옴이 어찌 이리 더디뇨(來何遲오)?" 이 느직한 듯 조바심한 말가락으로도, 갈증이 얼마마한지 짐작이 갈 만하다. 그러나 아무리 그렇다손, 동자 떠난 지 얼마나 됐다고? 이제 겨우 주막에 당도했을까 말까인데, 벌써부터 저리도 안달일까? 하기야 님 기다리듯 일각 삼추의 그 심정, 알 이 알리라.

컬컬한 목에 금시 넘어가는 듯 환미(幻味)되는 그 황홀한 제호미(醍醐味)에 군침을 삼키는, 이 주호(酒豪)의 점잖은 듯 점잖찮은 풍모가 눈에 선하지 않은가?

품을 열어 보이는 '山花'의 웃음, 화심(花心) 인심이 격의 없이 통정하는 애정 교감의 현장이다.

산화의 웃음에 수답(酬答)하여, 한 잔 주욱 쾌음(快飮)하기 절호의 때이건만, 가장 긴요한 때, 가장 요긴한 것의 없음이여! 여운 속에 서리는 이 아쉬움… 아쉬움…!

음주의 살아 있는 의미가 거기 숨쉬고 있다. 이백에게서의 술은, 소위 술꾼들의 한갓 기호물 또는 음식물로서의 술과는 달리, 또 다른 시인들의 이른바 망우물(忘憂物) 또는 환락물(歡樂物)로서의 술과도 달리, 그때그때의 살아 있는 음주의 변(辯)이 따로 있으니, 때론 망정(忘情)·망기물(忘機物)로, 때론 승월(乘月)·등선물(登仙物)로, 때론 통대도(通大道)·합자연물(合自然物)로, 혹은 자연과의 교정(交情)·교환물로…. 그리하여 비록 독작(獨酌)일지라도, 꽃이든, 새든, 달이든, 물이든, 바람이든, 구름이든, 아니면 자신의 그림자로든, 반드시 누구와의 대작 아닐 때가 없다. 이 시는 원래 오언율시인 것을 반 잘라 절구로 다루어 보았다. 생략된 후반부는 다음과 같다.

늦게야 동산에
잔 드노라니
갔던 꾀꼬리
다시 와 우네.

봄바람이랑
취한 나그네
오늘따라 서로
정답도 하이!
晚酌東山下　流鶯復在玆
春風與醉客　今日乃相宜

친구 집에서

저물어 푸른 산
내려오자니
산달(山月)도 날 따라
마을로 오고

돌이켜 지나온 길
바라보자니
산허리를 감도는
푸른 안개 —

서로 손잡고
집에 이르니
사립문 열고 맞는
어린 녀석!

푸른 대숲속
그윽한 길엔
옷자락을 떨치는
푸른 담쟁이.

편안히 쉬게 됨을
기뻐하면서
좋은 술 연방

함께 비우며

길이 송풍곡을
노래하더니
노래 끝나자
은하도 희미해

손도 주인도
취코 즐기다
거나히 세상 시름
함께 잊었네.

暮從碧山下　山月隨人歸
卻顧所來徑　蒼蒼橫翠微
相携及田家　童稚開荊扉
綠竹入幽徑　青蘿拂行衣
歡言得所憩　美酒聊共揮
長歌吟松風　曲盡河星稀
我醉君復樂　陶然共忘機
〈下終南山過斛斯山人宿置酒〉

부연　종남산에 올라 가슴 탁 트이는 원근 조망의 쾌재를 만끽하다가, 이윽고 날이 저물자 산을 내려오는데, 저만치 산정에 떠 있던 달이, 저도 짐짓 내 뒤를 밟아 걸음걸음 뒤따라 오고 있다. 이만치 와서 보면 저도 그만치 와 있고, 다시 이만치 와서 보면, 저도 다시 그만치 — 늘 그만 그쯤의 거리를 지키면서 나를 따라 마을로 돌아오고 있으니, 황혼달을 동반한 하산길은 어둡지도 심심하지도 않아 좋다. 평지에 이르러, 지나온 전 노정을 총회고하여 바라보노라니, 종남산 산허리엔, 마치 선향(仙鄕)의 비경(秘境)을 가리기라도 하듯, 아득히 푸른 안개띠로 둘려져 있다.

친구인 곡사산인과 서로 손잡고, 그의 집에 이르니, 동자가 나와 사립문을 열고 맞는다. 푸른 대숲속으로 깊숙이 들어가는 오솔길에는, 파란 담쟁이덩굴이 길 쪽으로 고개를 내밀어 있어, 지나가는 사람의 옷자락에 연방 스치곤 한다. 그의 집은 그만큼 유심(幽深)하여 멀리 세속에서 동떨어져 있다.

이제 피곤한 몸을 활짝 펴고 쉴 수 있게 되었음이 마냥 기뻐 환담하면서, 주인이 베푼 술로 연방 잔을 후딱후딱 비워 버린다. 거나히 취기가 돌자, 우리는 높은 소리로 '송풍곡'을 노래 부른다. 노래를 끝마치고 나니, 어느덧 은하의 별빛도 엷어져 밤도 이슥하였는데,

---

* 題意 종남산을 내려와 곡사산인의 집에 들러 유숙하면서 술을 대작하며 즐기다. 곡사(斛斯)는 복성(複姓).
碧山(벽산) 푸른 산.
卻顧(각고) 뒤돌아봄.
所來徑(소래경) 거쳐온 길.
翠微(취미) ① 산중턱에서 산정 못 미치는 곳의 일대를 이름. ② 푸른산 기운에 둘리어 있는 산. 여기서는 ①, ②의 중의.
相携(상휴) 서로 손잡음.
童稚(동치) 어린아이. 동자.
荊扉(형비) 사립문.
幽徑(유경) 그윽한 오솔길.
靑蘿(청라) 푸른 담쟁이덩굴.
歡言(환언) 즐겁게 이야기함. 환어(歡語).
得所憩(득소게) 쉴 곳을 얻음.
共揮(공휘) 함께 남은 술을 비워 버림.
河星稀(하성희) 은하의 별이 드묾.

나그네가 취하면 주인이 즐거워하고, 주인이 취하면 나그네 또한 즐거워하는, 이렁성 상승 고조되어 가는 취흥 가운데, '세상 시름' 이야 가뭇없이 함께 잊고 만 것이다.

평설 첫 4구는, 하산 시(時)의 모경이요, 다음 4·5구는, 유숙하게 된 친구 집의 유수(幽邃)한 정취요, 끝 6구는, 창음(暢飮) 환담(歡談)하는 망기(忘機)의 정경으로, 주객의 정의의 도타움이나, 직서적인 서정의 곡진함이, 두보의 〈贈衛八處士〉를 연상케 한다.

山月隨人歸

세상에 이런 멋들어진 구가 어디 또 있을 수 있을까? 달 좋아하는 이백이다 보니, 달도 이백을 좋아함이야, '가는 정 오는 정'으로 당연하다 치더라도, 마을로 돌아오고 있는 이백의 뒤를 발밤발밤 저만치 뒤따라오고 있는 달! '친구 따라 거름 지고 장에 간다'듯, 제 궤도마저 잊어버린 채, 엉뚱한 길로 따라오고 있는, 이 정겨운 달의 이미지는, 마치 안주인 치마꼬리 놓칠세라 종종걸음으로 뒤따르는 삽살강아지처럼 살갑기도 하다.

우리는 흔히 듣는다. 인간이 자연을 정복했느니, 인간과 자연이 혼연 일체가 됐느니, 인간이 자연에 귀일(歸一)했느니, 또는 자연과 인간이 친화 상종(親和相從)하느니 등…. 그러나 이처럼 자연이 인간을 연모 추종하는 예는 독특하다. 그의 시 〈待酒不至〉의 다음 부분이나,

메꽃은 내게 생글거리고
山花向我笑

또는 그의 시 〈對酒〉의 들머리,

자, 한 잔 받게나, 싫다곤 말게.
봄바람 솔솔 아양을 떨고
복사꽃 오얏꽃 반색하면서
우릴 향해 빵긋이 웃네.
꾀꼬린 푸른 가지에 울고
달도 술잔을 기웃대거니….
勸君莫拒杯　春風笑人來
桃李如舊識　傾花向我開
流鶯啼碧樹　明月窺金罍

등이 다 그런 것이다.

'꽃'과 '바람'과 '달'의 미태(媚態)를 보라. 인간이 자연에게로 주기만 하는 것의 일방적인 짝사랑 같은 애정에 비하면, 이처럼 인간에게로 기울어 오는 자연의 애정이야말로, 받는 사랑으로서의 신선한 충격이, 우리를 느껍게 하기에 족하지 않은가? 그중에서도 '山月隨人歸'는 더욱 빼어났으니, 그것은 아마도 '隨'보다도 한술 더 뜬 '歸'의 충순성(忠順性) 때문일 것 같다.

높은 데서 내려왔으면, 한 번쯤은 그 걸어온 길을 일목에 수렴하여 내력을 정리하고자 함은 인정의 자연스러움이다. '푸른 이내와 안개가 아스라히 산허리를 둘러 있는' '蒼蒼橫翠微'의, 그 표묘(縹緲)한 선기(仙氣)를 음미할 것이다.

'我醉君復樂', 이는 그 상대를 서로 바꾼 '君醉我復樂'과 상통상보(相通相補)하는 이른바 '호문(互文)'으로, '내 취할수록 그대 또 즐거워하고, 그대 취할수록 내 또 즐거워한다'로, 필경 '주객이 함께 취코 즐김'을 이른, 매우 압축적, 탄력적 표현임을 또한 음미할 것이다.
시형은 오언고시, 운자는 평성 '微'운.

달 아래 혼자 마시며(1)

꽃나무 사이 한 단지 술을
친구 없이 혼자 마시다,
술잔 들어 달을 맞으니
내 그림자랑 셋이 되었네.

달이야 본래 술 못하지만
그림잔 고분고분 나를 따르네.
달과 그림자 잠시 벗하여
이 봄을 한껏 즐겨 볼까나!

내 노래에 달은 어지렁거리고
내 춤에 그림자는 범벅춤 춘다.
깨어 있어선 함께 즐기다
취해 잠들면 흩어지나니,
시름 없는 우리 사귐 길이 맺어서
먼 은하에서도 만나자꾸나!

花間一壺酒　獨酌無相親
擧杯邀明月　對影成三人
月旣不解飮　影徒隨我身
暫伴月將影　行樂須及春
我歌月徘徊　我舞影凌亂
醒時同交歡　醉後各分散

永結無情遊　相期邈雲漢
〈月下獨酌(一)〉

부연　활짝 피어 흐드러진 꽃나무 아래 한 단지 술을 놓고, 친구도 없이 혼자 잔질하고 있노라니, 때마침 밝은 달이 동산 위에 얼굴을 내민다. 내 술잔을 높이 들어 환호하여 맞으니, 달 친구와 함께 나타난 내 그림자 친구도 가세하여 술자리는 갑자기 활기를 띠어, 셋이서 한판 어울리게 되었다.

달이야 본래부터 술을 마시지는 못하는 친구지만, 그림자는 고분고분 내 몸짓 따라 잔을 기울인다. 내 잠시 이들 달과 그림자를 벗하여, 아름다운 이 봄이 다하기 전에, 한껏 이 밤을 즐겨 보리라.

내가 노래하면, 달은 발장단을 밟는 듯 어치렁거리고, 내가 너울너울 춤사위를 펼치면, 그림자는 갈피를 못 잡아 범벅춤을 추는 것이다. 이처럼 곤드레가 되기 전에는 함께 즐거움을 나누다가도, 만드레가 되어 잠들어 버리게 되면 제각기 흩어지고 만다. 원컨대, 우리 길이 세상 시름 잊을 망정(忘情)의 교분을 맺어, 후생에도 아득히 높은 저 은하의 세계에서 다시 만날 그날 있기를 서로 기약하자꾸나!

평설　봄밤의 꽃과 달과 술! 친구 없음이 아쉽지만, 그렇다고 저 꽃 사이 술항아리를 어찌 헛되이 달 아래 방치해 둘

一壺(일호) 한 병. 한 단지. 한 동이.
三人(삼인) 나와 달과 나의 그림자를 이름. 달과 자신의 그림자를 의인시한 것.
凌亂(능란) 뒤섞여 어지러워짐.
無情遊(무정유) 망정(忘情)의 교유(交遊). 탈속(脫俗)의 교분.
邈(막) 아득히 먼 모양.
雲漢(운한) 은하(銀河).

수야 있겠는가?

'막사금준(莫使金樽)으로 공대월(空對月)이랏다〈將進酒〉'

달과 그림자를 친구 삼는, 친구 없음의 고독을 승화한, 이 낭만의 극치! 과연 주선(酒仙)다운, 과연 시선(詩仙)다운, 그 면모의 약여(躍如)함이여!

이 시는 그의 44세, 천보 3년(744)의 작으로 알려져 온다.

시형은 오언고시, 운자는 평성 '眞'운과 거성 '翰'운.

달 아래 혼자 마시며(2)

하늘이 술 좋아하지 않았더라면
'주성(酒星)'이 하늘에 있을 리 없고,
땅이 술 좋아하지 않았더라면
땅엔 응당 '주천(酒泉)'은 없었을 테지…
하늘 땅도 이미 술을 좋아했거니
술 좋아함이 천지에 부끄럽지 않네.

듣건대 청주는 '성(聖)'에 비기고
탁주는 '현(賢)'에 견준다 하네.
내 이미 성현을 마셨거니
하필이면 신선 되려 애쓸 것이랴?

석 잔이면 '대도'에 능히 통하고
한 말이면 '자연'과 하나 되나니,
다만 취중에서만 얻는 이 맛을
술 안 먹는 맨송이엘랑 전하지 마라.

天若不愛酒　酒星不在天
地若不愛酒　地應無酒泉
天地旣愛酒　愛酒不愧天
已聞淸比聖　復道濁如賢
聖賢旣已飮　何必求神仙
三杯通大道　一斗合自然

但得酒中趣　勿爲醒者傳
〈月下獨酌(二)〉

부연　하늘이 만약 술을 사랑하지 않았더라면, '주성'이 하늘에 있지 않았을 것이요, 땅이 만일 술을 사랑하지 않았던들, 이 땅에는 아마도 '주천'은 없었을 것이다. 그러나 보라, 저 하늘에는 술을 맡아 다스리는 '주성'이란 별이 있고, 땅에는 술이 샘솟는 '주천군'이란 고을이 여러 곳에 있지 아니한가. 이는 하늘과 땅도 이미 술을 사랑하고 있음이 틀림없다. 그러므로 내가 술을 사랑함은 하늘과 땅의 사랑하는 바를 사랑함이라, 오히려 천지에 떳떳은 할망정 어찌 조금인들 부끄러울 것이 있으랴?

내 이미 듣건대, 청주는 성인에 견주고, 또 말하기를 탁주는 현인과 같다고 하니, 그렇다면 나는 이미 성인인 청주며 현인인 탁주를 오래전부터 마셔 오고 있는 터이라, 나 자신도 성현으로 화해 가고 있는 중이리니, 무엇 때문에 구태여 신선이 되려고 애쓸 것이랴?

석 잔이면 천지 대도의 큰 이치에 통달하게 되고, 한 말이면 우주 자연과 합일하는 경지에 이르게 되는 것이다. 다만 이 같은 술 가운데의 정취를, 술 마시지 못하는 맹송이한테랑 전하지 말라. 그것은 취한 자만이 몸소 취중에서만 누릴 수 있을 뿐, 취하지 않은 사람에

酒星(주성) 술을 맡아 다스린다는 별. 주기성(酒旗星).
酒泉(주천) 술 같은 샘물이 솟아난다는 샘의 이름. 또 그런 연유로 이름 붙여진, 중국의 여러 곳의 지명.
已聞淸比聖 復道濁如賢(이문청비성, 부도탁여현) 〈魏志, 徐邈傳〉에 '酒客謂淸者爲聖人, 濁者爲賢人'이라고 있다.
大道(대도) 우주의 떳떳한 길. 인생의 나아갈 바른 길.
趣(취) 의취(意趣). 풍정(風情). 기분.
醒者(성자) 술을 마시지 않는 사람. 또는 술 취했다가 깬 사람. 여기서는 전자의 뜻.

게야 천만언의 설명으로도 그 즐거운 경지를 이해시킬 수 없겠기 때문이다.

평설 어찌 들으면 삼단논법 같기도 하지만, 소전제(小前提)의 오류(誤謬)를 범하고 있으니, 도출(導出)된 결론도 맞을 리가 없다.

그렇건만 억지 궤변을 그럴 듯하게 늘어놓고 있는, 이 만취인의 천진한 독백을 듣고 있노라면, 몸을 가누지 못해 비틀거리는 취정(醉酊) 현장에서, 간간이 딸꾹질 소리 파고드는 혀 꼬부라진 느린 가락의, 그의 육성을 듣고 있는 듯 친근감이 든다.

이런 죄없는 주정쟁이를 그대로 두고 지나칠 수 없어, 부축해서라도 데려다 주고 싶은 정겨움마저 느껴짐은 어째서이뇨?

이미 현성(賢聖)과 같은 통대도(通大道) · 합자연(合自然)의 경지에 들었는 양 자홀(自惚)하고 있는 이 호호야(好好爺)! 이런 무사(無邪)한 취정을 뉘 귀찮다 하리?

시형은 오언고시, 운자는 평성 '先'운.

달 아래 혼자 마시며(3)

삼월이라 함양 땅엔
온갖 꽃! 한낮이 비단 같고녀!
뉘 이 봄을 홀로 시름하느뇨?
지체없이 꽃과 마주 마실 일이지….

궁(窮)하든 달(達)하든, 목숨마저도
진작 조물에게서 정해진 바니
술만 있음 생사야 매한가지라
만사는 애시당초 알 수 없는 것….

취한 뒤엔 천지도 잃어버린 채
외로이 쓰러져 잠에 빠지면
내 몸 있음도 내 모르거니
이 즐거움이야 으뜸이어라!

三月咸陽城　千花晝如錦
誰能春獨愁　對此徑須飮
窮通與修短　造化夙所稟
一樽齊死生　萬事固難審
醉後失天地　兀然就孤枕
不知有吾身　此樂最爲甚
　　　　〈月下獨酌(三)〉

부연 춘 삼월 호시절! 이 서울 장안은, 온갖 꽃이 흐드러져 한낮이면 눈부시게 현란하여 마치 온갖 비단을 펼쳐 놓은 듯 아름답다. 그 누가 이 아름다운 봄을 즐기지 아니하고, 홀로 인생살이 시름에 잠겨 있느뇨? 지체없이 꽃을 상대로 한 잔 좋이 들이켤 일이어늘….

운수야 좋든 궂든, 수명이야 길든 짧든, 그런 것은 날 때부터 조물자에게서 주어진 대로니, 생각한들 무슨 소용이랴? 한 단지 술만 넉넉히 있고 보면, 죽는 일이나 사는 일이 별것이 아닌, 똑같은 하나의 자연 현상일 뿐이다. 세상 만사야 애당초 미리 헤아릴 수 없는 일이요, 인생사 또한 그러한즉, 그런 데에 얽매여 시름한들 무엇 하리. 흠뻑 취하여 하늘 땅 있음도 잊어버리고, 올연히 쓰러져 잠 속에 들면, 내 한 몸 있음도 알지 못하나니, 이보다 더한 즐거움이 어디 또 있다 하랴?

평설 이 수는 시제와는 달리 '月下獨酌'이 아니라, '백주(白晝)의 명정(酩酊)이다. 길흉 화복이나 수명 장단은 조물자가 진작 정해 둔 바란 운명론이며, 죽음과 삶도 다 같은 하나의 자연 현상이란 도가류(道家流)의 인생관이다. 술로 인생을 즐기며, 취해서 세상 시름을 잊어버리는 일이 세상 사는 즐거움의 으뜸이라니, 허턱 해보는 취중의 섬어(譫語)일 뿐, 설마 취생몽사(醉生夢死)

咸陽城(함양성) 당(唐)의 수도인 장안(長安)의 서북쪽. 위수(渭水)의 북안(北岸)에 있는 도시의 성.
徑(경) 즉시. 당장.
窮通(궁통) 곤궁과 영달.
修短(수단) 길고 짧음.
造化(조화) 천지 자연의 이세(理勢). 여기서는 조물(造物). 조물자.
兀然(올연) 세상 모르게 취한 모양.

를 찬양하는 건 아니려니, 이 선생! 낮술이 좀 과하시외다!
  시형은 오언고시, 운자는 상성 '寢'운.

달 아래 혼자 마시며(4)

궁한 시름은 천만 갈랜데,
아름다운 술은 고작 삼백 잔.
시름은 많고 술은 적어도
술잔만 기울이면 시름은 안 와,
해서 아노니, 술이 성(聖)임을….
거나하면 마음은 절로 열리네.

수양산에 곡기 끊은 백이 숙제나
쌀뒤주 노상 비운 주린 안회(顔回)나,
살아생전 취중의 낙 못 누리고서
헛된 이름 남겼자 무엇에 쓰리.

게살 안주는 황금액이요,
술지게미 더미는 봉래산이라.
모름지기 아름다운 술을 마시며
달을 타고 높은 대에 취해나 보세.

窮愁千萬端　美酒三百杯
愁多酒雖少　酒傾愁不來
所以知酒聖　酒酣心自開
辭粟臥首陽　屢空飢顔回
當代不樂飮　虛名安用哉

蟹螯卽金液　糟丘是蓬萊
且須飮美酒　乘月醉高臺
〈月下獨酌(四)〉

부연　곤궁한 시름은 천만 갈랜데, 아름다운 술은 겨우 삼백 잔! 시름이 많은 데 비해 술이 비록 적기는 하나, 그래도 술잔을 기울이고 있는 동안만은 시름은 오지 못하나니, 그러매서 과연 술에는 성스러움이 있음을 알겠노니, 술만 거나하면 마음은 저절로 열리어 기분이 밝아진다.

　벽곡(辟穀)하고 수양산에 은거한 백이·숙제나, 명리를 멀리하고 학문에만 골몰하여 끼니를 자주 거르던 안회나, 다 살아생전에 술 마시는 즐거움을 맛보지 못했고 보면, 절의인(節義人)이니, 철인(哲人)이니 하는 헛된 이름 후세에 남겨 봤자, 어디에 쓸 것이리요?

　집게발 속의 게살은, 선약인 황금액에 맞먹는 좋은 술안주요, 술

窮愁(궁수) 곤궁한 시름. 답답한 근심 걱정.
所以(소이) 까닭. 그러므로.
知酒聖(지주성) 술을 성인에 견주는 뜻을 알겠다는 말.
辟粟臥首陽(사속와수양) 옛날 백이(伯夷)·숙제(叔齊) 형제는, 주(周) 무왕(武王)이 당시의 천자인 은(殷)의 주왕(紂王)을 정벌하려 하자, '신하로서 그 임금을 침은 옳지 않다' 하고 극력 만류했으나 듣지 않았다. 그 후 주 무왕이 천하를 통일하여 새 조정을 열었을 때, 이들 형제는 주나라의 곡식을 먹지 않겠다 하고, 수양산에 은거하여 고사리를 캐어 연명하다 결국 아사했다.
屢空飢顔回(누공기안회) 공자의 제자 안회는 세속의 명리(名利)에 초연히 오직 학문에만 전념하였으므로, 쌀뒤주에 곡식이 비어 있기 일쑤였다는 고사.
蟹螯(해오) 게의 집게발. 집게발 속의 게살은 별미라고 일컫는다.
金液(금액) 황금의 정액(精液). 선인(仙人)이 먹는다는 선약.
糟丘(조구) 술지게미의 더미.
蓬萊(봉래) 동해 가운데 있다는 삼신산(三神山)의 하나.

을 걸러 낸 지게미의 쌓인 언덕은, 바로 신선이 살고 있다는 봉래산이라. 자, 모름지기 아름다운 술을 마시며, 달을 타고 높은 누대에 올라, 이 밤 흐무뭇이 취해 보자꾸나!

평설 유학자(儒學者)들이여! 이 거리낄 줄 모르는 사문 난적(斯門亂賊)의 패론적(悖論的) 취중 방언(放言)을 너그러이 보아 주시라. 이는 선현(先賢)을 모독하자 함이 아니라, 이 모독 같은 역설 속에, 천만 갈래의 인생 시름을 성토하고 있는 것이다.

　시름에 비해서는 어림도 없이 적은, 기껏 삼백 잔의 술! 그것으로나마 달래 보려는 이백의 그 시름 오죽했으면, 만인이 우러르는 고절(高節)을 이렇게 걸고 넘어졌을까? 그러나 이는 결코 모독이 아니라, 불여의(不如意)·불합리한 세태 인정과 백년우(百年憂)·만고수(萬古愁)에 답쌓인 인생이 너무도 억울하고 원통함에서 내뱉어진 역정적 역설로 이해한다면, 이 취중 망언도 망언이라기보다는 오히려 시대의 탄식, 역사의 통곡이 아니고 무엇이랴?

　고주망태 속에서의 끼적거림을 깬 뒤에도 수정하지 않은 데에, 취정(醉醒)의 현장감이 생생하다.

　시형은 오언고시, 운자는 평성 '灰'운.

술잔 손에 들고

1. 하늘에 달 있어 온 지
   몇 때이런고?
   내 잠시 술잔 든 채
   달에 묻노라.

2. 나는 달에게로
   못 오르지만
   달은 도로 내게로
   따라오나니
   휘영청 선궁(仙宮)에
   거울 걸린 듯,
   푸른 안개 걷힌 뒤의
   맑은 그 광채!
   저녁 바다 떠오를 젠
   다들 보건만,
   새벽이면 구름 사이
   혼자 지는 달!
   흰 토끼 사시 사철
   약을 찧는 곳.
   외로워라 항아는
   눌 이웃한고?

3. 지금 사람, 옛 달을

못 보았어도,
지금 달은, 옛 사람
비춰 왔나니,
옛 사람, 지금 사람
유수 같지만,
달 보는 심정이야
무엇 다르리?
원컨대 노래하며
술 마실 제란,
달빛이여! 길이 술잔
비추어다오.

1. 青天有月來幾時　我今停杯一問之
2. 人攀明月不可得　月行却與人相隨
　　皎如飛鏡臨丹闕　綠煙滅盡清輝發
　　但見宵從海上來　寧知曉向雲間沒
　　白兔擣藥秋復春　姮娥孤棲與誰鄰
3. 今人不見古時月　今月曾經照古人
　　古人今人若流水　共看明月皆如此
　　唯願當歌對酒時　月光長照金樽裏
　　　　　　〈把酒問月〉

부연　1. 저 푸른 하늘에 달이 있으니, 달은 도대체 언제부터 있어 왔으며, 그 얼마나 하고 한 굉음을 겪어 오늘에 이르렀느뇨? 내 이제 잠시 술잔 손에 멈춰 든 채, 한번 달에게 물어 보노라.

2. 나는 달에게로 오르려 해도, 더위잡아 오를 길이 전혀 없건만, 달은 도리어 걸음걸음 나를 따라오는 정겨움이여!

하늘 나는 거울이 신선의 궁전 위에 휘영청 굽어 비춘 듯, 푸른 밤안개 말끔히 사라진 뒤의 빛나는 맑은 그 광채!

저녁이면 동쪽 바다 위로 두렷이 솟아오름을 세상 사람들은 다들 보건만, 그러나 뉘 알리? 새벽이면 구름 사이로 혼자 쓸쓸히 잠기어 가는 달을—.

흰 옥토끼는 봄 가을 사시 사철 약방아를 찧고 있다지만, 아리따

把酒(파주) 술잔을 손에 잡음.
停杯(정배) 술잔을 손에 든 채 잠시 멈춤.
人(인) 사람, 곧 자신을 가리킴.
攀(반) 더위잡아 오름.
却(각) 도리어.
皎(교) 희고 밝은 모양.
飛鏡(비경) 하늘을 나는 거울. 달을 이름.
丹闕(단궐) 붉은 칠을 한, 선인이 사는 궁전.
綠煙(녹연) 푸른 밤안개.
白兔(백토) 흰 토끼. 달을 이름.
擣藥(도약) 약을 찧음. 달 속에 있는 옥토끼가 선약(仙藥)을 찧느라 절구질을 하고 있다는 전설.
姮娥(항아) 달의 다른 이름. 달 속에 산다는 전설의 미인. 본디 명궁(名弓)으로 유명한 예(羿)의 아내였는데, 예가 선녀인 서왕모(西王母)에게서 얻어 온 선약을 훔쳐 먹고 선녀가 되어 승천하여 달에 살게 되었다는 전설. 상아(嫦娥)라고도 한다.
孤棲(고서) 혼자 외로이 삶.
曾經(증경) 일찍이. 이전에 겪음.
若流水(약류수) 흐르는 물과 같음.
唯願(유원) 오직 원함.
當歌對酒(당가대주) 노래하며 술을 마심. 조조(曹操)의 〈단가행(短歌行)〉에 '술을 대하여는 마땅히 노래부를 것이니, 인생이 몇 때이리?(對酒當歌 人生幾何)'에서 평측(平仄)의 안배상 전후를 뒤바꾼 것.
金樽(금준) 황금 술통. 술통의 미칭(美稱).

운 항아는 이웃할 그 아무도 없이 혼자 살고 있다니, 오죽이나 외로우랴?

  3. 지금 사람은 옛 달을 못 보았지만, 지금 달은 무수한 옛 사람을 비추어 왔었나니, 옛 사람이나 지금 사람이나 사람이란 한편 죽어 가며 한편 태어나며 쉴새없이 갈마듦이 마치 흐르는 물과 같지만, 그러나 달을 바라보는 그 심정이야 옛 사람이나 지금 사람이나 다를 바가 무엇이랴?

  원컨대, 우리들이 만고의 시름을 떨쳐 버리려고, 노래하며 술 마시는 때일랑은, 달빛이여! 부디 언제나 금 술잔 속을 길이 비추어 주려무나!

평설 이백이 있는 곳에 술이 있고, 그들이 있는 곳에 달은 제 발로 찾아간다. 보라, '산달이 나를 따라 (마을로) 돌아온다(山月隨人歸〈下終南山過斛斯山人宿置酒〉)', '밝은 달이 금술잔을 기웃거린다(明月窺金罍〈對酒〉)', '지는 달이 처마 밑으로, 촛불 다하여 꺼진 방 안을 엿본다(落月低軒窺燭盡〈春怨〉)', '달이 도로 내게로 따라온다(月行却與人相隨〈本詩〉)' 등과 같이 제 스스로 능동적으로 찾아가고 따라오고 하는 그의 달이다. 이처럼 그 사이가 막역하자니, 술잔 손에 쳐든 채, 친구에 말 건네듯 '一問之'하는 그 멋 또한 자연스럽다.

  적막한 밤을 맑고 밝은 광채로 가득 채워 주는 달! 그러나, 떠오르는 달에 보내는 환호와는 달리, 영웅의 말로처럼 외로이 몰락해 가는 새벽달에는 무심한, 그 세정(世情)을 작자는 못내 아쉬워하고 있다. 또 동화의 세계 같은 달 속의 옥토끼며 선녀를 상상하는 동심으로도, 그 외로울 것에 동정을 보내고 있다. 이는 다 작자 자신의 감정이입에서 오는 반향이 아닐 수 없다.

화려했던 궁정 생활에서 일거에 바뀌어진, 끝없는 방랑 생활, 그 무슨 공동감(空洞感) 같은 허전하고 쓸쓸한 그 자리를, 낭만과 호기(豪氣)와 술로 호도해 오는 가운데, 무의식리(無意識裏)에 자리 잡아 간, '외로움'의 잠재의식, 그것은 또 자연과 인간의 관계에 상도(想到)하여선 긴 한숨으로 발전하고 있다.

今人不見古時月　今月曾經照古人
古人今人若流水　共看明月皆如此

그렇게 막역한 사이지만, 유상과 무상의 대비에 이르러서는, 달도 필경 이백의 만고수(萬古愁)를 무제한으로 흡수해 주지만은 못하는 한계를 드러내고 만다. 이는 장약허(張若虛)의 '춘강화월야(春江花月夜)'나, 진자앙(陳子昂)의 '등유주대가(登幽州臺歌)'의 일절을 원인(援引)함으로써, 그 심적 정황을 측면적으로 이해하기에 일조가 되리라 본다.

강변에 누가 먼저 달을 봤을까?
강달은 언제 처음 사람 비췄나?
인생은 대를 갈아 이어 오지만
저 달은 어느 제나 그 달 그대로,
모르겠네, 저 달이 눌 비추는지
다만 보네, 긴 강물 흘려 보냄을―.
江畔何人初見月　江月何年初照人
人生代代無窮已　江月年年望相似
不知江月照何人　但見長江送流水
　　　　〈春江花月夜〉

나 이전의 옛 사람 보지 못하고

나 이후의 올 사람 볼 수 없나니
천지의 유구함에 생각 미치면
홀로 가슴 아파 눈물 흘러라!
前不見古人　後不見來者
念天地之悠悠　獨愴然而涕下
〈登幽州臺歌〉

　달의 유구(悠久)에 대한 인간의 수유(須臾), 어찌할 수 없는 이 한계는 체념으로 극복하면서, 이 세상에 기탁(寄託)하는 동안만의 깊은 우정으로, 여전히 그에게는 오직 술과 달이 있을 뿐이라. '月光長照金樽裏'를 당부함으로써 끝을 맺으니, 이는 초두의 '我今停杯一問之'와 수미 조응하여, 그 술잔 아직도 쳐들고 있는 듯, 환상(環狀)으로 이어지는 그 여운 또한 끝이 없다.
　천보(天寶) 2년(753), 53세 때의 작으로, 조정을 떠나 방랑한 지 10년째인 해이다.
　시형은 칠언고시, 여러 운으로 환운.

경정산을 바라보며

새들 높이 날아 뿔뿔이 흩어 가고
한 자락 구름 흐르다 가뭇없이 사라졌다.
맞보아 서로 물리지 않음 경정산뿐이어라!

衆鳥高飛盡　孤雲獨去閒
相看兩不厭　只有敬亭山
〈獨坐敬亭山〉

부연　조금 전까지만 해도 종작없이 지절거리던 온갖 잡새들은, 어느 겨를에 높이 날아 흩어졌는지, 지상에는 소릿기 하나 없이 고요하고, 단 한 조각 유유히 흐르고 있던 흰 구름장도, 흐르는 사이에 시나브로 사라져, 텅 빈 하늘은 그저 한적하기만 하다.
　이러한 경솔 부박(輕率浮薄)한 세속적인 것들이야, 때를 좇아 이합 집산하는 것들이라, 길이 사귈 거리가 못 된다. 다만 언제까지나 변함이 없이 친구로 신뢰할 수 있는 것은, 이 태연 부동의 경정산뿐이다. 지그시 바라보고 있노라면, 왠지 정겨워지고 어쩐지 믿음직스럽다. 한마디로, 괜히 좋아지는 것이다. 그것은 애초 산이 내게 준 정감이지만, 이에 심취 동화되어 있는 이 나를, 산이 또한 좋아

敬亭山(경정산) 안휘성(安徽省) 선성현(宣城縣)의 북쪽에 있는, 풍경이 가려한 명산.
獨去閒(독거한) 홀로 가 버리고 뒤가 한적함.
兩不厭(양불염) 이백과 경정산이 서로 물리지 않음.

할 것임은 이세(理勢)의 당연함이다. 이리하여 우리는 지기(知己)가 되어, 언제까지나 물릴 나위 없이 길이 서로 바라보며 즐기고 있는 것이다.

[평설] 산을 유정자(有情者)로 의인시(擬人視)하여, 친구나 연인처럼, 깊은 애정으로 대하는 데에, 자연과 인간의 완전한 일체감이 이루어진 느낌이다.

'相看兩不厭'의 '相'과 '兩'이, 이러한 대등한 인격체로서의 합일된 감정을 단적으로 보여 주고 있다. 곧, 산을 보고 있음은, 상대적으로 산도 나를 보고 있음이요, 내가 산을 좋아함은 산도 또한 나를 좋아함이라, 그러므로 언제까지 서로 마주 보고 있어도 물리지 않는 흐뭇한 경지에 들어 있는 것으로, 이 진정 인자 요산(仁者樂山)의 진제(眞諦)라 할 만하다. '樂山'이란 '산을 좋아한다'는 뜻이다. 허심한 마음으로 산을 바라보고 있노라면 괜히 산이 좋아지는, 바로 그 마음이다. 괜히라지만 따져 보면 그러할 이유가 없는 것은 아닐 것이다. 태초 이래로 그 자리를 지켜 변하지 아니함이 그저 미덥고 듬직하여, 인자를 대하는 듯하기 때문일 수도, 그 넉넉하고 너그러운 품에 만물을 기르는 것이 성자(聖者)를 대하는 듯하기 때문일 수도, 또는 철따라 새단장으로 언제 보아도 연인처럼 아름답기 때문일 수도 있으리라. 그러나 이래서 좋고 저래서 좋고 하는 것은, 진정 산을 좋아하는 순수함이 못 된다. '좋아진다'는 말은 미분화(未分化) 상태의 유기적 표현으로, 그 속에 다분히 '사랑한다'는 감정이 자리 잡고 있다. 이들은 다 무조건적인 감정이다. 산에 대한 이러한 감정, 그것이 '樂山' 두 자에 요약 설진(要約說盡)되어 있는 것이다.

1·2구는, 날아 흩어지고 제물에 사라지는 '衆鳥'와 '孤雲'의 동질적(同質的)인 것을 대(對)로 하여, 경박 부허(輕薄浮虛)한 세태 인정

을 넌지시 우의(寓意)하는 한편, 동시에 그것들은 '경정산'을 대비적 효과에 의하여, 한층 더 두드러지게, 천고 부동의 의연한 자세가 되게 하는 데 있어 얼마나 크게 기여하고 있는가를 또한 음미할 것이다.

　이 시는 작자 53세 때의 지음으로 추측된다.

　시형은 오언절구, 운자는 평성 '刪'운.

산중 문답

무슨 일 푸른 산에
사느냐고요?

대답 대신 히죽이
웃어 보이나

마음은 저절로
한가로워라!

복사꽃 둥둥
물은 아득히…

여기야 바로
딴세상인걸—.

問余何事栖碧山　笑而不答心自閑
桃花流水杳然去　別有天地非人間
　　　　　〈山中問答〉

부연　　날 보고 "무슨 재미로 이런 적막한 산 속에 살고 있느냐?"라고 묻는 사람이 있다. 내 이 사람 보고 무슨 말로써 대답할 수 있으랴? 그것은, 말로써 나타낼 수도 없거니와, 구구히 나타내어 말한다 한들, 그런 속된 질문을 하는 사람이고 보면

이해될 리가 만무하다. 그래, 숫제 히죽이 웃어 보임으로써 대답을 대신하고 만다. 그러나 나의 심경은 마냥 고요하고 편안하고 넉넉하다.

보라! 둥실둥실 복사꽃 띄운 시냇물은 넘실넘실 지경 밖으로 아득히 흘러가고 있으니, 여기야말로 인간의 속세가 아니라, 무릉 도원 같은 별천지가 아니고 무엇이랴?

평설 세간의 명리를 떠나 자연과 더불어 사는 은서 생활(隱棲生活)의 즐거움을 문답 형식으로 나타낸, 작자의 탈속적 (脫俗的) 시경(詩境)이다.

'桃花流水'를 보면서도 '別有天地'임을 몰라보는 속인과는 이미 대화의 상대 아님을 간파한 나머지라, 상대방을 무안케 하지 않으면서, 동시에 자신을 호도하는 가장 무난한 대답인 '웃음'으로 천언만담(千言萬談)을 대신하였으니, '笑而不答'은 정히 이 시의 안목이요 기경처(奇警處)이다.

김상용(金尙鎔)의 시 '남으로 창을 내겠소'의 맨 끝연,

왜 사냐건
웃지요.

余(여) 나. 일인칭.
何事(하사) 무슨 일. 무슨 까닭. 무슨 재미. '何意'로 된 데도 있다.
栖碧山(서벽산) 푸른 산에 삶. 栖=棲.
桃花流水(도화유수) 복사꽃 흐르는 물. 도잠(陶潛)의 〈도화원기(桃花源記)〉에 나오는 '무릉도원(武陵桃源)'을 연상케 하는 표현.
杳然(묘연) 아득히 먼 모양. 杳=窅.
非人間(비인간) 사람 사는 속세가 아닌 세상. 곧 신선의 세계.

도 '笑而不答'의 점화(點化)일 것이다.
　시형은 칠언절구, 운자는 평성 '刪'운.

중양절 용산에 올라

중양절 용산에 올라 술을 마시니
술잔에 띄운 국화꽃이 나를 비웃네.
— 쫓겨난 신하라고 —

바람이 채가는 모자를
취한 눈으로 전송하고,
같이 놀자 날 붙드는
달을 더불어 히히대다.

九日龍山飮　黃花笑逐臣
醉看風落帽　舞愛月留人
〈九日龍山飮〉

부연　중양절이라, 용산에 올라 술을 마시는데, 술잔에 띄운 국화꽃잎이 나를 놀리듯 내 입술을 피하여 저들끼리 뱅뱅 겉도는 품이, 쫓겨난 못난 신하라고 비웃어 주는 듯도 하다.
　그러나 잔을 거듭하는 사이 어느덧 흐무뭇이 취하여, 옛날 맹가

九日(구일) 음력 9월 9일. 중양절(重陽節). 이날 산에 올라 술잔에 국화꽃잎을 띄워 마시는 풍습이 있다.
龍山(용산) 지금의 안휘성(安徽省) 당도현(當塗縣)의 남쪽에 있는 산. 진(晉)의 대장군 환온(桓溫)이, 중양절에 이 용산에 올라 주연을 베푸는데, 부하인 맹가(孟嘉)가, 바람에 모자를 날리고도 취하여 알지 못했다는 고사가 있다.
黃花(황화) 국화.

가 그러했듯, 바람이 모자를 채어 멀리 날려 가는 것을 멀거니 눈으로 전송하고는, 저랑 같이 놀자고 만류하는 달을 애완(愛玩)하여, 밤이 깊어짐도 잊고 마냥 즐거워하고 있었다.

평설 승구의 '笑逐臣'은 자격지심에서 빚어낸 자조(自嘲)요, 자모(自侮)이다. 전구는, 거센 권세 바람(權風)에 감투(官職)가 떨어졌으니, 속수 무책으로 당하기만 한 상황이며, 결구는 그러나, '석 잔이면 대도에 통하고, 한 말이면 자연에 합일한다'는 그의 술 철학대로, 어느덧 대자연 속에 완월 장취(玩月長醉)하고 있음을 넌지시 우의(寓意)하고 있다.
　시형은 오언절구, 운자는 평성 '眞'운.

逐臣(축신) 쫓겨난 신하.
醉看(취간) 취하여 멀거니 바라보기만 함.
風落帽(풍락모) 바람에 날려 떨어지는 모자.
舞愛(무애) 희롱하며 귀여워함. 장난치며 사랑함. '舞'는 '弄'의 뜻, 곧 '舞愛'는 '弄愛'의 뜻으로, 애완(愛玩)함.
月留人(월류인) 달이 사람을 함께 있자고 붙잡음.

농담 삼아 두보에게

반과산 머리에서 두보를 만나니
머리에 쓴 갓그림자 정오를 가리켰네.
"지난번 헤어진 후로 무척이나 수척한데,
여전히 시 짓기에 고심해서인지요?"

飯顆山頭逢杜甫　頭戴笠子日卓午
借問別來太瘦生　總爲從前作詩苦
　　　　　　〈戲贈杜甫〉

부연　반과산 정수리에서 두보를 만났는데, 때마침 한낮이라, 정오의 햇빛을 받아, 머리에 쓴 그의 모자 그림자가 정원형으로 산정(山頂)에 투영되어 있다. 그것은 마치 산이 모자를 쓰고 있는 듯, 곧 수직 상공에서 내리쬐는 햇빛 아래 서 있는 그의 그림자는 다만 원으로 투영되어 있는 모자의 그림자가 전부요, 몸통의 그림자는 모자의 그림자에 묻혀 나타나지 않음이니, 그 홀쭉한 정도를 가히 짐작해 알 만하다.
　전·결구는 그래서 익살을 부린 수인사조의 물음이다.
"지난번 헤어진 후로 무척이나 여위었군요. 여전히 시 짓기에 고

飯顆山(반과산) 산 이름. '飯顆'는 '밥알, 밥풀'의 뜻.
笠子(입자) 갓, 모자 따위. 머리에 쓰는 것의 일반적인 통칭.
卓午(탁오) 한낮. 정오.
借問(차문) 묻노니. 물을 때의 허두.
別來(별래) 지난번 헤어진 이래.

심하여 시수(詩瘦)가 든 것입니까?"

평설 이 시는 이백이 두보의 고지식함을 풍자한 시로 봄이 일반적인 견해이다. '飯顆山(밥알산)'이란 산 이름이 이미 익살스러운 데다가, 앞의 '頭'는 '山頭'요, 뒤의 '頭'는 '人頭'인데, 산정에 선 두보의 머리에 쓴 '笠子'가 산이 쓰고 있는 '笠子'처럼 정오의 햇빛에 포개져 보이는 시각도 또한 희작(戲作) 기가 농후해 보인다.

그러나 곽말약(郭沫若)은, 전·결구를 문답으로 풀이하여, 결구는 이백의 물음에 대한 두보의 답으로 보아, 결코 희작이 아닌 진지한 시로 보려 했다. 그러나, '借問'의 범위가 '…作詩苦'에까지 미쳐 있음에야 무리한 풀이가 아닐 수 없다. 이 시의 이본인 '借問年來何瘦生 只爲從前作詩苦' 같으면 그렇게도 풀이할 수 있겠으나, 그러나 그렇다손 치더라도, 본인 스스로 '作詩苦'로 해서 여위었다고 대답한다는 것은 부자연하다 아니할 수 없다. 또, '太瘦生'을 일반적으로 '몹시 여윈 사람', 곧 '갈비씨' 정도의 명사로 풀이함도 잘못이다. 이는 '몹시 여위다'의 동사구임에 유의해야 한다.

이백이 두보에게 준 또 다른 시의 일절 '爲問緣何太瘦生(묻노니, 무엇 때문에 몹시 여위었는고?)'도 마찬가지이다. 이는 당대의 속어로, 여기에서의 '生'은 어조사일 뿐 뜻이 없다. 이런 구조는 '太俗生(몹시 속되다)', '太憎生(몹시 밉다)' 등과도 같으며, '作麽生', '何似生' 등이 다 그것이다.

두보는 그 스스로 자신을 평하여 '사람됨이, 아름다운 시구를 탐하는 성벽이 있어, 남을 놀라게 할 만한 경인구(驚人句)를 얻지 못하고는 죽어도 그만 두지 않는다(爲人性癖耽佳句 語不驚人死不休)'라고 했듯이, 시 짓기에 고심하여 몸이 여위는, 집요한 성벽이 있었던 것이다. 그가 배적(裵迪)에게 부친 시의 일절에도 '그대 시 짓기에 고심하여 몸이 여위어진 것을 아노니…(知君苦思緣詩瘦)'에서도, 이 시에 쓴 '苦'와 '瘦'의 내력을 알게 해 준다.

이백과 두보는 11세의 연치차에도 불구하고 이처럼 농(弄)도 할 만큼 스스럼없는 지기의 사이임을 미루어 알 수 있다.

시형은 칠언절구, 운자는 상성 '襲'운.

산중 대작

마주 앉아 들다 보니
산꽃도 품을 열고
한 잔 한 잔 또 한 잔에
끝없는 한 잔이여!

"어! 취타. 졸려워.
자넨 가게나!
낼 아침 생각 있음
거문고 안고 오게."

兩人對酌山花開　一杯一杯復一杯
我醉欲眠卿且去　明朝有意抱琴來
〈山中與幽人對酌〉

부연 피차 명리(名利)를 떠난 친구 사이라, 처음부터 격의 없는 담소로 펼친 대작(對酌)의 한마당이기는 하나, 술이 거나해짐에 따라 옷깃이 열리듯 마음도 절로 열리고, 문득 보니 봉

幽人(유인) 세간의 명리(名利)를 떠나 산중에 살고 있는 은자(隱者).
對酌(대작) 두 사람이 마주 앉아 마시는 술. 맞드레기.
復一杯(부일배) 또 한 잔. 다시 한 잔.
卿(경) 자네. 친애의 뜻으로 부르는 이인칭. '君'으로 된 데도 있다.
且(차) '~도 또한'의 뜻. 곧 이전에 그러했던 것과 마찬가지로.
有意(유의) 뜻이 있거든. 곧 친구 생각, 술 생각이 나거든.

오리던 꽃들, 저들도 가슴을 열어 웃음을 보내고 있다. 주흥은 더욱 고조되어, 한 잔 한 잔 또 한 잔 끝없이 이어진다. 예로부터 잔수는 언제나 '한 잔'으로 관용되어 온다. 한 잔도 한 잔, 삼백 잔도 한 잔….

마침내 한계 수위에 이른 듯, 주인은 만취를 선언하고, 기면(嗜眠) 상태에서 손을 쫓는다.

"어어! 취한다. 난 자려네. 자네도 그만 가게나. 내일 아침에 또 생각 있거들랑 거문고를 안고 오게나."

평설 전반은, 생래(生來)의 정연한 문어적 해조(諧調)이나, 후반은 근본 난조(亂調)일 수밖에 없는 취중발(醉中發)의 구어 토막들을 리듬으로 처리해 얻은 환골(換骨)한 해조이다.

'山花開'는 많은 것을 시사해 주고 있다. 대작의 장소가 산장의 꽃나무 아래에서의 화하주(花下酒)였음과, 봉오리던 것이 피기까지에는 대작의 동안이 꽤나 길었음을 암시해 주는 한편, 더 중요한 것은 그것이 '兩人對酌'에 계기(繼起)된 현상이라, 자연물까지도 흉금을 열어 동참하는 대화합의 장면으로, 정히 주흥의 최고조인, '석 잔이면 대도에 통하고, 한 말이면 자연과 합일한다'의 경지로 접어든 점 등이다.

제3구의 배경은 '도연명(陶淵明)'이다. '도연명이 먼저 취하면, 문득 손에게 말하기를 "我醉欲眠卿可去하라" 했다'는, 그 '可'를 '且'로 살짝 바꿈으로써, '도연명이 손을 쫓듯, 자네도 이젠 가 달라'는 뜻이 되게 했다. 이는 고인의 글을 표절한 것이 아니라, 고인을 입회시킨 공공연한 인용으로, 시의(詩意)를 확충하여 그 깊이와 폭을 더하였으니, 용사(用事)의 묘(妙)의 이 같은 감칠맛을 놓치지 말 것이다.

그 밖에도 '卿且去'에 나타난 소탈함, '抱琴來'의 '抱'에 담긴 정겨움, 다시 내일로 예견되는, '花酒琴'의 고아한 어울림의 여운 등도 그윽하다.

시형은 칠언절구, 운자는 평성 '灰'운.

봄날 취하여 자다 일어나

이 세상 삶이란
꿈과 같은 걸
어쩌자 한 생애를
애태워 살랴?
그러기에 이 몸은
종일 취하여
곤드레로 앞 마루에
쓰러졌었네.

깨어나자 뜰 앞을
바라다보니
새 한 마리 꽃 사이에
울고 있어라!
묻노니 도대체
이 어느 때뇨?
봄바람은 들려주네,
꾀꼬리 소릴….

하도야 느껍고도
한탄스러워
또다시 술 대하여
잔 기울이며
달 기다려 한 곡조

뽑아 댔더니
끝나자 모든 시름
이미 잊었네.

處世若大夢　胡爲勞其生
所以終日醉　頹然臥前楹
覺來眄庭前　一鳥花間鳴
借問此何時　春風語流鶯
感之欲歎息　對酒還自傾
浩歌待明月　曲盡已忘情
　〈春日醉起言志〉

부연　사람이 이 세상에 산다는 것이, 장자의 호접몽과 같은 한 허무한 꿈속의 일인 듯도 한데, 그런 덧없는 일생을 어찌하여 아득바득 애태우며 살 것이랴? 그러기에 나는 종일 술에 취하여, 곤드레만드레로 앞마루에 쓰러져 잤던 것이다.

大夢(대몽) 큰 꿈. 장자(莊子)의 호접몽(蝴蝶夢)과 같은 꿈. 어느 때 장자는 꿈속에 나비가 되어 펄펄 날며 즐겁게 놀았다. 눈이 떠지자 다시 장자로 돌아왔으나, 그는 생각했다. 나비가 꿈을 꾸어 장자가 된 것은 아닌지? 라고―. 그는 〈古風(9)〉에서 '莊周夢蝴蝶 蝴蝶爲莊周'라 읊기도 했다.
所以(소이) 까닭.
頹然(퇴연) 술 따위에 취하여 맥없이 쓰러지는 모양.
覺來(교래) 술이나 꿈이나 잠에서 깸. '來'는 조자.
前楹(전영) '楹'은 마루 앞쪽의 둥근 기둥. 여기서는 그 기둥이 있는 위치의 마루를 이름.
眄(면) 곁눈질해 봄.
流鶯(유앵) 이 나무 저 나무로 옮아다니며 우는 꾀꼬리.
忘情(망정) 희로애락 따위 세속의 정을 잊음.

얼마나 되었던가? 술 깨자 잠도 깨어 일어나는 길로, 애잔한 소리에 이끌리어 뜰을 내다보노라니, 한 마리 새가 꽃나무 가지에 앉아 울고 있는 것이다. 꽃이라! 잠결에 덩둘하여 도대체 지금이 어느 계절이란 말이냐고 자문(自問)해 본다. 마지막 가는 길의 봄바람이, 이젠 여름으로 접어들고 있음을 깨닫기나 하라는 듯, 꾀꼬리 소리를 들려준다. 어느새 봄이 왔다가 그 봄도 이제 가고 있단 말인가? 새삼 세월의 덧없음에 인생 무상을 절감하고는, 술통을 당기어 혼자 또 잔을 기울인다. 잔을 거듭하는 사이 어둠은 들고, 미구에 달이 떠오르려나 동산 마루는 찬란한 황금 무리를 쓰고 있다. 다시 거나해지면서 흥도 일어나, 달 돋기를 기다리며 휜히 노래 한 곡 목 놓아 불렀더니, 그 노래 끝나자마자 어느덧 느꺼우니, 한탄스러우니 따위 세속의 정은 말끔히 가셔지고, 나는 인생의 진경(眞景)인 양, 취선(醉仙)의 경지에 들어 있었던 것이다.

평설 1·2연은 작자의 인생관이요 처세상이다. 인생 백년의 덧없음이 꿈속의 꿈만 같은데, 어찌하여 하잘것없는 부귀공명 따위를 위하여 일생을 악착스러이 살 것이랴? 모름지기 술로써 시름을 잊고 인생을 즐거이 지낼 것이라고 주장한다.

그는 처처에서 낭만의 술타령이지만, 그러나 그 심층(深層)에 자리 잡고 있는 것은, '외로움'과 불여의한 세사로 말미암은 '시름'인 것이다. 그는 구름과 뭇 새들의 돌아감을 보고,

저들은 다 의탁할 데 있다마는
이 몸만 홀로 붙일 곳이 없어라!
彼物皆有託　吾生獨無依

하는가 하면,

 종기 죽은 지 이미 오래니
 세상에 알아줄 이 없고녀!
 鍾期久已沒　世上無知音

등의 독백에서도 그의 심중을 짐작해 볼 수 있다. 그리하여, 그것을 망각 내지 해소하기 위하여 처처에서 시름을 호소하며 통음을 불사했던 것이다.
 覺來眄庭前　一鳥花間鳴
 온종일 늘어지게 자다 술 깨자 잠도 깨어, 내다보는 뜰앞 꽃나무에는 산새 한 마리가 울고 있다. 비록 꽃이 좋아 꽃나무에 와 운다마는, 저 혈혈한 어린것의 애잔한 목소리는 듣는 마음을 가엾게 한다. 고려가요인 〈청산별곡〉의 일절,

 울어라 울어라 새여!
 자고 일어 울어라 새여!
 너보다 시름 많은 나도
 자고 일어 우니노라.

아마도 이런 심경은 아니었을는지?
 借問此何時　春風語流鶯
 '借問'은 내심으로 해 보는 자문이다. 아직 봄이 왔는지조차 모르고 있는 작자에게 '꽃'을 본 것은 매우 충격적임에서, 계절이 궁금했던 것이다. 이때 봄바람은, 숲속을 누비며 노래하는 꾀꼬리 소리를 들려준다. 꾀꼬리! 그것은 여름의 철새가 아닌가? 그러니까 이

미 봄도 끝장이 나는 판인 것이다. 여기서 다시 잔을 기울임으로써 제2연의 '終日醉'로 성부취(醒復醉)는 이어져 가고 있다. 아, 가엾은 이 선생! 젊은 사람 본받을까 두렵소이다. 제발 취생 몽사(醉生夢死) 르랑 되지 마시길 —.

시형은 오언고시, 운자는 평성 '庚'운.

이백편 李白篇

탐방 探訪 · 여정 旅情

―探訪・旅情―

도사를 찾아갔다가

물소리 속
개 짓는 소리

빗기 머금어
복사꽃 붉다.

깊은 숲속 가끔
사슴 만나고

골은 한낮인데
종소리도 안 들려….

대숲은 이내 낀 하늘을
갈라 놓았고

폭포는 푸른 봉우리에
걸리어 있다.

님 간 곳 아무도
아는 이 없으니

시름겨워 기대네.
이 소나무에…

저 소나무에….

犬吠水聲中　桃花帶雨濃
樹深時見鹿　溪午不聞鐘
野竹分青靄　飛泉挂碧峰
無人知所去　愁倚兩三松
　　〈訪戴天山道士不遇〉

부연　골짜기에 가득 서린 개울물 소리 속에 컹컹 개 짖는 소리가 섞여 들려온다. 도관(道觀: 도사가 사는 집)이 가까운가 보다. 비 온 뒤라 물기 머금은 복사꽃은 더욱 붉고 아리땁다.
깊은 숲 사이론 이따금 사슴이 나타나고, 계곡은 한낮이라, 어디선가 들려옴직한 종소리도 감감하다. 멋대로 자란 대나무숲은 이내 낀 하늘을 갈라 놓았고, 날아 흩어지는 폭포는 푸른 봉우리에 걸려 있다.
아무도 도사님 간 곳 아는 이 없으니, 아쉽고 허탈한 마음 달랠 길 없어, 이 소나무에 기댔다가… 저 소나무에 기댔다가….

---

* **題意** 대천산의 도사를 찾아갔다가 만나지 못하고….
戴天山(대천산) 사천성(四川省) 창명현(彰明縣)의 북쪽에 있는 산으로, 일명 대광산(大匡山)이라고도 하는데, 이백이 소년 시절 독서하던 곳이라고 한다.
道士(도사) 도교(道敎)를 믿고, 수행하는 사람. 도인(道人). 도자(道者).
溪午(계오) 계곡의 한낮.
野竹(야죽) 야생의 대숲.
分靑靄(분청애) 푸른 이내 낀 하늘을 왼쪽과 오른쪽으로 갈라 놓았다는 뜻으로, 대숲의 높이 치솟은 형용.

평설 1~6구는 도사가 살고 있는 대천산 별천지의 경관이다. 더구나 우후청(雨後晴)이기에 더욱 눈부시게 빛나고 있다. 보라, 무릉도원의 고사를 배경으로 한 복사꽃의 농염한 새 자태, 넘치는 새 물소리에 낮 종소리도 들리지 않는 유심(幽深)한 계곡, 지사의 절개를 상징하는 대숲의 싱그러움, 그를 두른 청원(淸遠)한 푸른 이내, 산비탈 단애마다 넉넉한 수량의 폭포… 이런 것들은 그대로 선경인데, 그러나 뜻밖에도 들려오는 '개 짖는 소리', 이는 위에 열거한 선향(仙鄕)의 조건과는 가장 배치되는 불협화음이 아닐 수 없다.

그러나 갖가지 비인간적인 선경에 도취 매료되어, 꿈속인 듯 황홀해하고 있던 작자에 있어서의, 이 '개 짖는 소리'는, 여느 때에 듣던 역겨움과는 딴판으로 도리어 그 듣는 순간, 친숙한 도사의 소재를 알려 주는 선방(仙狵: 신선 개)의 소리로 다가왔으리라. 그러나 그것은, 뒤를 이어 나타나는 선경과는 어울리지 않는 소리, 오히려 혐기로운 소리임에 틀림없다.

이는 조선 말의 시인 변종운(卞鍾運)의 시 〈양자진(揚子津)〉의 후반부, (拙著《옛 시정을 더듬어》김영사 판 上 424쪽 참조)

한바탕 까마귀 떼
구름 속으로 사라지곤
비낀 볕 가을 빛이
강하늘에 가득하다.
―一陣寒雅決雲去　斜陽秋色滿江天

갈대꽃 가득한 강변의 가을 정취를 주제로 한 이 시에서, 백구·백로·기러기 등 백우족(白羽族)은 외면하고, 하필이면 시커먼 장속

(裝束), 내숭한 목소리, 무례한 야성의 격설 부대(鴃舌部隊)인 까마귀 일당을 등장시켜, 세상을 한바탕 소란케 하다가, 마침내 그 사라져 간 뒤에야 비로소 느끼게 되는, '斜陽秋色滿江天'의 극적인 전환을 방불케 하듯이, 변시(卞詩)의 '까마귀 떼'나, 이백의 '개 짖는 소리'가 다 역공법(逆攻法)의 기방(奇方)임을 음미할 것이다.

이 시의 가장 매혹처는 주제연인 맨 끝의 '無人知所去 愁倚兩三松'이다. 만나 보리라 잔뜩 부풀어 있던 기대의 좌절, 그 아쉽고 허전한 맥풀림, 혹시 돌아오려나 기약 없는 기다림의, 그 무너질 듯 초조로운 몸을 지탱하기 위하여, 이 소나무에 잠시 기댔다 저 소나무에 잠시 기댔다 안절부절못하는 정황이 끝구 다섯 자에 살아 있다.

이는 조선 선조 때의 학자요 상신(相臣)인 노수신(盧守愼)의 시, 〈벽정대인(碧亭待人)〉의 끝부분,

막막고야, 물 저편은
짐작도 안 가
벽파적 기둥기둥
여기 기댔다
저기 기댔다….
雲沙目斷無人問　倚遍津樓八九楹

와도 견줌직하다. (拙著《옛 시정을 더듬어》김영사 판 上 546쪽 참조)
이 시는, 일찍부터 도교(道敎)에 관심이 컸던, 그의 20대 무렵의 지음이다.
시형은 오언율시, 운자는 평성 '冬'운.

도사(道士)의 은거처를 찾아

뭇 봉우리 파르라이
하늘을 어루만지는 곳
도사는 소요(逍遙)하며
나이도 잊고 산다.

구름을 헤치며
옛길을 더듬어 오르다
나무에 기대어
샘물 소리를 듣다.

꽃 다사로운 아래
푸른 소 누워 있고,
소나무 높은 곳엔
흰 학이 졸고 있다.

담론(談論)하다 어느덧
강빛 저물어 오기
찬 안개 속 홀로
산을 내려오다.

群峭碧摩天　逍遙不記年
撥雲尋古道　倚樹聽流泉
花暖青牛臥　松高白鶴眠

語來江色暮　獨自下寒煙
〈尋雍尊師隱居〉

부연　까마득하게 높은 푸른 산이, 울멍줄멍 하늘을 어루만지듯 솟아 있는 곳, 저기서 도사는 유유 자적해 온 지 몇 해가 되는지도 모를 뿐더러, 자신의 나이가 얼마인지조차 헤아리지 못하는, 완연한 세월 밖, 세상 밖의 인물로 살고 있다.

그분을 찾아가는 길은 높고 험하여, 구름을 헤치며 옛 산길의 흔적을 가까스로 더듬어 허위 단심 올라가기를 얼마를 했을까? 문득 돌돌돌 들려오는 샘물 소리에 귀가 번쩍 뜨인다. 큰 나무에 기대어 시원한 그 소리에 숨결을 가다듬고 땀을 들이며 섰노라니, 몸은 이미 운표(雲表)에 나와 있고, 도사의 은거처는 바로 저기 지척에 바라보인다.

활짝 핀 연분홍 꽃이 유달리 다사로운 꽃나무 아래에는, 도사가 나들이할 때 타고 다니는 푸른 소가 한가로이 누워, 지그시 눈을 감은 채, 아래턱을 어기적어기적 새김질을 하고 있고, 낙락한 푸른 소나무의 높은 가지에는, 그려 놓은 듯 흰 학이 고이 졸고 있다.

---

* **題意** 옹도사(雍道士)의 은거처를 찾아. '雍'은 성.
群峭(군초) 여러 높은 산봉우리.
摩天(마천) 하늘을 어루만짐. 곧 하늘에 닿을 듯 높음.
逍遙(소요) 자적(自適)하여 즐김. 물외(物外)에 부침(浮沈)하여 천성(天性)을 온전히 함. 《莊子》에 '逍遙於天地之間 而心意自得'이라 있다.
不記年(불기년) 햇수를 기억하지 못함. 곧, 소요해 온 햇수 또는 자기의 나이를 망각하고 있다는 뜻.
撥雲(발운) 구름을 헤침.
古道(고도) 옛날 사람이 다녔던 흔적만 겨우 남아 있는 길. 묵어 있는 길.
靑牛(청우) 푸른 소. 털빛이 검푸른 소, 곧 검은 소(黑牛)를 운치 있게 이른 말.
寒煙(한연) 찬 연무(煙霧). 쓸쓸한 밤안개.

도사를 만나, 연단술(煉丹術)이며 선도(仙道)에 관한 탈속적인 담화를 하다 보니, 어느덧 해는 지고, 산 아래 아득히 굽어 보이는 장강의 수면에는 어둠살이 번지고 있다. 아쉽기 그지없으나 속인은 역시 속세로 내려가지 않을 수 없다. 구름 헤치며 올라올라 갔던 그 길을, 이제는 찬 안개에 젖으며 내려내려 오고 있는, 아, 이 아쉬움!

평설 노장(老莊) 사상에 심취하여 있던 시절의, 도사나 신선을 동경하여 읊은 많은 작품 중의 하나이다.
장자(莊子)의 〈소요유(逍遙遊)〉에서처럼, 물외(物外)에 자적(自適)하여 시간 관념마저 망각한, 도사의 도사다운 진면모가 '逍遙不記年'에 단적으로 표현되어 있다.
　撥雲尋古道　倚樹聽流泉
이는 도사를 찾아가는 도정(道程) 중의 우여 곡절이나, 한편 더 근본적인, 주변의 상황·의태(意態)·정취(情趣) 등이 그를 뒷받침하고 있으니, 곧 산의 험준함, 인적 없는 외진 곳, 숨차고 땀 흐르는 등반의 힘듦, 생명의 시원(始源)으로 직감되는 샘물 소리 등, 이 일련 가위 신운(神韻)이 감도는 표현이라 할 만하다.
　花暖青牛臥　松高白鶴眠
도사도, 도사의 처소도, 도사와의 담화의 내용도, 언급이 없는 채, 이 은거처의 주변 정황으로 도사의 그 모든 것을 상징적으로 나타내고 있다. '花暖'에서는, 봄날의 화사한 햇빛을 직감하려니와, 꽃이 다사롭기 위한 색상으로는 '분홍'이 제격일 것이니, 그것이 무슨 꽃이겠는가는 이런 별천지에 으레 빠질 수 없는 무릉도원의 '복사꽃'일 것임은 물론이다.
또 청우(青牛)의 무우 무욕(無憂無慾)하고, 느직하고, 평화로움이 도사의 삶이요, 장송의 그 낙락(落落)한 기개와, 사시 장청(四時長

靑)으로 언제나 청풍을 불러오는 운치는 도사의 멋이요, 백학의 그 청수(淸秀)한 몸매와 고고(孤高)한 의태(意態)와 자유롭고 한가로움은 도사의 기상이니, 이들은 이미 앞에서 보아 온, '산, 구름, 물, 해'들과 함께 장생 불사를 상징하는 '십장생(十長生)'으로서, 선계(仙界)를 그리는 데 필수적인 소재인 한편, 도사의 인품을 상정(想定)하는 데 있어, 또한 기여 시사하고 있음을 알 수 있으니, 이 일련 또한 선운(仙韻)이라 할 만하다.

또 노자가 청우를 타고 다녔듯이, 도사도 그러했던 그 승용의 청우가 누워 있음에서, 흔히는 못 만나고 돌아가기 일쑤인 딴 시에서와는 달리, 그의 출타중이 아님도 입증되어 있다.

한편 3·4, 5·6구의 무봉(無縫)한 대우(對偶)의 묘도 음미할 만하다.

'獨自下寒煙'

혼자 진세(塵世)로 다시 내려오고 있는 그 아쉬움이 또한 '寒煙'처럼 가슴속에도 서려 있음을 보는 듯하다. 구름 헤치며 허위허위 올라갔다 찬 안개 무릅쓰고 터덜터덜 내려오는 전후 조응이 또한 음미할 만하다.

시형은 오언율시, 운자는 평성 '先'운.

명산을 찾아

서리 내린 형문산엔
강갓 나무들도 잎이 졌는데,
가을바람에 높이 내건
황포돛폭의 퍼덕거림이여!

누구처럼 농어회 생각나
가는 길은 아니요,
다만 명산이 그리워
섬계로 가는 길이라오.

霜落荊門江樹空　布帆無恙挂秋風
此行不爲鱸魚鱠　自愛名山入剡中
〈秋下荊門〉

부연　만추 9월, 형문산에도 서리가 내려 강안(江岸)의 나무들은 말끔히 옷을 벗은 나목(裸木)이 되어, 겹겹으로 길게 도열해 있다. 그 앞을, 가을바람에 활짝 높이 달아, 한껏 배가 불룩하게 부풀어오른 황포 돛폭이 장강을 쏜살같이 미끄러져 내려가고 있다. 그것은 마치 열렬히 손을 흔들어 대는, 도열한 나목들의 영송(迎送)을 받는 듯 신바람 나는 여행이다.
　이 길이, 옛날 장한이 오중의 농어회가 생각나서, 벼슬도 내버리고 고향으로 돌아가던, 바로 그 물길이라 해서, 나를 또한 그 '농어회' 때문에 가는 길인 줄 안다면 큰 오해인 것이, 나야 그런 식도락의 미식가도 아니요, 더구나 시기(時機)를 예견한 처세술도 없는 터이라. 다만 명산 승경을 사랑하는, 나의 고질병 같은 취향 때문에, 천하제일의 섬계 추색(剡溪秋色)을 찾아 '오중' 아닌 '섬중'으로 탐승차(探勝次) 가는 길이라오.

평설 '江樹空'의 '空'은, 허울 다 털어 버리고 빈 몸으로 나타난 나목들의 청수 고담(淸修枯淡)함이 작자의 허심 염담(虛心恬澹)한 의태(意態)와 상응한 탁정적(托情的) 표현이요, '無恙'은 '탈없이, 병없이, 몸성히' 등, 인간에나 붙이는 안부 용어를, 마치 육로에서의 노새나 당나귀를 애무하듯, '布帆'을 의인시한 그 '無恙'의 애정어린 표현이 한껏 멋스럽다.

장강 만리(長江萬里)에 '無恙한 布帆'을 '가을바람'에 내걸었으니,

荊門(형문) 호북성(湖北省) 의도현(宜都縣)의 서북쪽에 있는 산 이름. 양자강의 남안에 있는 이 산과, 북안에 맞보는 호아산(虎牙山)과의 사이로 장강이 흐르는데, 그것이 마치 초(楚)로 들어가는 큰 문과 같다 하여 얻게 된 이름이라 한다.

布帆無恙(포범무양) 여행의 안온함을 이르는 말. 진(晉)의 화가 고개지(顧愷之)가 임지인 형주(荊州)에서 휴가로 귀향할 때, 상관에게서 돛배를 빌어 갔는데, 도중에 풍랑을 만나 배가 부서졌다. 그러나 상관에게 올린 그의 편지에는 '행인은 안온하고 포범은 무양하다(行人安穩布帆無恙)'라고 했다는 고사.

挂秋風(괘추풍) 가을바람에 내걺. '挂'는 '掛'의 본자.

此行(차행) 이 가는 길. 이번 여행.

鱸魚鱠(노어회→농어회) 농어의 회. 농어는 농어과의 바닷물고기. 진(晉)의 장한(張翰)은 낙양(洛陽)에서 벼슬을 살다가, 가을바람이 불자, 불현듯 고향인 오(吳, 지금의 강소성) 지방의 순채(蓴菜)국과 농어회가 먹고 싶어, 부랴부랴 벼슬을 버리고 고향으로 돌아가고 말았다는─기실 세상이 어지러울 것을 예견하고 은퇴하는 평계로 한 말이란 속뜻의─고사. 이백이 지금 가고 있는 여정도 같은 방향이기에 잠시 그 풍정을 인용한 것이다.

剡中(섬중) 절강성(浙江省)의 동부에 흐르는 조아강(曹娥江)의 상류인 섬계(剡溪) 지방으로, 천하의 명승지이다.

풍속(風速), 유속(流速)에 가속까지 붙은 쾌속에다. 추수공장천일색(秋水共長天一色)인 상하천(上下天)의 허공에 몸을 기대어 표표히 옷자락 날리며, 강안에 도열해 있는 무수한 나목들의 흔들어 대는 열광적인 영송의 손짓을 받으면서, 쏜살같이 하강하는 이백의 풍모가 목전에 보이는 듯하지 않은가?

이를 바라보는 식자들은, 농어회 생각에 '오중'으로 들어가는 옛날 장한과 동도인(同途人)으로 단정할지 모르나, 자신은 다만 자연을 사랑하여 '오중' 아닌 '섬중'으로 들어가는 길임을 자문 자답 형식으로 밝히고 있는, 그 유연한 풍도는 이미 장한의 경지를 멀리 벗어나 있음을 본다.

이 시를 이백 25세 때의 작으로 보는 이가 많으나 그렇지 않다. 그는 42세 되던 봄, 태산(泰山)에 유람하고, 얼마 후 자녀를 데리고 남하하여 그들을 남릉(南陵)에 있게 하고는, 홀로 회계(會稽)로 다시 남하하여 '섬중'에 들어간 일이 있으니, 이 길은 바로 그때의 그 길이었음에 틀림없다.

시형은 칠언절구, 운자는 평성 '東'운.

천문산 바라보며

천문산 반 뚝 잘라
장강이 열렸는데,
푸른 물 동으로 가다
북으로 꺾여 돌고….

두 기슭 푸른 산
마주 솟은 사이로
한 조각 외로운 돛
햇가에서 내려오네.

天門中斷楚江開　碧水東流直北廻
兩岸靑山相對出　孤帆一片日邊來
〈望天門山〉

부연　천문산의 한가운데가 둘로 내리 쩍 갈라져, 문자 그대로 하늘로 드나드는 거대한 문기둥을 양쪽으로 갈라 세워 놓은 그 사이로, 장강을 통하도록 문을 활짝 열어 젖혔는데, 짙푸른 강물은 동으로 동으로 흘러오다가 여기서 갑자기 북으로 꺾여 돌고 있어, 산수 회절(山水廻折)의 승경을 이루고 있다.

天門山(천문산) 안휘성(安徽省)의 당도현(當塗縣)과 화현(和縣)에 걸쳐, 양자강을 끼고 양안(兩岸)에 대치(對峙)하여 있는 산으로, 마치 거대한 양쪽 문기둥 같다 하여 묶어서 일컫는 이름. 동쪽을 박망산(博望山), 서쪽을 양산(梁山)으로 각각 이르기도 한다.
中斷(중단) 한가운데가 끊어짐. 중간을 자름.

강 양쪽의 푸른 산은 서로 마주 바라보며 까마득히 솟은 그 사이로, 한 조각 가볍게 흔들리는 흰 돛 하나가, 햇빛에 명멸하며, 상하천(上下天)의 허공을 달리듯 표표히 내려오고 있다. 그것은 마치 저 아득히 높은 태양 언저리 그 어딘가에서 내려오고 있는 듯이 느껴진다.

평설　孤帆一片日邊來
　이 천래(天來)의 선구(仙句)를 보라.
　호호(浩浩)한 장강의 물빛은 하늘에 닿아, 하늘이랑 푸르렀는데, 단 한 척 조각배의 흰 돛폭은, 강심(江心)에도 잠겨 있는 상하천의 태양에 반사되어 흔들림에 따라 별빛처럼 끔벅이며, 한껏 바람을 머금고, 망망한 허공을 표표히 활강(滑降)하여, 이제 바야흐로 '천문'을 거쳐 인간 세계로 진입하려는 듯, 객관화한 시각으로 바라본, 자신의 배를 묘사하고 있어, 하지장(賀知章)이 이백을 별명한 '적선(謫仙)'의 소자래(所自來)를 은근슬쩍 방불케 하고 있다.
　수사면으로 일별하면, '門과 開', '天과 日', '東과 北', '碧水와 青山', 그리고 그 산수의 푸름을 바탕으로, 으레 '흰 빛'일 '孤帆'을 점출(點出)해 낸 묘사 등도 맛봄직하다.
　이 시는 작자 53세(753) 무렵, 선성(宣城)에서 금릉(金陵)으로 하강(下江)하는 도중의 주중 소작(舟中所作)이라 한다.
　시형은 칠언절구, 운자는 평성 '灰'운.

楚江(초강) 전국 시대의 초(楚)나라 지역을 흐르는 강이란 뜻으로, 양자강을 이름. 여주 지방을 흐르는 한강을 여강이라 이름과 같다.
直北廻(직북회) 북쪽으로 급하게 꺾이어 돎. '至北廻', '至此廻' 등 이본(異本)이 있다.
日邊(일변) 햇가. 태양의 언저리. 아득히 높고 먼 곳. '日'을 천자의 상징으로 보아 장안으로 보는 견해도 있으나 무리다.

여산 폭포를 바라보며

향로봉에 해 비치어
자연(紫煙)이 서리는 곳
아스라이 바라뵈는
허공에 건 장강(長江)이여!

사뭇 내리 지르는
삼천척이야
구만 리 장공(長空) 쏟아지는
은하수런가?

日照香爐生紫煙　遙看瀑布挂長川
飛流直下三千尺　疑是銀河落九天
〈望廬山瀑布〉

부연　햇님이 거대한 자연의 향로인 향로봉에 분향(焚香)하여 향연을 피워 내고 있는 듯, 경건하고도 장엄한 분위기의, 저 자욱이 서려 오르는 자줏빛 연무를 격하여, 아스라히 바라보이는 것이 있으니, 그것은 다름 아닌, 장강의 물을 수직으로 허공에

廬山(여산) 강서성(江西省) 구강(九江)의 남쪽에 우뚝 솟은 명산. 중국의 일급 명승지의 하나로 풍광이 절가(絶佳)하다.
香爐(향로) 여산의 한 봉우리인 향로봉을 이름. 산 모양이 향로 같음에서 붙여진 이름.
紫煙(자연) 자색의 향연(香煙). 아침 안개와 폭포의 비말(飛沫)이 햇빛에 비쳐 자줏빛으로 보임에서 이름.

걸어 놓은 듯한, 그 이름도 유명한 여산 폭포다.
 일직선으로 삼천척을 날아 흐르는, 그 웅대한 폭포의 기세는, 아마도 하늘의 은하수가 구만 리 장공(長空)에 내리떨어지고 있는 것이 아닌가 여겨진다.

평설 천공(天公)의 대경영(大經營)을 참관하는 거시안적(巨視眼的) 소관(所觀)이다.
 자색(紫色)은, 숭고, 위엄, 신비, 장엄, 경건 등을 상징하는 색이라, 폭포를 중심으로 원광처럼 서려 오르는 '紫煙'의 이러한 분위기는, 또한 폭포를 그런 경지로 이끌어가기에 족하였으니, '紫煙'의 상승(上昇), 비폭(飛瀑)의 하강(下降)이 천지의 대수(對酬)요 교류요 통정인 양하여, 이하 전편이 '백발 삼천장(白髮三千丈)'식의 대과장(大誇張)이건만, 그 과장됨을 깨닫지 못하게 하고 있다.
 이백은 이외에도 오언고시체로 된 같은 제하(題下)의 장시가 있는데, 후세의 소동파(蘇東坡)는 이 폭포를 바라보며 읊었다.

　　상제(上帝)가 은하 한 가닥을 드리우게 했건만
　　고래로 다만 이적선의 시가 있을 뿐이라.
　　帝遣銀河一派垂　古來惟有謫仙詩

고, 그 많은 시인들의 여산폭포시를 다 무시해 버리고, 오직 이백의 시만을 격찬했던 것이다.
 시형은 칠언절구, 운자는 평성 '先'운.

挂長川(괘장천) 긴 냇물을 수직으로 걸어 놓음. '挂'의 주체는 천공(天公).
直下(직하) 곤추 떨어짐. '下'는 동사. 바로 떨어짐. 내리 떨어짐.
九天(구천) 하늘의 가장 높은 곳. 구만 리 장천(長天).

삼협을 지나며

꽃구름 백제성을
아침에 떠나
강릉이라 천리 길을
그날로 왔네.

원숭이 울어울어
잇달은 골의
만겹 산을 배는 이미
거쳐 왔었네.

朝辭白帝彩雲間　千里江陵一日還
兩岸猿聲啼不住　輕舟已過萬重山
　　　　　　〈早發白帝城〉

부연　이른 아침이라, 골은 아직 어둠으로 가득 채워져 있으나, 산정에 위치해 있는 백제성은, 아침 햇빛에 물든 영롱한 꽃구름으로 둘러싸여, 반공에 둥실 외로 떠 있는 듯, 그 황

早發(조발) 이른 아침에 출발함.
白帝城(백제성) 사천성(四川省) 봉절현(奉節縣) 곧 기주(夔州) 동쪽, 백제산(白帝山) 위에 있는 성. 삼협(三峽)의 입구인 구당협(瞿唐峽)에 임하여 있다. 후한말(後漢末)의 공손술(公孫述)이, 스스로 백제(白帝)라 일컬으며 쌓았다고 한다. 촉한(蜀漢)의 유비(劉備)도 한때 이에 웅거하여 오(吳)에 대비했던 성이다.
朝辭(조사) 아침에 하직함.

홀한 경관을 올려다보면서 그곳을 떠났는데, 어느덧 삼협 700리(중국리)를 지나, 전장(全長) 1,200리 하류의 강릉 땅을 하루 만에 돌아왔으니 믿겨지지 않는다.

특히 그 삼협을 지나는 과정은 꿈만 같았으니, 까마득히 치솟아 하늘을 숨기고 해를 가리운, 중첩한 산악의 절벽인 삼협의 양쪽 기슭에는, 무수한 원숭이들이, 지나가는 배를 향해 애원하듯 하소연 하듯, 울어대는 그 소리가, 연방 다음다음으로 연이어져 그치지 아니하는데, 일사 천리로 내리닫는 급류를 탄 쾌속의 일엽 편주는 만첩 산중의 기나긴 협곡을 어느덧 벗어나고 있었던 것이다.

평설 전반은, 전도정(全途程)인 봉절(奉節)~강릉 간 1,200리의 총괄이요, 후반은 그중 일부 도정인 700리 삼협 구간의 부연(敷衍)이다.

일사 천리의 강류만큼이나 미끈둥한 운율과, 일기 가성(一氣呵成)으로 읊어낸 생동하는 필세(筆勢)가 약여(躍如)하다.

기구는, 이른 아침 선상에서 올려다본 백제성의, 꽃구름에 엉긴 영롱한 경관을 곁들인, 상쾌한 출발이요, 승구는 출발에서 목적지인 강릉까지의 천여 리 길을 군소리 없이 직결시켜 놓음으로써 '一日還'의 초고속도를 실감케 하고 있다.

전결구는, 꿈결같이 지나온 삼협 구간의 회상이니, '啼不住'에는 세 가지 상황이 맞물려 있음을 음미할 것이다. 곧 여러 원숭이들의 울부짖음이 지나가는 연안에 차례차례로 받아 이어져 그치지 않음

彩雲(채운) 채색 구름. 꽃구름. 놀.
江陵(강릉) 호북성(湖北省)에 있는 현의 하나. 형주(荊州).
* **삼협(三峽)**은 구당협(瞿唐峽)·무협(巫峽)·서릉협(西陵峽)의 연속으로 길이 192km의 협곡을 이름.

이, 마치 한 마리 원숭이의 그칠 줄 모르는 기나긴 울음인 양함이요. 그러나 원숭이들의 간절한 애원에도 불구하고, 내쳐 닫는 급류는 순간도 속도를 늦추지 아니함이요, 그 급류의 등성이를 타고 천야 만야 미끄러져 달리는 일엽 편주 또한 쏜살같아, 애달파 하는 원공들의 슬픈 사연을 물어 주지 못하는 채, 만첩 산협(萬疊山峽)을 순식간에 빠져 나왔음이니, 이 일련의 정황을 놓치지 말 것이다.

　이 시는 이백이 안녹산 토벌을 위하여 군사를 일으킨 영왕(永王) 인(璘)의 막료(幕僚)가 되었던 것이, 후에 도리어 대역죄로 몰리어 야랑(夜郎: 貴州省桐梓縣)으로 유배되어 가던 도중, 기주 부근에서 대사(大赦)의 소식에 접하여, 강릉으로 되돌아오는 길의 지음으로 보는데, 그렇다면, 죄의 그물에서 벗어난, 그 날아갈 듯 홀가분한 기분 또한 '千里一日還'의 쾌재 속에 가세되어 있을 것임은 물론이리라.

　기타, 수사상의 세세한 배려도 지나쳐 버리기에는 아까우니 보라, 기구의 '白'과 '彩'의 색체 감각, 승구의 '千'과 '一', 전구의 '兩'과 '萬' 등의 수적(數的) 대우(對偶), 그리고 전구의 '住'와 결구의 '過', 결구의 '輕'과 '重(물론 '무겁다'의 뜻이 아닌, '거듭'의 뜻이지만)' 등이 다 빈틈없이 서로 대응하여 있음에 유의할 것이다.

　시형은 칠언절구, 운자는 평성 '刪'운.

봉황대에 올라

봉황대에 봉황이
놀았다건만
봉은 가고, 대는 빈 데,
강만 흐르네.

오궁(吳宮)의 미녀들도
길에 묻혔고,
진나라 때 잘난 이들
옛 무덤 됐네.

삼산(三山)은 반 떨어져
청천 밖이요,
이수(二水)는 둘 나뉘어
백로주(白鷺洲)로다.

어쩌랴, 뜬구름
해를 가리어
장안도 아니 뵈니
시름 겨워라!

鳳凰臺上鳳凰遊　鳳去臺空江自流
吳宮花草埋幽徑　晋代衣冠成古丘
三山半落靑天外　二水中分白鷺洲

總爲浮雲能蔽日　長安不見使人愁
　　　〈登金陵鳳凰臺〉

부연 이 봉황대 위에는 그 옛날 봉황이 날아와 춤추며 놀았다고 전해 오건만, 지금은 그 봉황들 다 가 버리고, 대만 허전히 비어 있는데, 굽어 뵈는 기슭의 장강의 물만 예런듯 유유히 흐르고 있을 뿐이다.

회상하건대, 옛날 오나라의 궁전에서 미색을 겨루던 꽃 같은 궁녀들, 그들은 무덤의 흔적마저 없이 적막한 산 길섶에 묻히어 있고, 동진 때의 내로라 뽐내던 귀족 고관들도, 이제는 옛 무덤의 흙이 되어 있을 뿐이다.

눈을 놓아 멀리 서남쪽을 바라보노라니, 삼산의 세 연봉(連峰)은

金陵(금릉) 남경(南京)의 고호. 오(吳), 동진(東晉), 송(宋), 제(齊), 양(梁), 진(陳)의 육조(六朝)의 고도였다.
鳳凰臺(봉황대) 육조의 송대(宋代)에, 금릉의 서남에 있는 산에 봉황이 와 놀았다 하여, 높은 대를 쌓고 붙인 이름. 봉황은 서조(瑞鳥)로서, 봉(鳳)은 수요, 황(凰)은 암이다.
吳宮花草(오궁화초) 오궁은 삼국시대 오왕(吳王) 손권(孫權)이 지은 궁정이요, 화초는 궁 안에서 미색을 겨루던 많은 궁녀들.
幽徑(유경) 인적이 드문 오솔길.
晉代(진대) 금릉에 도읍했던 동진(東晉) 시대.
衣冠(의관) 의관을 갖춘 사람들, 곧 귀족 고관들.
古丘(고구) 옛 무덤.
三山(삼산) 금릉의 서남쪽 양자강에 임하여 우뚝 솟은 세 연봉.
二水(이수) 진회하(秦淮河)가 금릉 원교(遠郊)에 이르러 '백로주'를 사이에 끼고 두 갈래로 나누어져 흐르는 부분의 명칭. 그 한 갈래는 성 안으로, 다른 한 갈래는 성 밖으로 감아 흐르다가 함께 양자강에 합류한다.
總爲(총위) 다. 모두. 총시(總是).
浮雲(부운) 뜬 구름. 간신(奸臣)의 암유(暗喩).
蔽日(폐일) 햇빛을 덮어 가림. '日'은 임금의 암유.
使人愁(사인수) 사람으로 하여금 시름케 함. 곧 나를 슬프게 한다는 뜻.

자욱히 운무에 잠겨 중하부는 보이지 않고, 상부만이 반공에 둥실 떠 있어, 어찌 보면 세 봉우리가 푸른 하늘 아득한 저편으로 사뿐히 떨어져 내리고 있는 듯이 보이고, 이수의 두 갈래 물은, 백로주를 사이에 끼고 구불구불 느직이 흘러 장강으로 합류하고 있다.

  뜬구름이 해를 가리어 도성이 어느 쪽인지 지향해 볼 수도 없는 이 음암(陰暗)한 날씨! 그 수색(愁色) 천하에 가득 서리는 듯, 나를 시름겹게 한다.

평설 1연은, 만사 유전하는 금고(今古)의 감개(感慨)요, 2연은, 역사적 회고에서 느끼는 인사(人事)의 무상이요, 3연은, 표묘 웅혼(縹渺雄渾)한 산수의 대관이며, 4연은, 간사(奸詐)가 득세하는 시세(時勢)의 한탄이다.

  제2구의 한탄 속에는, 지금에 성천자(聖天子) 없음의 아쉬움이 넌지시 부쳐져 있다.

  吳宮花草埋幽徑　晋代衣冠成古丘

  이 대구에서, '衣冠'이 '귀족, 고관'을 암유하는 것이라면, '花草' 또한 '궁중의 미녀(궁녀)'의 암유일 시 분명하며, '成古丘'가 '우뚝한 봉분의 흙이 되어 있음'의 직서(直敍)일진댄, '埋幽徑'은 '봉분도 없이 어느 산 길섶에 묻혀 있다'로 풀이되어야 할 것이다. 그런데도 고래의 해설서들이 이하 동문식으로, '화초'를 실제의 화초로만 풀고 있으니 민망하다.

  三山半落青天外　二水中分白鷺洲

  이는 만구에 회자되는 명시 중의 명구로, 특히 전구의 표묘한 경개(景槪)는 이를 데가 없다. 그런 천래(天來)의 문자야말로 신운(神韻)이라 할밖에….

  김삿갓〔金笠〕이 부벽루(浮碧樓)에 올라 평양의 경개를 대관(大觀)

하자, 문득 '三山…, 二水…'의 대구를 얻어, 무릎을 탁 치며 좋아하다가, 다시 생각해 보니 그건 이미 이백에게 선점(先占)당해 버린 것임을 깨닫고는, 허탈하여 붓을 던지고, 석양에 터덜터덜 누에서 내려온다는, 다음 일절(一絶)은, 긍정적 부정과 부정적 긍정의 엇갈림 속에, 아닌 듯 슬쩍한 인용의 묘와 엉뚱의 멋을 낳기도 했다.

　三山半落靑天外　二水中分白鷺洲
　已矣謫仙先我得　斜陽投筆下西樓

이백시 끝연의 '浮雲蔽日'은, 간악한 무리들이 성총을 가리어 국정을 어지럽힌다는 우국의 뜻을 넌지시 부쳐, 첫연의 속뜻과 수미상관이 되게 했다.

이백이 무한(武漢)의 장강 기슭에 있는 황학루(黃鶴樓)에 올랐다가, 먼저 다녀간 최호(崔顥)의 〈황학루시〉에 압도되어, 시정을 일으키지 못한 채 각필(閣筆)한 후, 그 분한을 풀지 못하다가, 이 금릉 봉황대에 와서야 구한(舊恨)을 갚았다는 이야기가 있다. 그래서 그런지 두 시의 기세나 정감이 비슷하고, 장구(章句)와 운각(韻脚)이 서로 같음에서, 의작(擬作)이란 평자도 있어, 고래로 말이 많으나, 이는 다만 자구(字句) 등에 얽맨 소견일 뿐, 두 시의 고정원의(高情遠意)가 서로 다르니, 비록 그 영향한 바 많다 한들 무슨 흠됨이 있으리요? 〈황학루시〉와 쌍벽으로 천하의 걸작임을 길이 누리리라.

시형은 칠언율시, 운자는 평성 '尤'운.

다음에 그 최호의 〈황학루시〉를 옮겨 놓는다.

옛 사람 황학 타고
이미 갔거니
이 땅에 황학루만

괜히 남았네.

황학은 한번 가고
오지 않는데,
흰 구름만 느릿느릿
천년이어라!

한양(漢陽)의 숲 뚜렷이
물에 어리고
앵무주(鸚鵡洲)엔 이들이들
우거진 봄풀

해 저무니 고향은
어느 곳이뇨?
연파(煙波) 이는 강 언덕에
시름겨워라!

昔人已乘黃鶴去　此地空餘黃鶴樓
黃鶴一去不復返　白雲千載空悠悠
晴川歷歷漢陽樹　芳草萋萋鸚鵡洲
日暮鄕關何處是　煙波江上使人愁
〈黃鶴樓〉

* 이 시는 1985년 중건(重建)한 황학루의 등림 문턱에 거대한 시비로 새겨져 있어, 만인의 눈길을 끌고 있다.

이백 편 李白篇

이정
離情 一

― 離情 ―

황학루에서 맹호연을 보내며

친구는 나를 여기
황학루에 남겨 놓고
춘삼월 꽃안개 속
양주로 내려간다.

외로운 돛의 먼 그림자
벽공에 사라지곤
보이는 건 다만 장강의 물
하늘가로 흐름이어라!

故人西辭黃鶴樓　煙花三月下揚州
孤帆遠影碧空盡　唯見長江天際流
〈黃鶴樓送孟浩然之廣陵〉

참고 황학루의 전설에는 여러 가지가 있다. 그중의 하나를 소개하면 다음과 같다. 옛날 이곳에 신(辛)씨란 사람의 주막이 있었는데, 어떤 노인이 날마다 와서 외상으로 술을 청하였

---

* **題意** '황학루에서 광릉으로 가는 맹호연을 보내다'. '廣陵'은 양주(揚洲)의 옛 이름. 맹호연은 호북(湖北) 사람으로, 벼슬에 나아가지 않고, 녹문산(鹿門山)에 은거, 자연을 노래한 시인으로 특히 오언시에 뛰어났다.
故人(고인) 옛 친구. 맹호연을 가리킴.
黃鶴樓(황학루) 호북성 무한(武漢)의 동남쪽 양자강 기슭에 있는 누각 이름. 민국 혁명시에 소실된 것을, 1985년 황곡산(黃鵠山) 위로 옮겨 5층 누각으로 중건했다.

다. 신씨는 혼연히 청하는 대로 술을 대접했는데, 반년쯤이 지난 어느 날, 노인은 술값 대신이라면서, 가지고 온 귤 껍질로 벽에 학을 그려 놓고 가 버렸다. 이상하게도 그 그림의 학은, 손님이 손뼉을 치며 노래하면, 그 박자에 맞춰 춤을 추는 것으로 소문이 나서, 원근의 사람들이 다투어 찾아들어, 한 십 년 동안에 신씨는 거금의 부자가 됐다. 그러던 어느 날, 그 노인이 홀연히 또 나타나서는, 피리를 꺼내어 불자, 하늘에선 흰 구름이 내리고, 벽의 황학은 노인 앞으로 춤추며 내려왔다. 노인은 그 학을 타고 어디론가 날아가 버렸다. 신씨는 감탄하여 그 자리에 누각을 세워 '황학루'라 이름했다는 것이다.

부연 친구 맹호연은 이 서쪽 황학루에다 나를 남겨 놓고, 꽃 안개 그윽한 춘삼월 호시절에, 풍류 번화의 도시 양주를 향하여 동으로 양자강 따라 내려가고 있다.

강에 뜬 단 한 척뿐인 그의 흰 돛배는, 흐름을 따라 살같이 흘러 점점 멀어져 가는 것을, 혹시나 놓칠세라, 난간에 기대어 끝없이 지켜보고 있노라니, 푸른 허공으로 가물가물 멀어져 간 돛 그림자는, 마침내 나비만큼 모기만큼 작아지다가, 그예 불티처럼 가뭇없이 꺼져 버리고 만다.

이제 천지에 보이는 것이라고는, 오직 호호 망망(浩浩茫茫) 아득히 하늘 끝으로 흘러가고 있는 장강의 물뿐, 친구의 그림자는 흘러간 물, 사라진 돛 그림자와 함께 길이 볼 수가 없다. 이별! 비로소 밀려드는 이별의 서러움이, 장강의 물만큼이나 공허한 가슴속을 그득히 메워 흐르고 있음을 느낀다.

평설 '故人西辭黃鶴樓'에서 '西辭'는 '東流'에 대한 의중의 대요, 그 주체는 '故人' 곧 맹호연이며, '辭'의 대상은 작자이니, 그러므로 '황학루'는 목적어 아닌, 작별의 장소일 뿐이다. 그들은 예서 이별의 술잔을 나눈 뒤, 호연은 승선(乘船)하고, 작자는 헌함에 기대어, 가는 배를 창연히 목송(目送)하고 있는 정황이다.

일목 무제(一目無際)의 강류와 표연히 떠 가는 흰 돛의 그림자를 망연히 지켜보고 있는 이정(離情)의 여운은, 아득히 하늘 끝으로 흘러가고 있는 장강의 흐름과 함께 끝없이 이어가고 있음을 느끼게 하고 있다.

작자 37세 무렵의 작으로 추측되는 송별시로, 다만 경(景)만을 읊었을 뿐, 이별의 슬픔은 언급이 없다. 그러나 거기 창망의 정이 언외에 서리어, 말은 끝났으나, 여정은 끝이 없어, 하늘가로 흘러가는 강류와 함께 아득히 아득히 언제까지나 이어져 가고 있는 느낌이다.

형식은 칠언절구, 운자는 평성 '尤'운.

두보와 헤어지며

취해 헤어진 지
며칠 만인가?
명승지를 두루
함께 했었네.
언제 다시 이
석문사(石門山) 길에
황금 술단지를
열 수 있으료?

가을 물결은
사수(泗水)에 지고,
조래산(徂徠山)엔 바닷빛
하냥 밝다만,
다북쑥은 날려 각기
멀어지려니 —
자, 손에 든 잔이나
비우고 보세.

醉別復幾日　登臨偏池臺
何時石門路　重有金樽開
秋波落泗水　海色明徂徠
飛蓬各自遠　且盡手中杯
　　〈魯郡東石門送杜二甫〉

부연 　지난번 우리 만나 만취가 되어 헤어진 후로, 오늘 이렇게 만나는 것이 며칠 만인가? 우리는 이곳에서 처음 만난 후로 노상 함께 이곳 산수를 두루 유람하였었지. 그러나 오늘 여기서 헤어지면, 어느 때나 또다시 이 석문산 길에서 오늘처럼 황금 술단지를 열 기회가 있어지련고?

　가을이라, 사수의 물은 투명하게 맑아, 자잘하게 지는 비늘 물결이 한결 정겹고, 먼 바다의 빛은 조래산에 어리 비치어, 가을산의 정취가 유난히도 아름답다만, 그러나 우리는 이제 이곳을 떠나려 하고 있다. 우리는 바람 부는 대로 정처없이 날려 다니는 다북쑥과도 같은 몸, 각자의 유랑 길로 아득히 서로 멀어져 갈 것이나, 그러나 어쩌랴? 이 우리의 운명인 것을…. 아무려나 들고 있는 이 잔이나 우선 비우고 보세그려!

평설 　화려했던 궁정시인으로서의 3년 생활의 막은 내리고, 다시 유랑의 길로 장안을 떠난 것이, 천보 3년(744), 작자 44세 때의 일이다.

　이 길로 낙양에 이르자, 뜻하지 않게 두보를 처음으로 만나게 되었으니, 천하의 시호(詩豪)요, 주호(酒豪)인 두 사람의 해후가 어찌 심상했을 리야. 그들은 함께 인근 각처의 명소를 답파하면서 음취(吟醉) 또한 푸지게 했을 것은 이르나 마나다. 그해 가을에 또다시

魯郡(노군) 지금의 산동성(山東省) 자양현(滋陽縣) 일대의 땅.
石門(석문) 노군에 있는 산 이름.
杜二甫(두이보) 두보(杜甫)를 이름. '二'는 배항(排行).
泗水(사수) 산동성을 흐르는 내의 이름.
徂徠(조래) 산동성 태안현(泰安縣) 동북에 있는 산 이름.
飛蓬(비봉) 뿌리째 뽑히어 바람 부는 대로 날려 다니는 다북쑥. 유랑인의 비유.

이곳 노동(魯東)의 연주(兗州)에서 만나 놀다, 가을과 함께 그곳을 뜨면서 이 시를 읊은 것이다.

 그들은 마지막 잔— 그러나 '且盡手中杯'는 마지막 잔이 아니다. 그 다음으로도 무진무진 이어졌을 여운중(餘韻中)의 잔들을 비우고 떠난 후로는, 다시는 그들에게 '重有金樽開'의 기회는 오지 않았으니, 정히 '飛蓬各自遠'이라, 둘은 서로 너무 멀리 떨어져 있어, 그리운 푸념으로 시로는 터회(攄懷)하면서도, 연락하지도 만나지도 못한 채, 차례로 별 지듯이 이 세상을 하직하고 말았으니, 봉리(逢離)의 허무함이 또한 이와 같은저!

 형식은 오언율시, 운자는 평성 '灰'운.

금릉을 떠나면서

버들꽃 바람에 날려
향기 가득 서린 주막,
미녀는 술 거르며
길손 불러 맛 좀 보래.

금릉의 젊은이들
배웅 나온 석별(惜別) 자리
떠난다 못 떠난 채
잔만 연방 비워라!

그대 한번 물어보렴.
저 장강(長江)의 물에,
우리의 이별 정과
어느 편이 더 긴가를—.

風吹柳花滿店香　吳姬壓酒喚客嘗
金陵子弟來相送　欲行不行各盡觴
請君試問東流水　別意與之誰短長
〈金陵酒肆留別〉

부연　남경(南京)의 근교, 양자강 강변길에 목 잡고 있는 주막
집. 강안에 늘어선 버드나무에서는 연두색 실가지들이
바람에 흐느적거리고, 흰 버들개지는 날리어 공중에 자오록이 떠돌

고 있어, 주막은 온통 술향기 꽃향기로 가득한데, 남국의 예쁜 젊은 여인은, 술을 거르다가, 문득 지나가는 길손을 보고는 '저기 가는 저 손님 술맛 좀 봐 주고 가세요' 한다.

  남경을 떠나는 나를 보내 주느라 그곳의 젊은 친구들이 이 교외까지 배웅하여 나온 참이라, 이 집을 어찌 그냥 지나치리? 드디어 한판 마지막 송별의 술판이 여기서 또다시 벌어지게 된 것이다. 간단히 한잔 하고는 곧 떠나리라 시작한 것이, 잔이 거듭됨에 따라 좌석은 점차 제격으로 어우러지고, 이별의 사연은 길기도 하여, 나선다 나선다면서 선뜻 나서지 못한 채, 한 잔 한 잔 끝없는 한 잔을 연방 비워 내고 있는 것이다. 아! 떠나는 정, 보내는 정의 이다지도 끝없음이여!

  여러분! 저기 흐르고 있는 장강의 물에 한번 물어 보시라. 가면 다시 못 올 길을 동으로 동으로 가고 있는 저 장강의 물과, 우리들의 이 차마 헤어지지 못하는 무한한 정과는 어느 쪽이 짧고 어느 쪽이 긴지

金陵(금릉) 남경(南京)의 옛 이름. 양자강에 임한 육조(六朝)의 고도(古都)이다.
酒肆(주사) 주막.
留別(유별) 떠나는 사람이 남아 있는 사람에게 작별함. 또 그 시.
柳花(유화) 버들꽃. 버들개지. 곧 유서(柳絮).
店(점) 주막. 주점(酒店).
吳姬(오희) 옛 오나라 지방의 미녀. '吳'는 지금의 강소성(江蘇省) 소주(蘇州) 방면.
壓酒(압주) 술을 짬. 술을 거를 때의 마지막 과정으로, 지게미에 남아 있는 술을 두 손으로 쥐어 짬을 이름.
喚客嘗(환객상) 길손을 불러 술맛을 보게 함.
子弟(자제) 젊은이들. 청년들.
來相送(내상송) 배웅 나와서 서로 보냄. 곧 송별과 유별로 이별을 아낌.
盡觴(진상) 술잔을 남김 없이 비움.
別意(별의) 이별의 정.
與之(여지) 이것과. 곧 동류수와.
誰短長(수단장) 어느 쪽이 짧고 어느 쪽이 긴가?

를…. 강물도 아마 우리의 긴긴 석별의 정에는 미치지 못할진저!

평설 이백의 시성(詩聲)이 이미 천하에 들린 터이라, 가는 곳마다 대환영이었을 것이나, 그중에서도 시를 지망하는, 한창 낭만에 부푼 젊은이들에게는 꿈이요 우상이라, 그를 받들어 모여 드는 무리가 적지 않았을 것이며, 그들과 어우러져 매일같이 시주 화수(詩酒和酬)로 정이 깊어져 갔음도 짐작에 어렵지 않다.

그러나 그의 방랑의 발길이 어찌 오래야 머무르랴? 이제 그는 떠나는 길이다. 흘러가는 강물처럼 재회의 기약도 없이 떠나가는 길목에서, 잔만을 비워 대고 있는, 이 송별과 유별(留別)의 정은 그지없다. 이 기나긴 석별의 정을 장강의 물에 견준, 끝연의 여운 또한 강류만큼이나 길기도 하다.

'滿店香'이 어찌 바람이 날라 오는 꽃향기만에서랴? 마침 술을 거르고 있는 중이었으니, 그 술향기 또한 오죽했을라고? 등천하는 꽃향기, 술향기가 온 주막을 둘러 진하게 가득 풍기고 있었음이리라.

'술 맛 좀 보고 가세요' 하며 길손을 부르는 '喚客嘗'은, '새 술맛이 기가 막히니 한잔 들고 가세요' 하는, 노골적인 유객(誘客)의 관용어이기도 하나, 술을 막 거르고 있는 현장에서는, 국에 간을 보듯이, 전국에 탄 물이 된지 늦은지, 물을 좀 보아 달라는 애교 넘치는 청이 된다. 이 경우에는 으레 한 잔 시음용으로 무료 제공되고, 음후(飮後) 소견을 말해야 할 의무가 수반되나, 대개의 경우, 이 길로 눌러 앉아 술손님으로 발전하게 됨이 예사다.

이 1, 2구는 주흥을 돋우는 분위기 묘사이나, 특히 위의 '滿店香·喚客嘗'은, '吳姬'의 짙은 화장을 상상할 만큼, 그 표현이 농염(濃艶)하다.

형식은 칠언고시, 운자는 평성 '陽' 운.

벗을 보내며

푸른 산은 북쪽 성곽으로 둘리어 있고
앞 강물은 동쪽 성곽을 감아도는 곳,

그대 한번 이 고장 뜨는 그 길은
외로운 나그네의 만 리 길이네.

뜬구름은 둥실둥실 그대 뜻이요,
지는 해는 뉘엿뉘엿 이내 정일세.

그예 손 저으며 멀어져 가는,
말 우는 소리의 서글픔이여!

青山橫北廓　白水遶東城
此地爲一別　孤蓬萬里征
浮雲遊子意　落日故人情
揮手自玆去　蕭蕭班馬鳴
　　　　〈送友人〉

부연　푸른 산은 울멍줄멍 마을 뒤를 둘러 북풍을 가리우고, 앞 강물은 구비구비 동쪽 성곽을 감도는 강마을! 이 배산임수(背山臨水)의 다사롭고 넉넉한 이 고장을 한번 떠나기만 하면, 타향 만리 정처없는 나그넷길인 것을 그대는 모르는 듯.

그대의 뜻은 마냥 저 허허로운 천공을 떠도는 뜬구름인 양, 낭만의 여심(旅心)에 부풀어 있다마는, 떠나 보내는 이 나의 정은, 지는 해를 안타까워하면서도 만류할 길 없이 황혼으로 잠겨드는 하염없는 심정일 뿐….

 기어코 그대는 잡은 손 뿌리치고 높이 저으며, 말을 채쳐 떠나간다. 침통한 이별의 아픔을 대신 울듯, '삥야호호호…' 청높은 말의 울부짖는 소리가, 아득히 어스름 속으로 사라져 가는 그림자와 함께, 서글프게 서글프게 멀어져 가고 있다.

평설 1·2구의 산과 물은, 5·6구의 '浮雲·落日'과 함께, 절로 이별 현장의 분위기 조성에 이바지하는 한편, '靑山·白水'는 가는 정, 보내는 정의 은근한 대조이기도 하니, 산 두고 저만 가는 무정한 물처럼, 물 따라 흘러가는 친구에의 일말의 원망마저 넌지시 부쳐져 있다. 또 저 '浮雲'은 떠나는 이의 정처없는 의태(意態)이며, '落日'은 보내는 이의, 장차 어둠에 잠길 하염없는 심상이다.

 3·4구의 '一'과 '萬'의 심한 낙차(落差)는, 앞날의 운명의 급거한 전환의 시사이며, 결구의 '班馬鳴'은, 이별의 서러움을 말이 대신

橫北廓(횡북곽) 북쪽 성곽에 가로놓여 있음. '廓'은 외성(外城).
白水(백수) 햇빛에 반사되어 희게 보이는 강물.
遶東城(요동성) 동쪽 성을 둘러 흐름.
孤蓬(고봉) 뿌리째 뽑혀 바람에 굴러다니는 다북쑥. 유랑의 나그네를 비유로 이른 말.
遊子(유자) 나그네. 떠나가는 친구를 이름. '古詩'에 '浮雲蔽白日 遊子不顧返'이라 있다.
故人(고인) 옛 친구. 이백 자신을 가리킴.
自玆去(자자거) 이로부터 떠나감. '玆'는 '此'.
簫簫(소소) 쓸쓸한 모양. 말 우는 소리.
班馬(반마) 떠나가는 말. 《左氏傳》에 '有班馬之聲'이라 있고, '注'에 '班'은 '別也'라 했다.

옮이니, 무심한 짐승도 저러하거든 하물며 가는 정, 보내는 정의 그지없는 서러움이리요? 대범한 듯 견디어 참는 그 침통함이 멀어져 가는 말 울음소리에 실리어, 그 여운 사라질 듯 아득히 길고 길어 끝이 없다.

  시형은 오언율시, 운자는 평성 '庚'운.

흰 구름과 가는 그대

산이란 산엔
흰 구름이니,
그대 가는 곳마다
흰 구름은 따르리.
길이 따르리.

그대 초산(楚山)으로
가는 길에는
구름도 그대 따라
상수(湘水) 건너리.
상숫가 여라의(女蘿衣)로
흰 구름에 누웠음 좀 좋으리.

그대 일찌거니
돌아가 눕게나!

楚山秦山皆白雲　白雲處處長隨君
長隨君
君入楚山裏　雲亦隨君渡湘水
湘水上女蘿衣　白雲堪臥君早歸
　　　　〈白雲歌送劉十六歸山〉

부연 그대가 은거하고 있는 동정호 남쪽의 초산이나, 그 반대편인 북쪽 장안 부근의 진산이나, 산이란 산에는 다 뭉게뭉게 흰 구름은 피어오르고 있으니, 그대 가는 곳곳마다 어디에나 흰 구름은 따르리. 아마도 그대 가는 걸음걸음 길이 따르리.

그대 초산으로 돌아가는 동정호 뱃길 건너 상수로 향하면, 흰 구름은 동정호 하늘 위로 뱃길을 호송하여, 또한 상수를 건너리.

상수의 강 언덕에 여라의 보드라운 잎을 깔고, 흰 구름 속에 누워, 세상 시름 말끔히 잊고 신선이 되어 있는 맛! 그것 모두가 동경하는 일이거니, 어찌 한갓 속정에 이끌리어, 이 티끌 세상에 붙들어 두려고만 할 수 있겠는가? 그러니 일찌감치 돌아가 보게나!

평설 '白雲'은 이 시의 핵심어다. 그 유유한 임거래(任去來)는 비상을 꿈꾸는 낭만의 심상이요, 그 목화를 연상케 하는 정백(淨白)은 포근하고 따뜻한 요람의 아득한 과거에로 잠기게도 하며, 무심 무욕(無心無慾)으로 표백되어 탈속의 경(境)에 들게도 한다. 또한 그 기이한 봉우리들은 무하유향(無何有鄕)의 선향(仙鄕)으로, 꿈의 나라요, 동경의 세계요, 시심(詩心)의 태지(胎地)로서, 이두(李杜)를 비롯, 왕유(王維)·한산(寒山)·백거이(白居易) 등은 물론,

---

劉十六(유십육) 초산의 은자이겠으나 미상. '十六'은 종형제간의 서열의 순서.
楚山(초산) 동정호(洞庭湖) 남쪽 부근의 산.
秦山(진산) 장안(長安) 부근의 산.
湘水(상수) 호남성(湖南省)을 북류(北流)하여 동정호로 드는 강물. 상강(湘江).
女蘿衣(여라의) 여라의 잎. '여라'는 소나무에 기생하는 지의류(地衣類)의 일종인 '소나무겨우살이'. 송태(松苔)·송라(松蘿)라고도 한다. 잔가지가 실 모양 또는 털 모양으로 서로 엉클어져 있다. 빛은 담녹색. 《詩經》 小雅에 '蔦與女蘿 施于松栢'이라 있고, 또 그 잎에 대해서는 〈馬戴의 山中興作詩〉에 '高高丹桂枝 嫋嫋女蘿衣'란 구가 있다.
堪臥(감와) 누워 있을 만함. 신선처럼 한가로이 지낼 만함.

'白雲'을 읊지 않은 시인은 일찍이 없었으며, 앞으로도 그러리라.

그러나, 그 많은 시들이 다 '사람이 백운을 따르는' 데 반하여, 본시는 '백운이 사람을 따르는' 것으로 역설되어 있어, 별단의 묘미를 보여 주고 있다.

곧 '白雲'이란 자연물에 구안적(具眼的) 능동성을 부여함으로써, 그 대상자를 순결 무구한 은사(隱士), 선풍 도골(仙風道骨)의 도인(道人), 초연 탈진(超然脫塵)의 시인으로 추대하여, 그 본향(本鄕)에로의 귀산(歸山)을 선선히 놓아 주는 멋을 보여 주고 있다.

시형은 고시형의 장단구(長短句).

이백 편 李白篇

향사
鄕思 一

―鄉思―

고요한 밤에

설마 서릴 리야
달빛이려니

무심히 올려보던
쳐든 고개가

시름없이 떨구어지는
고향 그리움!

牀前明月光　疑是地上霜
擧頭望山月　低頭思故鄕
〈靜夜思〉

부연　저건 온 지면에 가득 내려깔린 가을 새벽의 서리가 아닌가? 이렇게 잠시 나를 헷갈리게 했을 만큼, 침상 앞에 하얗게 비쳐 있는 것은, 이 밤사 유난히도 맑고 밝고 싸늘한 달빛이다. 그 빛의 소자래(所自來)를 찾아 무심히 고개를 들어 하늘을 쳐다본다. 둥근 가을 달이 산 위에 번듯이 올라와 있다. 비로소 자신이 나그네의 몸임을 깨닫는다. 온 세상이 적적한 이 밤, 저 달은

---

* **題意** 악부제(樂府題)로서, 고요한 가을 달밤의 향사(鄕思)이다.
牀(상) 나무로 짠 침상, 평상 따위.
擧頭(거두) 고개를 들어 높고 먼 곳을 바라보는 자세.
低頭(저두) 고개를 떨구어 생각에 잠기는 자세.

고향 하늘에도 저렇게 비쳐 있어, 가족들 저마다 또한 나를 그리워하며 있으려니…. 생각이 이에 미치자, 저도 모르는 사이에 아득히 깊은 향수에 잠겨들면서, 쳐들고 있던 고개는 시름없이 떨구어지고 만다.

평설 전반은 서경이요, 후반은 서정이다.
'달밤의 고향 생각', 이는 너무나 평범한 명제이다.

이 시는 그 평범한 관행적인 내용을, 인과(因果)의 심리적 추이에 따른 무작위의 서술에 의하여 구관(舊慣)을 청신(淸新)케 한, 평범 속의 비범인 명품이다.

보라, 지상으로 향해 있던 제1구의 시선이, 빛의 정체를 찾아 천상으로 전환하는 제3구의 '擧頭'에서, 다시 고개가 떨구어지면서, 감아진 눈으로 고향을 그려 보며, 침사(沈思)에 잠겨드는 제4구에로의 자연스러운 이음매 — 머리의 고저와 시선의 방향이 영상을 보는 듯 천연스럽다.

'달'은 향사(鄕思)를 일깨우는 촉매 구실을 하고 있다.

나그네의 잠이 어찌 일찍부터 오리요,
가을 하늘의 밝음을 즐기지 아니하놋다.
客睡何曾着 秋天不肯明 — 杜甫

와 같이, 상심객(傷心客)인 가을 나그네의, 섣불리 쳐다보지 말았어야 할 달을, 함부로 쳐다봤음에서 그예 향수는 촉발되고 만 것이다. '고개가 떨구어진' 그 자세에서, 굽이굽이의 고향 산천이며, 장면 장면으로 떠오르는 면면의 얼굴들… 향사의 진수는, 정작 이 시가 끝나는 여운 속에서 볼 것이다.

'당시선' 등에서 제1구를 '看月光'으로 전함은 잘못이다. '본집(本集)'에 있는 대로의 '明月光'이야말로 백번 옳으니. 보라, 이 자리에 '看'을 대입하면 온갖 트집이 생기게 마련이다. 우선 제3구의 '望' 자는 재탕격이 되어, 그 농도며 청신미가 반감되어 버릴 것이요, 또 아무런 외적 간섭이나 엿봄을 당함이 없이 제대로 활짝 펼쳐 있는 제1구의 월광의 허심함이, 외부 시선의 개입으로 말미암아 자극 긴장됨으로써, 제3구의 '擧頭'로 옮아가는 무의식적 자연스러운 동작의 전기(轉機)가 다분히 의식적·의도적으로 변질되어 버릴 것이기 때문이다.

이 시는 작자 31세 시의 작으로 추측된다.

시형은 오언절구, 운자는 평성 '陽'운.

봄밤 피리 소리를 들으며

그 누가 날리는고. 그윽한 밤 피리 소리
봄바람에 번져 들어 낙양성에 가득 찬다.
어느 뉘 저 이별곡 들으며 고향 생각 않으리?

誰家玉笛暗飛聲　散入春風滿洛城
此夜曲中聞折柳　何人不起故園情
〈春夜洛城聞笛〉

부연　어디서 그 누가 저처럼 옥피리를 구슬피 불어, 어둠 속 그윽히 봄바람에 띄워 날려 보내고 있는 것일까?
　피리 소리는 봄바람에 실려 들어와, 온 낙양의 성 안에 가득 번져 서리는 듯, 봄밤의 옛 도성은 소릿기 없이 숨을 죽인 가운데, 오직 저 피리 소리와, 그 구슬픈 분위기만으로 가득 차 있다.
　이 밤에 들려오는 여러 곡들이 다 서러운 가락인 가운데서도, 특히 저 이별곡인 '절양류곡'을 듣고 있노라니, 아득히 잊고만 있었던, 참 나의 모든 것을 홀연 흔들어 일깨우는 듯.
　어느 누군들 두고 온 고향, 잃어버린 과거, 인간으로서의 마음의 본향(本鄕) 등에 대한, 새삼 그리움의 간절한 정을 일으키지 않을 이

誰家(수가) 누구의 집. 또는 누구.
玉笛(옥적) 옥피리. 또는 아름다운 음색의 피리.
折柳(절류) '折楊柳'의 약(略). 이별의 슬픔을 주제로 한 곡조 이름.
何人不起(하인불기) 어느 누군들 (고향 생각을) 일으키지 않으랴? 듣는 사람이면 다 일으킨다는 뜻으로, '滿洛城'과 호응하고 있다.

있을 것이랴?

> **평설** 낙양의 봄밤, 어디에선가 들려오는 그윽한 피리 소리에 귀를 기울이고 있던 한 나그네의, 저도 모르게 사로잡히고 만, 깊으나 깊은 향수다.

'悲'니, '哀'니 따위의 한마디 언급이 없으면서도, 그 구슬픔은 이 밤의 어두움과 함께 낙양성 안에 가득 서려 있다. 그것은 이별곡인 탓이라기보다는 오히려, 피리 소리가 지니는 독특한 애한조(哀恨調)의 그 음색 때문일지도 모른다.

보라, 한껏 좁혀진 아래 위 두 입술 사이로 비집고 나오는 진한 한숨 같은 입김이, 관(管) 안을 휘돌아 떨어 나오는, 그 허스키한 피리 소리! 그 소리의 탄식 같은 서글픔은, 여위고도 가냘파, 사라질 듯 이어지며, 흐느끼는 듯, 목 메이는 듯, 원망하는 듯, 하소연하는 듯, 듣는 이의 애를 말리고 폐부를 에이는 듯, 혹은 길고도 먼먼 구렁에서 복음(復音)으로 들려오는 귀곡성인 듯도 하여, 공연히 사람의 회포를 돋우게 마련이거늘, 하물며 유랑의 객사에서 나그네의 몸 되어 들음에서랴?

향수! 그 어찌 고향 산천이며 가족 친지들에 대한 공간적인 향수만이랴? 이제는 돌이킬 수 없는, 잃어버린 과거에의 시간적인 향수는 물론, 더 근본적으로는, 일상적인 일에 얽매여 막상 잊고만 있었던, 인간의 마음의 고향에 대한 원초적인 향수, 이러한 숙명적인 그리움은, 나그네 아닌 누구에게나 이럴 때 눈뜨는 것이어니, 이런 슬픈 기억들을 흔들어 깨우는 피리 소리를, 목석 아닌 사람으로서야 어찌 감개 없이 차마 견뎌 들을 수 있으랴?

그러기에, 초한(楚漢) 옛 싸움에서, 계명산(鷄鳴山) 추야월에 부는 장양(張良)의 옥퉁소 소리에, 항우(項羽)의 팔천 군사가 뿔뿔이 흩어져 제 고향으로 달아났다는 옛이야기는 조작한 이야기만은 아닐 것이다.

호방한 성격, 방일(放逸)한 행동, 공상과 낭만으로 호음 이취(豪飮泥醉)하는 이백에게도, 이렇듯 세간적이며 인정에 겨운, 침통한 내면적 일면이 있음을 엿보게 하는 작품이다.

'誰家'의 자문에는, 피리의 주인공이 '그 어느 정한인(情恨人)일게라'는 자답이 내포되어 있다.

'飛'는 '바람결에 띄워 날려 보냄'의 유일자(唯一字)로, '散'과 '風'과 상호 호응하는 묘용(妙用)이요, '滿'은 미만(彌滿)으로, 이르지 아니하는 곳이 없음이니, '何人不起'와 호응하고 있다.

'折柳'의 이별곡에서, 자신이 떠나올 때의 석별의 장면을 상기함으로써 자연 '故園情'을 일으키게 되는, 시정의 자연스러운 흐름을 볼 것이다.

시형은 칠언절구, 운자는 평성 '庚'운.

동로의 두 어린것들에게

1. 여기는 뽕잎도 푸르러
   누에도 석잠을 자고 일었는데,
   동로에 깃들인 우리 집엔
   뉘 있어 귀산의 밭을 갈꼬?
   봄일도 이미 글렀으려니…
   장강 나그네길 아득도 해라!

2. 남풍이 솔솔 내 그리움을 불어다가
   옛 마을 술집 앞에 부려 놓나니,
   그 집 동쪽 한 그루 복숭아나무
   가지며 잎들, 이내 속에 나부끼네.

3. 이 나무 내 손수 심어 놓고
   떠나온 지 이미 삼 년째라
   지금은 집 높이로 자랐겠건만
   내 발길은 아직 돌아가질 못하네.

4. 귀여운 내 딸 평양이가
   꽃 꺾으러 나무에로 다가가네.
   꽃은 꺾어도 아빈 못 보아서리.
   샘 솟듯 눈물 줄줄 흘러내리네.

5. 어리던 녀석 백금이도

제 누이만큼이나 키가 자랐네.
나란히 나무 아랠 서성이건만,
뉘 또 있어 등 어루만지며 어여뻐해 주리?

6. 이를 생각자니 심사 뒤틀려
   애간장 나날 시름으로 들끓네.
   비단 한 폭 찢어내어 이 아비 사연 적어
   문양천 냇물에다 부쳐나 보냈으면….

1. 吳地桑葉綠　吳蠶已三眠
   我家奇東魯　誰種龜陰田
   春事已不及　江行復茫然
2. 南風吹歸心　飛墮酒樓前
   樓東一株桃　枝葉拂靑煙
3. 此樹我所種　別來向三年
   桃今與樓齊　我行尙未旋
4. 嬌女字平陽　折花倚桃邊
   折花不見我　淚下如流泉
5. 小兒名伯禽　與姊亦齊肩
   雙行桃樹下　撫背復誰憐
6. 念此失次第　肝腸日憂煎
   裂素寫遠意　因之汶陽川
   〈寄東魯二稚子〉

부연 1. 여기 이 금릉 지방에는 벌써 뽕잎도 푸르러, 봄누에도 이미 석잠을 자고 일었으나, 동로에 깃들어 살고 있는 우리집엔, 어느 누가 있어 귀산의 응달밭을 갈아 씨를 뿌렸으랴?
일이란 다 때를 놓치지 말아야 하건마는, 일손이 없으니 어찌하랴?
이미 씨 뿌리는 봄 한때도 놓치고 말았으리라. 그렇건만 장강을 유
랑하는 이 나그네 길은 언제나 끝이 날는지, 그저 아득하기만 하다.
  2. 솔솔 부는 남쪽 바람이 내 돌아가고픈 마음을 부채질하여, 멀
리 날려 옛 마을 술집 앞에다 부리어 놓네. 그 술집 동쪽에 있는 한
그루 복숭아나무의 무성한 가지와 잎은 바야흐로 푸른 이내 속에

---

* **題意** 동로에 있는 두 어린 자식에게 부침. '東魯'는 지금의 산동성(山東省) 지방.
吳(오) 지금의 강소성(江蘇省) 지방. 작자가 있는 '금릉'도 이에 속한다.
三眠(삼면) 누에는 약 한 달간의 유충 생활 동안 네 번에 걸쳐 1·2일간의 휴면 상태에
  든 후 허물을 벗고는 그때마다 성큼성큼 눈에 띄게 커진다. '첫잠, 두잠, 석잠, 막잠'으로
  세는데, 막잠 잔 후 약 1주일이면 고치를 지어 그 속에 번데기가 되어 들어앉게 된다.
龜陰田(귀음전) 귀산의 북쪽에 있는 응달밭.
春事(춘사) 봄철의 농사일.
江行(강행) 배로 다니는 여행.
酒樓(주루) 술집. 선술집.
靑煙(청연) 푸른 연하(煙霞). 푸른 이내.
未旋(미선) 아직 발길을 돌이키지 못함.
嬌女(교녀) 귀여운 계집애.
倚桃邊(의도변) 복숭아나무 가까이로 다가감.
齊肩(제견) 어깨를 가지런히 한다는 뜻으로, 키가 비슷함을 이름. '동생의 키가 누이의
  어깨 높이만큼 컸다'로 봄은 잘못.
撫背(무배) 등을 어루만져 쓰다듬음.
失次第(실차제) 질서를 잃는다는 뜻으로, 마음이 산란해짐.
肝腸(간장) 간과 창자, 곧 마음.
日憂煎(일우전) 날로 시름으로 하여 애간장이 탐.
裂素(열소) 흰 비단을 찢어 냄.
寫遠意(사원의) 먼 곳에 있어, 가족 그리워하는 마음을 적음.
因之(인지) 이에 의탁함.
汶陽川(문양천) 문양(지금의 산동성 태안 서남쪽 일대)의 남쪽을 가로질러 흐르는 강, 곧 문
  수(汶水). 일명 문하(汶河).

나부끼고 있네.

3. 이 복숭아나무는 내 손수 심은 것으로, 떠나온 지 어언 삼 년이 되고 보니, 나무는 자라 집 높이만큼이나 컸건만, 내 유랑의 발길은 아직 되돌아서질 못하고 있네.

4. 귀여운 내 딸 양평이가 꽃을 꺾으러 복숭아나무께로 다가가네. 이윽고 꽃을 한 가지 꺾어 가지고는, 샘솟듯 줄줄 눈물 흘러내림을 감당하지 못하고 있네. 아마도, 아비 손수 심은 나무의, 꽃은 딸 수 있건마는, 그 꽃의 주인인 아비는 볼 수 없음에서, 날 그리워 우는 눈물이 아니랴?

5. 어리던 사내아이 백금이도 어느덧 성큼 커, 제 누이랑 어깨를 가지런히 하여, 나란히 복숭아나무 아래를 서성거리나, 어느 누가 또 있어, 등 어루만지며 가엾어해 주랴?

6. 이런 일들을 곰곰 생각할수록 끝내 심사가 뒤틀리어, 내 간장은 매일같이 시름으로 타는 듯하네. 흰 비단 한 폭 찢어내어, 멀리 있는 이 아비 마음 올올이 적어, 문양천 흐르는 물에 부탁하여, 우리 아이들에게 전할 수나 있었으면 좋으련만….

평설 1은, 객지의 봄빛으로 짐작해 보는, 두고 온 옛집의 정황이며, 2·3·4·5는, 남풍에 불리어 옮겨진 옛 마을 술집 앞에서, 작자는 꿈에서인 듯 말없이 현장을 지켜만 보고 있는 한 실체 없는 관망자로서, 3년 세월을 더한 복숭아나무를 중심으로, 성큼 자란 딸아이 아들아이가 펼치는 아비 그리는 애처로운 장면장면들을 묵묵히 보고 있다.

그것은 꿈이나 추측이 아닌, 현장에서의 현재진행의 박진(迫眞)한 사실이다. 이때, '南風'은 '歸心'을 부채질하는 선동자이며, 또한 그 마음을 날라다 준 운반체이기도 하다.

'뉘 또 있어 등 어루만지며 어여뻐해 주리'로 보아, 아이들의 어머니가 없음이 분명하니, 이때 이미 허씨 부인은 이 세상 사람이 아니었을 것 같다.

6은, 아이들에 대한 그립고 안쓰러운 마음 어찌할 길 없어, 멀리서 간장만 태우고 있는 아비 마음의 안타까움이다.

이 시는 천보 7년(748) 48세 때의 작으로, '금릉에서 짓다'로 자주(自注)해 있다.

시형은 오언고시, 운자는 평성 '先'운으로 일관(一貫).

아내에게

삼백예순날을
날마다 곤드레라.

이백의 부인 됐다지만
태상의 아내나 무엇 다르료?

三百六十日　日日醉如泥
雖爲李白婦　何異太常妻
　　　　　〈贈內〉

부연　일 년 삼백육십 일을 매일같이 몸을 가누지 못할 만큼 곤드레만드레로 난취(爛醉)하여, 남편 구실을 하지 못하고 있으니, 당신은 비록 이백의 부인이 됐다고는 하나, 기실 옛날 태상이었던 주택의 아내나 무엇 다를 게 있겠는가?

---

* **題意** 내자(內子), 곧 아내에게 줌.
醉如泥(취여니) '곤죽처럼 몸을 가누지 못할 만큼 취하다' 또는 '취하여 이충(泥蟲)처럼 몸을 가누지 못하다'의 두 갈래로 풀이된다. 이충은 남해에 있다는 뼈 없는 동물로서, 물 속에서는 활발하나 물이 없으면 몸을 가누지 못하여 진흙처럼 된다는 벌레.
太常妻(태상처) 태상의 아내. '太常'은 종묘 예의(宗廟禮儀)를 관장하는 벼슬 이름. 후한 (後漢) 사람 주택(周澤)이 태상이 되어, 언제나 종묘에서 재계(齋戒)만 하고 있었는데, 한 번은 병이 나 눕게 되자, 그의 아내가 걱정되어 찾아갔다가, 금기(禁忌)하는 여자가 와서 재계를 망쳤다고 몹시 노하여, 이를 옥에 보내어 사죄케 했다는 고사가 있다.

> **평설** 천날 만날 술독에 빠져, 아내를 아내로 남편 구실 한번 못하는 것이 죄밑이 되어, 사과 겸 위로하는 내용이다. 너무 정색하여 굽혀 나가는 것도 부자연할 뿐만 아니라, 부담스러울 것이며, 그렇다고 실없이 희희닥조로 나가서는 오히려 상대를 노엽게 할 뿐만 아니라, 체신 없는 일이 된다.

그러고 보면, 가벼운 익살로 시종한 이 시야말로 적정한 중용이며, 형식 또한 무겁고 긴 칠언의 고시나 율시보다는 가장 짧은 오언의 절구인 것이 아주 제격이다.

개중에서도 '太常妻(태상의 아내)'의 고사를 인용함으로써, 그 긴긴 이야기를 두어 자로 압축하여 자기네 것으로 변통하였으니, 이런 고사의 발견이야말로 한 구원이 아닐 수 없다.

더구나 당시 사람들이, 태상인 주택을 두고,

일 년도 삼백예순 날에
재(齋) 아닌 날은 삼백오십구 일
一歲三百六十日　三百五十九日齋

이라고 비웃었는데, 그럼 그 남은 하루는 뭘 했단 말인가?
그 답은 이러하다.

그 하룬 재계 않고
진흙처럼 취하는 날.
一日不齋醉如泥

인 것이다. 그러고 보면, '三百六十日'이나 '醉如泥'도, 이 고사에서 따온 것이니, 멱구(覓句: 시구를 찾아냄)의 솜씨 또한 귀신 같다 할 수밖에 ―.
시형은 오언절구, 운자는 평성 '齊'운.

귀양 길에 피리 소리를 들으며

장사(長沙) 귀양 길에 잠시 들른 황학루(黃鶴樓) 위
장안(長安)은 안 보이고, 들려오는 피리 소리
오월의 강성(江城)에 지는 이별 설운 '낙매화(落梅花)'여!

一爲遷客去長沙　西望長安不見家
黃鶴樓中吹玉笛　江城五月落梅花
　〈與史郞中欽聽黃鶴樓上吹笛〉

부연　안녹산(安祿山)을 치기 위해 군사를 일으킨, 영왕(永王) 인(璘)의 막료(幕僚)가 되었던 것이, 난후(亂後) 엉뚱스럽게도 대역죄로 몰리게 되어, 야랑(夜郞)으로 귀양 가고 있는 길이다. 이는 마치 옛날 한(漢)의 우국 충신 가의(賈誼)가 무고하게 장사(長沙)로 좌천되어 가듯, 억울한 길이 아닐 수 없다. 도중 이곳 무창의 황학루에 잠시 올라 땀을 들인다. 황학루는 20여 년 전에 맹호연(孟浩然)과 함께 논 일이 있지마는, 다락이 하도 높아, 그리운 장안도 보일 것만 같아, 멀리 서북쪽 하늘을 아득히 바라

---

* **題意** 낭중(郞中) 사흠(史欽)과, 황학루에서 부는 피리 소리를 듣다.
遷客(천객) 유배되어 가는 사람.
長沙(장사) 호남성(湖南省) 동정호(洞庭湖) 남쪽에 있는 도시 이름.
長安(장안) 당시의 서울. 지금의 서안(西安).
黃鶴樓(황학루) 호북성(湖北省) 지금의 무한(武漢)에 있는 누각. 〈黃鶴樓送孟浩然之廣陵〉 149쪽 참조.
江城(강성) 장강(長江) 유역의 성. 여기서는 무창성(武昌城)
落梅花(낙매화) 피리 곡조 이름.

본다. 그러나 어찌 보일 리야―. 다만 마음의 시야에 어리비치는 영상으로는, 반군에 점령되어 임금은 출분(出奔)하고, 백성은 산지 사방으로 흩어져, 이제는 잡초만 우거진 폐허의 장안으로만 비칠 뿐이다.

마침 누중의 어디선가에서 피리 소리가 들려온다. '낙매화' 가락이다. 그 애련한 이별곡이, 귀양 가는 사람의 애끊는 심정을 울어주는 듯, 고요히 흐느끼고 있다. 매화꽃잎이 분분히 떨어져 날리는 듯, 신록의 강성, 은빛 고운 오월 하늘에 그 슬프고도 향기로운 피리 가락은 하염없이 퍼져 가고 있는 것이다.

평설 이백이 '야랑(夜郎)'으로 귀양 가던 길은, 양자강을 거슬러 올라가는 수로였다. 그러므로, '장사(長沙)'는 그의 유배지도, 경유지도 아니다. 그곳이 '가의(賈誼)'의 좌천지였던 만큼, 이를 가탁(假託)함으로써, 간접적으로 자신의 야랑 유배가 부당함을 은근히 비친, 우회적 표현이다.

피리를 부는 곳은 '황학루중'으로 명시되어 있으나, 피리 소리를 듣고 있는 작자의 위치는 일견 모호하다. 그래서 고래의 해설서들이 한결같이 작자를 누 위에 세우지 않고 있다. 그러나 보라, 그 듣고 있는 위치는 '西望長安(서쪽으로 장안을 바라봄)'하고 있는, 바로 그 위치인 것이니, 작자는 이미 누상에 올라와 있음이 분명하다. 왜냐하면, '西望長安'코자 한 의향이야말로 그가 이미 높은 누에 올라옴으로 해서 일으키게 된, 자연 발로의 심리에서이기 때문이다.

'落梅花'는 피리 곡조 이름인 동시에, 그 가락이 마치 떨어진 매화꽃잎들의 어지럽게 흩날리는 듯한 이미지를 수반하고 있어, 정겨운 음감의 '五月', 운치로운 녹음의 '江城'과 함께, 슬프고도 아름다운 정감이 가슴에 와 닿는 느낌이다.

이 시는 당도(當塗)에서 죽기 4년 전인, 작자 58세 때의 지음이다. 시형은 칠언절구, 운자는 평성 '麻'운.

선성에서 두견화를 보고

파촉(巴蜀)에서 들었던
두견이 소리
선성(宣城)의 두견화에
다시 볼 줄야?
한 소리에 한 도막씩
애끊음이여!
그리워라, 춘삼월의
파촉 내 고향….

蜀國曾聞子規鳥　宣城還見杜鵑花
一叫一廻腸一斷　三春三月憶三巴
〈宣城見杜鵑花〉

부연　아득한 그 옛날, 파촉 고향에서 그저 무심히 듣곤 했던 두견새를, 우연히도 이 만년의 우거지(寓居地)인 선성에서 다시 대하게 될 줄이야! 두견새의 한 맺힌 핏자국으로 빨갛게

宣城(선성) 안휘성(安徽省)에 있는 현명(縣名). 이백이 만년에 머물렀던 곳이다.
蜀國(촉국) 이백의 고향인 지금의 사천성(四川省).
子規(자규) 소쩍새. 촉나라 망제(望帝)의 이름은 두우(杜宇)인데, 왕위를 재상에 물려주고, 타국에 망명했다가, 후에 복위를 꾀하였으나 끝내 고국으로 돌아가지 못하고 객사하였다. 그 원혼이 자규로 화했다는 전설의 새로, 두견, 두우, 두백(杜魄), 망제혼(望帝魂), 귀촉도(歸蜀道), 불여귀(不如歸), 촉백(蜀魄), 촉혼(蜀魂) 등 별명이 많다. 그 우는 소리는, '촉도(蜀道)… 촉도…' 하다가 가끔 '계객' 하는 소리가 섞이는데, 그것은 피를 토하는 소리라 하고, 그 피가 묻어 붉어진 꽃이 두견화(杜鵑花), 곧 진달래란 전설이 있다.

물들었다는 두견화를 보며, 그 그늘에서 들려오는, 저 처절한 두견새의 목소리를 듣고 있노라니, 한 번 울 때마다 한 도막씩 창자가 끊어지는 듯, 춘삼월 고향 파촉이 차마 그리워 못살겠다.

평설   두견새와 두견화! 이들은 동양권에 널리 분포되어 있는 철새요 봄꽃이다. 식물과 동물이 현수(懸殊)하면서도, 하나의 전설로 묶여져, 같은 이름을 얻게 된 인연이 어찌 가벼우랴? 어느 하나에서 다른 하나를 연상하기에 족하다.

　달 밝은 봄밤을 홀로 지새워 우는, 먼 산의 두견새 소리 ― 구천(九天)에 사무칠 듯, 원한에 찬 음색의 속목청 높은 가락으로 청승맞게 울고 있는 그 소리를 듣고 있노라면, 저도 모르는 사이에 우수에 젖게 마련이다. 이리하여 그 우는 소리는, 얼마나 많은 수인(愁人)들의 잠을 앗고, 눈물을 앗고, 애를 마르게 하였던가?

　하물며, 유랑으로 한 생애를 탕진하고, 이제는 여년이 얼마 없을 이백의 객창에서 듣는 두견새임에랴? 어찌 간장을 촌단(寸斷)하는 아픔이 없었으랴?

　영월(寧越)에 유폐되어 있던 단종(端宗)도, 여북했으면 세인에게 경고까지 했을까?

杜鵑花(두견화) 진달래. 참꽃. 철쭉 등의 딴이름.
一叫(일규) 울부짖는 한 소리. 한마디 우는 소리.
一迴(일회) '迴'는 '回' 곧 '한 번씩'의 뜻과 동시에, '腸'과 호응되어, 창자의 꼬불꼬불한 그 한 '꼬부랑이'의 뜻도 겸해 있다.
腸斷(장단) 애끊음. 창자가 끊어지는 듯 몹시 슬픔.
三春(삼춘) 봄의 석 달. 곧 맹춘(孟春), 중춘(仲春), 계춘(季春).
三巴(삼파) 파군(巴郡)·파동(巴東)·파서(巴西)의 총칭으로, 촉을 이름.

자규 우는 달 밝은 밤, 한 머금고 누에 서니
네 울음 아니던들 이다지도 애끊일까?
　여보소. 세상 시름 있는 사람들이여! 함부로 춘삼월 두견이 우는, 달 밝은 다락엘랑 오르지를 마시라.
　　月白夜蜀魄啾　含愁情倚樓頭
　　爾啼悲我聞苦　無爾聲無我愁
　　寄語世上苦勞人　愼莫登春三月子規啼月明樓

　형식은 칠언절구이나, 3·4구를 우정 대우로 하여, '一'의 3반복과 '三'의 3반복으로 절주(節奏)를 일으켜, 감상(感傷)의 구렁텅이로의 추락에서 구원을 받고 있다.
　시형은 칠언고시, 운자는 평성 '麻'운.

이백 편 李白篇

회사
懷思 一

一 懷思 一

맹호연에게

내 경애하는 맹선생은
그 풍류 천하에 소문났네.

홍안에 감투꿈 내버리고
백발로 송운에 누웠어라!

달에 취하여 성인 만남은 잦았으나
꽃에 홀리어 임금 섬기지는 않았네.

높은 산이매, 어이 우러르랴?
다만 맑은 향기를 마실 뿐이어라!

吾愛孟夫子　風流天下聞
紅顏棄軒冕　白首臥松雲
醉月頻中聖　迷花不事君
高山安可仰　徒此揖淸芬
〈贈孟浩然〉

부연

내가 평소에 경애하는 맹선생은, 그 풍류의 명성이 이미 온 세상에 널리 소문나 있는 터이다.
　장차 고관대작으로 출세하여 화려한 권좌에서 떵떵거리고 싶어 하는, 젊은 시절 그 누구나의 꿈을, 선생은 일찌감치 홍안 소년 때부터 내버리고, 일생을 녹문산에 소요하며 자연을 벗으로, 백발을 날리며 송운(松雲)에 누워 한가롭게 세월을 즐기고 있다.

  달밤에 술 취해서는, 성인을 만나 어울린 듯, '통대도(通大道) 합자연(合自然)'의 경지에 들기 일쑤이나, 꽃에 홀리듯 대자연에 심취하여, 벼슬할 생각은 추호도 없으니, 임금 섬기는 일은 아예 외면하고 있는 셈이다.

  그 인격은 마치 높은 산과 같아, 쳐다볼수록 아아(峨峨)하니, 어찌 우러러볼 수나 있으랴? 다만 그에게서 풍겨 오는 인격의 고매함에 감복하여 존경할 뿐이다.

평설 맹호연은 이백보다 12년 장이다. 처음 서로 만난 것은 작자 30세경 장안(長安)에서였던 듯. 일생을 은거하여 자연 시인으로 명성이 높은 그의 호탕한 풍류와 고상한 기품을, 이백이 존경했음은 당연하다 하리라.

  醉月頻中聖　　迷花不事君

  우선 '醉月'과 '迷花'의 이 매혹적인 낭만을 보라!

  '달에 취하다'는 '달을 완상하며 술에 취함'이니, 이 둘은 상승(相乘)하여 취기(醉氣)를 마냥 고조하게 될 것이요, 또 '꽃에 홀리다'는 아름다운 자연의 유혹에 정신이 팔리어 갈 길을 잃고 헤맴이니, 그 몽롱함에 있어 술과도 비슷한, 봄날의 미혹물(迷惑物)이 아닐 수 없다.

孟浩然(맹호연) 〈황학루에서 맹호연을 보내며〉 149쪽 참조.
夫子(부자) 경칭으로 '선생'.
軒冕(헌면) 초헌(軺軒)과 면류관(冕旒冠), 곧 고관 대작.
松雲(송운) 소나무와 구름. 세속을 떠난, 청정·허심의 상징.
醉月(취월) 달에 취함. 달 아래 술 마시어 취함.
迷花(미화) 꽃에 홀림. 꽃나무 아래 갈 길을 잃고 헤맴.

다음에 문제가 되는 것은 '中聖'이다. 고래의 주석서들이 판에 박은 듯이, 이를 서막(徐邈)의 고사에 비추어 '술에 취하다'로 풀고 있다. 그러나 그럴 경우면 앞의 '醉'와 중복이 되고, 대구인 '不事君'과의 대도 어그러질 뿐만 아니라, '中'의 고저도 측성(仄聲)으로 바뀌게 되어 평측율(平仄律)에도 트집이 생기게 된다. 신기함을 좋아하는 일반적인 성향에서, 고사·은어 쪽으로만 기울다 보면, 시의를 엉뚱스러이 왜곡하게도 되는 것이다.

그럼, 필자는 이를 풀어 '성인을 만나다' 또는 '성인을 추종하다' 등으로 보려는 근거는 무엇인가? 이백의 〈月下獨酌〉에서 이른,

석 잔이면 대도(大道)에 통하고
한 말이면 자연에 합일한다.
三杯通大道　一斗合自然

고 한 대로, 대도에 통하고 자연에 합일하는 경지야말로 성인의 의경(意境)에 도달한 것으로 자처함에서 이름이다. 그리하여 본시의 전후구의 개요는, 도덕엔 충실하려니와 권력에는 뜻이 없음을 보인 것이다.

高山安可仰　從此揖淸芬

전구는 《論語》의 '仰之彌高 鑽之彌堅'과 《管子》의 '高山仰之不可極也'를 배경에 간 것으로, 그것이 '彌高不可極'이기 때문에 '安可仰가?'로 호응하여, 감히 우러를 수조차 없다는 것이다. 또 '揖淸芬'의 '揖'은 '挹'과도 통하여, '떠내다, 길어 내다, 담아 내다' 등, '酌'의 뜻으로 풀어, 선배와의 대음(對飮) 자리에서, 술잔마다에 '淸芬'을 함께 잔질하여, 그 고상한 인격에 감복한다로 풀이된다.

王禹偁의 〈竹樓記〉에,

멀리로는 산빛을 삼키고
가까이로는 여울 소리를 잔질한다.
遠吞山光　近乎揖江瀨

란 대문이 있으니, 술을 잔질함에 '여울 소리'를 함께 잔질하는 멋을 이해할 수 있다면, 여기의 이 대작 장면에서의 '청분'을 함께 잔질하는 운치도 쉬 이해할 수 있으리라 본다.
시형은 오언율시, 운자는 평성 '文'운.

술을 대하여 하지장을 그리워함

사명산에 광객(狂客) 있으니
저 풍류 시인 하계진이라.
장안서 처음 만나자마자
나를 '적선(謫仙)'이라 불렀었지.
그 옛날 그리도 좋아하던 술
이제는 솔 아래의 흙이 되었네.
'금귀' 선뜻 끌러 술 바꾸던 곳
생각사록 눈물 흘러 수건이 젖네.

四明有狂客　風流賀季眞
長安一相見　呼我謫仙人
昔好杯中物　今爲松下塵
金龜換酒處　却憶淚沾巾
〈對酒憶賀監〉

부연 사명산에 자칭 '사명광객'이란 기인이 살고 있었으니, 그가 바로 저 유명한 풍류 시인 하지장이다.
　내가 장안에서 처음 만나 뵀을 때, 그분은 나를 '하늘에서 귀양 온 신선이로고!' 하면서 '적선'이라 불러 주었다.

賀監(하감) 하지장(賀知章)을 이름. 그가 현종(玄宗) 때 비서감(秘書監)이었으므로 이름. '季眞'은 그의 자. 문장과 글씨에 뛰어났다. 성품이 활달하여 만년에 '四明狂客'이라 자호(自號)하고, 고향인 산음(山陰)에 돌아가 도사가 되었다. 향년 86세.
謫仙(적선) '하늘에서 귀양 온 신선'이란 뜻으로, 하지장이 붙여 준 이백의 별호.

무척이나 술을 좋아하여 우리는 종종 만나 호음(豪飮)을 하였던 것인데, 어느덧 유명을 달리하여, 이제는 소나무 아래 묻혀 한 줌 흙이 되어 있으니, 인생 무상이 정히 이와 같은가?
　나와의 만남을 무척 기뻐하면서도 당장에 술자리를 마련할 길이 없었던 듯, 아끼며 차고 다니던 장신구인 '금거북이'를 선뜻 주모에게 끌러 주고는 술과 바꾸어 무진 마시던 곳, 그곳이 바로 여기건만, 그분이 없는 이 자리에 나만 홀로 술을 대해 앉으니, 생각할수록 고인 생각에 눈물이 하염없이 흘러, 손수건이 흥건히 젖을 뿐이다.

평설　이백은 하지장보다 42세 아래다. 게다가 한쪽은 고관이요, 한쪽은 백두였으니, 이들의 만남은 다만 서로의 시를 통해서 일면여구(一面如舊)로 친해진 것임은 말할 나위도 없다.
　두 사람은 다 성격이 호방 불기(豪放不羈)한 데다 시주(詩酒)를 좋아함도 서로 같아, 단박에 연치를 초월한 망년지교(忘年之交)로 친해졌던 것이나, 이제 그는 가고, 그가 '금거북이'를 끌러 주고 술을 바꾸어 마시던 그 술집에 다시 들른 이백은, 술상을 앞에 놓고 하염없이 울고 있다.
　고인을 추모하는 지정이 눈물과 함께 넘쳐나고 있다. 아직 얼마를 더 울고 나서야 저 술을 마시기 시작할는지, 여운으로는 짐작할 길이 없다.
　시형은 오언율시, 운자는 평성 '眞'운.

杯中物(배중물) '잔 안에 든 물건'이란 뜻으로, 술의 우회적 애칭.
金龜(금귀) 금으로 만든 거북 모양의 장신구.
却憶(각억) 돌이켜 생각함. 추억함. '생각사록'은 '생각할수록'의 고어.

사구성에서 두보에게

도대체 무슨 일로
내 여기 와서,
사구성(沙丘城)에 덩그러이
혼자 누웠나?

성 가에 늘어선
고목 나무엔
밤낮 없이 이어 나는
가을 소리들!

여기 술은 암만 해도
취할 수 없고
이곳 노랜 부질없이
정만 돋우네.

도도한 저 강물의
그대 그리움
흘러가는 그대 길에
띄워 보내네.

我來竟何事　高臥沙丘城
城邊有古樹　日夕連秋聲
魯酒不可醉　齊歌空復情

思君若汶水　浩蕩寄南征
　　〈沙丘城下寄杜甫〉

부연　나는 도대체 무슨 일로 여기 이 삭막한 사구성에 와서, 사귈 친구도 없이, 매일같이 혼자 초연(超然)히 세월만 보내고 있는 것인고?

성 가에 늘어선 고목나무에서는, 밤낮 없이 가을바람 소리며, 쓰르라미 소리들이 끊일 새 없이 들려와, 나그네의 심회를 마냥 금할 길 없게 하고 있다.

이 적막한 마음, 달랠 길이란 오직 술밖엔 없는 터이나, 이 지방의 토속주야 예로부터 싱겁기 짝이 없어, 아무리 마셔도 취해지질 않으니, 술로써도 풀 길이 없고, 그렇다고 노래로나 달래려 해도, 이 지방의 노래란 예로부터 남녀의 염정(艷情)을 노래한 것들이라, 부질없이 속정(俗情)만 부추길 뿐이다.

그대 없는 나날이 이처럼 허전하거니, 저 도도하게 흐르는 문수의 강물과도 같은 그대 그리운 이 마음을, 또한 저 주야로 도도히 흐르는 문수의 강물에 부쳐, 넓으나 넓은 남쪽 나라를 강물같이 흘

沙丘城(사구성) 확실치는 않으나, 현재의 산동성(山東省) 중부(中部) 문수(汶水) 근처인 듯. 이백이 이곳에 가정을 가진 적이 있었으니, 그의 〈送蕭三十一之魯中兼問稚子伯禽〉 시에 '我家寄在沙丘旁'이란 구가 있다.
高臥(고와) 세속에 섞이지 아니하고, 고상하게 홀로 지냄.
魯酒(노주) 노나라의 술. 예로부터 박주(薄酒)로 알려져 왔다. '魯'와 '齊'는 춘추시대의 이웃 나라로 다 지금의 산동성에 있었다.
齊歌(제가) 제나라 지방의 민요. 《詩經》 齊風에서 보듯, 남녀 간의 사랑을 읊은 것이 많다.
汶水(문수) 산동성의 태산(泰山) 남쪽으로 흐르는 강.
浩蕩(호탕) 끝없이 넓은 모양.
南征(남정) 남으로 감. 남쪽 여행.

러다니고 있을 그대에게로, 띄워 보내는 바이다.

평설   성 아랜 문수의 강물이 도도하게 굽이쳐 흐르고 있다. 그것은 문수만이 아니다. 가슴속에도 걷잡을 수 없게 굽이치는 그대 그리운 마음! 그대는 지금도 넓으나 넓은 남쪽 지방을 저 물 흐르듯 유랑하고 있으리라. 내 그대 그리운 이 마음을, 같은 방향으로 흐르는 저 문수의 물결에 실어 보내나니, 그리운 그대여 어느 때나 다시 만나료?
　두보와 헤어진 이백의 공백감! 모든 것이 심드렁하여 아무 데고 마음 부칠 곳이 없는 가운데, 가을바람 소리만이 애달픈 나날들이다.
　'호탕(浩蕩)'의 꾸밈을 받는 말은, '문수의 물결', '그대 그리는 내 마음', '그대의 남녘 여로(旅路)'의 세 갈래이다. 묘한 자리에 위치하여 직·간접 다방향으로 수식하는 '浩蕩'의 뜻을 혹시라도 덜 챙기지는 말 일이다.
　시형은 오언율시, 운자는 평성 '庚'운.

왕창령에게

버들꽃은 다 지고
두견인 울어 새고…
듣자니 그댄 이미
오계를 건넜다고…?

내 달에게 부탁하여
이 시름 부치노니
달빛이여, 곧바로
왕용표께 전해 주렴.

楊花落盡子規啼　聞道龍標過五溪
我寄愁心與明月　隨風直到夜郎西
　　〈聞王昌齡左遷龍標尉遙有此寄〉

부연　한때 봄 하늘을 수놓던 낭만의 버들개지도 산산이 바람에 흩어져 자취를 감추었고, 벌써 초여름으로 접어드는지, 어디선가 피를 토해 우는 두견새의 애틋한 소리가 들려오

---

* **題意** 친구인 왕창령이 용표위로 좌천되었음을 듣고, 멀리서 이 시로 위로의 정을 부쳐 보낸다는 뜻. 왕창령은 이백과 거의 동년배의 유명한 시인으로, 진사시(進士試)에 합격하여 관계에 진출했으나, 성격이 방만하여 중용되지 못하다가, 만년에는 용표란 벽지의 융관(戎官)으로 좌천되었으므로 왕용표(王龍標)라 일컬어졌다.
楊花(양화) 버들꽃. 버들개지. 유서(柳絮).
聞道(문도) 듣건대. 듣자니. 문설(聞說).

고 있는 요즈음, 뜻밖에도 그대는 용표위로 좌천되어, 부임 길에 올라, 이미 오계를 지났으리라고 들었다.

이런 슬픈 소식을 들은 나의 이 하염없는 시름, 이 시에 담아 그대에게 전해 달라 부탁하노니, 달빛이여! 야랑의 서쪽, 임지를 향해 아직도 가고 있을, 그에게 이 마음 부디 전해 주려무나!(그대여, 부디 저 달을 바라보면서 거기 부쳐 둔, 그대 그리운 간절한 나의 정회를 달에게서 읽어 주게나!)

평설 친구의 좌천이란 놀라운 소식을 듣고, 그를 위로하여 시름을 나누고자 함이다.

'子規啼'는 가는 이의 알뜰한 이정(離情)과 향사(鄕思)를 측면적으로 독백하는 대변자 구실을 하고 있다.

결구의 '隨風直到夜郎西'의 '隨風'은, 어디서 엉뚱하게 바꿔치기로 들어앉은 엉터리 가짜다.

'달빛이 바람을 따라 야랑서에 가 닿으라'는 뜻이니, 풍속(風速)이 광속(光速)을 앞지르지 못하는 한, 어불성설이다.

고래로, 서로 떨어져 있는 그리운 사람 사이의 한스러운 정회는, 달을 매체로 하여 발신도 하고 수신도 하며, 또는 동시에 이심 전심으로 상호 감응함으로써, 상사의 정을 달래 왔던 것이다. 그러므로, 달이야말로 한 영파(靈波) 매체로서, 또 언제나 정한인(情恨人)에 온

龍標(용표) 호남성(湖南省)의 서부, 지금의 검양현(黔陽縣)의 땅. 여기서는 그곳의 위관(尉官)인 왕창령을 지칭한 말.
五溪(오계) 용표로 가는 도중에 거치게 되는 다섯 계곡의 지명. 곧 호남성 상덕현(常德縣)의 서쪽에 있는 웅계(雄溪)·만계(樠溪)·유계(酉溪)·무계(無溪)·진계(辰溪).
夜郎(야랑) 귀주성(貴州省) 북부의 동자현(桐梓縣) 지역. '夜郎西'란, '龍標'의 반복을 피해서 뿐만 아니라, 용표로 향하여 아직도 가고 있을, 그 어디쯤임을 막연히 지칭한 말.

정적이어서, 그들의 심회를 광속으로 날라다 주는 역할을 이날토록 해 오고 있는 것이거늘, 어찌하여 바람 따위 건달을 따라가라니, 달의 노염 사기에나 딱 알맞을 말이다. 차마 이백 같은 천하 거장(巨匠)이, 이런 실수를 했다고는 볼 수 없고 보면, 이는 필시 본집(本集) 편찬 과정에서의 후인의 착오가 아닐까 여겨진다.

필자의 소견으로는, 이백의 원작은 '隨風'이 아니라, '月光'이었을 것으로 추단(推斷)된다. 보라.

月光直到夜郎西!

이렇게 '月光'으로 갈아 넣음으로써야 '直到'도 비로소 제 본연의 뜻으로 빛나고, 또 전구의 끝 '與明月'의 '月'을 연쇄상으로 곱걸어 감아 넘어가는, 운율의 멋도 살아나게 됨을 보게 되는 것이다. 이는 마치 정밀한 기계의 한 결손된 부품을, 전후 좌우 꼭 들어맞게 갈아 끼워 넣은 것처럼, 비로소 전체 톱니바퀴가 원활하게 작동하기 시작하는 것과도 같이 ―.

아무튼, '隨風' 따위 엉터리 가짜가 1,200년래의 무수한 인구(人口)에 오르내리면서, 용케도 내내 진품 행세를 해오고 있었다니 해괴하기 이를 데 없다.

이 시는, 이백 53, 4세 무렵, 강남 일대를 방랑하고 있을 때의 지음으로 추측된다.

이백 편 李白篇

취흥
醉興 一

一 醉興 一

취하여 공산에 누우면

천고의 시름을 씻자 연해 비우는 백 병의 술!
청담(淸談)하기 좋은 이 밤, 달 두고 어이 자랴?
취하여 공산에 누우면, 천지가 곧 이부자릴다!

滌蕩千古愁　留連百壺飮
良宵宜淸談　皓月未能寢
醉來臥空山　天地卽衾枕
　　　　〈友人會宿〉

부연　한평생 쌓이고 쌓인 분한사(憤恨事)를 말끔히 씻어 없애려고 한자리에 눌러앉은 채, 연달아 무진무진 술을 마신다.
　이런 좋은 밤은, 속세의 일 깨끗이 잊고, 좋은 친구들과 고상한

---

* **題意** 친구들과 회음(會飮)하며 함께 자다.
滌蕩(척탕) 말끔히 씻어 없앰.
千古愁(천고수) 천고에 쌓인 시름. 일생에 쌓인 분한(憤恨). 〈古詩〉에 '生年不滿百, 常懷千歲憂'라고 있다.
留連(유련) 한자리에 계속 머문 채.
壺(호) 병. 또는 단지.
淸談(청담) 세속의 일에서 떠난 고상한 이야기. 위진시대(魏晉時代)에 유행했던 노장학파(老莊學派)의 담론(談論).
皓月(호월) 밝은 달. 명월.
醉來(취래) 취하여. 취하자. '來'는 조자(助字).
空山(공산) 텅빈 산. 인기척이 없는 고요한 산.
衾枕(금침) 이부자리. 침구(寢具).

이야기로 인생을 논하기 꼭 알맞은데, 또한 달빛이 너무나 맑아, 잠들 수도 없거니와, 잠들어 버리기도 아까운 밤이라, 술과 청담은 밤이 이슥토록 끊일 사이가 없다.

그러나 마침내는 곤드레만드레가 되어, 인기척 없는 공산의 달빛 아래, 큰대(大)자가 되어 누웠노라면, 하늘이불, 땅요에 산베개한 듯, 천지가 그대로 나의 금침인, 합자연(合自然)의 경지에 들고 만다.

평설 천금을 흩어 호유하던, 젊은 시절의 이백의 면모가 생생하다.

그의 '시름'의 양은, 백년수(百年愁), 천고수(千古愁), 만고수(萬古愁), 궁수 천만(窮愁千萬) 등이며, 이를 해소하기 위한 일일 주량은, 잔으로는 300배, 말로는 1두~10두, 병으로는 1호(壺)~백호이며, 천배(杯)·천곡(斛) 등은 회음량(會飮量)이다.

주종(酒種)은, 백주(白酒), 탁주(濁酒), 청주(淸酒), 녹주(綠酒), 춘주(春酒), 포도주, 노춘(老春), 그 밖에 로주(魯酒), 난릉주(蘭陵酒), 신풍주(新豊酒) 등 각 지방의 명주(銘酒) 등이요, 이들의 통칭은 미주(美酒)이다.

주구(酒具)는, 금배(金杯), 금뢰(金罍), 금준(金樽), 옥완(玉椀), 야광배(夜光杯), 호박배(琥珀杯), 백옥배(白玉杯), 앵무배(鸚鵡杯), 노자작(鸕鶿酌), 서주작(舒州酌), 역사쟁(力士鐺) 등이며, 주반(酒伴)은 독작(獨酌), 대작(對酌), 회음(會飮) 등이다.

또 그의 취태를 보면, 심자개(心自開), 통대도(通大道), 합자연(合自然), 망정 망기(忘情忘機), 화하미(花下迷), 퇴연와(頹然臥), 실천지(失天地), 취여니(醉如泥), 장취불성(長醉不醒) 등이다.

皓月未能寢

은 잠을 청해도 잠이 오지 않을 뿐만 아니라, 차마 달을 두고 혼자 자버릴 수 없음이니, 그의 달 좋아하는 마음이야 알아주어야 할 일이지만, 더구나 술 있고 친구 있는 이 좋은 밤〔良宵〕임에서랴?

　　醉來臥空山　　天地卽衾枕

은, 초거시적 안목에 비친, 혼연한 '합자연'의 경지이다. 유령(劉伶)의 〈주덕송(酒德頌)〉의 한 대문, '하늘을 장막 삼고 땅을 자리 삼아(幕天席地)'의 명정(酩酊) 상태나, 또는 실명씨(失名氏)의 시구,

　　하늘 이불 땅요에 산베개하여
　　달촛불 구름병풍 바닷물술이로다.
　　天衾地褥山爲枕　　月燭雲屛海作醇

등이 너무 허풍에 찬 작위적(作爲的)인 데 반하여, 이 일련은 전혀 과장이나 작위로 느껴지지 않음은 어째서일까!
　　시형은 오언고시, 운자는 상성 '寢'운.

마주앉아 마시며

1. 자, 잔 받게나! 싫다곤 말게.
   봄바람 솔솔 아양을 피고
   복사꽃 오얏꽃 반색하면서
   우릴 향해 빵긋 웃어 주잖나!
   꾀꼬린 푸른 가지에 울고
   달도 술잔을 기웃대거니….

2. 보라! 어제의 홍안 소년이
   오늘 우수수 백발인 것을!
   석호전에는 가시나무요
   고소대에는 사슴이 뛰니,
   예로 임금의 살던 궁궐도
   그 문, 먼지 속 닫혀 있거늘,
   자네, 술 아니 마시겠다면
   옛 사람 지금 어딨나 보게!

1. 勸君莫拒杯　春風笑人來
   桃李如舊識　傾花向我開
   流鶯啼碧樹　明月窺金罍
2. 昨日朱顔子　今日白髮催
   棘生石虎殿　鹿走姑蘇臺
   自古帝王宅　城闕閉黃埃
   君若不飮酒　昔人安在哉
   　　　　　〈對酒〉

부연

1. 자, 잔을 받게나! 과음했다며 거절은 말게. 보라, 봄바람은 아양을 떨며 살랑살랑 불어 와 몸에 감기고, 복사꽃 오얏꽃은 옛님 만난 듯 반색하며, 꽃가지를 우리에게로 척 기울이어, 빵긋 앙가슴을 열어 정을 보내고 있지 않은가? 푸른 잎 그늘의 이 가지 저 가지로 옮아다니는 꾀꼬리는, 온갖 사설 늘어놓다 '나도 한잔 하고지고!' 해 놓고는 제김에 부끄러워 숨어 버린다.

　이윽고 달이 뜬다. 화월(花月)이 어울리는 황홀한 분위기! 술자리는 더욱 무르익고, 술은 거나히 고비를 넘어가는데, 꽃 사이로 비쳐 드는 달빛도 어른어른 술잔 속을 기웃거리는 이 밤, 달 친구랑 함께, 이 아름다운 한때를 우리 어찌 무진무진 아니 마실 수 있겠는가?

2. 보라, 어제 같이 홍안 소년이던 우리, 오늘은 이렇게 우수수 백발인 것을! 세월은 덧없고 인생은 무상한 것, 한세상을 내로라던 조무왕(趙武王)도, 15년이 못 되어 멸망하여, 그 질탕히 잔치하던 석호전 뜰엔 가시 덤불만 무성하고, 서시(西施)와 유락하던 오왕(吳王)도

莫拒杯(막거배) 술잔을 거절하지 말라.
傾花(경화) 꽃을 기울임. 정을 보냄.
流鶯(유앵) 가지 사이로 옮아다니는 꾀꼬리.
窺金罍(규금뢰) 금 술잔을 엿봄. 곧 달그림자가 술잔에 비치어 어른거림을 두고 이름.
朱顔子(주안자) 홍안(紅顔) 소년.
棘生(극생) 가시나무가 돋아남.
石虎殿(석호전) '石虎'는 후조(後趙)의 참주(僭主)인 무제(武帝)의 이름. 석호전은 그가 신하들과 주연을 베풀어 황유(荒遊)하던 태무전(太武殿)을 이름. 이때 중 불도징(佛圖澄)이, 그 앞날을 예언하여 '棘子成林 將壞人衣: 가시나무 숲이 되어 장차 사람의 옷을 찢으리라'고 했다.
姑蘇臺(고소대) 오왕(吳王) 부차(夫差)가 월왕(越王)이 보낸 미인 서시(西施)를 위하여 고소산에 지은 대 이름. 그는 여기서 유락에 빠져, 마침내 월왕에 패하고 말았다.
城闕(성궐) 성문(城門). 성루(城樓) 중앙에 베푼 문의 통로.
黃埃(황애) 흙먼지. 황진(黃塵).
安在哉(안재재) 어디 있는가? 아무 데도 없지 않은가의 반어.

마침내 월군(越軍)에 패하여, 고소대 자리에는 야생의 사슴이 뛰놀고 있으니, 이렇듯 예로부터 제왕들의 궁궐도, 성문은 누른 흙먼지 속에 닫혀 있게 마련이고 보면, 권력도 영화도 허망한 것이 아니고 무엇이랴?

필경 사람이란 누구나 미백년(未百年)으로 죽어 가는 존재인 것을, 장생 불사하려고 자네 술 아니 마시겠다면, 그래서 오래 산 옛 사람 지금 어디 있나 찾아 보게나! 아무도 없지 않은가? 자, 어서 들게나!

평설 꽃나무 아래 벌인 친구와의 술자리다. 이렇게 곡진하게 권하는 잔을 뉘라서 차마 거절할 수 있으랴? 전·후부는 희비로 엇갈려 있으니, 기뻐도 술이요, 슬퍼도 술인, 술의 속성을 빠뜨리지 않았다.

저녁 무렵 시작한 화하주(花下酒)가, 달마저 참여하는 춘소 화월야(春宵花月夜)로 더욱 무르익어 가고 있다.

생글거리며 몸에 감겨 오는 봄바람의 교태, 빵긋 내게로 입을 연 꽃들의 사랑 속삭임, 내 들고 있는 술잔 속을 넌지시 기웃거리고 있는 달의 속마음 등, 모든 자연이 사랑으로 내게 다가오고 있다. 이는 작자의 딴 시,

산꽃이 내게 방긋이 웃고
山花向我笑　〈待酒不至〉

산달이 나를 따라 마을로 돌아온다.
山月隨人歸　〈下終南山…〉

와도 같이, 인간이 자연에게로 주기만 하는 짝사랑이 아니라, 자연이 우리에게 주는 사랑, 곧 우리로서는 비로소 받는 사랑으로서의 흐뭇함을 누리게 됨이다.

  이를 흔히는 '의인시'니, '감정이입'이니 하지마는, 그보다는 숫제 자연을 '대상'으로 보는 것이 아니라, 자아로서의 자연, 자연으로서의 자아로 동질화되고 일원화되어, 몸소 그 마음을 마음하는 것으로도 볼 수 있으니, 이야말로 그의 이른 바, 물아의 구별이 없는 '합자연(合自然)'의 경지가 아니고 무엇이랴? 인간의 마음과 자연의 마음이 둘이 아니요, 하나인 것으로 일치된 경지에 이른 것이다.

  제1구와 끝 두 구는 수미 호응으로, 술잔을 거부할 명분을 없게 하고 있다.

  시형은 오언고시, 운자는 평성 '灰'운으로 일관.

양양가

1. 현산(峴山)엔 뉘엿뉘엿
   해가 지는데,
   흰 모자 거꿀 쓰고
   꽃에 헤맬 제,
   손뼉 치며 신이 나는
   조무래기들
   '백동제' 노래 노래
   거릴 메우네.
   여보소. 구경꾼들
   뭘 웃는 게요?
   고주망태 촌늙은이
   사람 웃긴데.

2. 가마우지술구기
   앵무조개잔
   인생이 백 년 산들
   삼만 육천 날,
   하루에 삼백 잔은
   기울일밖에—.
   청둥오리 목덜민 양
   푸른 저 한강
   포도주 갓 괼 때랑
   흡사토 하다.

저 강물이 만약에
술이 된다면,
누룩 데민 지게미로
산을 이루리 —.

3. 첩(妾)과 바꾼 천금 준마
꽃안장 위에
높이 앉아 흥얼대는
'낙매화' 가락 —
곁수레엔 한 통의 술
매달아 놓고
생황·피리 연주하랴…
권주를 하랴….

4. 사냥개나 몰고 싶다
탄식한 사람
달 아래의 한잔 맛이
아니 나으랴?
그대 보지 않는가?
진(晉)나라 양호(羊祜)의
한 조각 비석,
거북머리 떨어지고
매태 낀 이젠
그 누가 예런듯
눈물 지우며
어느 누가 마음으로

슬퍼해 주리?

5. 맑은 바람 밝은 달야
   한 푼 안 들고,
   취하여선 옥산(玉山)처럼
   쓰러지나니,
   역사(力士) 문(紋)의 술노구〔酒鎗〕
   서주산(舒州産) 구기
   너와 함께 이백은
   죽고 살리라.
   양왕(襄王)의 무산 운우(巫山雲雨)
   지금 어디뇨?
   예런듯 강은 흐르고
   잔나비도 밤을 우는데….

1. 落日欲沒峴山西　倒著接䍦花下迷
   襄陽小兒齊拍手　攔街爭唱白銅鞮
   傍人借問笑何事　笑殺山翁醉似泥
2. 鸕鷀杓　鸚鵡杯
   百年三萬六千日　一日須傾三百杯
   遙看漢水鴨頭綠　恰似葡萄初醱醅
   此江若變作春酒　壘麴便築糟邱臺
3. 千金駿馬換小妾　笑坐雕鞍歌落梅
   車旁側挂一壺酒　鳳笙龍管行相催
4. 咸陽市中歎黃犬　何如月下傾金罍
   君不見晉朝羊公一片石　龜頭剝落生莓苔

淚亦不能爲之墮　心亦不能爲之哀
5. 淸風明月不用一錢買　玉山自倒非人推
　　舒州杓力士鐺　李白與爾同死生
　　襄王雲雨今安在　江水東流猿夜聲
　　　　　　　　　　　〈襄陽歌〉

부연 1. 현산마루에 해가 뉘엿거리는 저녁 무렵, 많은 사람들이 귀가 길을 서두르고 있는데, 아무렇게나 흰 모자를 거꾸로 삐딱하게 쓴 한 늙은이가, 꽃에 홀려 돌아갈 길을 잃고, 꽃그늘에서 비틀거리고 있다.

襄陽(양양) 호북성(湖北省) 북부 한수(漢水) 기슭에 위치한 도시. 예로부터 행락처(行樂處)로 유명하다.
峴山(현산) 양양의 동남쪽에 있는 산.
接䍦(접리) 흰색의 모자. 술에 취해서는 모자를 거꾸로 쓰고 말을 타고 다녔다는 진(晋)의 산간(山簡)의 고사.
花下迷(화하미) 꽃그늘에서 길을 잃고 비틀거림.
攔街(난가) 거리를 메움. 수가 많음을 이름.
白銅鞮(백동제) 육조 시대, 양양에 유행했던 동요.
山翁(산옹) 산에 사는 늙은이. 이백을 가리켜 이른 말.
笑殺(소살) 크게 웃음. 몹시 웃김.
鸕鶿杓(노자작) 가마우지 아랫턱 모양으로, 턱이 축 처져 움푹하게 만든 술구기.
鸚鵡杯(앵무배) 앵무조개 껍데기로 앵무새 부리처럼 만든 술잔. 인도양에서 잡히는 앵무조개는 그 빛이나 모양이 흡사 앵무새의 부리와 같다 한다.
鴨頭綠(압두록) 청둥오리의 목덜미털 빛처럼 진한 녹색.
醱醅(발배) 발효함. 괴다.
疊麴(누국) 첩첩으로 쌓은 누룩더미.
糟邱臺(조구대) 하(夏)의 걸왕(桀王)은 유연(遊宴)을 일삼아, 술의 못을 만들고, 술지게미로 높은 전망대를 쌓았다 한다.
千金駿馬換小妾(천금준마 환소첩) 위(魏)의 조창(曹彰)의 고사. 그는 값비싼 준마 한 마리를 눈독 들여 팔기를 청했으나 주인이 허락하지 않자, 그의 젊은 애첩(愛妾)과 맞바꾸었다 한다.

야! 구경났다며, 소문도 재빠르게 모여든, 양양의 조무래기들이, 좋아라고 일제히 손뼉을 치며 '백동제'를 신나게 불러 대는데, 그것은 그대로 또한, 이 주인공의 비틀거리며 건들거리는 몸짓에도 척척 장단으로 맞아떨어진다.

이 광경을 보자 지나가는 사람들도 걸음을 멈추고, 대체 무슨 일

落梅(낙매) 곡조 이름. '낙매화(落梅花)', '매화락'이라고도 한다.
鳳笙龍管(봉생용관) 봉황새 모양의 생황과 용의 장식을 한 피리.
行相催(행상최) 길을 가면서 풍악을 잡히랴 술을 권하랴….
咸陽(함양) 진(秦)의 도읍지.
歎黃犬(탄황견) 진(秦)의 재상 이사(李斯)의 고사. 그는 분서 갱유(焚書坑儒: 책을 불사르고 서비를 죽여 묻음)의 장본인이거니와, 끝내는 함양 거리에서 가족 모두와 함께 사형에 처해지면서, 그 아들 보고 하는 말이, "난 너와 함께 누렁이 사냥개를 데리고 시골로 돌아가 토끼 사냥이나 하고 싶었는데, 이제는 다 글렀구나." 하고 탄식했다는 고사.
金罍(금뢰) 금 술잔.
羊公(양공) 진(晉)나라의 양호(羊祜)는 양양을 다스릴 때, 선치(善治)하여 민심을 얻었다. 그가 죽자 그가 즐겨 놀던 현산(峴山) 산마루에 비를 세웠는데, 이 비를 보는 사람마다 눈물을 흘렸으므로 타루비(墮淚碑)란 이름이 붙게 되었다 한다.
龜頭(귀두) 비의 받침돌인 귀부(龜趺)의 거북 머리.
剝落(박락) 떨어짐.
苺苔(매태) 이끼.
玉山自倒非人推(옥산자도비인퇴) 누가 있어 밀지 않아도 옥산이 제 물에 넘어진다는 뜻으로, 만취된 눈에 비친, 주체 객체의 전도된 의식 상태를 이름. 곧, 자신이 넘어지면서 산이 넘어진다고 착각함을 이름. 진(晉)의 계강(嵇康)의 고사.
舒州杓(서주작) 서주―안휘성(安徽省)에 있는 지명―지방의 명산(名産)인 술구기.
力士鐺(역사쟁) 역사(力士)의 상(像)의 문(紋)을 넣은 노구솥. 술을 데우는 데 쓰는, 세 발 달린 작은 솥. 술노구(酒鑼·酒鐺)
襄王雲雨(양왕운우) 초(楚)의 양왕이 운몽(雲夢)에 놀았을 때, 잠깐 낮잠을 자다가 꿈에 무산(巫山)의 신녀(神女)를 만나 정을 맺어 즐겁게 놀았다. 헤어질 때 여자가 말했다. 자기는 아침엔 구름이 되고 저녁엔 비가 된다고. 이튿날 과연 그러한지라, 사당을 세워 위로했다는 고사. 남녀의 정사(情事)를 '운우(雲雨)'라 하게 된 것도 이에서 온 말.
猿夜聲(원야성) 무산(巫山)은, 삼협(三峽)의 하나인 '무산협(巫山峽)'을 이룬 십이봉(十二峰)인데, 양자강이 관통하는 이 좁은 산협(山峽)은 예로부터 원숭이의 천국이었다.

이 일어났느냐고 옆 사람에게 묻는다. "글쎄 보세요, 곤죽으로 취해 있는 저 촌 영감태기 짓이 우스워서 죽겠어요" 하며, 서로들 낄낄거린다.

2. 아, 내 사랑하는 '노자작'과 '앵무배'여! 사람이 비록 백 년을 산다고 치더라도, 날수로 친다면 기껏 삼만 육천 날밖에 안 되는, 덧없는 인생인 것이다. 그러고 보면 모름지기 하루에 삼백 잔은 기울여야 직성이 풀리리라.

멀리 청둥오리 목덜미 같은 진한 녹색의 한수(漢水) 물을 바라보노라니, 그것은 흡사 갓 괴어 익은 포도주와 흡사하다. 저 강물이 만약 그대로 '삼해주(봄술)'가 된다고 한다면, 이를 빚은 누룩 더미는 그대로 쌓이어 지게미산이 될 터이지.

3. 젊은 애첩과 맞바꾼 천금짜리 준마에, 꽃안장을 짊어, 득의양양 번듯이 올라타고, '낙매화'를 노래부를 제, 시중 들기 위하여 곁따르는 수레의 한 귀퉁이에는 한 병의 술이 매달려 있어, 행차길 번갈아 가며 봉생황 용피리로 풍악을 잡히랴, 권주를 하랴 하면 좀 멋이랴?

함양 시중(咸陽市中)에서 처형되기 직전의 이사(李斯)가, 사냥개 몰고 사냥이나 하고 싶었는데 이젠 다 틀렸구나! 하고 탄식했지만, 그 사냥 맛이, 어찌 달 아래 기울이는 한잔 술맛에 견줄 수나 있으랴?

4. 그대는 보지 않는가? 진나라 때의 명태수(名太守) 양호(羊祜)의 덕을 기린, 한 돌 조각인 타루비(墮淚碑)도, 이제는 거북머리 떨어지고, 이끼가 끼어, 글자마저 판독할 수 없게 되고 보니, 이전처럼 그를 위해 눈물을 흘리는 이도 없게 되고, 마음으로 슬퍼하는 이도 없게 된 것을—. 다 죽으면 그만이요, 위대한 행적도 필경 세월 속에 묻히고 마는 것이다. 그러나 보라. 취하면 맑은 바람 밝은 달을 한

푼 안 들이고도 내 것으로 삼을 수 있고, 누가 있어 밀지 않아도 옥산(玉山)이 스스로 넘어지듯, 술 취해 쓰러지면, 이 세상 모든 시름 다 잊고, 무하향(無何鄕)에 노니게 되는 것을 ㅡ.

5. 내 사랑하는 '서주작'과 '역사쟁'이여! 이 이백은 너희와 생사를 함께 하리라.

보라! 초 양왕(楚襄王)의 무산 운우(巫山雲雨), 지금 어디 있는가? 필경 덧없는 한때의 꿈이 아니었던가?

그러나, 그때 흐르던 저 무협의 장강(長江) 물은, 지금도 도도히 동으로 동으로 세월이랑 함께 흐르고, 밤을 우는 원숭이 소리도 예런듯 처량하게 들려 오건만, 유구한 자연 속의 인간은 예나 지금이나 저와 같이 덧없음이여!

평설 '양양가'는 '장진주(將進酒)'와 함께, 호기와 낭만을 극한 작자 50세 이후의 취중작(醉中作)으로, '양양'은 예로부터 환락지로 유명한 곳이다.

1연은, 산간(山簡)의 고사를 원인(援引)한 자신의 취정상(醉酊相)이요, 2연은 경음(鯨飮)하던 시절의 만장 기염(萬丈氣焰)이다.

百年三萬六千日　一日須傾三百杯

는, 그의 다른 작품에도 산견(散見)되는,

　　三百六十日　　日日醉如泥　〈贈內〉
　　窮愁千萬端　　美酒三百杯　〈月下獨酌〉
　　會須一飮三百杯　〈將進酒〉
　　愁來飮酒二千石
　　美酒樽中置千斛　〈江上吟〉
　　千杯綠酒何辭醉　〈贈段七娘〉

들과 함께, 입버릇처럼 애용된 그의 호주(豪酒) 호언(豪言)들이다.

3은, 조창(曹彰)의 고사를 배경으로 한, 애주 행락(愛酒行樂)이요, 4·5는, 유구한 대자연 앞에서의 덧없는 인생, 그것은 선악에 아랑곳없이, 죽은 후면 다 잊혀지게 마련이니, 모름지기 살아생전 일배주(一杯酒)의 풍류 운사(風流韻事)를 다할 것이란 내용이다.

퇴폐적 부정적 내용이 없지 않으나, 불여의한 세상살이에서 쌓이고 쌓이는 분한사(憤恨事: 스트레스)를 이렁구러 발산하느라, 함부로 내뱉은 취중발(醉中發)의 진정으로 점두(點頭)할 일면도 없지 않으며, 독자들의 막힌 가슴도 시원스러이 트이게 해 주는, 정화 공덕(淨化功德)도 바이 없지는 않은 듯하다.

끝으로, '百年三萬六千日'의 그 수적 감각에 대해 잠시 언급하고자 한다.

보라, '백 년'을 산다 할 때는 꽤 짧지 않게 느껴지다가도, 날수로 환산하여서는 '고작 삼만 육천 일뿐'이냐고, 실수(實數)의 개념으로는 엄청난 격차임에도 불구하고, 오히려 반대로 덧없이 짧은 것으로만 느껴지게 되는 그 심리는 무엇인가? 그것은 주마등처럼 언뜻언뜻 지나쳐 가는 그 하루하루란 순간적 동적 시간으로 실감되는 시간인 데 반하여, '백 년'은 개념적 정적 시간으로 상상상(想像上)의 시간이기 때문이리라. 이는 '三百六十日 日日醉如泥'의 '三百六十日'이 '허구한 나날'로 지루하게 느껴지는 것과는 또한 정반대의 효과로 부려 쓴, 그 마술과도 같은 언어 조작의 솜씨에도 놀랄 만하지 않은가?

시형은 칠언고시, 운자는 여러 '운'으로 환운(換韻)했다.

장진주

1. 그댄 보지 않는가?
   하늘에서 내달은 황하의 물이
   굽이쳐 흘러흘러 바다에 들면
   다시는 돌아오지 못하는 것을—.

   그댄 또 보지 않는가?
   드높은 집에 사는 부귀한 이들
   거울 속 백발 보고 한숨 짓는 걸—
   아침엔 푸른 가락(머리카락) 저녁엔 백설(白雪).
   인생이란 기쁠 때 기뻐할 것이
   달빛 아래 금술단질 헛되이 마라.

2. 하늘은 쓸데 있어 우릴 낳으니
   돈이야 써 버려도 다시 오는 것.
   양 삶고 소 잡아 우선 즐기세!
   마신다면 모름지기 삼백 잔이지.
   잠부자(岑夫子)여! 단구생(丹丘生)아!
   한잔 권하노니, 멈추지 마오.
   그대 위해 한 곡조 노래하리니
   청컨대 나를 위해 들어 주구려!
   종정(鍾鼎)도 옥백(玉帛)도 귀할 게 없고
   원컨댄 길이 취해 깨지 말기를—.
   고래로 잘난 이도 죽으면 그뿐

술 마시는 사람만이 이름 남기니,
자건(子建)은 평락관에 잔치판 벌여
만 냥짜리 말술로 무진 즐겼네.

3. 주인 되어 내 어찌 돈 없다 하리?
   당장에 술 사 와서 함께 마시리.
   꽃무늬 천리마도, 천금 갖옷도,
   아이 불러 끌어내다 술과 바꾸어
   우리 모두 만고 시름 녹이자꾸나!

1. 君不見黃河之水天上來
   奔流到海不復廻
   又不見高堂明鏡悲白髮
   朝如靑絲暮成雪
   人生得意須盡歡　莫使金樽空對月
2. 天生我材必有用　千今散盡還復來
   烹羔宰牛且爲樂　會須一飮三百杯
   岑夫子　丹丘生
   將進酒　君莫停
   與君歌一曲　請君爲我聽
   鍾鼎玉帛不足貴　但願長醉不願醒
   古來賢達皆寂寞　惟有飮者留其名
   陳王昔日宴平樂　斗酒十千恣歡謔
3. 主人何爲言少錢　且須沽酒對君酌
   五花馬　千金裘
   呼兒將出換美酒　與爾同銷萬古愁
   〈將進酒〉

부연

1. 그댄 보아 알리라. 천하 제일인 황하의 물이, 하늘에서 내달아 굽이쳐 흘러 바다에 한번 들기만 하면 되돌아 흐르진 못하는 것을—.

그댄 또 보아 알리라. 부귀한 사람들이 드높은 저택에 호사로이

君不見(군불견) 그대는 보지 않는가? 곧 '그대도 보아서 알겠지만'의 뜻. 시어로서의 관용어.
又不見(우불견) 또 보지 않는가? 본집에는 제1구와 똑같이 '君不見'으로 되어 있다.
靑絲(청사) 푸른 머리카락. 흑발(黑髮).
得意(득의) 뜻을 얻음. 희망을 이룸.
須盡歡(수진환) 모름지기 환락(歡樂)을 다할 것이란 뜻.
金樽(금준) 금 술단지. 또는 금 술잔.
材(재) 재능(才能).
烹羔(팽고) 양고기를 삶음. '羔'는 어린 양. 본집에는 '烹羊'으로 되어 있다.
宰牛(재우) 소를 잡아 요리함.
且(차) 잠깐.
會(회) 반드시.
岑夫子(잠부자) 시인 잠참(岑參), 또는 잠징(岑徵)이란 설이 있으나 미상. '夫子'는 선생이나 장자(長者)에 대한 존칭.
丹丘生(단구생) 이백의 친구인 도사 원단구(元丹丘)를 이름인 듯. '生'은 후배에 대한 호칭.
鍾鼎(종정) 은주(殷周)시대에 귀한 명(銘)을 새긴 종과 솥. 본집에는 '鐘鼓'로 되어 있다.
玉帛(옥백) 옥과 비단. 본집에는 '饌玉'으로 되어 있다.
賢達(현달) 현명하고 이치에 통달한 사람. 본집에는 '聖賢'으로 되어 있다.
陳王(진왕) 위(魏)의 무제(武帝) 조조(曹操)의 아들인 조식(曹植)을 이름. 시인으로 자는 자건(子建), 진왕(陳王)에 봉해졌다. 그의 시에 '歸來宴平樂 美酒斗十千'이란 구가 있다.
昔日(석일) 옛날. 본집에는 '昔時'로 되어 있다.
平樂(평락) 낙양(洛陽)에 있었던 평락관(平樂觀)이란 건물 이름.
斗酒十千(두주십천) 한 말에 일만전(一萬錢) 하는 술. 고가(高價)의 술. 그의 〈行路難〉에 '金樽淸酒斗十千 玉盤珍羞直萬錢'이라 있고, 왕유(王維)의 시에도 '新豊美酒斗十千'의 구가 있다.
歡謔(환학) 농지거리를 하며 즐거워함. '謔'는 거리낌없이 멋대로 함.
且須(차수) 장차 모름지기. 본집에는 '徑須'로 되어 있다.
沽酒(고주) 술을 삼. 본집에는 '沽取'로 되어 있다.
五花馬(오화마) 오색 꽃무늬의 털빛을 가진 값진 말.

살면서도, 거울에 비친 자신의 흰머리를 슬퍼하고 있는 것을—.

아침엔 푸른 실 같던 검은 머리가, 저녁엔 어느덧 눈같이 흰 백발이 되어 있는 덧없음—.

그러므로 인생이란, 뜻을 이루었을 땐, 그 즐거움을 마냥 누릴 것이니, 황금 술단지를 헛되이 달 아래 방치해 두진 말 일이다.

2. 하늘이 우리 인간에게 저마다의 재능을 부여한 것은, 반드시 어딘가 쓸 데가 있어서일 것이나, 그러나 그 쓰임은 제대로 때를 만났을 때의 일이요, 불우(不遇)하면 길이 그만일 것이다. 그까짓 돈이야 한 번 써 버리면 다시 올 수도 있는 것이지만, 그러나 한 번 죽고 나면 다시는 살 수 없는 것이 인생이 아닌가? 양 잡고 소 잡아 우선 즐기기나 하고 보자꾸나. 한 번 마시기 시작했다 하면 그야 물론 삼백 잔이지.

잠선배여! 단구생아! 한잔 권할 테니, 손에 멈추어 뜸들이지 말고, 단숨에 주욱 들이켜 주오. 그대 위해 한 곡조 노래하리니 들어 주구려. 세속에선 종정(鍾鼎)이나 옥백(玉帛)을 귀하다지만, 내게는 귀할 것이 없고, 다만 한 가지 원하는 일은, 언제나 황홀한 주중선(酒中仙)으로, 길이 취하여 있어, 깨지 말아 주었으면 하는 일이다.

예로부터 출세한 높은 분들도 죽으면 다 그뿐, 쓸쓸히 그 이름 잊혀지지만, 오직 호음(豪飮)하는 사람만은 사후에도 그 이름 남아 있으니, 보라. 진사왕(陳思王) 조식(曹植)은 평락관에 잔치할 제, 만 냥 짜리 말술로 질탕히 떠들어 놀던 일, 지금도 사람들 일컫고 있지 않

千金裘(천금구) 전국시대 맹상군(孟嘗君)이 가지고 있었다는 흰 여우의 털가죽으로 지은 갖옷. 그 값이 천금인 고귀한 것이란 뜻.
銷(소) 녹임.
萬古愁(만고수) 만고의 시름. 숙명적으로 품게 되는 인간의 온갖 시름. 천고수(千古愁). 백년우(百年憂).

은가?

3. 이 좌석의 주인격인 내가 어찌 돈 없다 하여 술단지 바닥난 걸 못 본 체하랴? 곧바로 술 사 와서 그대들과 마시리라. 오색 꽃무늬의 천리마도, 천금짜리 여우갖옷도, 동자에게 내맡기어, 술과 바꿔 오게 하여, 우리 모두 때를 못 만나 쌓인 천고 만고의 시름을 한번 후련히 녹여 없애 보자꾸나.

평설 '將進酒'는 고악부(古樂府)의 제명이라, '술을 권한다'는 뜻으로 일종의 권주가인 셈이다. 많은 후인들이 이 고악부제로 술을 찬미한 가운데, 이백과 이하(李賀)가 뛰어났고, 우리나라에서는 송강(松江)과 월헌(月軒: 丁壽崗의 號)이 빼어났다.

이 시는, 짧은 일생에 천만고의 시름을 안고 있는 인생! 무엇으로 그 시름 잊고, 이 인생 무상을 극복할 수 있을 것인가? 술이야말로 바로 그 시름을 녹여 없애는 망우물(忘憂物)이며 선물(仙物)이라는 대전제하에, 과연 이백다운 종횡 무진의 낭만과 과장으로 호기로운 음주 예찬을 펼쳐 가는 취중작(醉中作)이다. 취중인 만큼 과장도 호기도 백 배로 부풀어 있는 가운데, 또한 은근히 때를 얻지 못한 자신의 불우(不遇)의 분한(憤恨)을 시종 그 밑바닥에 깔고 있음을 본다.

이하 단편적이나마, 본시와 그의 딴 작품과의 대조되는 곳을, 생각나는 대로 몇 인견해 보기로 한다.

朝如靑絲暮成雪

의 인생의 덧없음을, 〈對酒〉에서는,

어제의 홍안 소년
오늘은 백발일다.

昨日朱顔子　今日白髮催

라 했고,
　　人生得意須盡歡 莫使金樽空對月
은 〈把酒問月〉의,

　　다만 원컨대 노래하고 술 마실 땔랑
　　달빛이여! 금 술통 속을 길이 비추어 주렴.
　　唯願當歌對酒時　月光長照金樽裏.

했는가 하면 또, 〈對酒〉에서는,

　　푸른 나무엔 꾀꼬리 울고
　　밝은 달은 금 술잔을 기웃거린다.
　　流鶯啼碧樹　明月窺金罍

등을 뒤집은 표현이라 하겠다.
　　그의 시름과 이를 해소하기 위한 유효 주량(有效酒量)으로,
　　會須一飮三百杯
는 딴 작품에도 여러 번 보인다.

　　궁한 시름은 천만 갈랜데
　　아름다운 술은 고작 삼백 잔.
　　窮愁一千萬端　美酒三百杯　〈月下獨酌〉

　　백 년을 산대도 삼만 육천 일

하루에 모름지기 삼백 잔일다.
百年三萬六千日　一日須傾三百杯　〈襄陽歌〉

천고의 시름 씻어 없애려
연달아 백 병의 술을 마시네.
滌蕩千古愁　留連百壺飮　〈友人會宿〉

일 년도 삼백 예순 날을
날마다 취하기 곤죽 같아라.
三百六十日　日日醉如泥　〈贈內〉

한 방꾼이 떠들썩 목청 돋우며
하루에 천 잔을 기울여 대네.
高談滿四座　一日傾千觴　〈贈劉都使〉

등이다.
　본문은,《고문진보(古文眞寶)》소재의 〈장진주〉이다. 본집(本集)과는 여러 곳에 자구차(字句差)가 있으나, 그것은 시로서의 완벽성이 본집보다 월등하기 때문에 취하게 된 것이다.
　시형은 악부체의 칠언고시, 여러 운으로 환운했다.
　끝으로 이하(李賀)의 〈장진주〉를 다음에 옮겨 덧붙여 둔다.

유리잔에 따른 건 진한 호박색
술통에 드는 건 붉은 진주 빛

용 삶고 봉 굽느라 지글거리고

비단휘장 수장막엔 서린 꽃바람

용피리 불고 악어북 치고
흰 이, 가는 허리, 노래하고 춤추고….

하물며 이 청춘 저무려는데,
복사꽃 붉은 비로 흩날림에랴?
마시세, 취하세, 종일 거나히—
유령(劉伶)도 죽고 나니 그만일레라.

琉璃鐘琥珀濃　小漕酒滴眞珠紅
烹龍炮鳳玉脂泣　羅緯綉幕圍香風
吹龍笛　擊鼉鼓
皓齒歌　細腰舞
況是靑春日將暮　桃花亂落如紅雨
勸君終日酩酊醉　酒不到劉伶墳上土

이백 편 李白篇

행로난
行路難 一

一 行路難 一

행로난

금준의 맑은 술도 옥반의 귀한 맛도,
차마 못 먹을래! 잔 놓고 저 던지고,
칼 뽑아 사방을 보니 마음 도로 아득해….

황하는 얼음이요, 태행은 눈에 막혀,
하릴없이 푸른 물에 낚시나 드리우다,
배 타고 햇가에 졸다 장안 꿈을 꾸기도….

인생길 어려워라. 어느 길에 내가 있나?
장풍아 불어 주렴, 구름돛 높이 달아,
곧바로 만리파 헤쳐 창해 건너가리라.

金樽淸酒斗十千　玉盤珍羞値萬錢
停杯投筯不能食　拔劍四顧心茫然

欲渡黃河氷塞川　將登太行雪暗天
閑來垂釣碧溪上　忽復乘舟夢日邊

行路難　行路難　多岐路　今安在
長風破浪會有時　直挂雲帆濟滄海
　　　　　〈行路難 三首〉

부연

1. 금 술단지에 가득한 맑은 술은 말금[斗價]으로 만금(萬金)이요, 옥반에 담긴 진수 성찬도 값으로 치면 만전(萬錢)이나 하는 주안상이건마는, '매일같이 이렁구러 방랑 호음하며 세월만 허송하다니…' 생각이 한번 이에 미치자, 왈칵 치밀어 오르는 울분을 감당할 수가 없어, 마시던 잔을 멈춰 버리고, 안주 집으려던 저도 던져 버리고는, 장검을 뽑아 사방을 둘러 흘겨본다. 그러나 어찌하랴? 울분을 풀 대상이 어디 있는가? 도리어 마음만 한결 아득 답답할 뿐이다.

2. 황하를 건너자니 황하는 얼음으로 통행이 막혀 있고, 태행산맥을 넘으려니 흰눈 쌓인 산맥은 까마아득 하늘이 도로 암암하다. 이런 번민의 한때가 가라앉기라도 하게 되면, 푸른 물가에 낚시를 드리우고 스스로 마음을 달래다가도, 홀연히 또 배에 올라 햇가에 졸

行路難(행로난) 인생 행로의 어려움을 노래한 악부의 가요. 진(晉)의 포조(鮑照)에서 비롯하여, 후인들의 따라 지음이 한때 유행했다.
斗十千(두십천) 한 말값이 일만 전이란 뜻. '十千'은 '千'의 10배.
値萬錢(치만전) 값이 일만 전. 直=値.
投筯(투저) 저(젓가락)를 던져 버림.
太行(태행) 산맥 이름. 산서(山西)와 하북(河北)·하남(河南)의 경계를 달리는 산맥. 백거이(白居易)의〈太行路〉에 '太行之路能 摧車若比君心是坦途'라고 있다.
閑來(한래) 한가하게 되면, 여기서는 '마음이 고요하게 가라앉게 되면'의 뜻.
夢日邊(몽일변) 햇가에 꿈을 꿈. 햇볕 아래 낮잠을 자면서 장안을 꿈꾼다는 뜻.〈戰國策〉에 '夢見人君者 夢見日'이라고 있다.
多岐路今安在(다기로금안재) 갈림길도 많은데, 지금 나는 그 어느 길에 있는고? 자신의 소재에 대한 성찰이다.
長風破浪(장풍파랑) 멀리로 불어 가는 큰 바람을 타고 끝없는 바다의 저편으로 배를 달린다는 뜻으로, 큰 일을 성취함의 비유.〈南史·宗慤傳〉에 '乘長風破萬里浪'이라고 있다.
會有時(회유시) 마침 때를 만나기만 하면.
雲帆(운범) 구름장처럼 넓고 큰 돛.

며 장안 꿈을 꾸기도 한다.

  3. 인생길이란 과연 어렵기도 어렵구나! 갈래갈래 갈림길에, 나는 지금 그 어느 갈림길을 가고 있는 것인고? 장풍아 불려무나, 네 제발 불기만 할 양이면, 내 당장 구름 같은 돛 높이 달고, 단숨에 똑바로 만리의 파도를 헤쳐, 저 넓으나 넓은 바다를 기어이 건너 나의 대망을 이루고야 말리라.

평설 언제나 호기 만만하여 일신의 영고 따위 아랑곳하지 않을 것 같으면서도 기실 그는 공명심도 강한 풍운아로서, 천보 원년 겨울 현종의 부름을 받고 입경(入京)할 때의, 저 기고만장한 노래,

하늘을 우러러 크게 웃으며 문을 나서노니,
내 어찌 초야에만 묻혀 살 사람일까 보냐?
仰天大笑出門去　我輩豈是蓬蒿人
　　　〈南陵別兒童入京詩의 끝연〉

에서와 같은 풍운기가 느닷없이 살아나곤 하는 것을 본다. 곧 은밀히 품고 있는 권토 중래의 야망이, 세로 간난(世路艱難)으로 여의치 못한, 불우시(不遇時)의 울분을 발작적으로 분출하는, 이런 일면도 있었음을 이 시는 보여 주고 있다.
  1. 한때는 궁정 시인으로 화려한 시절도 있었으나, 권력자에 오만했던 탓으로 필경 몰려나게 되었으니, 말하자면 이 시는 실각(失脚)한 관인으로서의 울분의 발작이며, 취중 광기의 폭발이라 할 만하다.

2. 위의 '心茫茫'을 부연한 것으로, 세로(世路)의 어려움을 산하의 험난함에 기탁한 전반과, 발작이 진정되면 다시 자위(自慰)와 연군(戀君)으로 이어지는 후반으로, 반복 번민하는 그의 자화상이다.

3. 갈림길도 많은 험난한 세상길에, 표랑하는 자신의 현 위치를 성찰하여, 권토 중래의 기회 오기를 갈망하면서, 끝내 대망을 이루고야 말리란 늠연한 자가 결의를 재다짐하고 있다.

추포에서(1)

추포는 언제나 가을과 같아
쓸쓸히 사람을 슬프게 하네.

나그네 이 시름 감당 못하여
걷다 걷다 대루산에 올라왔어라!

서으로 서울 하늘 바라보다가
아래로 강물 흐름 내려다보네.

강물이여! 가는 편 부탁하노니
넌 설마 내 마음 알아주려니

알거든 날 위해 한 줌 눈물을
멀리 양주에로 전해나 주렴 ―.

秋浦長似秋　蕭條使人愁
客愁不可度　行上東大樓
正西望長安　下見江水流
寄言向江水　汝意憶儂不
遙傳一掬淚　爲我達揚州
　　　　〈秋浦歌(一)〉

부연　'추포'는 이름 그대로 일 년 내내 가을만 같아, 그 쓸쓸함이 나그네로 하여금 우수에 들게 한다. 오늘도 시름 이루 감당할 길이 없어, 터덜터덜 걷다 보니, 뜻하지도 않게 어느덧 동쪽 대루산 위에 올라와 있었다.

　바로 서쪽으로 멀리 장안 하늘을 바라보다가, 그리움에 저절로 고개 떨구어져, 산 아래로 도도한 장강의 흐름을 굽어보게 되자, 흐르는 강물을 향해 하소연한다. '너는 설마 내 마음을 알아주리라. 알거든 이왕 가는 길에, 날 위하여 이 한 줌 눈물을, 아득히 양주에 있는 임에게로 전하여 주려무나.'

평설　'추포'는 안휘성(安徽省) 귀지현(貴池縣)에 있는 지명으로, 〈추포가〉는, 작자가 이곳에 머물렀던 천보(天寶) 13년(754), 54세 때의 가을에서 이듬해 봄 사이에 이루어진 17수의 시를 한 제하(題下)에 묶은 것을 이름이다.

　제2연의 '大樓山' 등정은, 감당할 수 없는 나그네 시름에서 잠시나마 벗어나려고, 발끝에 맡긴 흐른걸음에서의 비의도적 결과임을 '行上'에서 엿볼 수 있다.

　제3연 이하는, 마치 그의 〈靜夜思〉의 '擧頭望山月 低頭思故鄕'에서와 같이, 정서의 흐름에 따라 계기(繼起)되는 동작의 자연스러움

蕭條(소조) 쓸쓸한 모양.
不可度(불가탁) 헤아릴 수 없음. 한량이 없음.
大樓(대루) 산 이름.
寄言(기언) 전언(傳言)을 부탁함.
儂(농) 나. 오(吳) 지방의 방언.
不(부) '否'와 같음. 부정사(否定辭).
掬(국) 한 움큼. '掬'은 두 손 안에 가득 담을 분량의 단위.
揚州(양주) 양자강 하류 강소성(江蘇省)에 있는 번화한 도시.

을 볼 것이다.

　곧, 산에 오르면 자연 멀리를 바라보게 되며, 고개는 자연 그리운 쪽으로 지향하게 마련이다. 작자는 대루산정에 오르자, 멀리 장안 쪽 하늘을 바라본다. 이윽고 화려했던 장안 시절의 추억에 젖게 되자, 자신도 모르는 사이에 고개는 힘없이 떨구어지고 만다. 그 떨구어진 자세에서 안계(眼界)에 절로 굽어보이는 장강의 흐름! 그리고 그것이 내 그리운 곳으로 가고 있다는 것을 깨닫게 되자, 한가락 회포를, 그 가는 편에 전하고자 하는 욕망을 일으키는, 이 일련의 동작이나 심리의 연속이, 그야말로 물 흐르듯 순리롭게 이어져 있음을 볼 것이다.

　한편 '흐르는 강물'인가? '강물의 흐름'인가? 그것은 말할 것도 없이 구문(構文) 그대로 후자일 뿐이다. 관심은 '흐름'에 있으며, 따라 강조한 것도 '강물'이 아니라 '흐름'일 뿐이니, 같은 강물이라도 흐름이 돋보이지 않았다면 '寄言'할 욕망은 일지 않았을 것이다.

　또 회포를 자연물―강물·구름·바람·달·꿈·나는 새, 특히 기러기… 등에 기탁하여 전하고자 하는 그 소박한 욕망은, 옛 시가에 항다반으로 보는 일이지만, 그것들 또한 예외없이 위치를 이동할 수 있다는, 그 부러움에서임은 말할 것도 없다.

　시형은 오언고시, 운자는 평성 '尤'운.

추포에서(10)

석남나무는 천의 천이요,
광나무숲은 만의 만인데,

산이란 산엔 백로가 찾고
시내란 시내엔 잔나비 울음.

그대여 추포엘랑 오려 말 것이
그 소리에 간장이 바숴지리니—.

千千石楠樹　萬萬女貞林
山山白鷺滿　澗澗白猿吟
君莫向秋浦　猿聲碎客心
　　　　〈秋浦歌(十)〉

부연　흔한 것이 석남나무요, 지천인 것이 광나무숲이라, 석남나무로 덮여 있는 산이란 모든 산엔, 흰 해오라기가 가득하고, 광나무숲으로 우거진 시내란 모든 시냇가엔 흰 원숭이들

千千(천천) 천의 천 배. 흔하게 많음의 형용.
石楠(석남) 석남과의 상록활엽 관목.
萬萬(만만) 만의 만 배. 지천으로 많음의 형용.
女貞(여정) 목서과의 상록활엽 교목.
澗澗(간간) 모든 시내.
君莫(군막) 막연한 세인에의 경고로, '그대여! ~하지 말라'는 뜻의 관용어.

이 무리를 지어 마냥 울어 대고 있다.

 그대여 추포엘랑 오려고 하지 마라. 그 흰 원숭이들의 울부짖는 소리는, 듣는 사람의 마음을 산산 가루로 바수는 듯, 차마 들을 수 없게 슬프디 슬프기 때문이다.

평설 이백에 있어서의 '추포'는 언제나 시름이요, 슬픔이요, 눈물이요, 백발이다. 특히 흰 원숭이들의 울음엔, 간장이 바숴지는 듯, 못 견뎌 하는 그다.

 고향도 처자도 팽개치고, 물 따라 바람 따라 떠도는 나그네의, 일견 강심장일 법도 한 그의 심장은, 기실 이처럼 여린 것이, 오죽하면 '碎客心'의 그 극한자(極限字) '碎(부서질 쇄)'를 차마 택하기까지 하였을까!

 연 4구에 걸친 구두(句頭)의 첩어는, 그 형식의 정제미(整齊美)도 그러려니와, 평평(平平) 측측(仄仄)으로 교호되는 가지런한 음악성과, 천야만야로 과장된 내용에 의한 시정의 고양(高揚) 등이 돋보인다.

 시형은 오언고시, 운자는 평성 '侵'운.

추포에서(15)

백발! 백발이
삼천 길이여!
시름일레! 시름따라
저리 길었네.

알 수 없어라.
거울 속 저 늙은이
어디서 저리도
서릴 맞았노?

白髮三千丈　緣愁似箇長
不知明鏡裏　何處得秋霜
　　　〈秋浦歌(十五)〉

부연 아아, 놀라운지고. 저 흰머리! 삼천 장이나 긴 저 흰머리! 그거야! 바로 그 시름 때문이야. 무궁 무한한 천고수(千古愁) 만고수(萬古愁)! 삼천 장으로 늘어난 그 시름 따라 함께는 거야.

그렇대도 알 수 없구나. 저 거울 속의 가엾은 늙은인, 도대체 어디서 저리도 모진 서리를 맞아, 초목이 이울어지듯 팍삭 늙어 버렸

丈(장) 십 척(十尺)의 길이 단위.
似箇(사개) 이와 같이. 여차(如此)와 같은 뜻.

더란 말인고?

평설   전반은 거울을 대하는 순간의 경악이다.
오랜만에 거울을 바라보다 허옇게 센 자신의 백발에 깜짝 놀라 내지른 한마디가 '白髮三千丈'이다. '三千丈'이면 삼만 척(三萬尺)이다. 그래서 심한 과장의 예로 사람들의 입에 가끔 오르내리게도 되지만, 그러나 그것은 의도적 의식적 과장이 아니라, 충격적인 한순간의 직관적 직감에서인 것이다.

그는 그 원인을 '시름' 때문이라고 진단한다. 그러고 보면 '시름' 또한 삼천 장인 셈이 된다.

白髮三千丈

그것은 실로 무궁 무한한 그의 시름의 표상인 것이다. 그가 호음(豪飮) 경음(鯨飮)으로 장취불성(長醉不醒)을 원한 것은, 필경 그의 천고수(千古愁) 만고수(萬古愁)에서 도망치자는 수작이었지만, 도망은커녕, 시름 따라 자란 백발, 백발에 서린 시름은 서로 얼기설기 풀 길 없이 숙명으로 뒤얽혔음을 어이하랴?

후반은 거울 속에 대상화(對象化)된 자신에의 연민이다. '秋霜'은 숙살(肅殺)의 형구(刑具), 이제 초목이 시들듯, 여일(餘日)이 촉박함을 스스로 가엾어하는, 그 눈매의 서글픔을 놓치지 말 것이다.

여담이지만, 한자의 숫자 '一二三四五六七八九十百千萬億兆' 중에 평성자(平聲字)는 다만 '三'과 '千' 두 자뿐, 기타는 다 측성자(仄聲字)이다. 그러므로 '三'과 '千'의 시구 가운데 쓰이는 빈도는 여타를 죄다 합한 것의 빈도와 맞먹는다. 더구나 이 시에서처럼, 평측율(平仄律)로 따져 '平平'으로 구성되어야 할 자리에서의 숫자라면 '三千'일 수밖에 없으니, 그러므로 이백의 딴 시에도 '飛流直下三千尺', '四明三千里', '平原三千客', '淸齋三千日…' 등 많을 뿐 아니라, 다른 사람들의 시에도 수없이 쓰였음을 볼 수 있다.
 시형은 오언절구, 운자는 평성 '陽'운.

두보편 杜甫篇

애정愛情 · 우정友情, 한정閒情 · 술회述懷, 전란戰亂 · 참상慘狀, 이한離恨,
향사鄕思, 재회再會의 기쁨, 세정世情 · 무상無常, 기행紀行, 곤궁한 생애生涯

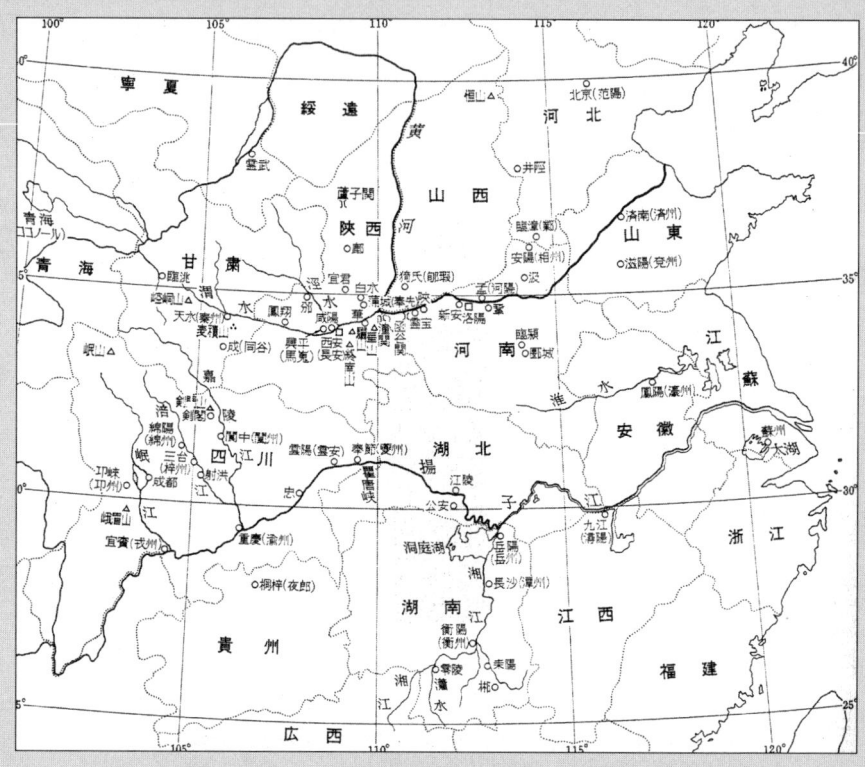

〈杜甫의 行蹟 參考圖〉

두보편 杜甫篇

애정 愛情 · 우정 友情

─ 愛情・友情 ─

두보(杜甫) 평전(評傳)

두보(712~770)의 자는 소릉(少陵)이요, 호는 자미(子美)이며, 보(甫)는 이름이니, 낙양(洛陽)에 가까운 공현(鞏縣)에서 출생했다. 진(晋)의 명장이며 좌전(左傳)의 주석(注釋)으로도 유명한 두예(杜預)의 후손이며, 당(唐)의 초기의 시인 두심언(杜審言)의 손자이며, 지방의 관리였던 두한(杜閑)의 아들로서, 그야말로 전형적인 유가(儒家)의 출생으로, 어려서부터 그러한 분위기 속에서, 정규의 유교 교육을 받아 왔을 것임은 상상에 어렵지 않다.

따라서 그의 시정신(詩精神)은 어디까지나 유교 사상을 바탕으로 한 인애(仁愛) 정신에 입각하여, 그 가족과 그 이웃과 그 민중을 사랑하며 그 조국을 걱정하는 인도주의(人道主義)로 자리잡히게 되었으며, 또 이를 실현하기 위하여는 철두 철미 인생에 성실하려는 노력으로 일관해 왔던 것이다. 또 이를 문학상으로 구현하는 수단으로는 오직 사실주의(寫實主義)로, 사물의 진상을 생생하게 그려내는 데 있었으니, 이 일련의 귀결은 당연한 자연스러움이라 아니 할 수 없다. 이런 면으로 보아, 후세에 그와 병칭(並稱)되는, 꿈과 낭만의 시인 이백과의 대비에서, 그가 한결 더 높이 평가되어 왔음도 당연하다 할 것이다.

위에서 '사랑'이란 말을 썼거니와 두보의 경우 이를 더 원초적이요 더 본질적인 다른 말로 바꾼다면, 그것은 인정(人情), 더 줄여서 '정'이라 함이 적절하리라 본다. 그리고 여기서 일컫는 정은 잡다한 것을 내포한 일반적 개념의 '감정'이 아니라, 순수하고 정미로운 생래 본연의 정으로, 달리 말한다면, 이는 인간에게 주어진 천품의 '성(性)'의 동적(動的)인 일컬음이라 해도 좋을 것이다. 그러므로 순수한 애정과 같은 '고운 정'만이 아니라, 경우에 따라서는 분노의 정, 증오의 정 등도 그 범주에 들 것이나, 그러나 그것은 어느 경우에도 순화되고 정화된 정에서임은 물론이다. 그리고 그의 정은 그 나라와 민중에뿐만 아니라, 산하(山河)를 비롯한 모든 자연에까지도 골고루 미쳐 있으니, 그가 후세에 시성(詩聖)으로 추앙을 받게 된 것도, 인간이나 자연에 대한 그러한 정으로의 유대에서이며, 그것은 당대에서만이 아니라, 영원한 그의 독자들에까지도, 그 정의 다사로움으로 연계되어 있기 때문으로 추측된다.

우리는 그의 초기의 시에서도 그런 고운 정에 매료되기도 하지마는, 후기의 이른바 사회시들에서 보는, 대중을 포괄한 차원 높은 정에 이르러서는 모두가 함께 어울려 울게도 되는 것이니, 이러한 그의 진실한 정의 체취는 그의 어느 시에도 배어 있지 않은 것이 없다.

두보는 어려서부터 신동이라 불릴 만큼 총명하여 널리 시서에 통달하여, 소년 시절에 이미 한 사람의 문학인으로 인정을 받았다. 20세부터 장강 하류의 번화한 곳을 유람하고, 24세에 장안에 돌아와 과거에 응시했으나 실패한다. 다시 황하 유역을 유람하지만 '태산'을 올려다보면서 '언젠가는 기어코 저 절정에 올라 뭇 산의 작음을 한번 굽어보고야 말리라'는 그의 큰 포부를 다진다. 이 기간에 이백·고적(高適)·왕유(王維)·잠참(岑參) 등의 시인들과 만나, 그들과 함께 두루 명소를 탐방하며 시주(詩酒)로 만유(漫遊)하다, 36세에 돌아와 다시 과거에 응했으나 참방(參榜)의 운은 또다시 그를 외면하고 만다.

이 길로 그는 장안에 머무르면서 달리 사관(仕官)의 길을 찾아보려고 백방으로 노력해 보나 다 소용이 없다.

현종(玄宗)의 치세는 전후 45년에 긍했으나, 그 전반인 개원 연간

(開元年間)은 당의 최성기로서, 국위는 널리 떨쳤고, 내치(內治)도 잘되어, 백성은 안도하고 생활도 넉넉하게 되었으며 문화도 난숙(爛熟)했으나, 천보(天寶)로 불리는 후반부터는 점차 쇠퇴되어 갔다. 영주로 존경받던 현종은 양귀비에 혹하여 정사를 소홀히 하는 한편, 무모한 국경 개척을 강행함으로써, 많은 인명과 국비를 소모하게 되자 사회는 점차 불안하여 혼미에 빠져들게 되었으며, 황제의 실권은 간악한 권신의 손 안에서 농락되게 되었다.

이러한 현실 속에서 두보의 시는 한층 자아(自我)에서 대중으로 심화(深化)되어 갔으니, 국가의 몰락을 불러 올 온갖 사상(事象)을 그려 고발하는 성숙된 사실주의로 성장하게 되었다.

천보14년(755) 11월, 이러한 이완(弛緩)을 틈탄 안녹산의 반란은 천하를 경동케 했다. 풍우같이 몰아치는 14만 대군은 삽시간에 낙양을 점령하고, 이어 서울인 장안으로 진격해 오자 현종과 그의 중신들은 출분하기에 바빴고, 만호 장안으로 불리던 성안의 백성들은 풍비 박산되어 피난길로 흩어지니, 당의 조정은 풍전 등화의 운명 앞에 놓이게 되었다.

그는 영무(靈武)에서 즉위한 숙종(肅宗)의 행재소(行在所)를 찾아가다 적군에 붙들려 장안에 억류되어 있으면서 읊은 〈애강두(哀江頭)〉며 〈월야(月夜)〉는, 나라를 근심하는 마음과, 처자를 그리는 애달픈 정이 굽이굽이 애절하다.

9개월 만에 탈출에 성공, 새로 옮긴 행재소 봉상(鳳翔)으로 달려 간 것은 숙종의 지덕(至德) 2년이다. 난중에 찾아온 정성으로 좌습유(左拾遺)의 벼슬에 임명되니, 비로소 그의 숙원이 이루어진 셈이다. 그러나 그것도 잠깐, 패군(敗軍)한 재상 방관(房琯)을 변호하다 숙종의 노염을 입어 화주(華州)의 지방관으로 좌천되고 만다.

이리하여 부주(鄜州)에 있는 가족을 데리러 가는 도중의 견문과 소감을 읊은, 그의 대표작인 장편 기행시 〈북정(北征)〉은 바로 그때에 씌어진 것이다.
  그런 와중에서도 산길을 걸어가면서, 나무마다 오롱조롱 익어 가는 산열매들에 쏠리는 정은 각별하여

    자잘한 산열매들 많기도 하여,
    도토리랑 섞이어 벌어 있어라!
    어떤 건 새빨간 단사랑 같고
    어떤 건 옻으로 톡 찍은 듯 새까만 것들
    비에 이슬에 은혜를 입어
    달건 쓰건 일제히 열매 맺었네.
    山果多瑣細　羅生雜橡栗
    或紅如丹砂　或黑如點漆
    雨露之所濡　甘苦齊結實

  볼수록 귀엽기도 한, 자잘한 산열매들에 향하는 고우나 고운 정이, 사실의 붓끝을 통하여 앙증스럽게도 나타나 있음을 보지 않는가?
  또 동관(潼關)의 옛 격전지를 지나면서는,

    밤 깊어 옛 싸움터 지나노라니
    싸느란 달빛이 흰 뼈를 비추었네.
    夜深經戰場　寒月照白骨

라 읊었으니, 이는 전쟁을 주제로 한 그의 많은 장편시들에 실린, 그 죄악상과 염전(厭戰) 사상의 무게를, 이 1·2구의 편린(片鱗)에다

실어, 능히 독자를 송연(竦然)케 하고 있다.

그러나 이 시에서 가장 돋보이는 사실(寫實)은 그 처자들의 몰골을 그린 대목이다. 옷을 기울 헝겊 조각조차도 없었던지 그림과 수(繡)를 찢어서 노닥노닥 기웠는데, 그 조형의 물상들이 서로 어긋나 이리저리 엎어지고 나둥그러져 있는 광경이며, 가져다준 화장품을 아무렇게나 환칠하고 나서는 계집애들, 서로 아비의 수염을 꺼들기며 육친의 정이 무르녹는 장면의 묘사는 차마 눈물 없이 읽을 수 없는 대목들이다. 그의 남편으로서, 아비로서의, 아니 인간으로서의 '정'이, 그의 사실의 붓을 통해 우러나오고 배어 나오는 것으로, 〈강촌(羌村)〉 3수에도 잘 나타나 있다.

가족을 더불어 화주로 부임했으나, 대기근으로 살아 갈 길이 없어, 벼슬을 버리고 진주(秦州)로 갔다, 다시 동곡(同谷)으로 간다. 그러나 여기서도 사정은 매한가지라, 도토리를 줍고 풀뿌리를 캐어 연명하다, 마침내 촉도(蜀道)의 험(險)을 넘어 성도(成都)로 들어간다.

그는, 이 굶주리며 전전하는 약 1년 반 동안에, 오히려 그의 일생 중 가장 대작이라 할 〈삼리 삼별(三吏三別)〉을 비롯한 많은 사회시를 썼으니, 그의 정열은 고난에 부닥칠수록 더욱 용솟음치는 듯, 당시의 중국 민중이 겪고 있는 사회상이 생생하게 전개되어 있으니, 이 곧 살아 있는 역사라, 그럼에서 그의 시가 '시사(詩史)'라 일컬어지게 된 소이(所以)이기도 하다.

그 모두가 전쟁의 비극을 그린 것으로, 장정은 바닥이 나, 미성년자를 출정시키는 장면이며; 성을 쌓는 데 동원된 병사들의 고초; 늙은이를 징용하려고 밤에 몰래 쳐들어온 관리; 여러 아들을 다 전선에서 잃은 늙은이를 다시 소집하여 일선으로 내모는 마당에, 홑옷으로 떨며 우는 노파의 울부짖음과, 그런 와중에서도 '한 술이라도 더 떠 몸을 돌보라'는 당부는, 만인을 울리는 '정'의 극치가 아닐 수 없다. 또 보내 주는 가족 하나 없이 출정하는 〈무가별(無家別)〉이며; 저녁에 혼인하여 아침에 출정하는 〈신혼별(新婚別)〉 등, 모두가 민중에 대한 깊으나 깊은 정에서 우러난 서사시로서, 민중을 대변한 사회 비판이며, 무모한 국경 경영에 대한 역사에의 항거이며, 비정한 관리에 대한 항의로, 속속들이 염전 사상이 배어 있는 작품들이다.

성도에서는 절도사 엄무(嚴武)의 도움으로, 이른바 '완화초당(浣花草堂)'이란 띠집을 얽어 비로소 안도하니, 이 수삼 년간의 시는, 자연을 대하는 느직한 마음의 여유로, 인생을 관조하는 한 시기를 이룬다. 〈강촌(羌村)〉, 〈객지(客至)〉, 〈춘야 희우(春夜喜雨)〉, 〈강정(江亭)〉 등이 그것이며, 〈만흥(漫興)〉 9수에는 잔잔한 그의 미소도 엿볼 수 있다.

그러나 때로 이은 이엉을 송두리째 폭풍에 빼앗긴 노천 방에서, 밤새도록 날비를 맞으면서, 생각하는 것이라고는, '어떻게 하면 태산같이 튼튼한 천만간의 공동 주택을 마련하여, 천하의 무주택자를 다 수용할 수 있을까' 하는 것이었으니, 이는 그가 언제나 자기의 어려움에서 만인의 어려움을 보고, 자기의 괴로움을 만인의 괴로움으로 체험하는, 인도주의 정신의 그 알뜰한 '정'에서인 것임은 말할 나위가 없다.

53세 때 성도에서 공부원외랑(工部員外郞)이란 벼슬을 얻었으니, 그를 '두공부(杜工部)'라 일컬음도 이 직함에 의한 지칭인 것이다.

이듬해 이를 사임하고 5월에 가족을 더불어 귀향 길로 장강을 하강하다 과로로 인해 병을 얻어 운안(雲安)에 상륙, 이윽고 기주(夔州) 지금의 봉절(奉節)로 이거하니 대력(大歷) 원년의 일이다. 그해 가을 들면서 학질을 앓아 이듬해 봄까지 끌게 되고, 이어 지병인 폐병과 당뇨병이 악화되어, 그 좋아하던 술마저 끊게 되었다가, 대력 2년의 가을 들면서는 병세가 매우 좋아져서, 그해 중양절에는 '등고(登高)'도 하여, 그동안 끊었던 술을 새로이 마시기 시작했으며, 이듬해인 대력 3년 1월에는 삼협(三峽)을 거쳐 귀향 길에 올랐다.

이 기주의 약 2년간은 시종 병고에 시달린 때이었건만, 430수의 시를 남겼다. 이는 그의 전집에 전하는 시의 약 30%에 해당하는 양이니, 그 병익장(病益壯)한 초인적인 정열은 달리 유례가 없을 것이다. 그는 스스로도 그것을 인정하는 듯, 대력 2년 가을에 쓴 〈부수(復愁)〉 12수 중에서

병이 덜리니 시가 옹졸해지고
읊음을 많이 하니 뜻이 넉넉하도다.
病減詩仍拙　吟多意有餘

했으며, 또 같은 가을에 쓴 〈강한(江漢)〉에서는,

지는 해에 마음이 오히려 장해지니,
가을바람에 병이 나을 듯하도다.
落日心猶壯　秋風病欲蘇

라고 읊기도 했다. '병이 호전되니 도리어 시가 옹졸해진다'와 '지는 해에 마음이 오히려 장해진다'는 이 역설적인 사실만 보더라도, 그의 시적 정열이 얼마나 초인적인가를 알 수 있지 않겠는가?

그는 기주를 떠나 악주(岳州)로, 악주에서 동정호(洞庭湖)를 건너 담주(潭州)에 이르고, 대력 5년의 겨울에 다시 악주로 해서 귀향하려다가 배 안에서 운명하니, 그렇게도 노상 그리워하던 고향 땅을 끝내 밟아 보지 못한 채로, 더구나 표랑(飄浪)의 일생을 최후까지 관철하듯, 육지도 아닌 동정호의 물결 위에서 한세상을 마치니, 향년

이 59세였다.

그의 시의 불꽃은 불가사의하게도 고난에 부딪히면 부딪힐수록, 병고에 시달리면 시달릴수록 더욱 치성(熾盛)하였으며, 그의 '정'은 만년에 이를수록 차원을 높이어 전 민중에게로 확충되었으며, 그의 사실주의의 수법은 치밀하고도 적확하여, 경인구(驚人句)를 얻지 못하고는 죽어도 그만두지 않는다고(語不驚人死不休) 스스로 토로할 만큼 집요하고도 진지했다. 그는 또 《시경(詩經)》 이래의 한·위·진(漢魏晋)의 시를 두루 섭렵하여, 고대시의 소박성과 성실성은 물론, 육조시(六朝詩)의 섬세성과 기교성을 두루 갖춘, 그 전통 속에서의 참신으로 신체시를 완성, 당시의 사회상을 천 수백 년을 지난 오늘날에도 오히려 현장을 목도하는 듯 생생하게 그려 보였으니, 그의 시야말로 '시사(詩史)'인 동시에 '집대성(集大成)'의 시이기도 한 것이다.

그의 현전하는 작품은 1,450여 편으로 알려져 있다.

달밤

이 밤, 부주에도
비친 저 달을
아내 혼자 오도카니
보고 있구나!

가엾다 철부지
어린것들야
아비 생각 어미 시름
제 어찌 알리?

향기로운 밤안개에
구름 같은 머리 촉촉하고
맑은 달빛에
옥 같은 팔이 싸늘하구나!

어느 제나 나란히
창에 기대어
두 얼굴 눈물 없이
달에 비춰나

今夜鄜州月　閨中只獨看
遙憐小兒女　未解憶長安
香霧雲鬟濕　淸輝玉臂寒
何時倚虛幌　雙照淚痕乾
〈月夜〉

부연

지금 내가 바라보며 시름에 젖어 있는 저 달을, 부주에 있는 아내도 규방 문 열어놓고 다냥 홀로 오도카니 바라보며 날 그리고 있겠구나. 아득히 생각하자니, 철없는 어린것들이 도리어 가엾다. 서울서 고초를 겪고 있는, 이 아비 그리워할 줄이나 어이 알며, 아비 걱정하고 있는 어미의 시름인들 제 어찌 짐작이나마 하랴? 방 안으로 스며드는 향기로운 밤안개에, 구름같이 틀어 올린, 윤기 흐르는 쪽진 머리, 촉촉이 젖어 있고, 맑은 달빛에 바랜 백옥 같은 흰 살결의 팔뚝이 싸늘하구나! 아! 어느 때에나 세상이 평정되어, 헤어진 가족이 다시 만나, 달 밝은 사창에 나란히 기대어, 그동안 숱하게도 흘린 눈물 흔적 말끔히 가신 밝은 얼굴로, 저 달빛에 비춰어 볼 수 있을는지?

평설

今夜鄜州月 閨中只獨看

이는 추측이나 상상이 아니다. 그의 두 눈으로 확인하고 있는 현장의 소관이다. '只獨看'의 '다만 혼자임'을 강조한 것은, 어린것들이 보지 않았기 때문이다(이 밤 늦은 시각, 그 철부지들은 다 잠들어 있으리라).

---

* **解題** 이때 두보는, 안녹산의 난에 가족을 부주로 피난시켜 놓고, 자기는 현종(玄宗)의 뒤를 이어 즉위한 숙종(肅宗)의 행재소(行在所)로 가려다 도중에 잡혀, 이미 적의 수중에 든 장안으로 압송, 억류되어 있는 중이었다.

鄜州(부주) 섬서성(陝西省)에 있는 고을 이름.

未解憶長安(미해억장안) 서울에 있는 아비 그리워할 줄도 모르고, 아비 걱정하는 어미 시름도 이해하지 못한다는 뜻을 겸해 있다.

香霧(향무) 향기를 머금은 안개. 또는 향규(香閨)에 서리든 밤안개.

雲鬟(운환) 구름 모양으로 서리서리 틀어 쪽진 윤기 흐르는 푸른 머리.

虛幌(허황) 밝은 창. 허창(虛窓). 또는 빈 방의 휘장.

雙照(쌍조) 두 얼굴이 함께 달빛에 비추임.

香霧雲鬟濕 淸輝玉臂寒

이 윤기 흐르는 싱싱한 달밤의 미인상을 보라. 아니, 오히려 환술(幻術)과도 같은 언어의, 아니 한자의, 이 신비로운 표상 작용(表象作用)을 보라. '촉촉하다〔濕〕, 싸늘하다〔寒〕'와 같은 피부 감각은, 직접적이요 현장성인 감각이기 때문에, 접촉에서나 감지되는 객관적 감촉인 동시에, 아내 자신도 그렇게 느끼는 주관적 감각의, 알뜰한 대리 감각이기도 하다. 보라, 향기로운 밤안개와 맑은 달빛에 극도로 미화된 꿈같은 분위기 속에, 시름겨운 아미를 들어 하염없이 달을 바라보고 있는 한 여인의, 그 녹녹하게 윤기를 머금은 구름 같은 쪽진 머리와, 싸느라이 바래진 옥결 같은 흰 살결의 팔뚝을 드러낸 여체! 이는 이미 먼 거리에서의 상상이 아닌, 바로 그 현장에서의 애무이며, 추측의 시제가 아닌, 바로 그 현장의 진행 시제인 것이다. 이때 작자의 나이 45세, 그러니 4남매의 어머니로, 서러운 이별과 가난한 피난살이에 찌들린 그의 아내의 모습이야 오죽했으랴만, 그러나 두보의 기억 속의 아내는 언제나 젊은 시절, 그것도 가장 아름다웠던 어느 한때의 깊은 인상을 그대로 간직해 오면서 이렇듯 현재형으로 떠올리곤 하는 것이다. 그의 가족에 대한 이러한 지극한 애정이, 넓게는 향토애, 국가애, 민족애, 인류애로 확장되어, 그것이 필경 다름 아닌 그의, 만인을 울리는 시심으로 고양되어 있음을 짐작하게 해준다. 맨 끝연은, 전란의 조속한 평정을 바라는 간절한 마음이다. 어서 그날이 와서, 지금은 만리 상거(萬里相距)의 두 지점에서 눈물에 젖어 보는 저 달빛을, 한 창틀 안으로 초점을 모아들여, 밝은 두 얼굴을 나란히 비추어 볼 수 있기를 갈망하고 있다. 그리고 이 '雙照'는 제2구의 '獨看'과 수미 상응하여, 기나긴 여운 속에 정한이 그지없다.

시형은 오언율시, 운자는 평성 '寒'운.

위팔처사에게

1. 이승에 살면서도 못 만나는 일
   삼성(參星)과 상성(商星) 같기 일쑤인 것을
   오늘 밤은 도대체 어떤 밤인고?
   이 등불 빛을 함께하다니!

2. 젊었던 시절은 몇 때이런고?
   귀밑털 피차에 이미 희었네.
   옛 친구 태반은 고인 됐다니
   놀라워 탄식하는 애달픈 심사!

3. 내 어찌 알았으랴? 스무 해 만에
   다시 그대 집에 오를 줄이야!
   옛날 헤어질 땐 총각이더니
   어느덧 아들딸이 줄을 이뤘네.
   상냥히 아비 벗을 공경하여서
   "어디서 오셨어예?" 내게 묻는다.

4. 대답도 미처 끝나기 전에
   아이들 재촉하여 술상 차리니
   밤비에 살진 봄부추 베고
   기장쌀 섞어 새밥을 짓고….

5. "만남이란 어렵다네?" 주인은 뇌며

한참에 열 잔 술을 거듭 권한다.
열 잔에도 또한 취치 않음은
오랜 그대 우정에 느꺼워서리.
내일 아침 산악을 격하여 가면
우리의 세상살이 서로 아득해지리….

1. 人生不相見　動如參與商
　今夕復何夕　共此燈燭光
2. 少壯能幾時　鬢髮各已蒼
　訪舊半爲鬼　驚呼熱中腸
3. 焉知二十載　重上君子堂
　昔別君未婚　兒女忽成行
　怡然敬父執　問我來何方
4. 問答乃未已　驅兒羅酒漿
　夜雨剪春韭　新炊間黃粱
5. 主稱會面難　一擧累十觴
　十觴亦不醉　感子故意長
　明日隔山岳　世事兩茫茫
　　　　〈贈衛八處士〉

부연　1. 인생이란 한 번 헤어지고 나면, 다같이 이승에 살아 있으면서도, 자칫하면 마치 삼성과 상성처럼, 영영 서로 만나지 못하게 되어 버리기가 일쑤인데, 오늘 저녁은 도대체 이 어인 축복된 저녁이기에, 같은 등촉 불빛 아래 마주 앉아, 우리의 옛 우정을 되새기고 있는 것인고?

2. 젊고 한창이던 시절은 얼마만큼이나 있긴 있었던 것인지? 그

시절은 꿈결엔 듯 훌훌이 지나가 버린 지금, 우리는 피차 이미 귀밑 털이 허옇게 센 늙은이로 마주 대했네그려! 그동안 궁금하던 딴 친구들 소식을 하나하나 물어 가지니, 아무는 몇 해 전에 죽고, 아무는 금년에 죽고… 한다. 그러고 보니 태반이 이미 유명을 달리하고

---

* **解題** 건원(乾元) 2년(759), 48세 되던 해의 봄, 화주(華州)의 사공 참군(司功參軍)으로 낙양에 출장갔다 돌아오는 길에 옛 친구의 집에 들렀을 때의 지음이다. '衛八'은 위빈(衛賓)일 게란 설이 있다. '八'은 일족의 같은 항렬 중 나이 차례로 여덟째임을 나타낸 것.

動(동) 자칫하면.
參與商(삼여상) 삼성(參星)과 상성(商星). 삼성은 서남방에 있고, 상성은 동방에 있어, 이 두 별은 같은 시각에 서로 볼 수 없으므로, 만나지 못함의 비유로 쓰인 것.
能幾時(능기시) 능히 몇 때이던고? 너무나 짧은 동안으로밖에 기억되지 않는다는 뜻.
鬢髮(빈발) 살쩍과 머리털.
蒼(창) 검푸른 색. 여기서는 회백색(灰白色). 반백(斑白).
訪舊(방구) 옛 친구들의 안부를 물음.
驚呼(경호) 놀라 탄식함.
熱中腸(열중장) 창자가 끓어오르는 듯함. 애달픔.
焉知(언지) 어찌 ~을 알았으리오?
成行(성항) 줄을 이룸. 형제가 많음을 이름.
怡然(이연) 기뻐하는 모양.
父執(부집) 아버지의 친구로 아버지와 나이가 비슷한 어른.
驅兒(구아) 아이들을 부림. 아이들을 시켜 서둘게 함.
酒漿(주장) 술과 음료. '羅'는 벌여놓음. 상을 차림.
春韭(춘구) 봄철의 부추. '剪(전)'은 벰.
新炊(신취) 밥을 새로 지음.
黃粱(황량) 기장. 기장은 귀한 곡식으로 알려져 있다. '間'은 섞음.
主稱(주칭) 주인이 말함.
一擧(일거) 한꺼번에.
累十觴(누십상) 열 잔을 거듭함.
故意(고의) 오랜 우정.
山岳(산악) 높고 험한 산들. 두 사람을 갈라 놓아, 서로 소식을 못 듣게 하는 것의 상징물.
世事(세사) 세상일. 곧, 두 사람의 이 세상에서 살아가는 일.
兩茫茫(양망망) 양쪽이 서로 소식을 알 수 없어 아득하게 됨.

있다. 하도 애달파, "허허, 저런!" "아니, 그럴 수가!" 하며 놀라 탄식하니, 창자가 끓어오르는 듯 애달프기 그지없다.

3. 참! 생각할수록 기이한 일은, 헤어진 지 20년 만에, 내 다시 그대의 집에 오게 될 줄이야! 그때는 자네 아직 총각이었었는데, 지금은 보니 아들딸이 줄을 이루었네그려! 아이들은 호기심에 찬 눈으로 친근하게 다가오면서, "어디서 오셨어예?" 한다.

4. 내 대답이 미처 끝나기도 전에, 아버지는 아이들에게 귀띔을 하고, 아이들은 갑자기 활기를 띠어, 한머리 술을 거르랴, 텃밭으로 달려가 부추를 베어 오랴, 기장쌀 섞어 새밥을 지으랴, 총동원이 되어, 한상 가득 차려 내온다.

5. 주인은 노상 감격한 어조로, "이 얼마나 어려웠던 만남인가? 어서 들게나!" "이제 헤어지면 또 언제 만나리? 어서 들자구!" 술을 권할 때마다 '만나기 어려움'을 강조하면서, 연달아 열 잔의 술을 거듭 권한다. 권하는 대로 연거푸 잔을 비워 냈지만, 그래도 크게 취하지 않는 것은, 아마도 이날토록 간직해 온 주인의 긴긴 우정에 감동되었기 때문이리라. 이 밤이 새는 내일 아침이면, 나는 길을 떠나 화주로 돌아가게 되리니, 우리 두 사람 사이에는 무수한 산악들이 가로놓이게 되는, 먼먼 거리에 떨어져 있게 됨으로써, 이 세상에 살아가는 우리들의 소식이 또다시 서로 감감 아득하게 되어지고 말 것이리라.

평설 꿈같은 만남의 기쁨, 친구 자녀들에 대한 친애감, 소박하나마 정겨운 음식 차림, 늙음과 죽음 등 20년 세월이 저지르고 간 엄청난 변화에 대한 놀라움, 술자리에 어우러진 인생무상, 다시 헤어진 뒤의 서로 아득해질 일 등, 전편이 감동 감탄으로 시종해 있다.

今夕復何夕　共此燈燭光

　도무지 믿어지지 않는다는 듯, 못내 희한해하며 감격해하는, 두 사람의 표정을 보라. 그것은 전구의 '夕'의 반복과, 전후구의 의미상의 도치 등, 강조·감탄의 수사의 묘에서 오는 것이리라.

　　少壯能幾時　鬢髮各已蒼

　상대의 백발에서 자타의 노경을 확인하면서, 지난 세월의 너무나도 덧없음에 어이없어 하는 이 탄식과 표정! 더구나 전구의 강조·감탄에 서려 있는, 잃어버린 젊은 시절의, 고 몇 날 건덕지도 아니되는 시간의 짧음과, 그나마 놓치고 만 아쉬움이 거기 서려 있다.

　　怡然敬父執　問我來何方

　아버지 친구인 줄 알아차린 아이들의, 호기심 이글거리는 귀여운 눈빛 하며, 낯가림하지 않고 호감으로 접근해 오는 친근감이 언외에 서려 있다.

　　問答乃未已　驅兒羅酒漿
　　夜雨剪春韭　新炊間黃粱

　부인은 부재중인 듯, 아버지의 지시에 따라 일제히 제 몫의 일에 정성을 다하는 아이들! 드디어 차려 내온 이 조촐하고도 소박한 음식상! 거긴, 녀석들의 정성스러운 손길과 마음씨가 있고, 식전 방장(食前方丈) 이상으로 감명 깊어 하는, 손님으로서의 한없는 정겨움이 있음을 함께 읽을 것이다.

　　主稱會面難　一擧累十觴

　잔을 권할 때마다 '만나기 어려움'을 중언 부언하는 주인의 간투사(間投詞)! 그것은 과거와 미래에 걸쳐 있으니, 20년 만의 만남이 그렇고, 앞으로 더욱 어려울 것이며, 혹은 영영 못 만나게 되리라는 등, 취기를 좇아 서글픔의 색조마저 더해 가는, 주석의 무르익어 감도 엿보인다.

明日隔山岳　世事兩茫茫

　회자정리(會者定離)라, 만났으니 또 헤어져야 함은 숙명이요, 헤어지면 다시 만나긴 어려우매, 모두(冒頭)의 '人生不相見 動如參與商'으로 수미 상응하여 환상(環狀)으로 되이어지면서, 기약 없는 이별의 무한 여운은 아득히 끝없이 이어져 가고 있다.

　시종 '떨림'을 머금고 있는 감동의 연속으로, 전편에 긍한 위세(委細)한 사연과 곡진한 인정, 행간에 아롱아롱 점철되어 있는, 은근하고도 자잘한 감정의 무늬 등, 이 진하고도 차진 우정의, 그 만남의 기쁨이 각별할수록, 이별의 슬픔 또한 은연중 배태되어 가고 있으니, 이 표리와 같은 봉리(逢離)의 무상이 독자로 하여금 아득히 인생을 생각하게 해주고 있다.

　시형은 오언고시, 운자는 평성 '陽'운으로 일관.

꿈에 이백을 만나

뜬구름 진종일 가고 또 가고….
길 떠난 님 오래도록 오지를 않네.
사흘 밤을 연거푸 꿈에 보이니
다정한 님의 마음 나타남이리 —.

작별할 땐 노상 몸을 움츠려
쓸쓸히 이르는 말 "오기 쉽잖고,
강호의 뱃길에 풍파 심하여
하마면 뒤집힐까 걱정이라"고 —.

문 나서며 흰머리를 긁적거리니
한평생 품은 뜻 저버렸는 듯,
고관들 서울에 가득하거늘
이 님이 홀로 초췌하여라!
뉘 하늘 그물코가 너르다 하뇨?
늘그막에 몸이 도로 얽매일 줄야!
천추 만세의 이름이련만
적막하여라, 죽은 뒤의 일일 뿐!

　　浮雲終日行　遊子久不至
　　三夜頻夢君　情親見君意
　　告歸常局促　苦道來不易
　　江湖多風波　舟楫恐失墜

```
出門搔白首    若負平生志
冠蓋滿京華    斯人獨憔悴
孰云網恢恢    將老身反累
千秋萬歲名    寂寞身後事
                〈夢李白〉
```

부연   1. 뜬구름은 하루 종일 어디론지 흘러가기만 하는데, 구름같이 떠도는 나그네 우리 님도 떠난 지 오래건만 돌아오지 않는구나. 요사이 사흘 밤을 연달아 자주 그 님이 꿈에 보이니, 아마도 서로의 깊은 우정이 교감하여 님의 마음을 꿈에서 보

---

* **解題** 건원(乾元) 2년(759) 가을, 48세 때, 화주(華州) 지방에 닥친 대흉년으로 양식을 구할 수 없어, 두보는 사공참군(司功參軍)의 벼슬도 그만두고, 서북 지방인 진주(秦州: 甘肅省)로 옮아갔을 무렵의 지음이다.
이때 이백은 안녹산(安祿山)의 난 때, 남쪽에 정부를 세우려고 하던 영왕 인(永王璘: 현종의 제16황자)에 가담하였던 죄로 난 후 투옥되었다가 다시 야랑(夜郎: 貴州省)으로 유배되었으나, 도중에 방면되었다. 그러나 두보는 멀리 북방에 있어, 이 풀려난 사실을 모르고 있었던 모양이다.

局促(국촉) 몸을 움츠림. 강박당하거나 두려워하는 모양.
苦道(고도) 쓸쓸히 말함.
舟楫(주즙) 배와 노.
失墜(실추) 떨어뜨림. 잃음. 여기서는 노를 잃거나 배가 침몰됨.
搔白首(소백수) 흰머리를 긁음.
平生(평생) 일상(日常). 평상(平常). 우리나라 관용의 '한 생애'의 뜻과는 다르다.
冠蓋(관개) 관과 수레의 덮개. 고귀한 사람의 뜻.
京華(경화) 서울 번화한 곳.
斯人(사인) 이 사람. 친밀감을 나타내는 감탄조의 지칭이다.《논어》에 공자가 백우(伯牛)의 병을 마음 아파하여, '斯人也而有斯疾也'를 반복한 대문이 있다.
憔悴(초췌) 몸이 마르고 파리함.
網恢恢(망회회) 하늘의 그물은 코가 널러서 성긴 듯하나, 능히 선악을 구별하여 악한 죄인을 놓치지 않는다는 뜻.《노자(老子)》73章의 '天網恢恢 踈而不漏'를 두고 이른 말.

게 됨이리라.

　2. "자네 봤으니 인제 가야지." 내키지 않는 발길로 내 집 문을 나서면서 쓸쓸히 또 하는 말이, "한번 이렇게 자네 찾아오기 쉽지 않다네. 오가는 길 거쳐야 하는 강이며 호수가 많은 남쪽 지방에는 풍파도 많아, 자칫하다가는 배가 뒤집힐까 두렵기도 하다네."라고.

　3. 문을 나서며 시름겨운 듯 흰머리 긁적이니 마치 평소에 품었던 뜻을 저버렸는 듯 실의에 찬 모습이었다. 지금도 내로라하는 부귀한 사람들 번화한 서울에 득실거리거늘, 아 이 님만이 홀로 쫓겨나 파리한 모습으로 낙탁(落魄)해 있음이여!

　4. 하늘 그물은 코가 널러도 선악을 구별하여 죄인만은 놓치지 않는다는 건, 누구의 잠꼬대 같은 말이던고? 이백같이 착한 이가 늘그막에 죄도 없이 도리어 화난에 얽매이게 되다니…. 아무려나 그의 시의 명성은 천추 만대에 길이 빛날 것이나, 그러나 어찌하랴. 그것은 죽은 후의 일일 것이고 보면, 그저 답답 아득하기만 하구나.

평설　이백은 두보의 가장 경애하는 11년 연상의 선배이다. 10년이면 형으로 섬기는 동양의 윤서(倫序)에 비추어, '君'을 '그대' 또는 '자네'로 풀이함은 온당하다 할 수 없다.
　서로를 그리워하는 두 사람의 애정의 하 간절함이 상호 감응하여

將老(장로) 이때 이백은 59세였다.
身反累(신반루) 몸(이백의 몸)이 도리어 죄에 얽매임. 죄인은 반드시 그 그물에 걸려 벌을 받게 됨은 당연하나, 이백은 죄도 없이 처벌되므로 '反'을 쓴 것이다. '累'는 재난을 입음. 죄에 얽매임. 연루됨.
千秋萬歲名(천추만세명) 위(魏)의 완적(阮籍)의 시에 '千秋白歲後榮名安所之'라 있다.
身後事(신후사) 죽은 뒤의 일. 장한(張翰)의 말에 '使我有身後名不如卽時一杯酒'라 있다.

꿈을 맺었으리라(情親見君意)는, 그 말이 마치 생시 같은 꿈 이야기이다.

오기 어렵다는 하소연, 떠나기 싫어하는 쓸쓸한 모습, 그것이 꿈이었기에 깨어나 다시 삭일수록 안쓰럽기 그지없고, 신변에 무슨 일이나 있는 것이 아닌지 염려되는 마음 또한 오죽하였으랴?

부귀한 사람들이 성 안에 가득한데, 홀로 쫓겨나 하늘 끝 이역에 영락(零落)되어 있는, 이 대천재 이백을 생각하며, 불합리한 세상사를 한탄하는, 작자의 뜨거운 한숨이 행간에 서려 있음을 느끼게 된다.

시형은 오언고시, 운자는 거성 '眞'운.

두보 편 杜甫篇

한정 閒情 · 술회 述懷 一

一 閒情・述懷 一

태산을 바라보며

태산은 도대체
어떤 산이기에
두 나라를 물들이고도
푸름이 다하지 않느뇨?

영수(靈秀)한 기운을 모아
조물이 이루었나니,
산남과 산북은
밤낮이 엇갈리어라!

가슴 후련히 씻어 주는
흰 구름 뭉게뭉게 피어오르는데,
극목(極目)하여 아득히 들여다보는
돌아가는 새의 부러움이여!

기어코 내 마땅히
저 꼭대기에 올라,
뭇 산들 잔다람을
한번 휙 굽어보고 말리라.

岱宗夫何如　齊魯靑未了
造化鍾神秀　陰陽割昏曉
盪胸生層雲　決眥入歸鳥

會當凌絕頂　一覽衆山小
〈望嶽〉

부연　'태산'이란 산은 도대체 어떻게 생긴 산이길래, 제(齊) 나라와 노(魯)나라의 두 나라 땅을, 거기 무성하게 자란 수림의 푸른 빛으로 온통 물들여 놓고도, 그러고도 오히려 그 푸른 빛은 다하지 않아, 두 나라의 지경 밖까지 뻗어 나갈 만큼 그리도 웅대한고?

조물주가 이 우주의 영수(靈秀)한 기운을 모아다가 이 산을 이루었으니, 이 산을 중심으로 그 남쪽과 북쪽에는 해와 달도 엇갈려 들어 밤낮이 바뀌도록 나누어져 있다.

답답한 가슴속을 시원스럽게 씻어 주고 헹궈 주는 것은, 저 뭉게뭉게 피어오르는 산정수리의 뭉게구름인데, 눈구석이 째지도록 눈을 크게 뜸으로써, 시력을 극대하게 하여, 온 천하를 조감하면서 산정으로 돌아가고 있는, 한 점과도 같은, 한 마리의 새를 놓칠세라.

岱宗(대종) 산지조종(山之祖宗)이란 뜻으로, 태산(泰山)을 이름. 오악(五嶽)의 하나. 산동성(山東省) 태안(泰安)의 북쪽에 있는 1,450m의 명산. 동악(東嶽) 또는 동대(東岱)라고도 한다.
齊魯(제로) 춘추시대의 나라 이름. '齊'는 태산의 북쪽이요, '魯'는 그 남쪽에 위치했었다.
未了(미료) 끝나지 않음.
鍾(종) 모음(聚).
神秀(신수) 신령스럽게 빼어남.
陰陽(음양) 산북과 산남. 또 달과 해. 밤과 낮.
割(할) 분할(分割)의 뜻.
昏曉(혼효) 저녁과 새벽, 곧 어둠과 밝음.
盪胸(탕흉) 가슴속을 씻어 줌. 흉금(胸襟)을 탕척(蕩滌)함.
會當(회당) 반드시. 기필코.
一覽(일람) 한눈 아래 빙 둘러 바라봄.

부러운 듯 아득히 들여다보고 있는 것이다.

 나도 저 새와 같이 언젠가는 저 태산 꼭대기에 우뚝 올라, 굽어보이는 모든 산들의 올망졸망 잔다란 것들을 한눈에 빙 둘러 부감(俯瞰)하는 통쾌한 맛—공자가 동산에 올라서는 노나라가 작다 하고, 태산에 올라서는 천하가 작다고 했던, 그 장쾌한 맛을, 한번 기어코 맛보고야 말리라.

평설　개원(開元) 25년(738)경, 작자 26세 전후의 작으로 추정된다. 그가 24세 때 과거에 낙방한 후로 수년간 산동성 일대를 만유(漫遊)하면서 지은 것으로, 패기 만만한 기백을 태산에 부쳐 펼친, 소장 시절의 그의 면모를 한눈에 볼 수 있는 작품이다.

　　盪胸生層雲　決眥入歸鳥

　산봉우리에는 보는 사람의 가슴속까지 시원스럽게 씻어 주고 헹궈 주는 흰 구름이 뭉게뭉게 끊임없이 피어오르고 있고, 그 뭉게구름을 배경으로, 천공에 출유(出遊)하던 새 한 마리가 제 둥지를 찾아 산정 쪽으로 훨훨 날갯짓하며 돌아가고 있는 것이 까마득히 쳐다보인다.

　태양이 이미 산정에 묻히고 난 뒤의, 눈부시지 않은 하늘을 날아, 천하의 장관을 조감하면서 느직이 돌아가고 있는 새! 그 새를 부러워하면서, 눈구석이 째지도록 눈을 크게 떠, 행여 놓칠세라 지켜보고 있는 것이다. 오직 새에게로만 집중하는 그 시선은, 시계의 어란으로 허공에 형성된, 긴 터널과도 같은 원통형의 시관(視管)을 통하여, 이 끝에서 저 끝의 새에게로 보내는 그 시선은, '내다봄'이 아니라, '들여다봄'일 수밖에 없음에서, '入歸鳥'의 '入'자를 발견하기까지의 작자의 고심 또한 짐작이 되고도 남는다.

　　會當凌絶頂　一覽衆山小

'凌絶頂'의 장쾌한 기세를 음미할 것이다. '凌'은 타를 제압하여 그 위에 군림함이니, 凌風, 凌雲, 凌虛, 凌霄… 등으로, 바람과 구름을 제치고 운표(雲表)에 쑥 빼어나거나, 구소(九霄)에 덩실 날아올라 하계를 부감(俯瞰)하고 싶은 충동인 것이다. '산을 정복한다'는 말은 서양 기질을 본받은 현대인들의 애용어이지만, 그것이 어찌 이 '凌絶頂'의 맛을 따를 수 있겠는가? 등산가들의 매혹은 어디 있는가? 그 긴긴 등정의 고역을 치르는 것도 필경 '凌絶頂'하여 '一見衆山小'하는 그 맛 때문인 것이다.

산 하면, 그저 큰 것, 높은 것, 언제나 우러러 쳐다보는 것으로만 여겨 오던 산을, 이제 '凌絶頂'함으로써 도리어 그 어중이떠중이 올망졸망한 산들을 발 아래 두고, 줌 안에 넣어, 그 잔다란 품을 웃어 주고 싶은, 그만큼 내가 활짝 넓어지고, 내가 우뚝 높아지는 호호연(浩浩然)한 기운을 만끽하는 통쾌감을 맛보고 싶은 것이다. 금강산 비로봉에 올라 동해가 잔(杯)보다 작다던 휴정(休靜)이, 묘향산에 올라서는, 만국의 도성은 개밋둑 같고, 만고의 호걸들도 눈에놀이(일설 초파리) 같다고 한 후생(後生)도 있거니와 여기서는, 공자가 동산에 올라서는 노나라가 좁다 했고, 태산에 올라서는 천하가 작다고 한, 그 성인의 경계에 꼭 한번 도달해 보고야 말리라는 장대한 결의의 다짐인 것이기도 하다. 이 다짐 속에는, 기어코 관계에 진출하여, 치국 평천하의 크나큰 포부를 실현하고야 말겠다는 저의도 담겨 있을 것임은 물론이다.

시형은 오언율시, 운자는 상성 '篠'운.

못 믿을 봄빛

보이는 건 모두가
나그네 시름인데,
깨어나지 못하는
나그네 시름인데,
강정에 다다른
못 믿을 봄빛
꽃 피자 흩날리며
꾀꼬리 시켜
"봄 가네, 봄 가네…"
수다도 하이.

眼見客愁愁不醒　無賴春色到江亭
卽遣花飛深造次　便敎鶯語太丁寧
　　　　　〈漫興 九首中(一)〉

부연 눈에 띄는 것이라고는, 산도 물도 인심도 낯선, 나그네
의 시름으로, 그 모두가 졸음엔 듯 취함엔 듯, 헤어나
지 못하는 나그네의 시름인데, 강정(江亭)의 봄빛! 그 또한 못 믿을

無賴(무뢰) 신뢰성(信賴性)이 없음.
卽遣(즉견) 곧 ~으로 하여금 …하게 함.
造次(조차) 매우 짧은 시간. 순식간. '深'은 매우. 몹시.
便敎(변교) 문득 ~로 하여금 …하게 함.
丁寧(정녕) 친절함. 중언 부언함. '太'는 매우. 몹시.

것이, 꽃 피게 하자마자 이내 꽃샘바람 시켜, 꽃을 흩날리게 해 놓고는, 꽤나 친절한 듯이, 꾀꼬리 시켜 중언 부언으로,
  "봄 가는 줄 아뢰오. 봄 가는 줄 아뢰오…."
수다스럽기도 하다.

평설 3·4구의 '卽遣', '便敎'의 교사(敎唆: 남을 꾀거나 부추겨서 나쁜 일을 하게 하는 일) 주체는 '春色'이요, 그 부추김으로 행동하는 하수자는 '바람'과 '꾀꼬리'다. 바람은 시구에 나타나 있진 않으나, '花飛'에서 그 강도마저 엿보이며, '鶯語'의 구체적 내용도 언급이 없으나, '花飛'로 아뢰는 이 초여름 철새의 홍보(弘報) 내용이야 전춘(餞春: 봄을 전송함)임이 너무나 뻔하기에, 구태여 그 숨긴 곳에 이 시의 묘미가 있다. '太丁寧'의 주체는 꾀꼬리지마는 이 또한 '春色'의 교사에 의함이니, 그러기에 봄빛의 이중성을 꼬집어 '無賴'한 봄빛으로 규정한 것도 이해가 된다.

주제는 '향수에 부친 봄빛의 덧없음'이다. 그런 중에서도 '향수'를 가벼운 해학으로 처리한 자위(自慰)가 이 시의 매력이라고나 할까?

시형은 칠언절구, 운자는 평성 '靑'운.

봄바람이 날 속여

손수 심었으니
꽃 임잔 나요,
담이야 낮아도
집은 집인데,

봄바람이 날 속여
밤에 넘어와
꽃 가지를 지끈
꺾어 놓다니 ―

手種桃李非無主　野老墻低還是家
恰似春風相欺得　夜來吹折數枝花
〈漫興 九首中(二)〉

부연　복숭아나무 오얏나무를 직접 내 손으로 내 집 뜰에 심어 가꾸었으니, 복사꽃 오얏꽃의 꽃 임자야 이르나 마나 이 나임에 틀림없고, 또 초야에 묻혀 사는 늙은이의 집 담이 구태여 높아서 무엇하랴 하여, 남들도 내 집 꽃구경할 수 있게 나지막하게 쌓았지만, 그렇다고 담 낮은 집은 집이 아니랄 수 없으니, 남

桃李(도리) 복숭아나무와 오얏나무. 또는 복사꽃과 오얏꽃.
野老(야로) 초야(草野)에 묻혀 사는 늙은이. 작자 자신을 이름.
非無主(비무주) 주인이 없지 않음. 곧, 내가 그 주인임을 강조한 말.
還是(환시) 또한. 역시. 중국의 속어.

의 집 월장(越牆)을 해서는 안 될 일이거늘, 요 샘 많고 짓궂은 봄바람 녀석이 날 놀려 먹으려고, 밤새 몰래 담 너머로 불어 들어와서는, 몇 개의 탐스러운 꽃가지를 이렇게 지끈 꺾어 놓았지 뭔가? 도둑놈 같으니라고!

평설 두보는 일생을 고난 속에 떠돌다, 49세 때에야 촉(蜀)의 성도에 내 집이라고 초가를 얽어 약 3년간 정착하게 되었던 것인데, 이 시는 바로, 그 이른바 완화초당(浣花草堂) 시절의 지음이다. 실로 보기 드문 그의 미소요, 익살이요, 희화(戲畵)이다. 늘 우수의 구름에 가리워 드러날 줄 모르던 그의 푸른 하늘이기에 더욱 유관해 보인다.

봄바람을 짓궂은 친구인 양 의인함에서 시정은 무르익어 갔으니, 그러기에 봄바람의 범법 행위를 규탄하면서도 전혀 노기가 없다. 아니, 오히려 그 무사기(無邪氣)한 그의 소행이 귀엽기조차 한 속마음! 살을 맞대듯 자연과의 통정에 간격이 없다. 그것은 마치 주인만 보면 챈챈 감길 듯 꼬리치며 덤벼드는 장난꾸러기 복슬강아지가, 자주 상대해 주지 않는 주인에 샘나고 심심해지면, 그 신짝 물어다가 뜯어놓듯이, 어리광스러운 심술꾸러기 봄바람이, 제가 피워 놓았건만 저보다 더 사랑받는 꽃을 적당히 망쳐 놓음으로써 직성도 풀 겸, 용용 약 올리려 한 뻔한 짓이라, 차마 탓하지 못하는 그 감정을, 이 천래(天來)의 기경구(奇警句) '相欺得'에서 정밀하게 읽을 것

相欺得(상기득) '相'은 '相思'의 '相'과 마찬가지로 '서로'의 뜻이 아니라, '친애하는 마음에서 그것을 상대(相對)로'의 뜻. '欺'는 기롱(欺弄), 곧 속이어 놀림. '得'은, 의도한 바를 해냄. 또, 그리함으로써 만족해함. 전체의 뜻은, 봄바람이 내게 친애한 마음으로, 몰래 나를 놀려 먹음으로써 만족해한다는 뜻.
數枝花(수지화) 몇 가지의 꽃.

이니, 이 석 자, 삼천 자로도 못 미칠, 고농축된 저간 함축의 그 신묘한 오의(奧義)를 곰곰 음미할 것이다.

한편, 봄바람이 꺾어 놓은 '數枝花'! 이는 '절지(折枝: 줄기는 그리지 않고, 한둘의 꽃가지만 그리는 동양화의 화법)'로서의 특수미로 또한 완상됨직도 하니, 꽃도 춘향이처럼 이리 보아도, 저리 보아도, 언제 어떤 상태로 보아도 다 나름대로의 아름다움이 있음에서이다.

시형은 칠언절구, 운자는 평성 '麻'운.

늘그막길 봄맞이 몇 번 더 오리?

이월은 후딱 가고
삼월이라네.

늘그막길 봄맞이
몇 번 더 오리?

몸 밖의 온갖 시름
해선 뭘 하나

살아 마실 남은 잔이나
다하자꾸나!

二月已破三月來　漸老逢春能幾回
莫思身外無窮事　且盡生前有限杯
　　　　　　　〈漫興 九首中(四)〉

부연　봄의 길목인 이월도 이미 후딱 지나가고 이제 황홀한 춘삼월 호시절이라네.

已破(이파) 이미 다함.
莫思身外無窮事(막사신외무궁사) 몸 밖의 온갖 일들일랑 생각지 말라. 곧 신후명(身後名) 따위에 관심 갖지 말라는 뜻.
有限杯(유한배) 한정되어 있는 술잔. 곧, 앞으로 몇 봄 더 살 몸이고 보면, 그동안 마실 잔 수도 거의 한정되어 있는 셈이기에 하는 말.

점점 늙어 가는 몸, 앞으로 몇 번이나 더 이런 좋은 봄을 만날 수 있으랴?

죽은 뒤의 이름 따위, 분수 밖의 온갖 일일랑 생각지 말자.

앞으로 사는 동안 기껏 마신대야 얼마밖에 안 될, 한정된 술잔이나 기울이며 즐기자꾸나.

평설 성도 시절의 작이다. 두보는 오랜 동안의 비참한 생활 끝에, 친구의 덕으로 완화계(浣花溪) 가에 초당을 짓고, 한때나마 가족들과 함께 정착할 수 있었으니, 그 안도의 즐거움은 각별하였으리라. 술을 노래할 수 있었음도 이러한 생활의 여유에서 일 듯, 그러나 늘 병약한 그는 자기의 앞날이 오래지 못할 것을 예감이라도 한 듯, 앞으로 몇 번이나 더 봄을 만날 수 있을지 서글퍼하고 있다. '漸老逢春能幾回오?' 이는 결구의 '生前有限杯'와 호응되어, 봄을 아끼며 술을 아낌이 한갓 공소(空疎)한 낭만으로서가 아니라, 필경 인생에 대한 한없는 애착으로 귀결되어 있음을 본다. 이는 그의 49세 때이니, 향년 59세인 두보로서는, 그 후 꼭 열 번의 봄을 더 누린 셈이 된다.

초당(初唐) 때 사람 최민동(崔敏童)의 〈宴東城莊〉 시가 연상되기에 여기 한자리에 차려 본다.

한 해 지나 또 한 해
봄은 오지만
백년 봄 맞은 사람
어디 있던가?
몇 번 남았으랴?
꽃에 취하기

돈이야 있든 없든
무진 마시세.
　一年又過一年春　百歲曾無百歲人
　能向花中幾回醉　十千沽酒莫辭貧

이 시의 제3구와 '漸老逢春能幾回'가, 다 인생의 덧없음과, 덧없기에 더욱 아끼는 삶의 애착에 있어 서로 맥이 통해 있음을 보지 않는가?
이왕 최씨의 시를 차린 자리니, 그 시에 화답한, 그의 종형 최혜동(崔惠童)의 시도 아울러 옮겨 볼까.

한 달에 웃는 일
몇 번 있으리?
용케 만났으니
우선 마시세.
물 흐르듯 가는 봄
눈에 뵈나니,
오늘 지는 저 꽃은
어제 핀 거래.
　一月主人笑幾回　相逢相值且銜杯
　眼看春色如流水　今日殘花昨日開

앞 시들이 인생을 세월의 양으로 따진 것과는 달리, 이는 질로 따지고 있음이 한 특색이다.

가는 봄

미친 버들개진 바람 따라 날아가고,
방정맞은 복사꽃은 물 좇아 흘러가고…
다 가는 강가에 홀로 애태우며 섰느니 —.

腸斷春江欲盡頭　杖藜徐步立芳洲
顚狂柳絮隨風去　輕薄桃花逐水流
〈漫興 九首中(五)〉

부연 애닯다! 봄도 이제 마지막 다 가려는 이 강 언덕에, 늙은 몸 막대에 기대어 바라보고 있노라니, 미친 버들개지는 엎어지며 자빠지며 곤두박질하듯 바람 따라 훨훨 날아들 가고 있고, 방정맞은 복사꽃은 피기 바쁘게 떨어져서는 물결 따라 둥둥 떠내려가고들 있다.

평설 그리도 정에 겨운 봄이었건만, 한번 변심한 뒤의 봄의 마음은 오직 떠나려는 데만 정신이 팔려, 미련도 없이 이별을 서두르는, 그 오용찮고도 구정찮은 행태란 밉살스럽다 못해 허탈스럽기 그지없다. '顚狂·輕薄' 등 극단적인 모멸적 언사는, 배신당한 듯한 격정에서 배알아진 역설적인 푸념으로, 마음에도 없는

杖藜(장려) 명아주대 지팡이를 짚음.
芳洲(방주) 향기로운 꽃들 피어 있는 물가.
顚狂(전광) 미친 병. 광증(狂症).

비정지책(非情之策)임은 물론이다.

　모든 봄빛이 훌훌이 떠나가고 있는 길목에 망연히 홀로 서서, 가는 봄을 멀거니 목송(目送)하면서,

　'저럴 수가…?'

　혀를 차며 서글퍼하고 있는 단장의 전춘(餞春) 장면이다.

　3·4구의 '隨風去·逐水流'는 '柳絮'나 '桃花'의, 외세에 부대낀 부득이한 피동임에도 불구하고, 이를 저들의 의도적 능동적 동작으로 본 데에, 원망의 대상이 바꾸어져, '狂風'과 '流水'는 백방(白放)되는 대신, 봄 자체의 무신과 부정으로 돌아가게 된 점이 일반적인 시각과 특수하다.

　'春江欲盡頭'는 '欲盡春江頭'의 평측률(平仄律)에 따른 도치, 따라서 '欲盡'의 피수식어는 '江'이 아닌 '春'임에 유의.

　시형은 칠언절구, 운자는 평성 '尤'운.

---

* **오용찮다** 상궤에 벗어나는 행동을 앞장서서 서두르다의 뜻.
　구정찮다 성격이 단정하지 못하고 조급하여 남부끄러운 일을 함부로 하다의 뜻.

문 밖의 실버들

문 밖의 실버들
하늘하늘
열다섯 살 계집애
허리 같아라!

뉘 말했던고?
아침에 저녁 일 헤아릴 수 없다고ㅡ
미친 바람이
가장 긴 가지를
꺾어 버릴 줄이야!

隔戶楊柳弱嫋嫋　恰似十五兒女腰
誰謂朝來不作意　狂風挽斷最長條
　　　　〈漫興 九首中(九)〉

부연　연둣빛으로 물들어 길게 척척 늘어진 문 밖의 수양버들 가지들이, 봄바람에 하늘하늘 나부끼는 품이, 흡사 열다섯 살 소녀의 허리같이 가늘고 부드러워 무척이나 아름답다. 그런데 이게 웬일인가? 아침에 저녁 일을 헤아릴 수 없는 것이 인

隔戶(격호) 출입문을 사이 한, 곧 문 밖.
嫋嫋(요뇨) 연약한 것의 나부끼는 모양.
誰謂(수위) 누가 말했던가? 알면서도 짐짓 해 보는 강조법의 한 가지.

생이라고들 하지만, 심술궂은 미친 바람이, 그 연약하고도 아름다운 가지들 중에서도, 하필 그중 아름다운 긴 가지를 골라잡아 무참히도 지끈 꺾어 놓고 가 버릴 줄이야! 아, 가인박명(佳人薄命)이 정히 저와 같은저?

평설 요즘은 알레르기원(源)이란 누명 아래 수난을 겪고 있는 수양버들이지만, 옛날엔 이처럼 점잖은 두보마저도 사춘기의 소녀를 연상할 만큼, 풍운물(風韻物)로 애상(愛賞)되었었다. 그래서, 수양버들 실가지처럼 가늘고 부드러운 미인의 허리를 '유요(柳腰)'라 일컬음도 그 어름에서 유래된 말이다.

호사다마(好事多魔)니 가인박명이니 하여, 여럿 중에서도 가장 빼어나, 촉망을 한 몸에 받고 있는 인물이, 일조에 불운해지거나 요절하는 따위, 충격적인 좌절을 이에 탁의(托意)하고 있음을 본다.

봄을 시샘하는 꽃샘바람에 인생 무상을 부친 장탄식이다.

시형은 칠언절구, 운자는 상성 '篠'운.

朝來不作意(조래불작의) 이는 조불모석(朝不謀夕), 또는 조불려석(朝不慮夕)으로, '아침에 저녁 일을 예측할 수 없음', 곧 '아침에 그날 일을 용려(用慮)하지 않음'의 뜻. '來'는 조자(助字). '作意'는 마음을 씀. 용려(用慮)함. 신경 씀.
挽斷(만단) 잡아당기어 끊음.

강마을

맑은 강 한 굽이가
마을을 안아 흐르나니,
긴긴 여름 강마을은
일일이 그윽하다.

멋대로 드나듦은
마루 위의 제비요,
서로들 정답기는
물 위의 갈매길다.

할멈은 종이에 그려
바둑판을 만들고
어린놈은 바늘을 두들겨
낚시를 치고 있다.

병 많은 몸 필요키야
약이나 있었으면 할 뿐,
이밖에야 다시 또
무엇을 바라리요?

淸江一曲抱村流　長夏江村事事幽
自去自來堂上燕　相親相近水中鷗
老妻畵紙爲碁局　稚子敲針作釣鉤

多病所須唯藥物　微軀此外更何求
〈江村〉

부연　푸른 물이 굽이굽이 그득 흘러내리는 강줄기의, 그 한 굽이가 마을 뒷산에 경의를 표하듯, 남으로 활짱처럼 구부정하게 감돌아 흐르고 있는, 이 배산 임수(背山臨水)의 마을! 그 넉넉한 포옹의 품안에 평화롭게 안기어 있는 이 강마을은, 긴긴 여름에도 지루하거나 따분함이 없이, 모든 일이 그윽하기만 하다.

마루의 처마 끝에 깃든 제비는 제 마음 내키는 대로 자유로이 날아갔다 날아왔다 하며 하늘을 드나들고, 물에 노니는 갈매기들은 서로끼리 뜨락 잠기락 정다이 놀고 있다.

늙은 아내는 나랑 두자고 할 속셈인지, 종이에 가로 세로 줄을 쳐 바둑판을 만들고 있는가 하면, 어린 녀석은 저도 물고기를 낚아 볼 생각인지, 바늘을 두들겨 낚시를 치느라 똑딱거리고 있다.

나야 병 많은 몸이라, 좋은 약이나 좀 얻을 수 있었으면 하는 것이 바람이기는 하지마는, 그 이외야 다시 또 무엇을 욕심내겠는가? 내 분수로야 이마만함으로도 그저 흐뭇할 뿐이다.

평설　상원(上元) 원년(760), 작자 49세 때의 지음이다. 그해 봄, 두보는 성도의 완화계 가에 터를 얻어 초가 한 간을

抱村流(포촌류) 마을을 안고 흐름. 곧 마을 앞으로 감돌아 흐름.
相親相近(상친상근) 서로 친근함.
畵紙(화지) 종이에 그림.
碁局(기국) 바둑판. 棊＝棋＝碁.
所須(소수) 바라는 바. 필요한 것.
微軀(미구) 자그마한 몸. 또는 미천한 몸. 자신의 겸칭(謙稱).

얽으니, 이 이른바 완화초당이다. 고난을 거듭해 오던 오랜 동안의 떠돌이 생활을 끝내고, 이제 안주할 수 있는 '내 집'을 가지게 된 데 대한, 그나 그의 가족의 기쁨과 안도는 각별하였을 것이다.

淸江一曲抱村流
長夏江村事事幽

이 치런치런 풍운이 도는 제1연을 보라. 이 속에 이미 한 편의 시정은 설진(說盡)되어 있다.

'마을을 안아 흐르는', '맑은 강의 한 굽이' 그 느직하고도 넉넉한 흐름의 여유는, 이 시인의 느긋하고도 흐뭇한 가슴속의 여유이기도 하다.

그것은 또, 다음 구 '事事幽'의 '幽'의 외연(外延)인 양 이어져 있어, 이하 끝까지는 그 내포(內包)인 강마을, 그 강마을에 일어나고 있는 '幽'의 사례들을 하나하나 열거하고 있다. 곧, 3·4, 5·6구는 객관적 관망에 의한 '幽'의 정취요, 7·8구는 작자의 주관적 '幽'의 정취이다.

그러므로 '幽'는 이 시의 '核(핵)'으로, 그가 포괄하고 있는 정감은 워낙 다의적이다. 이의 자전적(字典的) 개념은, '그윽하다, 한가롭다, 고요하다, 한쪽지다, 숨어 살다' 등이지만, 여기서의 그것은 그 전 갈래를 수용할 뿐만 아니라, 제멋대로 드나드는 제비의 '자유로움'이요, 서로끼리 다정한 갈매기의 '평화로움'이며, 늙은 아내나 어린 아들의 제각기 소망에 찬 '소박한 행복감·애정감'이며, 다시 더 바랄 것이 없다는 안분 지족(安分知足)의 '만족감'인 것이다.

이와 같이 이 시의 구성은 두괄식이요 연역적이어서, 2, 3, 4연은 다 1연의 내용을 사례별로 부연한 것이 된다.

우주만물이 다 제 처소를 얻어 제 분수대로 즐기고 있는 연비 어약(鳶飛魚躍)의 경지이다. 그늘진 구석도 주름잡힌 곳도 없는, 전편에 넘치는 '자적감(自適感), 평화감, 애정감, 행복감, 만족감…'으로 해서, 소원인 좋은 '약'도 미구에 곧 얻게 되리라는 자신마저 행간에 서려 있는 듯, 두보의 시에서는 실로 보기 드문, 해맑은 봄날 같은 밝은 시이다.

   시형은 칠언율시, 운자는 평성 '尤'운.

봄밤의 단비

좋은 비
때를 알아 오니
봄을 맞아
새싹을 돋게 함이네.

바람 따라 몰래
밤에 들어와
만물을 적시되
가늘어 소리도 없네.

들길은
구름 함께 어둡고
강 배엔
불이 외로 빤하다.

아침에
붉게 젖은 곳을 보니
꽃으로 뒤덮인
금관성이어라!

好雨知時節　當春乃發生
隨風潛入夜　潤物細無聲
野徑雲俱黑　江船火獨明

曉看紅濕處　花重錦官城
〈春夜喜雨〉

부연　'좋은 비'가 제 와야 할 때를 스스로 알아서 오니, 바야흐로 봄철을 당하여, 이에 새싹을 돋아나게 함이로구나.
　사람들이 깨어 있는 낮 동안에는 사색도 하지 않던 빗기운〔雨氣〕이, 다들 잠이 든 밤이 되어서야, 봄바람을 타고 몰래 들어와 소리소문도 없이 보슬보슬 봄비 되어 내리면서, 메말라 있는 천하의 만물을 촉촉이 사랑의 빗물로 적시어, 그 모든 생명들을 눈뜨게 하고 있다. 빗방울이 하 잘아 소리도 없듯이, 밤 사이 아무도 모르는 사이에, 이 자애로운 거룩한 작업은 극비리에 진행되어 가고 있는 중이다.
　자오록이 밤비 내리는 한밤, 대지는 물론, 하늘을 덮은 구름마저도, 다함께 짙은 어둠으로 일색인 가운데, 강 배의 등불 하나가 외로이 빤하게 잠들지 않고 이 밤을 지키고 있다. 그것은 마치 이 밤의 비밀을 지켜보고 있는, 깨어 있는 내 영혼의 눈빛을 객관적으로 바라보는 느낌이기도 하다.
　'좋은 비'의 비밀 작업이 끝난, 청명한 이른 아침, 알맞게 젖어 있는 대지의, 특히 붉은 빛으로 해서 눈길이 끌리는 곳을 바라보노라니, 하룻밤 사이에 활짝 피어 흐드러진 꽃들이 온통 드레드레 주저리주저리져 있는 그곳은, 다름 아닌, 금관성의 구불구불 둘려 있는 성곽 일대이다.

윤물(潤物) 만물을 적심.
야경(野徑) 들길.

> **평설**

'好雨'란 '좋은 비'다. 그것은, '희우(喜雨), 감우(甘雨), 적우(適雨), 시우(時雨), 고우(膏雨), 화우(花雨), 춘우(春雨), 자우(慈雨)' 등으로 분화(分化)되기 이전의, 미분화 상태의 비로서, 그 모든 요소들을 통째로 함유하고 있는, 전일(全一)한 비요, 유덕한 비이다.

하늘의 절서(節序)야 뉘 오래서 오고, 가래서 감이 아니라, 올 때와 갈 때를 제 스스로 알아서 차례로 갈마듦이 한 치의 어김도 없다. 이제 제 알아서 오는 저 비는, 이 봄을 관개(灌漑)하여 천하 만물을 자양할, 생명의 비요 좋은 비다.

그러나 그것은 남이 알세라, 깊은 밤 몰래 행해지고 있다. 《중용(中庸)》에 '군자(君子)의 덕(德)은 비이은(費而隱)이라' 하여, 그 효용은 지대(至大)하나, 그 자체는 은미(隱微)하다 했거니와, 저 비야말로 그 공효(功效)는 광대하나, 그 자체는 지소 지세하여 소리도 나지 않는다. 그러나 그 은미한 빗물은 대지의 살갗 실핏줄을 타고 구석구석 골고루 스며들지 않은 곳이 없으리라. 그리하여 모든 목숨 있는 것들에 사랑의 생명수로 입술을 축여 주면, 그것들은 비로소 부스스 눈을 뜨며 고개를 쳐들기 시작하리라. 그 바람에 땅 속은 시방 어디 없이 스멀스멀 설렘으로 가득하리라.

귀엔 소릿기 하나 들림이 없고, 눈엔 천지가 칠흑 같은 어둠인데, 멀리 강 배의 등불 하나가 홀로 깨어 있다. 그것은 온 세상이 잠들어 있는 가운데, 홀로 이 밤을 깨어 있는 '나'와의 만남인 듯, 또는 이 밤 만물 생성의 위대한 자연 이세를 오득(悟得)한, 잠들지 않은 자신의 형안(炯眼)인 양, 암중 미명(暗中微明)의 구원이기도 하다.

성도를 금관성(錦官城)이라 일컫게 된 데에는, 이설이 없지 않으나, 손효소(孫孝昭)의 설에 의하면, '산하가 명려하여 온갖 색깔의 비단을 뒤섞어 놓은 것 같음에서라'고 했는데, 그런 아름다운 곳이 또한 꽃들로 뒤덮인 것이고 보면, 이야말로 문자 그대로 '금상 첨화'가 아니고 무엇이랴? 이 바로 군자의 덕을 갖춘 '좋은 비'의 밤사이 몰래 베풀어 놓은 보람인 것이다.

시성(詩聖)으로 일컬어지는 두보의 진면목이 이 시에 뚜렷하다. 그 유덕함이 봄비와 같고, 그 겸허함이 또한 봄비와 같아, 덕을 감추고, 공을 숨기어, 자신을 드러내지 않음이, 이 진정 어찌 성(聖)의 바탕이 아니랴?

이 시에 차운한 포은 정몽주의 〈봄비〉도 그 거룩함이 이에 못지않을 뿐 아니라, 오히려 과묵하여 한결 말수가 적은 가운데, 유덕한 군자의 면모가 그윽하니, 두보는 방문을 열어 놓고 밖을 내다보는 자세에서요, 포은은 시종 눈을 감은 채, 자리에 누워 있으면서 만기(萬機)를 헤아림이 서로 다르다.

봄비 소록소록 기척 없이 내리더니
한밤중 처정처정 낙수 소리 들려온다.
눈 녹아 시냇물 붇고 새싹 꽤나 돋으리 ─

春雨細不滴　夜中微有聲
雪盡南溪漲　草芽多少生

강정

배 깔고 엎드리니
강정이 따뜻한데,
길이 읊조리며
들판을 내다본다.

물이 흐르나니
마음 다툼이 없고,
구름이 떠 있나니
뜻 함께 더디어라!

장차 봄은 적적
저물려는데
만물은 저마다의
삶을 즐기네.

고향은 간다 간다
못 돌아가니
시름 밀어내자
억지로 시를 짓네.

坦腹江亭暖　長吟野望時
水流心不競　雲在意俱遲
寂寂春將晚　欣欣物自私

故林歸未得　排悶强裁詩
〈江亭〉

부연 봄날의 화창함에 이끌린 한가로운 발길이, 강 언덕 높다란 정자에로 오른다. 기거 좌와(起居坐臥)에 구애될 것이 없는 터라, 마루 바닥에 배를 깔고 길게 엎드린다. 봄볕에 알맞게 데워진 널마루에서, 아랫배 언저리로 스며드는 따뜻한 감촉이 정겹다. 턱을 괴고 고개를 젖혀 들고 먼 들을 바라보면서, 떠오르는 시구들을 긴 가락으로 읊조린다.

정자 앞을 활짱처럼 구부정하게 둘러 흐르는 유유한 강물을 바라보고 있노라니, 보는 마음도 사뭇 가라앉아, 서두르거나 초조함이 없이, 물과 함께 느직해지고, 가는 듯 조는 듯 떠 있는 흰 구름장을 바라보고 있노라니, 보는 마음도 구름과 함께 바쁠 것이 없어진다.

적적히 소리 없는 가운데도, 때는 간단없이 흘러, 이 봄도 미구에 저물어 갈 듯, 꽃은 지고 잎은 짙어 가는데, 모든 생명을 가진 동·식물들은, 저마다의 삶을 영위하여 성장하며 번식하는 즐거움을 누리기에 여념이 없다.

'내년 봄에야 설마 돌아갈 수 있으려니…' 해 오던 그해마다의

江亭(강정) 강가의 정자.
坦腹(탄복) 배를 깔고 엎드림.
長吟(장음) 느직이 시를 읊조림.
心不競(심불경) 경쟁하고자 하는 마음이 일어나지 않음.
意俱遲(의구지) 뜻이 구름의 뜻을 따라 함께 느직해짐.
欣欣(흔흔) 기뻐하는 모양.
物自私(물자사) 만물이 저마다의 삶을 영위함.
排悶(배민) 괴로운 마음을 밀어냄. 고민을 몰아냄.
强裁詩(강재시) 억지로 시를 지음.

'봄'이, 매양 돌아가지 못하는 봄으로, 이해도 헛되이 지나가고 있으니, 마음 어란을 가득 차지하고 있는 이 '고향 생각하는 마음[鄕思]'을 밀어내기 위하여는, '시를 생각하는 마음[詩思]'으로 대치(代置)하지 않으면 안 되겠기에, 이렇게 억지로나마 시를 짓고 있는 것이다―억지로 짓는 시가 어찌 시일 수 있을까마는―.

평설   '坦腹'의 자세로 '野望'을 하고 있다니, 엎드려서 두 손바닥으로 턱을 받쳐 괸, 그 모습 선히 보이는 듯하다. 널마루 바닥에서 복부로 전도되어 오는 봄볕의 은근한 함정(含情)도 매우 정감적이려니와, 봄을 감지하거나 봄을 누리는 방법도 가지가지인 듯 인상적이다. '長吟'의 내용은 무엇인가? 즉경(卽景)에서 떠오르는 자타의 기성 시구들로 볼 수도 있겠으나, 그것은 어쩌면 바로 이 '江亭' 제하(題下)의 시상에서 연방 떠오르는 시구들을 조탁(彫琢)하느라, 이리 굴려 보고 저리 굴려 보며 흥얼거리는 것일지도 모른다.

  水流心不競　雲在意俱遲

속기(俗氣)를 선탈(蟬脫)한 이 선운을 보라! 유유히 흐르는 물의 마음이 작자의 마음이요, 느직이 한가로운 구름의 뜻이 작자의 뜻이다. 그 마음이 그 마음인 자연과 인간의 혼연한 경지이다. 완화초당에 정착한 이래의, 이 안정감 넘치는 유연한 심경을, 그의 시〈江村〉과 아울러 감상해 봄직하다.

'欣欣物自私'는 작자의 자연관으로, 만물에 비친 천의(天意)의 소재가 생성 발전에 있음을 터득·확인하고 있음이다.

'排悶强裁詩'에서, 고향에 돌아가지 못하는 그의 민회(悶懷)가 오죽했었던가를 또한 읽을 것이다.

따지고 보면 두보의 시의 대부분은 이 시와 같은 배민시(排悶詩)

일 것이다. 그의 외로움, 그리움, 구차함, 한스러움 등의 감정에 사로잡힐 때마다, 구출되는 길은 오직 시사로 치환(置換)하는 방법밖에 없음을 잘 알고 있었기 때문이다.

여담으로, 우리나라의 김삿갓(金笠·金炳淵)도 배민시의 한 명수이니, 어느 극한의 밤, 남의 집 아궁이에서 언 몸을 녹이면서,

하늘은 높아 구만 리라지만
머리를 들기 어렵고,
땅은 넓어 삼천 리라건만
발을 펼 수 없어라!
天高九萬頭難擧　地闊三千足不宣

그 숨막힐 듯 답답한 속에서 오히려 이처럼, 평측(平仄)도 대우(對偶)도 깜찍하게 시를 짓고 있었으니, 이런 시인들을 끝내 괴롭힐 방도란, 수마(愁魔)로서도 만만치는 않을 듯.

시형은 오언율시, 운자는 평성 '微'운.

친구를 맞아

집 앞에도 집 뒤에도
봄물이 거니
날마다 오는 인
갈매기 떼라,
낙화길 손을 위해
쓴 적 없더니,
사립문을 그대 위해
처음 열었네.

저자 멀어 반찬이라
맛난 게 없고
가난한 탓, 약주 또한
묵은 술일세.
이웃 노인 동석하길
허락한다면,
울 너머로 불러와
마저 비우리.

舍南舍北皆春水　但見群鷗日日來
花徑不曾緣客掃　蓬門今始爲君開
盤飧市遠無兼味　樽酒家貧只舊醅
肯與隣翁相對飮　隔籬呼取盡餘杯
〈客至〉

부연　집 앞이고 집 뒤고 할 것 없이, 봄 들면서 불어난 도화수(桃花水)로 치런히 흐르고 있는 강마을이다 보니, 다만 날마다 찾아와 주는 건, 사람 아닌 갈매기 떼들이라. 저들을 벗하여 친구 없는 아쉬움을 달래고 있던 차에, 뜻밖에도 오늘 그대가 온다니, 이런 경사가 어디 있는가. 아직 한 번도 손 온다 하여 쓴 적이 없던 저 꽃길의, 떨어져 쌓인 꽃잎들을 말끔히 쓸고, 찾아올 이 없어 늘 닫아만 두고 있던 사립문을, 오늘에야 비로소 그대를 위하여 활짝 열어 환영하는 바이네.

보게나. 밥상이라 차린 것엔, 저자가 먼 탓으로 갖은 반찬이 없고, 준(樽)에 담긴 술은, 집이 가난한 탓으로, 새 술이 아닌, 오래 아껴 간직해 온 묵은 술이라네.

참! 우리 이웃에 격의없이 지내는 호호야(好好爺)가 있는데, 만나 보면 후회하진 않으리. 동석하여 함께 마시기를 자네만 허락한다면, 울타리 너머로 불러와, 남았는 저 술을 마저 비워 버리고 싶은데 어떤가?

평설　오랜 유랑 끝에 비로소 정착하여, 비록 급조의 초옥이기는 하나, '내 집'이라고 가지게 된 성도의 '완화초당(浣花草堂)'! 그 위치 환경과 생활 정취는 그의 〈江村〉과 이 〈客至〉에 서로 맞물려 있으니, 보라, 맑은 강 한 굽이가 마을을 안아 흐르는(淸江一曲抱村流〈江村〉) 강마을이다 보니, 봄 되면 도화수로 물이 불

盤飧(반손) 반에 차린 음식.
兼味(겸미) 여러 가지 음식. 갖은 반찬.
舊醅(구배) 불시(不時)의 내객(來客)에 대비하여, 오래 간직해 오는 묵은 술. 신주(新酒)의 대.
呼取(호취) 부름. '取'는 조자(助字). '聽取·看取' 등과 같다.

어, 집 앞 집 뒤 어디 없이 넉넉한 봄물(舍南舍北皆春水〈客至〉)인 것이요, 다만 날마다 떼갈매기들의 찾아옴을 보자니(但見群鷗日日來〈客至〉), 갈매기 저들끼리는 물론, 이 한가로운 사람과도 서로 친근하게 지내는(相親相近水中鷗〈江村〉) 터이다. 그러니 그 긴 여름의 강마을 일마다 유심할(長夏江村事事幽〈江村〉) 뿐만 아니라, 만춘의 강마을도 또한 일일이 유심한(晚春江村事事幽) 정취가 넘쳐나는 터이다.

花徑不曾緣客掃　蓬門今始爲君開

전후구는 대우이면서도 상반된 내용이 아니라 상보적 관계에 있는 이른바 '호문(互文)'으로, 각 구에는 표면에 나타나 있지 않은 또 다른 하나씩의 대구를 내장(內藏)하고 있다. 곧, '花徑不曾緣客掃' 하던 것을, 그대를 위하여 '花徑今始爲君掃' 하는 것이며, '蓬門不曾緣客開' 하던 것을, 그대를 위하여 '蓬門今始爲君開' 한다는 것이니, 요샛말로 한다면, 그대를 위하여 봉해 두었던 '花徑'과 '蓬門'의 테이프를 그대로 하여금 끊게 함이라, 최상의 경의로 대환영한다는 뜻이 된다. 이런 기절 묘절(奇絶妙絶)한 이중 대우(二重對偶)의 구문(構文)과 조사(措辭)는 마치 신의 계시인 듯, 재탄 삼탄을 금할 수 없다.

뿐만 아니라, 이 전후구에는 또 다른 정취가 있으니, '꽃길'을 쓸지 않음은, 기실 은사의 풍류이기도 하여, 실명씨의 시조에서처럼,

간밤에 불던 바람 만정 도화(滿庭桃花) 다 지거다,
아이는 비를 들고 쓸으려 하는고야
낙환들 꽃이 아니랴 쓸어 무삼하리오?

낙화는 낙화대로의 만춘 정취로 그만이라, 그대로 두고 봄이 한인

(閑人)의 멋이기도 했음에서요. 사립문도 그렇다. 김천택(金天澤)의 시조,

삭거 한처(索居閑處) 깊은 골에 찾아올 이 뉘 있으리
'화경(花經)'도 쓸 이 없고, '봉문(蓬門)'도 닫았는데,
다만지 유신(有信)하기는 명월 청풍뿐이로다.

찾아올 이 없다 하여 백주에도 닫아 두고 초당에 누웠음이 은사의 한일월(閑日月)이기도 했음이다.
제3연은 대접의 허술함에 대한 발명이다. 갖은 반찬에 갓 괴어 익은 새 술이면 좀 좋으랴만, 그러하지 못한 것이, 못내 스스로 민망한, 그 아쉬운 마음이 거기 서려 있음을 볼 것이다.
　肯與隣翁相對飮　隔籬呼取盡餘杯
담 너머로 울타리 사이로 별미를 서로 나누던 고박(古朴)한 이웃 간의 인정미가 거기 있다.
술을 대하니 술 좋아하는 이웃 늙은이가 생각났음이니, 동석을 청하는 주인의 제안에, 객은 기꺼이 긍낙하였으리니, 이로부터는 삼자 순배로 취흥이 자못 도도하였을 것임은 여운 속에서 상상해 볼 일이다.
시형은 칠언율시, 운자는 평성 '灰'운.

나그네 밤의 회포

실바람 설레는
자잘한 풀밭 기슭
높은 돛대 아래
홀로 밤을 새우나니

별들은 벌판 넓음에
가득 드리워 있고
달은 큰 강 흐름에
불끈 솟아올라라!

문장으로 이름나길
어찌 바라리요?
늙고 병들어
벼슬도 그만뒀나니

표표히 떠도는 몸
무엇에나 비기리?
하늘 땅 사이에
한 갈매기어라!

細草微風岸　危檣獨夜舟
星垂平野闊　月湧大江流
名豈文章著　官因老病休

飄飄何所似　天地一沙鷗
〈旅夜書懷〉

부연　자잘한 잡초들이 미풍에 나부끼고 있는 강 언덕에 배를 대고 묵는 하룻밤, 돛 내린 돛대의 유달리도 높아 보이는 배 안에서, 홀로 잠 못 이루고 생각에 잠겨 있다.

　무수한 별들은, 하늘과 땅이 맞닿은 듯한, 평야의 그 끝없이 넓은 지평면에 닿을 듯 가득 드리워 있고, 달은 바다와 같은 양자강의 그 굼틀굼틀 굽이쳐 흐르는 흐름 속에서 불끈 용솟음치듯 솟아올라 흐름과 함께 흐르고 있다.

　문장으로 세상에 이름나기를 어찌 바랄 수나 있으랴? 벼슬도 노쇠와 병약으로 그만둘 수밖에 없었다.

　바람에 휘날리는 낙엽인 양, 표표히 떠도는 이 신세를 무엇에나 견줄 수 있으랴? 천지간에 정처 없이 날아다니다, 낯선 곳 물가 모래톱에 곤히 졸고 있는, 저 한 마리의 갈매기 같다고나 할까?

평설　전반은 사경(寫景)이요, 후반은 술회(述懷)이다. 경은 정을 낳고, 정은 다시 경에 투영되어 상승하는 관계로 상호 긴밀하다.

---

* **題意** 영태(永泰) 원년(765), 작자 54세의 가을, 그가 의지해 왔던 절도사(節度使) 엄무(嚴武)가 죽자, 한때의 안식처였던 성도의 완화초당에도 더 머물 수 없게 되어, 한 척 작은 배에 가족을 싣고 양자강을 내려온다. 이 시는 사천성 충주(忠州) 근처에서의 지음이라 한다.

危檣(위장) 높은 돛대.
官(관) 당시 그는 절도사의 참모인 공부원외랑(工部員外郎)이란 벼슬에 있었다.
飄飄(표표) 바람에 가볍게 날리는 모양.
沙鷗(사구) 물가 모래벌에 있는 갈매기.

星垂平野闊　月湧大江流

　이는 세 갈래로 해석이 가능하다.
　(1) 별이 드리우니 평야가 넓고,
　　　달이 솟으니 큰 강이 흐른다.
　(2) 별은 평야에 드리워 넓고,
　　　달은 큰 강에 솟아 흐른다.
　(3) 별은 평야 넓음에 드리웠고,
　　　달은 큰 강 흐름에 솟아난다.
　다들 (2)를 취하는 경향이나, 필자가 구태여 (3)의 뜻으로 보고자 하는 것은, 맨 끝의 '闊'과 '流'에 각별한 의미상의 강세(强勢)가 실려 있기 때문이다. 독음조(讀音調)에 있어서도 시험삼아 해 보라. 일반적으로 오언은 다 2, 3으로 끊어 읽음과는 달리, 이 연만은 2, 2, 1로 끊어, '平野'와 '闊' 사이, 또 '大江'과 '流' 사이를 잠깐 뜸들였다가 끝을 강하게 굴려 읽음으로써야, 그 너울너울한 이 시의 본맛이 제대로 나타남을 느끼게 되리라.
　《두시언해》에도 이를 (3)의 뜻으로 잡아 '별론 평호 드르히 어윈 딕 드리옛고, 드른 큰 그룸 흐르는 딕셔 소사나놋다'로 되어 있다.
　그러나 한편, 그 어느 한 갈래로만 고집할 것이 아니라, 차라리 그 모든 가능한 해석을 두루 포용한 다의적인 함축에 오히려 이 천하 명구의 진면목이 보이는 듯 느껴지기도 한다.
　　名豈文章著　官因老病休
에서 '이름은 어찌 문장 잘한다고 드러나랴?' 식의 풀이는 부당하니, 이처럼 스스로 글 잘함을 기정 사실로 자인하는 전제에서의 풀이는, 언제나 진실하고 겸손한 작자의 소성(素性)으로 보아서도, 그런 자만이란 가당치 않기 때문이다.

이 전후구의 진의는 이렇다. 명성을 떨침에는 글이나 벼슬의 두 길이 있겠지만, 글은 변변찮아 그것으로 명성 떨치기는 글렀고, 벼슬도 높지 못한 데다가 그나마 늙고 병들어 그만두게 되었으니, 이 나이 되도록 아무것도 이룬 것 없이, 헛되이 살아 왔다는 깊은 자탄인 것이다.

飄飄何所似　天地一沙鷗

자고로, 고결, 한정, 무심, 평화 등의 상징으로, 수많은 시인 묵객의 상찬(賞讚)을 입어 오며, 강호 야인들의 벗으로 친숙한, 그 '갈매기'에다 자신을 견준 것으로, 일견 멋을 다한 낭만으로 보이기도 하나, 여기서는 다만 한 '나그네새'로서의 갈매기다. 정처 없이 떠도는 한 인생의 무한 비애를 기탁했을 뿐이니, 언제나 점잖고 대범한 가운데 속으로 눈물을 삭이는 그의 시작 태도의 한 면모이기도 하다.

시형은 오언율시, 운자는 평성 '尤'운.

밤배에서

강달은 두어 자로
다가와 있고
등불도 일렁일렁
그물대는 밤

모래톱에 조는 백로
주먹발 들어 나란히 섰고
고물에 뛰는 물고기는
몸을 번드치며 쩍쩍 운다.

江月去人只數尺　風燈照夜欲三更
沙頭宿鷺聯拳靜　船尾跳魚撥剌鳴
〈漫成〉

부연　강에 잠긴 달은 손에 잡힐 듯 두어 자 거리로 뱃전에 다가와 비쳐 있고, 바람에 쓸리는 등불은 그물어질 듯 간신히 되살아나곤 하는, 사면이 괴괴한 깊은 밤!
　모래톱에는, 한 발은 들어 주먹 쥐듯 발가락을 오므리고, 죽 늘어

---

* **대력(大曆)** 원년(766), 작자 55세 때의 늦봄. 운안(雲安)에서 기주(夔州)로 가는 배 안에서 하룻밤을 묵으며 지은 작품이다.
  漫成(만성) 즉흥으로 아무렇게나 지음.
  去人(거인) 사람과 떨어진 거리. 'ㅅ'은 작가 자신.
  風燈(풍등) 바람에 쓸리어 그글거리는 등불.

서 자고 있는 백로들은 소릿기 없이 고요하고, 수면 위로 여기저기 풀떡풀떡 뛰어오르는 물고기들은, 연방 은빛 비늘을 번득이며, 쩍쩍 소리를 내고 있다.

평설 일엽 편주에 가족을 싣고, 가다 가다 날 저물면 기슭에 배 붙이고 그 밤을 배 안에서 묵는다. 다 잠들어 고요한데, 홀로 깨어 있는 이 만고의 시혼(詩魂)이여!

원근의 자연을 지척에 집약해 놓고, 고요히 관조하고 있는, 이 사실적 묘사는, 시중의 그림 바로 그것이다. '沙頭宿鷺聯拳靜'은 이백의 '白鷺拳一足 月明秋水寒'과 상통하는, 뛰어난 관찰력이다. 이는 다음 구의 '수면 위로 뛰어오르는 물고기'와 아울러, 만물이 다 저마다의 습성대로 살아가고 있는, 어찌 보면 괴짜스럽고 익살스럽기까지 한 그 상태가, 남들 아니하는 유랑으로 시종하고 있는 자신을 돌아보게 했음직도 하다.

쓰러질 듯 끄물거리는 풍등의 불빛 그림자가, 어쩌면 유랑 인생의 운명인 양 쓸쓸하기도 하다마는, 그러나 만물이 다 자득(自得)하여 생을 즐기고 있는, 긍정적 일면이 더 강조되어 있는 작품으로 봄직하다.

시형은 칠언절구, 운자는 평성 '庚'운.

欲三更(욕삼경) 삼경에 가까워지려 함.
沙頭(사두) 모래톱.
宿鷺(숙로) 잠자는 백로.
聯拳(연권) 여러 마리의 백로들이 한 쪽 다리를 들고 그 발가락을 모아 주먹 쥐듯 꼬부리고 죽 늘어서 있는 모양을 형용한 말.
跳魚(도어) 뛰는 물고기.
撥剌(발랄) 활발하게 약동하는 모양. '鳴'은 풀쩍풀쩍 뛰어오르는 동작에서 나는 소리가 아니라, 입으로 내는 '쩍쩍' 하는 소리임.

두보편 杜甫篇

전란戰亂의 참상慘狀

― 戰亂의 慘狀 ―

병거행

1. 수레는 덜컥덜컥 말은 삥야호호…
   행인마다 활과 화살 허리에 찼네.
   부모 처자 달려가며 서로 보내니
   먼지 일어 함양교도 아니 보이네.
   옷 당기며 발 구르며 길 막아 우니
   우는 소리 바로 올라 하늘에 차네.

2. 지나가다 행인에게 물어보자니
   징발하여 데려감이 잦다고 한다.
   혹 열다섯에 북으로 황하 지키다
   마흔 살에 서쪽에 가 둔전을 갈고…
   떠날 때 이장이 관례라 치러
   백발 되어 돌아오자 다시 수자리.

3. 변경에 흐르는 피 바닷물 돼도
   무황의 정벌 뜻은 말지 않나니,
   그대 듣지 않는가?
   한나라 산동땅 이백 고을이
   마을마다 부락마다 쑥대밭 된 줄—

4. 건장한 아낙 있어 쟁기 잡은들
   곡식 나도 잡초 메워 이랑이 없네.
   모진 싸움 참아내는 관중 병졸도

내몰림, 개·닭이나 무엇 다르리?

5. 어르신넨 비록 물어 주시나
　　졸병 주제 어찌 감히 한을 펴리오?
　　또한 만일 금년 겨울에
　　관서의 병졸을 말지 않으면
　　현관은 조세를 토색(討索)하리니
　　조세는 어디에서 나올 것이료?

6. 진실로 알괘라! 아들보다는
　　도리어 딸 낳음이 좋다는 뜻을 —
　　딸은 낳아 인근에 시집보내되
　　아들은 낳아 묻어 풀을 따를 뿐 —

7. 그대 보지 않는가? 청해 언저리
　　예로 오는 흰 뼈를 거둘 이 없어
　　새귀신 옛귀신 원통타 우니
　　어두컴컴 비 축축 내리는 날엔
　　그 소리 훌쩍훌쩍 수얼거림을 —

1. 車轔轔　馬蕭蕭　行人弓箭各在腰
　　耶孃妻子走相送　塵埃不見咸陽橋
　　牽衣頓足攔道哭　哭聲直上干雲霄
2. 道旁過者問行人　行人但云點行頻
　　或從十五北防河　便至四十西營田
　　去時里正與裹頭　歸來頭白還戍邊

3. 邊庭流血成海水　武皇開邊意未已
　　君不聞漢家山東二百州　千村萬落生荊杞
4. 縱有健婦把鋤犁　禾生隴畝無東西
　　況復秦兵耐苦戰　被驅不異犬與雞
5. 長者雖有問　役夫敢伸恨
　　且如今年冬　未休關西卒
　　縣官急索租　租稅從何出
6. 信知生男惡　反是生女好
　　生女猶得嫁比隣　生男埋沒隨百草
7. 君不見靑海頭　古來白骨無人收
　　新鬼煩冤舊鬼哭　天陰雨濕聲啾啾
〈兵車行〉

부연

1. 싸움 수레는 덜커덕덜커덕 요란히 구르고, 말은 삥야호호 삥야호호 울부짖는데, 출정하는 병사의 허리에는 제각기 활과 화살로 무장되어 있다. 부모 처자들이 배웅하여 곁

---

* **題意** 천보(天寶) 10년(751) 겨울, 작자 40세 때의 지음으로 추정된다. 당시 토번(吐蕃) 정벌을 위하여 전국의 장정을 징집하여 전장으로 보내니, 민생은 극도로 피폐해지고 민심이 흉흉해져, 당국을 원망하는 소리가 높아졌다. 이 시는, 현종(玄宗)의 이와 같은 무모한 침략 전쟁을, 한(漢) 무제(武帝)의 흉노 정벌에 기탁하여 풍자한 것이다. '行'은 악부체(樂府體)의 시에 관용되는 '노래'란 뜻이나, '兵車行'이란 제명(題名)은 고악부(古樂府)에는 없으므로, 이를 두보의 신악부제(新樂府題)로 보는데, 이에 속하는 것으로는 소위 '三吏·三別'을 비롯하여 〈悲陳陶〉, 〈悲靑坂〉, 〈哀江頭〉, 〈麗人行〉 등 많다.

轔轔(인린) 수레의 덜커덕거리는 소리.
蕭蕭(소소) 말 우는 소리. 삥야호. 말 우는 소리의 의성어를 '힝힝'으로 함은 우리말이 아니다.
行人(행인) 출정하는 사람. 정인(征人).
弓箭(궁전) 활과 화살.

따라 달려가면, 병사는 가족들 그만 집으로 돌아가라며 서로 보내
니, 이러한 혼잡으로 자욱히 먼지가 일어, 지척에 있는 함양다리마
저도 보이지 않을 정도이다. 가족들은 가는 사람의 옷을 잡아당기
며, 발을 동동 구르며, 한사코 보내지 않겠다는 기세로 길을 가로막

耶孃(야양) 부모의 속어.
咸陽橋(함양교) 함양에서 장안으로 통하는 위수(渭水)의 다리.
牽衣(견의) 옷을 잡아당김.
頓足(돈족) 발을 동동 구름.
攔道(난도) 길을 가로막음.
干雲霄(간운소) '干'은 간범(干犯)함, '雲霄'는 천공(天空). 곧 하늘에 사무침.
道旁過者(도방과자) 그 길을 지나가던 사람, 곧 두보 자신을 이름.
點行(점행) 점고(點考)하여 데려감. '頻(빈)'은 자주함, 또는 잦음.
防河(방하) 황하(黃河)에서 적의 침입을 방어함. 개원(開元) 15년(727) 겨울, 토번(吐蕃)의
침입을 황하 상류의 임조(臨洮: 甘肅省) 부근에서 방어했음을 가리킴.
營田(영전) 둔전병(屯田兵)이 됨을 이름.
里正(이정) 이장(里長).
裹頭(과두) 두건(頭巾)을 이름. 여기서 주는 '두건'은 일종의 원복(元服)의 간이 의식(簡易
儀式)으로, 군모(軍帽) 대신 쓰게 한 것이다. '원복'이란, 남자 20세가 되면 성인(成人)의
덕을 따르라는 취지의 관례(冠禮)를 이름인데, 여기서는 장정만으로는 부족하므로 15세
연소자에게도 이 원복의 형식을 밟아 싸움터로 내모는 실정임을 말한 것이다.
戍邊(수변) 변새(邊塞)에 수자리 삶. 국경 경비병이 됨.
邊庭(변정) 변경(邊境)의 싸움터.
武皇(무황) 한(漢)의 무제(武帝)를 이름이나, 실은 당(唐)의 현종(玄宗)을 가리킴. 당대를
고대에 기탁한 표현이다.
開邊(개변) 변경을 개척함.
君不聞(군불문) 독자들에게 동의를 구하는, 악부체 시에 상용되는 관용어. 그대는 듣지
않는가? '君不見'도 같은 어법이다.
漢家(한가) 한(漢)의 국가. 실은 당(唐)의 국가를 가리킴.
山東(산동) 지금의 산동 지방만이 아니라, 중국의 동반부(東半部) 일대를 막연히 가리
킨 말.
千村萬落(천촌 만락) 천만 촌락(千萬村落).
荊杞(형기) 형극(荊棘)과 구기(枸杞). 곧 잡초(雜草)의 뜻.

아 울부짖으니, 그 수많은 울음소리 뒤엉켜 곧바로 위로 올라 하늘에 가득 메아리치는 듯하다.

2. 내 마침 길을 지나다 '무슨 일이 일어났느냐'고 병사에게 물어봤더니, 그는 다만 대답한다. 징집하여 데려가는 일이 잦다고 ―.

縱(종) 비록.
健婦(건부) 건장한 여자.
把(파) 손에 잡음.
鋤犂(서리) 호미와 쟁기.
禾(화) 벼 또는 곡식의 싹.
隴畝(농묘) 밭이랑.
無東西(무동서) 잡초가 우거져 이랑의 방향을 알 수 없음.
長者(장자) 어른에 대한 경칭. 여기서는 출정인(出征人)이 '道旁過者'인 두보를 보고 이르는 말.
役夫(역부) 사역(使役)을 당하는 사람. 여기서는 출정인이 스스로 비하(卑下)하여 이른 말.
伸恨(신한) 원한을 폄.
且如(차여) 또한. 만약. '如'는 '若'과 같음.
未休(미휴) 그만두지 않음.
關西卒(관서졸) 함곡관(函谷關) 이서(以西)의 병졸이란 뜻이나, 여기서는 당시의 토번 정벌의 서부 전선(西部戰線)으로 파병(派兵)되는 군졸을 이름.
索租(색조) 조세를 토색(討索)함. 세금을 강제로 받아 냄. '急'은 엄격하게, 또는 혹독하게의 뜻.
信知(신지) 진실로 앎.
生男惡生女好(생남오 생녀호) 고대 중국에서의 남존 여비의 통념을 역(逆)으로 표현한 것. 예로부터 이러한 유구(類句)가 많다. 한(漢)의 위황후(衛皇后)의 '生男無喜生女無怨'이 있고, 당시 민요에 '生男勿喜女勿悲 君今看女作門楣'가 있으며, 백거이(白居易)의 〈장한가(長恨歌)〉에 '不重生男重生女'가 다 그렇다.
比隣(비린) 이웃. 가까운 곳.
靑海(청해) 청해성(靑海省)의 동부에 있는 호수. 이 일대는 토번이 당으로 쳐들어오는 길목으로, 고래의 역전(歷戰)의 땅이다.
新鬼(신귀) 갓 전사한 사람의 원혼.
煩冤(번원) 번민하며 원통해함.
舊鬼(구귀) 옛날 전투에서 죽은 사람들의 원혼.
啾啾(추추) 슬피 우는 소리의 형용.

어떤 이는 열다섯 살부터 북쪽으로 황하에 가, 국경 수비군으로 복역하다가, 그대로 마흔 살에 이르러서는 서쪽으로 가, 둔전병(屯田兵)이 되어 농사의 노역(勞役)에 종사하게 되고, 또 미성년자는 처음 징집되었을 때, 이장이 두건으로 머리를 싸매 주는, 원복(元服)의 간이 절차를 치름으로써, 급조된 성인이 되어 싸움터로 내몰렸다가, 돌아올 젠 백발인데도 또한 변경 지키러 다시 떠나게 되는 실정이라 한다.

3. 국경 지대에는 전사한 병사의 피가 바닷물같이 흥건하다는데도, 임금님의 변경 개척의 뜻은 단념하지 아니하니, 여러분은 듣지 않는가? 한나라 산동 지방 이백 고을에는, 마을마다 부락마다 황폐하여, 가시덤불과 잡초만이 우거질 대로 우거져 있다는 것을ㅡ.

4. 비록 몸 튼튼한 아낙네가 있어, 호미와 쟁기를 잡고 농사일을 한다 한들, 부녀자의 힘이란 한계가 있는 것이라, 비록 곡식 싹이 났다 해도 잡초가 더 무성하여, 어느 것이 고랑인지 두둑인지, 이랑의 방향마저 분간할 수 없게 되었으니, 어찌 수확을 바랄 수가 있겠는가? 더군다나 관중(關中) 출신의 병사들은 괴로운 싸움에도 잘 견뎌낸다는 정평(定評) 때문에, 이 전투 저 전투 죽음의 현장으로 내몰림을 당하는 것이, 개나 닭 같은 가축보다 나을 것이 없는 형편이다.

5. '어르신께서 비록 인자하신 마음으로 저들의 고충을 하문(下問)해 주시오나, 저희 졸병들이야 어찌 감히 그 한 많은 속사정을 일일이 다 아뢸 수나 있겠습니까? 저 한 몸보다는 오히려 집 일이 더 걱정입니다.' '더구나 심한 흉년인 금년 겨울에도, 토번 정벌의 서부 전선 병사를 철군하지 아니한다면, 그 전비 조달(戰費調達)을 위하여 국가에서는 혹독하게 세금을 받아낼 것이니, 세금은 또 어디로부터 나겠습니까.' 한다.

6. '아들 낳음은 나쁘고, 딸 낳음이 좋다'는 말, 그저 예사로이 흘

려 들었더니, 오늘에야 절실하게 가슴에 와 닿는다. 딸은 낳아 그래도 인근으로 시집이라 보내면, 저 한 목숨은 살아남게 되겠지만, 아들은 낳아 기르기가 바쁘게 싸움터로 내몰리어 죽게 되면, 그대로 풀숲 사이에 백골로 뒹굴게 될 뿐이다.

7. 여러분은 보지 않는가? 청해 부근은 예로부터 토번과의 교전이 수없이 되풀이되어 오는 터이라, 그때마다 죽어 간 무수한 백골들을 거두어 장사지내는 사람이 없으니, 새로 죽은 넋은 번거로이 원통해하고, 옛날 죽은 원혼들 또한 억울타 우니, 하늘이 침침하고 비 처정처정 내리는 음산한 날이면, 그 서러이서러이 우는 소리 훌쩍훌쩍 어지러이 들려온다는 것을 —.

평설 이는 현종의 무모한 변경 개척을 풍자한 작품으로, 그 묘사의 사실성, 구성의 극적 전개, 구구 절절 치솟는 강렬한 반전사상의 종횡 무진한 필치 등 귀신도 울릴 듯한 기세이다.

1은 정졸(征卒)을 보내는 목불인견의 처참한 생별(生別) 현장이요,
2는 쇠세(衰世)에 겪어야 하는 기구한 남자의 일생이다.
3·4·5는 정졸의 무한 고초와 도탄에 든 민생의 간고이며,
6은 남녀 선호가 뒤바뀐 극한의 세정이다.
7은 죽어서도 원혼으로 떠도는 통한의 사무침으로, 초두의 '생별'과 수미 상관하여 있다.

청(淸)의 구조오(仇兆鰲)는 그의 〈杜詩詳註〉에서, 이 시를 크게 3단으로 나누어 '일두 양각체(一頭兩脚體)'라 말하고 있다. 곧,

제1단은 1해(一解)인 맨 처음의 6구.
제2단은 2해인 '道旁過者' 이하 4해까지의 14구.
제3단은 5해인 '長者誰有問' 이하 끝까지의 14구.

그리하여 제1단은 제2단과 제3단이 양각을 이루어 서로 대응하

고 있다는 것이다.

도도한 어떤 영감의 힘으로 신들린 듯 붓을 휘달려 일기 가성(一氣呵成)한 듯하면서도, 한편 그 결구(結構)에 있어 이처럼 주도(周到)하게 배려되어 있을 줄이야. 그 작시 태도의 진지하고도 정성스러움이 새삼 놀랍지 아니한가?

시형은 악부체의 칠언고시, 운자는 여러 번 환운.

신안리

1. 우연히 신안 땅을 지나가다가
   떠들썩 점병(點兵)하는 현장을 보고
   그곳 관리에게 잠시 묻기를
   "고을 작아 장정도 더 없을 텐데…?"

2. "지난밤에 다시 영장이 내려
   중남(中男)들을 뽑아 보낸답니다."
   저들은 어리고 체구도 작아
   어떻게 낙양성을 지켜 낼는지?

3. 살찐 소년 어머니는 배웅왔건만
   여윈 저 소년은 혼자 외롭네.
   저문 날 흰 강물은 흘러가는데
   청산엔 아직도 안 멎는 곡성!

4. 여보소, 눈물 바다 내지를 말고
   홍건히 흐르는 건 거둬 두시라.
   눈물 말라 뼈가 드러난대도
   천지야 끝내 무정하려니 ─.

5. 아군이 상주를 탈환한다기
   밤낮으로 평정되길 바라 왔건만
   어찌 뜻했으랴 적세(賊勢) 강하여

패산(敗散)하여 뿔뿔이 돌아올 줄을—.

6. 군량(軍糧) 따라 옛 성루(城壘) 가까운 곳인
　　낙양에서 신병들 훈련한다니
　　호(壕)를 파도 물 나도록 팜이 아니요
　　말 먹이는 일쯤이야 힘 안 드는 일.

7. 더구나 관군은 순리(順理)의 군대
　　보살핌도 심히 분명하거니
　　보내며 피눈물은 흘리지 마오
　　곽장군은 부형같이 인자하리니—.

1. 客行新安道　喧呼聞點兵
　　借問新安吏　縣小更無丁
2. 府帖昨夜下　次選中男行
　　中男絶短小　何以守王城
3. 肥男有母送　瘦男獨伶俜
　　白水暮東流　青山猶哭聲
4. 莫自使眼枯　收汝淚縱橫
　　眼枯却見骨　天地終無情
5. 我軍收相州　日夕望其平
　　豈意賊難料　歸軍星散營
6. 就糧近故壘　練卒依舊京
　　掘壕不到水　牧馬役亦輕
7. 況乃王師順　撫養甚分明
　　送行勿泣血　僕射如父兄
　　　　　　〈新安吏〉

> **부연** 1. 내 나그네 되어 신안 땅을 지나가다가, 우연히 출정하는 병사들을 점호하는 떠들썩한 현장을 목격하게 되었다. 나는 이곳 관리에게로 다가가 조심스럽게 물었다.

* **題意** 이 '신안리'는 '동관리(潼關吏)·석호리(石壕吏)'와 함께 '三吏'로 불리어지는 것의 하나로 소위 '삼별(三別)'인 '신혼별(新婚別)·수로별(垂老別)·무가별(無家別)'과 함께 '삼리 삼별(三吏三別)'이라 총칭되는, 그의 대표적인 사회시로서, 모두 건원(乾元) 2년 (759), 48세 때의 작품이다.
  다 악부시(樂府詩)의 고시체로 된 장편 서사시로서, '삼리'는 직접 견문한 바를, 문답을 섞어 서술한 것이요, '삼별'은 가는 사람과 보내는 사람 사이의 대화에 바탕해 있다.
  이 '신안리'는 그가 화주(華州)의 사공 참군(司功參軍)의 직에 있을 때, 낙양(洛陽)에 갔다가 돌아오는 길에 목도한 바의 긴박한 나라 사정을 읊은 것이다.

新安(신안) 하남성(河南省)에 있는 현명(縣名).
喧呼(훤호) 큰 소리로 시끄럽게 불러 댐.
點兵(점병) 병정을 점호함.
丁(정) 장정(壯丁). 당(唐)의 제도에는, 병정을 나이에 따라 구분했으니 18세는 중남, 22세는 장정(以十八爲中男, 二十二爲丁)이라 했다. '更無丁'은, 장정은 다 소집되었기에 다시는 더 없다는 뜻.
王城(왕성) 동도(東都), 곧 낙양(洛陽)을 가리킴. 이때 안경서(安慶緖)의 무리가 반란을 일으켰으므로 곽자의(郭子儀)의 관군이 이를 수비하고 있었다.
府帖(부첩) 상부에서 내려온 공문. 여기서는 소집 영장.
次選(차선) 다음 단계의 사람을 뽑음.
伶俜(영빙) 홀로 외로운 모양.
眼枯(안고) 너무 울어서 눈물이 바닥남.
縱橫(종횡) (눈물이 얼굴에) 가로 세로 흐름.
見骨(견골) 슬픔으로 여위어 뼈가 드러남. 곧 안와가 푹 꺼지고 눈두덩만 날카롭게 드러나 보임을 이름.
相州(상주) 업성(鄴城), 하남성 임장현(臨漳縣).
歸軍(귀군) 패전하여 돌아오는 군사. 관군이기 때문에 '敗'자를 기휘(忌諱)한 것임.
星散營(성산영) 별 흩어지듯 흩어져 병영으로 돌아옴.
就糧(취량) 군량이 있는 곳으로 나아감.
故壘(고루) 낙양 근처의 옛 진지(陣地).
王師順(왕사순) 관군은 도리에 순응하는 군대라는 뜻.
僕射(복야) 벼슬 이름. 우리나라의 좌우상(左右相)에 해당함. 곽자의(郭子儀)를 가리킴.

"좁은 고을에 많은 장정이 출정했으니, 이젠 더 이상 남아 있는 장정도 없을 테지요?"라고….

2. 그랬더니 관리는, "예, 그렇습니다. 그런데 간밤에 또 상부에서 영장이 내려와서, 이번에는 장정 다음 단계인 미성년자를 뽑아 보내는 길이랍니다." 한다. 미성년자면 나이가 어릴뿐더러 무엇보다도 체구가 작고 힘이 약하니, 그래 가지고야 어떻게 그 한악한 적을 막아 낙양성을 지켜내기나 할는지 매우 걱정스럽다.

3. 저 뚱뚱한 소년에게는 배웅 나온 어머니가 있어, 차마 보낼 수 없다는 듯, 울며불며 어루만져 안달하고 있건마는, 그 옆에 서 있는, 저 홀쭉하게 여윈 소년에게는 배웅 나온 사람 하나 없이 홀로 외롭기만 하다. 이별을 울어 줄 가족 하나 없이 떠나는, 이 고아의 출정! 전자와는 너무나 대조적인 이 어린 '무가별(無家別)'이 그저 가엾고 안쓰럽기 그지없다.

해도 져 저무는 모음(暮陰) 속으로 희멀겋게 보이는 강물은 동으로 동으로… 다시 돌아올 기약도 없이 흘러가는데, 점호를 마친 일단의 신병들도 물처럼 기약없이 떠나갔건만, 청산에는 아직도 여기저기 차마 발길을 돌이키지 못하는 가족들의 애타는 울음소리가 그치지 아니하고 있다.

4. "여보시오! 너무 그렇게들 울어 눈을 마르게 하지 마시오. 넘쳐나는 눈물일랑 제발 자제하여 거두도록 하시오. 눈물이 바닥나면 눈이 마르게 마련이요, 눈이 마르고 나면 뼈만 앙상하게 드러나도록 심하게 수척하게 되게 마련인데, 비록 그렇게 된다 해도 세상은 끝내 무정한 것. 필경 결과는 될 대로밖에 되지 않을 것이오."

5. 안경서(安慶緖)의 반군이 도사리고 있는 상주성을, 곽자의 장군이 이끄는 관군이 포위하여, 머지 않아 탈환하게 되리라 하기에, 우리들은 어서 그날이 와 세상이 평정되기를 밤낮으로 기다려 왔건

만, 그러나 어찌 뜻하였으랴? 아무리 적의 형세를 헤아리기 어렵다 손, 그 사이 사사명(史思明)의 원군으로 적세가 강성해져, 도리어 대패한 관군의 패산병(敗散兵)이 뿔뿔이 본영으로 돌아오게 될 줄이야—.

6. "군량이 비치되어 있는 옛 성루인, 낙양성에서 신병들을 훈련하게 된다니, 배곯 염려가 없고, 또 인자한 곽장군의 휘하인지라, 훈련도 고되지는 않을 것이요, 이를테면 성 둘레에 참호를 판다 해도 물날 때까지 깊이 파게 하지는 않을 것이며, 또 말을 먹이는 일쯤이야 그 자체 별로 힘드는 일이 아니니 말이오."

7. "…더구나, 관군은 도리에 순응하는 정의의 군사인 만큼, 병사들을 보살펴 배불리 기를 것은 너무도 뻔한 일이니, 보내는 데 그처럼 피눈물을 흘리며 슬퍼하지는 마시오. 곽자의 장군은 부형이 자제를 보살피듯 인자한 분일 것이니 말이오."

평설 肥男有母送　瘦男獨伶俜

살찐 아이와 여윈 아이를 대조하여 후자에 대한 무언의 동정을 보내고 있다. 전자는 보살펴 주는 어머니가 있었기에 성장 상태가 좋은 것이나, 후자는 그렇지 못했기에 영양 부족으로 성장이 저해되어 있는 상태이리라 생각한다. 어머니는 죽었음일까? 병으로 누웠음일까? 고아인지 소년 가장인지, 추측해 보는 가정의 정황은 어느 경우로도 비참하다. 보내 줄 가족 하나 없는 이별! 이는 그의 〈무가별(無家別)〉의 주인공과도 같은, 한 짧은 삽화(揷話)이기도 하다. 또 배웅 나온 이는 다 여자일 뿐 남자는 왜 없는가? 그들은 이미 전지에 가 있거나 전사했기 때문인 것이니, 이 전후구에 얼마나 많은 정황이 시사되어 있는가를 볼 것이다.

白水暮東流　靑山猶哭聲

전구는 싸움터로 떠나가는 정인(征人)의 길을, 다시는 못 돌아올 강류에 부쳤음이요, 후구는 이미 강류랑 떠나가 버린 빈 청산에, 아직도 배웅 나온 사람들의 울음소리가 그치지 않고 있음이다. 특히 '暮'와 '猶'는, 이별의 서러운 분위기를 끝없는 여운으로 이끌어 가고 있다.

한편, 이는 울며 흘러가는 물을 배웅하여, 청산도 서러워 메아리지는 장면으로 주체를 바꾸어 볼 수도 있으니,

어둠 속으로 흰 물 여울여울 울어 흐르고
청산도 서러워라 메아리져 우는 골에
물이랑 님 보내 놓고 청산이랑 울어라!

로, 읊어 봄직한 정경이기도 하니, 이 일련의 시정은 그 굽이굽이 애련함이 실로 그지없다.

眼枯却見骨　天地終無情

천인지의(天仁地義)하여 만물을 함육(涵育)하는 주체인 천지! 그래서 천청(天聽)이 곧 민청(民聽)이요, 지성이면 감천도 한다는 그 '천지'를, '終無情'을 규정하는, 반유교적 발언은, 두시에서는 보기 드문 원천 우인(怨天尤人)의 방언(放言)이 아닐 수 없다. 천지도 야속하고 위정자도 가혹하여, 형해(形骸)가 쇠진하도록 울어 하소연해도, 눈곱만큼의 동정도 베풀어짐이 없는 냉담이, 필경 그로 하여금 잠시 아도(雅道)에서 벗어나게 한 것이라 본다면, 그를 충격한, 크나큰 실망과 격한 분원(憤怨)이 오죽했었던가를 짐작하게 해준다.

비탄에 빠져 있는 가족들을 위하여 끝부분에 위로의 말들을 늘어놓고 있으나, 이는 어디까지나 의례적인 데 불과할 뿐, 밑바닥을 관류하고 있는 것은, 국운과 민생을 한탄하는 깊은 시름과, 전쟁을 저

주하는 염전 사상(厭戰思想)인 것은, 여타 '삼리 삼별'과 궤(軌)를 같이하고 있다.

  시형은 오언고시, 운자는 평성 '庚'운으로 일관.

동관리

1. 병사들은 그 얼마나 숨이 가쁘랴!
   동관 길목에 성을 쌓나니
   큰 성은 금성(金城)도 능가하겠고
   작은 성도 만장(萬丈)이 넘어 보인다.

2. 관리에게 넌지시 물어봤더니
   관새(關塞) 갖춰 오랑캐에 대비한다네.
   나를 굳이 말에 내려 걷게 하면서
   저걸 보라 가리키는 산 한 모퉁이 ―.

3. 구름이 잇닿은 양 벌인 목책(木柵)들
   나는 새도 함부로 넘지 못할 듯,
   오랑캐 쳐들어와도 지키면 그만
   어찌 장안 걱정 또다시 하랴?

4. "또 보시라 어르신! 저편 요해처(要害處),
   수레 하나 겨우 지날 험한 좁은 목
   어려울 땐 장창만 휘둘러 대도
   만고에 혼자 너끈 지켜내리다."

5. 슬프다. 지난번 도림 전투엔
   우리의 백만 병사 고기밥 됐네.
   관문 지킬 장수여 부탁하노니

가서한(哥舒翰)을 닮지는 제발 마시라.

1. 士卒何草草　築城潼關道
　　大城鐵不如　小城萬丈餘
2. 借問潼關吏　修關還備胡
　　要我下馬行　爲我指山隅
3. 連雲列戰格　飛鳥不能踰
　　胡來但自守　豈復憂西都
4. 丈人視要處　窄狹容單車
　　艱難奮長戟　千古用一夫
5. 哀哉桃林戰　百萬化爲魚
　　請囑防關將　愼勿學哥舒
　　　　　　〈潼關吏〉

부연　1. 병사들은 이 얼마나 고된 일에 골몰하여 숨가빠하고 있는 것일까! 동관 길목 요해처(要害處)에 성채(城寨)를 쌓고 있는 것이다.
　성을 한번 바라보니, 큰 성은 난공불락(難攻不落)을 자랑하는 금

潼關(동관) 섬서성(陝西省)의 동쪽 끝에 있는 관문 이름. 수도 장안(長安)을 방위하는 데 있어 중요한 요충지임.
草草(초초) 신고(辛苦)하는 모양, 고된 일로 숨가빠하는 모양. '何'는 강세·감탄.
鐵不如(철불여) 쇠로 쌓은 금성(金城)도 따르지 못할 만큼 견고함.
萬丈餘(만장여) (성의 길이가) 만 장도 넘는다는 뜻. '丈'은 10척(尺).
要(요) 요구함. 하게 함.
修關(수관) 관새(關塞)를 수축(修築)함. 곧 관소와 성채(城寨)를 수리함.
戰格(전격) 적을 방어하기 위하여 둘러친 목책(木柵).
要處(요처) 요해처(要害處). 요충지(要衝地).
丈人(장인) 어르신. 여기서는 두보에 대한 경칭.

성(金城)을 능가할 만큼 견고해 보이고, 내성(內城)으로 쌓은 작은 성도 그 길이가 만 장(萬丈)은 넘어 보인다.

2. 내 그곳 관리에게 공사의 취지를 물어 보았더니, "이 관새를 수축하여 다시는 오랑캐가 쳐들어오지 못하도록 예비하는 것입니다." 하고는, 내게 요청하기를, "이곳은 지대가 본디 험난한 데다가 더구나 공사중이라서 매우 위험합니다. 말에서 내려 걷는 것이 좋겠습니다." 한다. 그러고는 다시 산의 한 모퉁이를 손가락질하며 저기를 보시라고 한다.

3. 거기는, 우뼛주뼛 구름에 연이은 듯한 목책의 방벽이 벌여 있었으니, 그 엄중함은 나는 새도 함부로 넘나들지 못할 듯하다.

"저러니, 오랑캐가 쳐들어오더라도 아군은 공격할 필요도 없이, 다만 관문을 굳게 닫고 지키기만 하면 그만입니다. 이 길목을 뚫지 못하고는 장안으로 들어갈 수 없으니, 앞으로야 어찌 또 장안 걱정을 하겠습니까?"

4. "또 저 요해처를 보십시오. 수레 한 대가 겨우 지날 만한 저 좁아진 험한 길목은, 전쟁이라도 났을 때에는 그저 긴 창을 휘두르기만 하면, 언제나 한 사람으로도 넉넉히 지킬 수 있을 것입니다." 한다.

5. 관리의 설명을 들으면서 문득 생각나는 슬픈 일은, 지난번 도

窄狹(착협) 험난한 산협의 갑자기 좁아진 길목. 협착(狹窄)해진 산협.
長戟(장극) 긴 창. '戟'은 쌍지창(雙枝槍).
千古用一夫(천고용일부) 영구히 한 병사로서도 방어할 수 있다는 뜻. 촉도부(蜀都賦)에 '一夫當關 萬夫莫開'라고 있다.
桃林戰(도림전) 도림은 하남성 영보현(靈寶縣)에 있는 지명. 천보(天寶) 15년(756), 가서한(哥舒翰)이 안녹산(安祿山)의 적군과 싸워 크게 패한 곳.
百萬化爲魚(백만화위어) 가서한의 20만 대군이 패하여, 황하에 빠져 익사한 병사가 수만이나 된다고 한다. '化爲魚'는 물고기 밥이 되었다는 뜻.
請囑(청촉) 부탁함.

림의 전투에서, 우리의 백만 대군이 패배하여 황하의 어복(魚腹)에 장사지낸 일이다. 앞으로 이 관문을 지키는 장수는 부디 작전을 신중히 하여, 가서한(哥舒翰)의 전철일랑 밟지 말기를 마음속으로 바랄 뿐이다.

평설 지난번 상주(相州) 싸움에서, 안경서(安慶緖)·사사명(史思明)의 적군에 무참히도 패배한, 관군의 총수 곽자의(郭子儀) 장군은, 수도인 장안을 지키기 위한 화급한 방책으로, 우선 그 길목인 동관 요충(潼關要衝)에 성채를 쌓기 시작했다.

이 시는, 이 거대한 공사에 투입된 수많은 병사들이, 주야로 혹사되고 있는 그 참상을 그리고자 한 것이다. 그러나, 그 병사들의 신고(辛苦)에 대한 동정은 제1구에 슬쩍 암시한 것 말고는, 일체의 직서적 언급을 피하고, 오히려 우회적 수법으로, 이들을 사역하는 관리의, 그 긍지에 찬 성곽 자랑의 그늘에 묻어 둔 채, 독자의 상상에나 맡겨 놓고 있다.

'만리장성'의 굉대(宏大)한 규모에 감탄하면서도, 거기 서려 있는 무수한 호통과 채찍과 흐르는 피와 죽어 나가는 목숨들은 보지 못하는 관광객으로서의 독자로서는, 이 시의 참뜻은 보지 못할 것이다.

시형은 오언고시, 운자는 상성 '皓'운과 평성 '魚·虞'운.

석호리

1. 날 저물어 석호촌에 투숙했더니
   관리들 한밤에 와 사람 잡는데,
   할아범은 담 너머로 도망을 치고
   할멈이 문에 나가 만나 보는 듯.

2. 관리는 어찌 줄곧 호통만 치고
   할멈은 어찌 그리 슬피 우는지?
   할멈이 앞에 나가 발명하는 말,
   "세 아들이 업성으로 출정했는데,
   한 아들의 부쳐 온 편지 사연에
   두 아들이 요사이 전사했다오.
   살았어도 제 목숨 같지가 않고
   죽은 자야 아! 길이 그만인걸요."

3. "집안에 다시는 남자라 없고
   있는 건 젖먹이 어린 손자뿐,
   손자 두고 제 어미 갈 수가 없고
   간대도 성한 치마 하나 없다오."

4. "이 늙은 몸 힘은 비록 쇠잔하지만
   청컨대 나리 따라 이 밤으로 가,
   급히 하양 전쟁에 충당된다면
   새벽밥 바라지야 할 수 있으리 ―"

5. 밤이 이슥해서야 소리 그치고
   그윽한 흐느낌만 들은 듯더니,
   날 새자 내, 길을 나설 땐
   홀로 할아범과 작별하니라.

1. 暮投石壕村　有吏夜捉人
   老翁踰墻走　老婦出門看
2. 吏呼一何怒　婦啼一何苦
   聽婦前致詞　三男鄴城戍
   一男附書至　二男新戰死
   存者且偸生　死者長已矣
3. 室中更無人　惟有乳下孫
   孫有母未去　出入無完裙
4. 老嫗力雖衰　請從吏夜歸
   急應河陽役　猶得備晨炊
5. 夜久語聲絶　如聞泣幽咽
   天明登前途　獨與老翁別
   　　　　　〈石壕吏〉

부연 1. 길을 가다가 해가 저물어 석호촌의 한 여인숙에 투숙했더니, 그 고을 관리들이 징발하려고 한밤중에 닥쳐 왔다. 주인 할아범은 엉겁결에 담을 넘어 달아나고, 할멈이 문간에 나가 관리들을 맞는 모양이다.

---

* **題意** 건원(乾元) 2년(759), 48세 무렵의 지음으로 추정된다. 때마침 그곳에 투숙했던 작자의, 실제 견문한 바를 그대로 읊어 낸 작품으로, 〈신안리〉, 〈동관리〉와 아울러 '삼리(三吏)'의 하나로 유명하다.

2. 지목하고 왔던 노인이 도망친 것을 안, 관리의 호통 소리는 어찌 그리도 한결같이 성이 나 있으며, 할멈의 울음소리는 또 얼마나 그렇게도 서러운지! 할멈이 관리 앞에 나아가 사정하는 말을 엿들으니, "우리 집은 아들 삼형제가 몽땅 업성 수비군으로 뽑혀 갔는데, 그중의 한 아들이 부쳐 온 편지 사연에, 두 형제가 최근 전사를 했다는 겁니다. 살아 있는 놈도 언제 죽을지 모르는 처지지만, 이미 죽은 놈들이야 아! 길이 그만인걸요!

3. 집안에 더 이상 남자라곤 없습니다. 있다면 아직 젖 물고 있는 갓난 손자뿐입니다. 그러니 젖먹이 떼어놓고 제 어미 못 갈 처지요,

---

石壕(석호) 하남성(河南省) 섬현(陝縣)에 있는 마을 이름. '吏'는 그곳의 관리.
投(투) 투숙(投宿)함.
捉人(착인) 사람을 잡음. 징발(徵發)하려고 남자를 붙듦.
踰墻走(유장주) 담을 타넘어 달아남.
前致詞(전치사) 관리의 앞에 나아가 사정하는 말.
鄴城戍(업성수) 업성의 수비군. 업성은 상주(相州)라고도 한다. 지금의 하남성 안양현(安陽縣). 당시 안경서(安慶緒)의 반군이 웅거해 있었다.
附書至(부서지) 인편에 부친 편지가 당도함.
存者(존자) 생존해 있는 사람. 편지를 보낸 아들을 가리킴.
偸生(투생) 목숨을 훔치어 있음. 곧 죽을 목숨이 임시로 살아남아 있다는 뜻.
乳下孫(유하손) 젖 물고 있는 손자, 곧 젖먹이 손자.
母未去(모미거) 손자의 어미(곧 며느리)는 젖먹이 때문에 아직 가지 못함.
完裙(완군) 깁지 않은 성한 치마.
老嫗(노구) 늙은 계집. 노파(老婆).
河陽役(하양역) 하양의 전쟁. '役'은 전역(戰役)의 뜻. 하양은 하남성 맹현(孟縣).
晨炊(신취) 새벽밥을 짓는 일.
如聞(여문) 들리는 것 같음. 잠결에 들었기 때문.
幽咽(유열) 그윽히 흐느껴 옮.
天明(천명) 날이 밝을 녘.
獨與(독여) 홀로 노옹과 더불어, 곧 할멈은 밤에 관리를 따라 대역(代役)에 나갔으므로, 몰래 집으로 돌아온 할아범과만 작별하게 된 것이다.

간대도 나들이에 입을 성한 치마도 하나 없는 형편입니다.

  4. 이 늙은것이 비록 힘은 없지만, 제발 이 밤으로 나리 따라가게 해 준다면, 급한 대로 하양 싸움터로 달려가, 아침밥 바라지쯤은 할 수 있으리다."

  5. 밤이 깊어서야 말소리 그치고, 누군가 흑흑 흐느껴 우는 소리 잠결에 어렴풋이 들리는 듯하더니, 밝아 오는 아침 내가 길을 떠날 때는, 할멈은 안 보이고, 다만 할아범하고만 작별을 했던 것이다.

평설 여행 중 우연히 목격하게 된, 한 가정의 비극적 장면을 그린 서사시이다.

  한밤중 떠들썩한 소동에 잠이 깨어, 그대로 잠자리에서 눈을 감은 채, 바깥을 엿들음으로써, 마치 현장을 목도하는 듯, 그 정황을, 작자의 감정 한 올 섞지 않은, 순수한 객관적 사실적 수법으로 묘사하고 있다.

  할아범을 징발하려고 한밤에 들이닥친 관리들, 이를 예감하고 잽싸게 달아난 할아범, 대신 가기를 자청하면서도, 관리의 자비에 걸어 보는 일루의 바람으로, 집안 사정 이야기를 늘어놓는 할멈 등의 동정이 손에 잡힐 듯 또렷하다. 이제 그 이야기에서 밝혀진 가족 현황을 정리해 보면, 아들 삼형제 모두 출정, 그중의 둘은 전사, 맏며느리, 젖먹이 손자 하나, 늙은이 내외 해서 모두 일곱 가족인 셈이다.

  如聞泣幽咽 ~ 獨與老翁別

  밤 늦게야 잠잠해지더니, 이윽고 들려오는 저 그윽이 '흐느껴 우는 소리'의 주인공은 누구인가? 그 해답은 이튿날 아침 '홀로 할아범과 작별함'에서 자명해진다. 곧, 할멈이 보이지 않음으로써, 그녀는 필경, 그 장황한 사정 이야기에도 아랑곳없이 징발되어 관리들에 딸려 갔음이 틀림없으니, 그렇다면 '흐느낌'의 주인공은, 뒤늦게

돌아와 그 사실을 알게 된 할아범이 아닐 수 없다.

　자기 대신 잡혀간 할멈의 그 불쌍하고도 안쓰러움, 그럴 양이면 차라리 자신이 가지 못한 후회로움, 무참히 어느 전선에 버려져 있을 자식들의 주검… 등 착잡하게 뒤엉키는 비탄의 감정인 그 '그윽한 흐느낌'은 이 시의 여운으로 끝없이 이어져 가는 듯하다.

　우리는 이 한 가정의 몰락상을 통하여, 당시의 사회상 전반을 한눈에 조감하는 느낌이다. 장정은 있는 대로요, 노유부녀(老幼婦女)까지도 마구 징발해 가는, 풍전 등화와 같은 국가의 위기 상황은 물론, 도탄에 든 백성들의 피폐상, 눈물도 피도 없는 관리들의 잔혹상, 징병·징용을 감당하지 못하는 백성들의 염전(厭戰) 사상 등이 문자 뒤편에 뚜렷이 바림되어 있음을 본다.

　뿐만 아니라, 작자는 한마디 비판도 가함이 없이, 그저 담담한 태도로 서술하고 있으나, 그 내면에는 이 학대받고 있는 하민(下民)에 대한 무한 동정이 행간에 서려 있음을 본다.

　이 시는, 다름 아닌, 태평양전쟁 중인 일제 말기에 우리 민족이 당한, 징병·징용의 실태, 바로 그대로다. 일제 관헌은 바로 이렇게 밤에 쳐들어가 체포하여 전선으로 보내기를 강제하였으니, 이 '석호리'는 일제 관헌의 우리 민족에 행하던 횡포와 촌분도 다름이 없는, 사실적 서사시라 할 만도 하다.

　시형은 오언고시, 여러 운으로 환운했다.

신혼별

1. 새삼이 봉마(蓬麻)에 붙어 자라면
   그 덩굴 길게는 못 뻗으리다.
   출정 군인에게 딸을 줌이야
   길가에 내버림만 못하오리다.

2. 머리 쪽쪄 부부로 성례했건만
   잠자리 따뜻해질 겨를도 없이
   저녁에 신방 차려 새벽 떠나니
   이런 총망스러움 어디 있으리?

3. 님 가시는 곳 멀지는 않아
   하양 변방을 지킨다지만
   제 신분 아직 분명찮으니
   시부모님껜 어찌 뵈오리?

4. 우리 부모 날 기르실 적에
   밤낮으로 집안에 고이 간수해
   자라면 제 갈 곳 따로 있다며
   닭·개도 제 몫 챙겨 가라셨건만—.

5. 님은 이제 싸움터로 떠나가시니
   아픈 마음 간장이 찢어집니다.
   기어코 님을 따라나서려 해도

형세 도로 너무나 창황하여라!

6. 신혼 일일랑 생각 마시고
　　군(軍)의 일이나 힘쓰오소서.
　　군에서 아내 생각 하게 돼서는
　　사기(士氣) 그르칠까 두렵습니다.

7. 애닯다! 가난한 집 태어난 이 몸
　　오랜만에 얻어 입은 한 벌 비단옷
　　다시는 이 옷도 입지 않으리
　　님 보란 이 화장도 씻어 버리리 ―.

8. 우러러 온갖 새들 나는 걸 보면
　　크건 작건 짝을 지어 함께 날건만
　　우리에겐 이 어인 호사다마로
　　길이 서로 멀리서 그릴 줄이야!

1. 兔絲附蓬麻　引蔓故不長
　　嫁女與征夫　不如棄路傍
2. 結髮爲夫妻　席不煖君牀
　　暮婚晨告別　無乃太忽忙
3. 君行雖不遠　守邊赴河陽
　　妾身未分明　何以拜姑嫜
4. 父母養我時　日夜令我藏
　　生女有所歸　雞狗亦得將
5. 君今往死地　沈痛迫中腸

誓欲隨君去　形勢反蒼黃
6. 勿爲新婚念　努力事戎行
　　婦人在軍中　兵氣恐不揚
7. 自嗟貧家女　久致羅襦裳
　　羅襦不復施　對君洗紅粧
8. 仰視百鳥飛　大小必雙翔
　　人事多錯迕　與君永相望
〈新婚別〉

 1. 새삼덩굴이 키 큰 나무에 붙지 못하고, 보잘것없는 낮은 키의 다북쑥이나 삼 같은 식물에 기생하게 되어서는, 그 덩굴이 길게 뻗어 나가지 못할 것은 뻔한 이치입니다. 딸

兎絲(토사) 새삼덩굴. 다른 식물에 기생하는, 뿌리 없는 식물임에서, 고래로 여자가 출가하여 남편에 기탁함에 비유되었다.
蓬麻(봉마) 다북쑥과 삼.
結髮(결발) 머리를 쪽 찌는 일.
無乃(무내) 어찌 …하지 않으랴?
妾身未分明(첩신미분명) '妾'은 부인의 겸칭(謙稱). 신부로서의 신분이 확실하지 않음.
藏(장) 바깥일 안 시키고, 집안에서 곱게 자라도록 거두어 보호했다는 뜻.
歸(귀) 시집감. 우귀(于歸).
雞狗亦得將(계구역득장) 닭과 개도 가지고 감.
蒼黃(창황) 너무 황망하여 어찌할 줄을 모르는 모양.
事戎行(사융행) 군사 일에 전념함.
婦人在軍中(부인재군중) 이릉(李陵)이 선우(單于)와의 싸움에서 한군(漢軍)의 사기가 떨어지는 것을 보고, 군대 내에 필시 여자가 있기 때문이리라 추측하여, 수색한 끝에 모조리 처형했다는 고사가 있다.
久致(구치) 오랜만에 가까스로 이룸.
羅襦裳(나유상) 비단 저고리와 치마.
錯迕(착오) 뒤틀림. 생각대로 되지 않음.
相望(상망) 서로 멀리서 사모함.

을 출정하는 군인에게 출가시키는 일은, 오히려 길가에 내버려 고아 되게 하는 것보다 더욱 가엾은 일이 아닐 수 없습니다.

2. 처녀 머리 틀어 올려 낭자로 쪽을 찌고, 백년 해로 축원으로 부부 성례하였건만, 당신 체온 배어들어 잠자리 따뜻해질 겨를도 없이, 지난밤 신방 차려 이 아침에 이별을 고하다니, 이 얼마나 어처구니없는, 기막히는 일이 아니고 무엇입니까.

3. 당신은 저를 달래느라, "가는 곳이 멀지 않은 하양성이라, 거기 가서 국경을 지키는 일이니 걱정하지 말라." 하시지만, 어찌 걱정되지 않으며, 뿐만 아니라 저를 시가로 데리고 가, 함께 인사드려야 할 당신이 없고 보면, 저의 신부로서의 신분마저 아직 분명하지 않은 처지니, 시부모님께는 어떻게 혼자 가서 뵈어야 할지 그도 또한 걱정입니다.

4. 우리 양친 나를 낳아 이날토록 기르실 제, 궂은 농사일에 허다 골몰 다 하시면서도, 이 딸자식만은 집안에서 고이고이 자라도록 일심으로 거두어 보호해 주시었고, 매양 "딸자식은 자라면 제 갈 길이 따로 있다." 하시면서, "닭이며 개도 네 몫으로 시집갈 때 가져가라." 하셨습니다.

5. 그러나 님은 이제 싸움터로 나가는 몸이 되었으니, 이 아픈 마음, 그저 간장이 찢어지는 듯합니다. 기어코 님을 따라 함께 나서려고도 해 보았으나, 현실적으로 그것이 불가능하니, 그저 허둥지둥, 어찌해야 할지를 모르겠습니다.

6. 이왕에 출정하신 터에서는 부디 신혼한 제 생각일랑 마시고, 군무에나 충실히 하소서. 저 같은 아녀자 생각을 진중에서 하게 되어서는, 아마도 군인으로서의 사기가 치솟지 못하게 되지 않을까 두렵습니다.

7. 생각건대, 스스로 한탄스럽습니다. 가난한 가정에 태어나, 그

렇게도 오랫동안 부러워했던 비단옷을, 신혼이라 해서 한 벌 얻어 입게 되었습니다마는, 당신이 가고 없는 처지에야 누구에게 보이려고 그것을 입으며, 더구나 보아 줄 당신이 없는데 화장은 해서 또 무엇 하겠습니까? 비단옷도 다시는 입지 않겠고, 화장도 씻어 버리겠습니다.

8. 저 하늘을 나는 새들을 보십시오. 큰 새 작은 새 할 것 없이 쌍쌍이 짝을 지어 날고 있지 않습니까? 우리 인간에겐 호사 다마로 뒤틀리는 일도 하도 많아, 우리 이 길로 헤어지고 나면, 앞으로 길이 서로 멀리 바라며 애타게 그리워하고만 있어야 할 줄이야! 이 어찌 꿈엔들 생각할 수 있었겠습니까!

평설 삼별(三別)의 하나이다. (〈新安吏〉의 題意 318쪽 참조)
결혼하자마자 신랑을 싸움터로 떠나보내야 하는, 가엾은 신부의 슬픔을 대변한 장편 서사시로서, 작자의 알뜰한 인간애가 구구절절 배어 있다.

1. 兔絲附蓬麻　引蔓故不長
주제를 암시할 어떤 사물을 앞내세움으로써, '말을 일으키는'《시경》의 '흥(興)'의 수법을 원용한 것으로, 여기서는 이 시의 주인공의 불행을 넌지시 미리 시사해 주고 있다.

2. 結髮爲夫妻…暮婚晨告別
'爲夫妻'는 혼례를 올림이요, 뒤의 '婚'은 '신방을 차림'이다.

3. 君行雖不遠　守邊赴河陽
이는 아내를 달래기 위해 한 남편의 말을 아내가 받아 반의로 되새기는 장면이니, '雖(비록)'가 이를 밝혀 주고 있다.

妾身未分明
신랑이 신부를 데리고 가 사당이며 부모님께 인사드림으로써 비로소 그 아내임이 입증되는 셈인데, 이제 그 데려갈 당사자가 없으니, 신부로서의 신분이 분명하게 밝혀지지 못하게 된 셈이다.

4. 雞狗亦得將

'닭이나 개도 또한 끼리끼리 어울린다'는 뜻으로 보는 견해도 있으나, 취할 것이 못 된다.

6. 勿爲新婚念…兵氣恐不揚

제3구의 '婦人'은 전후 문맥으로 보아, '군인의 상념 중에 있는 부인'일 수밖에 없다. 왜냐하면, 따라나서려고 해도 그것이 불가능함은 이미 윗 연에서 밝힌 바인데, 새삼스레 자신이 군대 내에 가 있을 것을 가상하여 한 말일 수는 없다. 이는 '勿爲新婚念'의 후속구이므로 "당신이 나를 생각하는 동안은, 나는 당신과 함께 있게 되는 것이니, 그렇게 되면 사기도 떨어지게 되어 군무에 충실치 못하게 되고 말 것입니다."의 뜻이 된다. 그러한 상념 중의 부인을 거두절미하고 현실의 부인인 양 생동감 있게 표현한 그 수법 또한 맛깔스럽지 않은가?

7. 羅襦不復施　對君洗紅粧

비단옷에 붉은 화장! 여자 일생에 이 신혼 때만큼 화려한 몸 단장의 충동을 느끼는 때가 다시 또 있을까? 그러나, 그 아리따운 차림의 아내를 바라보며 가장 기뻐해 줄 그 한 사람이 없는 바에서는, 그것들이 다 무슨 소용이랴? 저 《시경》 '위풍(衛風)'의 노래,

우리 님 동쪽으로 원정 간 뒤로
내 머린 쑥대같이 어수선해라!
머리 감아 바를 기름 없을까마는
그 뉘게 보이려고 화장은 하랴?
自佰之東　首如飛蓬　豈無膏沐　誰適爲容

도 그러하고, 또 송강의 〈사미인곡〉의 일절,

　올 적에 빗은 머리 얼키연 지 삼 년이라. 연지분 있네마는 눌 위하여 고이 할꼬?

도 다 그러하다.
　'對君洗紅粧'을, '님의 면전에서 지금 당장 씻겠다'의 뜻으로 봄은 잘못이다. '님 향한 붉은 단장(곧 님에게 보이기 위한 진한 화장)'의 뜻인 '對君紅粧'에 평측(平仄) 관계로 '洗'가 가운데 따고 든 형태이니, 화장을 지우는 일은 님이 떠난 뒤의 일이다.
　8. 仰視百鳥飛 ~ 與君永相望
　굽이굽이 서러운 사연 끝에, 이제 마지막 헤어지는 슬픔의 장탄식으로 끝을 마물렀다. 그러나 사진 의부진(辭盡意不盡)! 그 여운은 길이 아득히 이날토록 이어져 가는 느낌이다. 인간의 이별의 슬픔을, 쌍쌍이 나는 새들에 견줌으로써, 한층 심화시킨 이 수법은 《시경》의 '비(比)'의 수법이다. 모두에서 '興'으로 상(想)을 일으켜, 여기서 '比'로 끝마무리한, 그 수미 상관의 형식 또한 감쪽같다.
　시형은 오언고시, 운자는 평성 '陽'운.

수로별

1. 세상이 고요하지 못하다 보니
   늘그막의 이 몸도 편치 못해라!
   아들·손자 그 모두 전사한 터에
   무엇 하자 이 한 몸 살길 바라랴?

2. 지팡이 내던지고 문을 나서니
   동행할 병사들도 가여워한다.
   다행히 치아는 남아 있다만
   슬픔으로 골수도 말라붙는 듯….

3. 남아 이미 갑옷 입고 투구 썼거니
   상관에 읍하고 떠나려 할 제,
   할멈은 길에 누워 통곡을 하니
   이 겨울에 입은 거란 홑옷이어라!

4. 뉘 알리! 이 길이 영이별일지
   벌벌 떠는 모습도 마음 아파라!
   가면 필시 못 돌아올 이 길이언만
   "한 술이라도 더 떠 몸을 돌보래!"

5. "토문은 성벽도 견고한 데다
   행원나루 쳐오기도 또한 어려워
   업성의 그때와는 아주 다르니

비록 죽었대도 관대히 하오."

6. 인생엔 만남과 이별 있거니
　 어찌 골라 하랴? 늙고 젊음을 —
　 내 젊던 그 옛날 생각에 잠겨
　 잠시 지체하다 쉬는 긴 한숨!

7. 온 세상이 싸움에 총동원되고
　 봉화는 봉마다 뒤덮였는데,
　 시체 쌓여 초목도 비린내 나고
　 피 흘러 내도 들도 붉어 있거니

8. 어느 곳에 낙토라도 있을 것이기
　 어찌 감히 이렁성 머뭇거리랴?
　 오막살이 미련 끊고 선뜻 나서나
　 어쩌랴? 덜컥 내려앉는 아, 이 가슴!

1. 四郊未寧靜　垂老不得安
　 子孫陣亡盡　焉用身獨完
2. 投杖出門去　同行爲辛酸
　 幸有牙齒存　所悲骨髓乾
3. 男兒旣介冑　長揖別上官
　 老妻臥路啼　歲暮衣裳單
4. 孰知是死別　且復傷其寒
　 此去必不歸　還聞勸加餐
5. 土門壁甚堅　杏園度亦難

```
    勢異鄴城下  縱死時猶寬
 6. 人生有離合  豈擇衰盛端
    憶昔少壯日  遲廻竟長歎
 7. 萬國盡征戍  烽火被岡巒
    積屍草木腥  流血川原丹
 8. 何鄕爲樂土  安敢尙盤桓
    棄絕蓬室居  塌然摧肺肝
              〈垂老別〉
```

부연 1. 온 세상이 전쟁에 휩쓸려 소란한 터라, 늘그막의 이 몸에도 징집 영장이 내렸으니, 어찌 편안할 수 있겠는가? 아들·손자가 모조리 전사한 이 마당에, 내 몸 하나 살아남아

垂老(수로) 노경에 접어듦. 늘그막.
四郊(사교) 사방(四方). 온 세상.
焉用(언용) 어찌 ~려고 할 것이리요?
牙齒(아치) 어금니와 이. 치아.
介冑(개주) 갑옷과 투구. 무장함.
長揖(장읍) 두 손을 마주 잡고 어깨 높이만큼 올리며 허리를 굽히는 예.
孰知(숙지) 뉘 알랴? 아무도 예측할 수 없다는 뜻.
勸加餐(권가찬) 밥을 많이 먹어 건강에 힘쓰라고 부탁함.
土門(토문) 하양(河陽) 부근의 지명.
杏園(행원) 하양 부근에 있는, 황하의 나루터 이름. '度'는 '渡'와 통함.
鄴城(업성) 하남성(河南省)에 있는 지명. 건원(乾元) 2년(759) 3월, 곽자의(郭子儀) 대장이 이끄는 20만의 관군(官軍)이 안경서(安慶緒)의 반군에게 대패한 곳이다.
衰盛端(쇠성단) 노년과 장년의 갈래. '端'은 등차(等差).
遲廻(지회) 머뭇거림.
盤桓(반환) 의사를 결정하지 못하여 머뭇거리는 모양.
蓬室(봉실) 다북쑥으로 지붕을 이은 보잘것없는 초가.
塌然(탑연) 무너져 내리는 모양.

무엇 하자고, 굳이 살기를 도모하여 딴 생각을 하랴?

2. 짚던 지팡이도 던져 버리고 출정할 차비 차려 사립문을 나서니, 동행할 병사들도 내 처지를 가엾게 여겨 슬퍼해 준다. 다행히 내 치아만큼이나 다소의 기력은 남아 있다만, 골수가 말라붙는 듯 슬픈 마음을 달랠 길이 바이 없다.

3. 그러나, 사나이 이미 갑옷 입고 투구 쓰고, 출정할 뜻을 굳힌 이상, 어찌 잠시나마 머뭇거리고 있을 수 있겠는가? 상관께 인사하고 일행과 함께 막 떠나려 하다 보니, 늙은 아내가 길바닥에 쓰러져 통곡을 하고 있다. 더구나 이 추운 겨울인데도, 입은 것이라고는 한 껍데기 홑옷뿐이다.

4. 그 누가 알겠는가? 우리 노부부의 오늘의 이별이, 다시는 서로 만날 수 없게 될 영이별이 되고 말지를—. 그러나 죽을 길을 가는 내 몸의 가련함보다도, 벌벌 떨고 있는 늙은 아내의 모습이 볼수록 가슴이 아프고, 몹시도 마음이 상한다. 이 가는 길이 필시 다시는 못 돌아올 그 길이겠건마는, 아내에게는 그런 사위스러운 생각은 아예 발붙이지도 못하는 것인지, 온통 눈물에 젖은 목소리로 내게 당부한다. "입맛이 없더라도 부디 한 술이라도 더 떠 몸을 돌보이소."라고.

5. 나는 보다 못해 늙은 아내를 일으키며 달랜다. "이봐요, 진정해요. 토문성은 성벽이 매우 튼튼하여, 아무리 한악한 적군이라도 쳐들어 올 수 없으며, 행원나루도 배로 쳐들어오기는 어려운 곳이라오. 그러니 지난번 업성 때와는 사정이 아주 달라, 우리가 패할 일은 없단 말이오. 그러니 진정하시오. 비록 내가 죽었다는 소식이 전해 왔을 때라도 이래서는 아니되는 것이니, 언제나 마음을 너그럽게 가지시오."라고.

6. 인생에는 으레 만남과 헤어짐이 있게 마련이지만, 그런 비극은

일찌감치 젊은 시절에 치러 버리느냐, 아니면 우리의 경우와 같이 늘그막에야 겪느냐 하는 것은 다 운명의 소치라, 우리의 마음대로 골라 할 수는 없는 일인 것이다. 옛날 내 젊던 시절, 이 고장의 이곳 저곳에 있었던 이 일 저 일들이 회상되어 잠시 머뭇거리자니, 그것들은 필경 한바탕의 허무한 꿈이었을 뿐이다. 길게 길게 내쉬어지는 한숨에, 덧없는 한 생애는 천길만길로 꺼져 드는 듯….

7. 온 세상이 공격이다, 수비다 하여 곳마다 징병하여 싸움터로 보내느라 야단들이고, 봉화는 높은 봉우리마다 뒤덮여 타는데, 전사한 병사들의 시체는 쌓여, 그 피비린내가 초목에도 배어 있고, 피는 흘러 냇물도 들판도 붉게 물들어 있다.

8. 온 나라 안이 도처에 이런 참상이니, 어느 고을엔들 낙토될 곳이 있을 것인가? 그런대도 내 젊었던 때의 내 고향이야말로 내게는 낙토였던 듯 회상하면서 잠시 머뭇거렸거니와, 더 이상 지체할 수 없어, 늙은 아내와 함께 살던 오막살이 생각일랑 사정없이 끊어 버리고, 용약(勇躍) 정도(征途)에 오르려 하나, 아! 어쩌랴? 모질게 먹은 그 마음도 소용없이, 가슴이 이리도 덜컥 내려앉는 걸 —.

평설 이는, 아들·손자 다 전사한 불우한 한 늙은이가, 이번에는 자신이 소집되어 기한에 떠는 늙은 아내를 오막살이에 남겨두고 떠나야 하는, 서러운 이별 장면을 노래한 장편 서사시로, 이른바 삼별(三別)의 하나이다. (〈新安吏〉의 題意 318쪽 참조)

幸有牙齒存　所悲骨髓乾

'齒力'이란 치아와 체력의 뜻으로, 그 둘은 비례하는 관계임을 보인 말이며, '沒齒'란 종년(終年)의 뜻이니, 그러므로 '牙齒存'은 곧 기력이 아직은 남아 있음을 뜻한 말이다. 또 의서에 '치아는 뼈의 일종(齒牙骨之餘)'이라 하였으니, 골수가 마르고 나면 치수(齒髓)마저도 온전하지 못하리라는 은연의 함의(含意)도 있어, 전후구의 대도 자연스럽게 이해된다.

 此去必不歸　還聞勸加餐

 전구는, 이 길이 마지막 길인 줄로 믿는 남편의 예감이요, 후구는 출정하는 남편을 위하여 부디 몸을 돌보라는 아내의 당부이다. 홑옷 입고 바들바들 추위에 떨며 울부짖는 노처를 바라보며 몹시도 마음 상해하는 노부와, 한 술이라도 더 떠 몸을 돌보라며 통곡의 사설 속에 얼버무리는 노처의 당부! 고시에도 객지를 떠도는 남편에게,

 날 버린 원망일랑 다시는 안 할게요,
 힘써 한 술이라도 더 뜨도록 하세요.
 棄捐勿復道　努力加餐飯

라 있고, 왕유(王維)도 배적(裵迪)에게 잔을 건네면서,

 세상일은 뜬구름, 물어 무엇 하료?
 덩그러니 누워서 배부름만 못하리….
 世事浮雲何足問　不如高臥且加餐

라며, 술을 권했다.

 우리 선인들도 이 말을 자주 썼으니, 병으로나 슬픔으로 식음을 폐한 사람에게 밥이나 미음을 권하여, 이제 더는 안 먹겠다고 거절했을 때면, 으레 한 술만 더 받으라고, 또는 한 술만 더 뜨라고 권하게 된다. 이리하여 한 술 다음에는 또 한 술, 또 한 술로, 그때마다 '한 술만 더'로 권해 왔으니, 이 또한 얼마나 따뜻한 구완의 손길이

던고? 출정하는 영감에게 부디 입맛이 없더라도 한 술이라도 억지로 더 떠 몸을 돌보라는 간곡한 당부를, 통곡하는 넋두리 속에서도 잊지 않았으니, 그 알뜰한 마음을 가히 볼 것이다. 한평생 고락을 함께해 온 두 몸이야말로 이신 일체(二身一體), 슬퍼하고 아파함에 저와 내가 따로일 수 없음이다.

土門壁甚堅 ～ 縱死時猶寬

이는 길에 쓰러져 통곡하고 있는 아내를 일으키며, 안심하도록 하기 위하여 우정 낙관적 상황으로 달래는 말일 뿐이니, 그러므로 후구의 뜻도 '비록 내가 전사했다는 소식을 들었을 때라도 마음을 너그럽게 가져야 하는 것'이라고 타이르는 말이다. 고래의 주해서들이 이를 당시의 객관적 상황인 양 다루고, 또 후구도 비록 죽는다 하더라도 시간적 여유가 있는 것이라고 보고 있으나, 그것은 다 주제를 역행하여 그 효과를 감쇄(減殺)하는 것이 되므로 천만 부당하다.

늘그막의 이별, 그것도 사지로 가는 노부와, 빈한에 떠는 노처와의 이별이다. 자자 구구, 인간의 지극한 속의 속정에서 우러나는 육성 그대로의 목소리이다. 어느 뉘 눈물 없이 읽을 수 있으며, 이런 비극을 무수히 빚어내는 전쟁을, 또 어느 뉘 저주하지 않으리?

시형은 오언고시, 운자는 평성 '寒'운.

무가별

1. 적막하여라, 난리 난 후로
   농토며 집들 쑥밭이 됐네.
   우리 마을의 백여 가구도
   뿔뿔이 사방 흩어지고는,
   살았는 이도 소식 없으니
   죽은 사람야 흙이 됐으리 —.

2. 내 싸움터에 패잔병 되어
   고향 돌아와 옛길 더듬어
   두루 걸어도 텅빈 마을은
   햇빛도 엷고 심사도 섧다.
   다만 만나는 여우와 삵이
   털을 치세워 나를 짖어라!
   이웃엔 누가 살고 있는고?
   한두 사람의 늙은 과부뿐….

3. 새도 옛 가질 그린다커니
   고생스럽다 어찌 말리오.
   마침 봄이라 호미를 메고
   저물면 밭에 물을 대더니….

4. 내 돌아온 줄 아전이 알아
   불러 북 치길 익히라 하네.

본골 싸움에 나간다지만
　　내 딸린 권속 하나 없으니
　　가까이 가도 한 몸뿐이요,
　　멀면 끝끝내 떠돌이 될 몸!
　　집, 고향 모두 거덜난 이젠
　　멀든 가깝든 다를 바 없네.

5. 애닯다, 오래 앓으신 모친
　　골에 버려져 5년 그대로
　　장례 절차도 못 갖췄으매
　　두 마음 길이 원통해 울 뿐…
　　혜질 가족도 없는 이 인생
　　뉘 사람이라 할 수 있으리―.

1. 寂寞天寶後　　園廬但蒿藜
　　我里百餘家　　世亂各東西
　　存者無消息　　死者爲塵泥
2. 賤子因陣敗　　歸來尋舊蹊
　　久行見空巷　　日瘦氣慘悽
　　但對狐與狸　　豎毛怒我啼
　　四隣何所有　　一二老寡妻
3. 宿鳥戀本枝　　安辭且窮棲
　　方春獨荷鋤　　日暮還灌畦
4. 縣吏知我至　　召令習鼓鞞
　　雖從本州役　　內顧無所携
　　近行止一身　　遠去終轉迷

家鄕旣蕩盡　遠近理亦齊
5. 永痛長病母　五年委溝谿
　生我不得力　終身兩酸嘶
　人生無家別　何以爲蒸黎
〈無家別〉

부연　1. 천보 14년 안녹산의 반란 이후로 세상이란 그 얼마나 쓸쓸하고 황량하게 바뀌어진 것인가! 논밭이고 집이고 어디 없이 다북쑥, 명아주 같은 잡초만이 우거진 폐허가 되고 만 것이다. 백여 호나 되는 우리 마을 사람들도, 세상이 어지러워지

園廬(원려) 밭과 집.
蒿藜(호려) 다북쑥과 명아주. 잡초.
賤子(천자) 천한 사나이. 주인공 자신의 겸칭(謙稱).
陣敗(진패) 싸움에 패함. 건원(乾元) 2년(759) 3월, 관군이 상주(相州=鄴城)의 싸움에서 패배하였음을 가리킴.
舊蹊(구혜) 옛 좁은 길.
久行(구행) 가고 가고 함. 이윽토록 걸음을 계속함.
空巷(공항) 텅빈 마을 길.
日瘦(일수) 햇빛이 엷어 보임.
氣(기) 심기(心氣). 분위기(雰圍氣) 또는 대기(大氣).
寡妻(과처) 과부.
宿鳥(숙조) 나무에 깃들어 자는 새. 이 일구는 도연명(陶淵明)의 '羈鳥戀舊林 池魚思故淵'을 배경으로 한 것이다.
窮棲(궁서) 곤궁한 삶.
還灌畦(환관휴) 또 밭고랑에 물을 댐. '還'은 '또, 또다시'의 뜻으로 쓰인, 속어적(俗語的) 용법.
鼓鞞(고비) '鼓'는 북을 침. '鞞'는 전고(戰鼓).
本州役(본주역) 본 고을의 노역(勞役) 또는 전역(戰役).
內顧(내고) 안으로 가정을 돌아봄.
所携(소휴) 딸린 가족.

자 사방 팔방으로 뿔뿔이 흩어져 간 뒤로는, 혹 살아남은 사람도 있으련만 소식을 알 길이 없으니, 죽은 사람이야 이미 어느 곳의 흙이 되고 말았을 것이리라.

2. 난리가 나자 비천한 이 몸 또한 출정하게 되어, 여러 해 동안 싸움터로 전전(轉戰)하다가 지난번 상주(相州) 싸움에서 관군이 패산하는 바람에, 패잔병의 신세가 되어 찾느니 그래도 고향뿐이라, 돌아와 옛길을 더듬어, 걷고 걸어 마을을 두루 돌아보지만, 보이는 건 인기척 없는 텅빈 거리뿐 태양도 여윈 듯 햇빛도 엷고, 슬픈 분위기에 심사도 처참해진다. 골목길엔 만나느니 다만 여우나 살쾡이인데, 저들은 나를 보자, 숨기는커녕 도리어 나를 낙토의 침입자로 단정하고, 여차하면 덤벼들 태세로 털을 치세워 으르렁거린다. 인근에는 어떤 이가 살고 있나 했더니, 전쟁에 남편·자식 잃고, 의지가지없는 한두 사람의 과부 할멈뿐이다.

3. 나뭇가지에 깃드는 새도 옛날 깃들었던 가지를 그리워한다고 하거니, 아무리 곤궁한 생활일망정 내겐 그립던 소중한 고향인 것을, 어찌 싫다 할 수 있으랴? 때는 바야흐로 봄이라, 나는 홀로 호미를 메고 들에 나가 밭을 매랴 저물면 또 밭고랑에 물을 대랴, 부지런히 일을 하고 있었다.

4. 그러던 어느 날, 본고을 아전이 내가 돌아와 있는 줄 재빨리도

轉迷(전미) 아득히 이리저리 굴러다님. 떠돌다 행방 불명이 됨.
蕩盡(탕진) 죄다 없어짐. 거덜남.
五年(오년) 안녹산이 반란한 천보 14년(755)에서 건원 2년(759)까지의 5년.
委溝谿(위구계) 도랑이나 개천가, 곧 아무데나 가매장해 둔 채 장사 지내지 못했음을 이름.
不得力(부득력) 의지할 힘이 될 수 없음.
兩酸嘶(양산시) 모자가 다 원통하여 욺.
蒸黎(증려) 백성. 인민.

알고서, 나를 재소집하여 군사 훈련으로 전고 치는 법을 익히게 한 다. 본고을의 전역에 차출되리라고는 하나, 돌이켜 생각하니, 내게 딸린 권속이라고는 아무도 없는 혈혈한 이 몸이다. 가까운 곳으로 간대도 내 몸 하나뿐이요, 그렇다고 멀리를 간다면 전전히 굴러다 니다가 마침내는 아득히 실종되어 버리고 말 것이나, 그러나 실제 에 있어 이미 집이고 고향이고 거덜나 버린 오늘에 있어서는, 멀 리 가나 가까이 가나, 외롭고 알아줄 이 없기는 매 마찬가지일 뿐 이다.

5. 다만 길이 마음 아픈 일은, 장병으로 신고하다 돌아가신 어머 니, 그 어머니의 시신을 저 산골짝 한 귀퉁이에 가매장해 놓은 채, 내가 출정해 있는 5년 동안이나 장사 지내지 못하다가, 이제 또다시 싸움터에 나가면 영영 이루지 못하게 될 일이다. 어머니는 나를 낳 아 알뜰히 기르셨건만, 살아서나 죽어서나 자식 효도 받지 못하였 으니, 우리 모자 생애의 한으로 원통해 울 뿐이다. 사람으로 태어났 으면서도 이별할 가족마저 없는 이 이별! 도대체 이 나는 무엇으로 사람이라 할 수 있으랴?

평설 배웅 나온 이 하나 없이 떠나는 출정 병사의 서러운 심 사를 대변한 서사시이다. 삼별의 하나로 같은 무렵의 지음이다.

울며 보내 줄 가족 하나 없는 이별! 이런 이별에야 그 어디에 '그 리움'인들 남게 되랴? 그리운 이가 있는 사람이나, 그리워해 줄 이 가 있는 사람은 혼자라도 외롭지는 않다. 그리움이란 격리된 사이 를 피차 교감으로 이어 주는 정신적 유대이며, 과거에로의 회로에 서 미래에로의 회로로 이어지는 호젓한 오솔길의 산책로이기도 하 다. 이별은 슬프지만 그 후유증인 그리움은 아름다운 것, 그것은 오늘을 사는 의미이며, 내일을 기다리는 보람이기도 하다.
 두보의 시 〈병거행(兵車行)〉의 일 절, 아비와 어미와 처자들이 달려와 서로 보내는 출정 군인 송별의 장면을 보라.

옷자락 잡고 발 구르며
길을 막아 통곡하니
그 소리 바로 올라
구름 하늘에 사무치네.
牽衣頓足攔道哭　哭聲直上干雲霄

 그러나 보라, 이 천애 혈혈한 '무가별'의 병사에 비한다면, 저 '병거행'의 병사야말로 부럽기도 한 아름답고도 행복스러운 이별이 아니고 무엇이랴?
 패잔병으로 돌아와 보는 마을의 참상을 개관하면, 쑥밭이 된 텅 빈 마을, 남정들 전사하여 피난마저 갈 수 없어 남아 있는 한두 늙은 과부 외는, 백여 호가 사방으로 풍산하여 생사를 알 수 없는 처지인 데다가, 인도(人道)가 괴란(壞亂)하면 야수가 종횡하는 격으로, 빈집에 깃든 여우랑 살쾡이가 도리어 사람을 업신여기는, 적반하장의 역리, 이는 그대로 또, 야수와도 같은 반군에게 침탈되어 주객이 전도된 국가 참황의 암유이기도 하니, 그러므로 햇빛도 여위어 엷어진 음산한 분위기가 천지에 미만해 있는 참상이다.
 집 없는 고향도 고향이라고 돌아온 패잔병이, 어머니 장례도 치르지 못한 채, 재소집되어 다시 전선으로 내몰리게 되는 딱한 정황으로, 그 불효의 통한은 자식에게만이 아니라, 구천(九泉)에까지 사무쳐, 어느 물골에 가매장되어 있는 그 어머니의 원골(寃骨)에도 미쳐 있으니, 이는 필경 역도(逆徒)에 대한 증오와, 전쟁에 대한 저주를 그 바닥에 깐 작품으로, 삼리(三吏), 삼별(三別)이 다 그 궤를 같이하고 있는 것이다.
  시형은 오언고시, 운자는 평성 '齊'운.

두보 편
杜甫篇

이한
離恨

― 離恨 ―

한스러운 이별

낙양을 한번 떠나
사천 리 타향
오랑캐 쳐들어온 지
오륙 년이라.

풀도 이운 검문산 밖
떠도는 이 몸
싸움에 길 막히어
강변에 늙네.

집 생각에 달을 걸어
밤을 지새고
아우 그려 구름 보다
대낮에 존다.

듣건대 하양에서
승리했다니
사도여! 승세를 타
유연을 치라.

洛城一別四千里　胡騎長驅五六年
草木變衰行劍外　兵戈阻絶老江邊
思家步月淸宵立　憶弟看雲白日眠

聞道河陽近乘勝　司徒急爲破幽燕
〈恨別〉

부연 고향인 낙양을 한 번 떠난 이래로, 줄곧 나그네로 떠돌아, 공간적으로는 사천 리 머나먼 이 서촉(西蜀)에까지 유전(流轉)되어 왔으며, 시간적으로는 북쪽 오랑캐의 군마가 사뭇 쳐들어온 지도 이미 오륙 년이나 되는 오늘이다.

초목도 이울어 떨어지는, 검문산의 험준한 요새의 바깥인, 이 하늘 끝에 떠돌고 있는 몸, 전쟁에 고향 길 막혀 돌아가지 못하고, 하릴없이 금강 강변에서 속절없이 늙어 가고 있는, 이 가련함이여!

고향 생각에 잠기어 밝은 달빛 아래 걷고 걷고 하느라 밝은 가을

---

* **상원(上元)** 원년(760), 49세 때의 가을, 성도의 완화초당(浣花草堂)에서의 지음이다.
洛城(낙성) 낙양성. 낙양의 동쪽 공현(鞏縣)은 두보의 고향이다.
胡騎(호기) 오랑캐의 기병. 안녹산의 군대를 가리킨 말.
長驅(장구) 먼 길을 줄곧 달려 쳐들어옴.
變衰(변쇠) 변화하여 쇠잔함. 단풍 들어 낙엽이 됨. 송옥(宋玉)의 〈구변(九辯)〉에 '秋之爲氣也 草木搖落而變衰'라 있다.
劍外(검외) 검문산(劍門山)의 바깥. 곧 촉(蜀)을 가리켜 이름. 검문산은 사천성(四川省)에 있어, 촉으로 들어가는 천험(天險)의 요해처(要害處)이다.
兵戈(병과) 전쟁.
阻絕(조절) 길이 막혀 통행이 끊어짐.
江邊(강변) 성도의 금강(錦江) 강변을 가리킴.
思家(사가) 가향(家鄕), 즉 고향을 생각함.
步月(보월) 달빛 아래 거닒음. 달밤에 거닒음.
淸宵(청소) 맑은 밤.
聞道(문도) 들건대. 듣자니.
乘勝(승승) 승세(乘勢)를 탐. 승기(乘機)를 잡음.
司徒(사도) 벼슬 이름. 삼공(三公)의 하나. 여기서는 이광필(李光弼)을 가리킴.
幽燕(유연) '幽'는 지금의 북경 부근이요, '燕'은 하북성(河北省) 일대로서, 당시 적군의 근거지였다.

밤을 꼬박 지새우고, 아우들도 저러려니 하며, 정처없이 흘러가고 있는 구름장을 하염없이 바라보고 있다가는, 문득 낮잠이 들어 버리기도 한다.

　듣건대, 요즘 하양 전투에서 관군이 이제 승기(乘機)를 잡았다 하니, 사도여! 그 승세를 타, 유연 지방에 웅거해 있는 반군을 어서 무찔러 주시라.

평설　이별을 주제로 한 시가는, 전 시가의 태반을 상회할 만큼 많다. 그만큼 인생에 있어 생별이든 사별이든, 이별보다 더한 슬픔은 없기 때문이니, 그러므로 그 많은 이별 시가가 한결같이 슬픔에 격한 나머지, 감정을 극한으로 몰고 가, 한바탕의 통곡의 몸부림으로 시종하기가 일쑤이다. 그러나 보라, 이 시에서처럼 감정을 지성으로 승화한 '애이불상(哀而不傷)'의 시는 드물다.

　　洛城一別四千里　胡騎長驅五六年

　'一別'은 기구한 운명으로 전락된 이래의 전 과정의 급박한 숨결이요, '長驅'는 잠시도 지체 없이 물밀듯 쳐들어오는 도도한 적세(賊勢)이며, '四千里', '五六年'은, 그 겪어 온 공간적·시간적 현 위치의 좌표이니, 이 전후구는 개인과 국가의 운명이 간극없이 맞물려 있는, 그 내력과 현주소인 것이다.

　다음 연의 '行劍外'는, '一別' 이래로 와 닿은, 천말(天末) 이역의 자신을 점검해 봄이요, 그 대인 '老江邊'은 금강변(錦江邊)의 완화초당(浣花草堂)에서 속절없이 세월만 허송하고 있는 자신에의 깊으나 깊은 긍련(矜憐)의 탄식이다.

　　思家步月淸宵立　憶弟看雲白日眠

　맑은 가을밤, 달빛에 이끌리어 고향에 돌아온 듯, 옛 산천을 앞서거니 뒤서거니 거닐며 서성이며 밤을 지새우고 있는 '步月'의 정황도 그러려니와, 한 조각 구름장을 하염없이 바라보면서, 어느 하늘 가를 저처럼 흘러다니고 있을 아우들을 그리다가는, 어느덧 스르르 낮잠에 빠져 버리는 '看雲'의 정황이 손에 잡히는 듯 선연하다.

　이 일련은, 이 시 전편의 안목이요, 그중의 '步月', '看雲'은 쌍모(雙眸)라 할 만하니, 끝없이 바장이는 무언의 발길과, 하염없이 바라보는 말 없는 눈길에, 무한 정한이 서리어 있음을 읽게 된다.

　또한 전후구는 대구이면서도 그 동작은 계기적(繼起的)으로 연속되어 있으니, 한이 주소(晝宵)에 사무침이라, 불면의 밤에 이어진 '白日眠'의 보상(補償)도 자연스러운 생리적 현상이라, 시의도 무봉(無縫)하다.

　게다가 끝연은 암중미명(暗中微明)으로, 한 줄기 희망의 불빛을 비춤으로써, 지금까지의 침체된 기운을 일소하고, 만인을 고무·분발케 함을 잊지 않았으니, 이 과연 시성으로서의 면모이며, 또한 이별 시가의 압권이 아닐 수 없다.

　시형은 칠언율시, 운자는 평성 '先'운.

외기러기

외로운 기러기
식음을 끊고
무리 찾아 소리 소리
허공을 운다.

뉘 가엾다 하리?
한 조각 그림자
만 겹 구름 속에
서로 잃었음을 —.

아득히 바라봄에, 오히려
보는 듯하고
애타는 마음에, 그 소리
듣는 듯해라!

들까마귀는
무심들 하여
어지러이 떠들어
지저귀는데 —.

孤雁不飮啄　聲聲飛念群
誰憐一片影　相失萬重雲
望盡似猶見　哀多如更聞

野鴉無意緒　鳴噪自紛紛
〈孤雁〉

부연　대열에서 낙오되어 외톨이가 되어 버린 외기러기가, 물도 안 마시고 먹이도 아니 쪼고… 다만 가족을 찾아, 저 하늘가를 허위단심 헤매며, 절규하듯 소리 소리 애절하게 울고 있다.

그러나, 그 어느 누가 가엾다 동정이라도 해 주랴? 겹겹으로 쌓인 만겹 구름 속에서, 아차 한 번 헷갈리는 순간을 마지막으로, 서로 영영 엇갈리게 된, 마치 실체에서 떨어져 나간 한 조각 혈혈한 그림자만의 존재와도 같은 외기러기를―.

하도 그립고 애달파 극목(極目)하여 바라보는 저 먼 하늘 끝, 거기 오히려 그가 찾고 있는 가족들의 모습이 눈에 선히 보이는 듯하고, 애타는 마음 하도 간절하니, 그들도 나를 찾아 애타게 불러 대는, 목맨 음성들이 다시 또 들리는 듯 환각된다.

이별의 슬픔이 어떤 것인지를 이해하지 못하는 들까마귀들은, 무심하기만 하여, 다만 저들끼리 무어라 어지럽게 떠들썩 지저귀고만 있을 뿐인데….

평설　전란으로 가족과 헤어져 떠도는 몸의 슬픔을, 무리 잃은 외기러기에 탁의(託意)한 내용이다.

誰憐一片影　相失萬重雲

不飮啄(불음탁) 물도 아니 마시고 먹이도 쪼지 않음.
野鴉(야아) 들까마귀.
意緒(의서) 마음의 실마리. 심서(心緒).

형체를 잃어버린 그림자와 같이, 의지할 길 없는, 만 겹 구름의 하늘가를, 애타게 헤매며 애잔하게 부르짖는 외기러기! 그 외기러기인 양 스스로 가련해하는, 작자 자신의, 이 깊은 천애 고독감을 아울러 읽을 것이다.

望盡似猶見　哀多如更聞

그 마음 오죽했으면 헛것을 보고 헛것을 듣는 것이랴? 더구나 이 환시·환청은 일회성이 아니라, 거듭 거듭 나타나는 현상임을 '更'에서 본다. 작자의 외기러기에 대한 이러한 대리 감정은, 이미 사람과 동물의 관계를 벗어난, 일체감(一體感)에서이려니. 보라, 세상에 슬픈 것이 이별이요, 그중에도 큰 것이 생별이라. 사별이야 체념이라도 할 수 있다지만, 두고 두고 내내 못 잊는 생별이야, 인간 세계에나 주어진 숙명적인 형벌이라손 치더라도, 어쩌면 고 작은 새의 가슴에까지 그 절절한 슬픔의 한을 심어 준다니, 조물자의 잔인성이 잗다랗기만 하다. 눈에 삼삼 밟히고, 귀에 쟁쟁 울리는, 그리움의 극한 현상이야, 이별의 슬픔을 인간이랑 공유하는 기러기기에, 더욱더 간극없이 공감되어진 것이리라.

7·8구의 들까마귀는 무심한 세정의 비유이다.

이 어찌 천 년 전 남의 나라의 일만이랴? 오늘날 오히려 절박한, 우리의 남북 이산 가족의 애달픔이 아니고 무엇이랴?

시형은 오언율시, 운자는 평성 '文'운.

등고

바람은 빠르고 하늘은 높고
원숭이 울음소린 처량도 한데
맑은 물가의 흰 모래벌엔
새들도 날아 돌아오누나.

끝없이 떨어지는 나뭇잎들은
우수수 하염없이 연해 내리고,
다함이 없는 장강(長江)의 물은
이엄이엄 잇달아 굽이쳐 오네.

만리 타향의 슬픈 가을을
마냥 해마다 나그네 되어,
한평생 병치레의 몸을 이끌고
외로이 대(臺) 위에 올라왔어라!

갖가지 고생, 쓰라린 한에
서리인 양 귀밑털 어지럽거니
아, 영락한 몸! 될 대로 되라.
탁주 잔을 새로이 손에 들었네.

風急天高猿嘯哀　渚淸沙白鳥飛廻
無邊落木蕭蕭下　不盡長江滾滾來
萬里悲秋常作客　百年多病獨登臺

艱難苦恨繁霜鬢　潦倒新停濁酒杯
〈登高〉

부연　가을이 되니 까칠한 바람결은 한결 빨라졌고, 하늘은 구름 한 점 없이 맑게 개어 드높기만 한데, 이 지방 특유의 원공(猿公)들의, 그 휘파람 소리 같은 처량한 울음소리를 듣고 있노라면, 나그네의 심사가 공연히 서러워진다. 한편 멀리를 굽어 보면, 맑은 양자강변의 흰 모래톱 상공에는, 철을 알고 돌아온 물새들이 귀향의 기쁨을 자축이라도 하듯, 유유히 원을 그리며 날고 있다.

숲에서는, 져도 져도 끝이 없는 나뭇잎들이 우수수 시름 없이 연해 떨어져 내리고, 흘러도 흘러도 다함이 없는 무진장한 장강의 물은, 굼틀굼틀 굽이치며, 흘러가고 가고 하는 뒤를 잇달아 잇달아 흘러오고 오고 있다.

만리 타향에 끝없이 나그네 신세 되어, 해마다 그 가을을 슬퍼하면서, 한평생 병치레나 하는 그 몸을 이끌고, 이렇게 외로이 높은 대에 올라왔음이여!

갖가지 고난과 쓰라린 한으로, 짙은 서리를 인 듯, 허옇게 센 귀

登高(등고) 음력 9월 9일 중양절(重陽節)에 형제 또는 친구들과 함께 머리에 수유(茱萸)를 꽂고 높은 산에 올라 국화주를 마시며 즐기는 벽사(辟邪)의 행사명(行事名)이다.
猿嘯(원소) 원숭이의 울음소리. 그 우는 소리가 흡사 휘파람 소리 같음에서 이름.
蕭蕭(소소) 쓸쓸한 소리의 형용.
滾滾(곤곤) 물이 잇달아 굼틀거리며 흐르는 모양.
艱難(간난) 온갖 어려움과 고생스러움.
苦恨(고한) 몹시 한스러움.
繁霜鬢(번상빈) 부쩍 늘어난 서리같이 흰 귀밑털.
潦倒(요도·뇨도) 노쇠한 모양, 영락(零落)한 모양. 될 대로 되라는 마음가짐의 모양.

밑털이 어지럽게 우수수 휘날리나니, 아! 영락한 몸, 차마 어쩌랴?
그동안 들지 못했던 탁주 잔을 내 다시 손에 멈춰 들었나니—.

평설 두보의 시는 여러 시형에 두루 능하지 않음이 없지마는, 그중에도 율시에 가장 빼어났다는 것이 중설(衆說)인 가운데, 이 '登高'는 그의 가장 역작이요, 고금(古今) 칠률(七律)의 압권(壓卷)으로 정평이 나 있는 명시 중의 명시이다.

그러니만큼 이 시는 일찍부터 우리나라 고교 3학년 국어 교과서에 교재로 채택되어, 그 물 흐르듯 유창한 《두시언해》의 역시와 함께 만구(萬口)에 회자(膾炙)되어 오는 바이다.

한평생 떠돌던 유랑의 길을 청산하고, 꿈에도 그리던 고향으로 돌아가리라 하여, 영태(永泰) 원년(765) 5월, 성도를 떠나 배로 양자강을 하강하던 귀향길의 두보는, 그러나 쌓인 피로에 지병이 도져, 마침내 운안(雲安) 주중(舟中)에서 앓아눕고 말았다. 이리하여 귀향의 꿈은 다시 조각이 난 채, 부득이 그곳에 상륙하여 병 낫기를 기다릴 수밖에 없게 되었으니, 이 시는 그 머문 지 세 해째요, 타계하기 세 해 전인 대력(大曆) 2년(767) 9월 9일, 작자 56세 때, 기주(夔州: 지금의 사천성[四川省] 봉절[奉節])에서의 지음이다.

이 시에서의 평설은 다만 그 결구인 '新停濁酒杯'의 해석에 국한할까 한다.

모두(冒頭)의 역시(譯詩)의 맨 끝 '새로이 탁주 잔을 손에 들었네'에서 이미 보았다시피, 이는 장차 입으로 가져갈 술잔을 잠시 손에 멈추어 든 자세를 이름이다. 이는 약간의 한문 소양이나 시적 감각을 지닌 사람이면 누구나 직감적으로 공감할 수 있는, 일점의 이의도 삽입될 여지가 없는 곳이다.

그렇건만, 전인들은 병으로 말미암아 '새로이 술을 끊은 것(斷酒,

絶酒, 禁酒, 戒酒'으로 풀어 오고 있다. 고금 무수의 두주(杜註)들이 그야말로 일계명이 만계수(一鷄鳴而萬鷄隨)로 한결같이, '술마저 못 마시게 된 가엾은 신세가 된 것을 한탄한 것'으로 풀고 있으니, 우리나라, 대만, 일본은 물론 시중에 범람하는 국어 참고서들이 또한 다 그를 따르고 있음이야 말할 나위도 없는 일이다.

더구나 그것이 국정 교과서의 교재이다 보니, 문제는 다만 시의 (詩意)를 그르친 데 그치는 것이 아니라, 대학 입시를 비롯, 각종 시험들에 '단주(斷酒)'의 답을 기대하는, 별의별 교묘한 방식의 문제가, 이 대문에서 출제되고 있으며, 지금도 상황은 계속되어 오는 중이라, 시(是)가 실종된 자리에 비(非)가 당당히 반세기를 행세해 오는 가운데, 당락(當落)이 뒤바뀌고 운명이 엇갈리는, 얼마나 많은 수험생들이 해마다 수난을 당하고 있는가를 생각하면 송연(竦然)해지지 않을 수 없다.

대가의 권위에 눌리어, 감히 그의 평단(評斷)을 뒤집기 두려움에서 답습되어 오는, 이 또한 일종의 '지록위마(指鹿爲馬)'요 '전라도 금강산'인 격이다. 한 방꾼이 모두 금강산의 소재를 전라도라 우기는 바람에 고군 분투로 그렇지 않음을 역설하던 한 사람도, 도리없이 마침내 함구해 버리고 말았다는 데서 생긴 속담이거니와, 필경 '사슴'이니 '강원도'니 하는 답은 사정없이 오답 처리되고 마는 웃지 못할 사태는 해마다 이 땅에서 백주에 진행되고 있는 실정이니, 실로 어처구니없는 딱한 일이 아니고 무엇이랴?

문제의 핵심은 이 '新停濁酒杯'의 실상이 과연 선인들의 풀이대로 단주(斷酒)인가 음주인가의 여부를 밝히는 데 있다. 그러자면, 이 지극히 상식적인 평이한 구문이지만, 잠시 분석해서 우선 어의부터 규명하지 않을 수 없다. 그러나 그것 또한 지극히 간단한 작업이니, 문중(文中)의 수식어를 죄다 제거해 보는 것으로 족하다. 그리고 보면 골격인 요어(要語)는 '停杯'임이 일목 요연해진다.

그럼 '停杯'란 무엇인가? 그것은, '거배(擧杯) → 정배(停杯) → 함배(銜杯) → 경배(傾杯) → 건배(乾杯)' 등 음주 동작의 여러 단계 중의 하나로서, 술잔을 입으로 가져가기 전에, 손에 멈추어 들고 잠시 뜸을 들이는 과정을 이름이다. 이 말들은 다 음주의 완곡어들로서, 절로 풍아(風雅)한 은근미가 풍기거니와, 그중에서도 '停杯'에서는 주석(酒席)의 온갖 정감이 이 과정에서 고이게 마련이며, 온갖 풍정이 이 자세에서 펼쳐지게 마련이다. 이는 독작(獨酌), 대작(對酌), 회음(會飮)에 아랑곳없이 두루 행해지는 것이니, 요샛말로 한다면, 마이크를 잡듯 손에 잡은 술잔에 온갖 취중의 다변이 확성(擴聲)된다. 시문(試問)도 청언(請言)도 이 자세에서요 시사(詩思)도, 향사(鄕思)도, 탄식도, 환호도 이 과정에서다. 글러져 가는 세태 인정을 꾸짖음도 술잔에 대고 토로되며, 비분 강개도 고담 방언도 술잔 너도 들으란 듯 '停杯'의 자세에서 배앝아진다.

그 얼른 들이켜지 않는 느직한 품으로는 '여유의 멋'이요, 그 심중의 거리낌없는 표백으로는 호탕의 풍정이기도 하다. '停杯'의 단계를 거치지 않은, '擧杯'에서 '銜杯(함배: 술잔을 입술 사이에 묾)'에로의 직행은, 소위 술꾼들의 '순 먹자 마시자 판'의 그 얼마나 삭막하고도 몰풍정(沒風情)한 광경이겠는가를 대비하여 상상해 볼 것이다.

작자는 지금까지 참아 오던 계주(戒酒)의 지조를 그예 무너뜨리고만 것이다. 그것은 그동안 병세가 꽤 호전되었기 때문이기도 하지마는, 이날 따라 더욱 절절한 향사가 그로 하여금 가만 있게 해주지 않았기 때문이다.

보라! '無邊落木', '不盡長江', '萬里悲秋', '百年多病' 등, 만고천하의 시름을 점층적으로 고조하여, 마침내 술 아니고는 약이 없을 '일배주(一杯酒: 술은 한 잔도 한 잔, 백 잔도 한 잔으로 통칭된다)'의 분위기를 무르익게 해 놓고는, 정작 그 절정에 이르러서 돌연 헛김이 새어 불발로 끝나고 말았대서야, 코미디에서나 있을 일일 뿐, 그것이 어찌 한 생명체로서의 시의 발전이며, 시의 결말이라 할 수 있겠는가? 또한 함께 갈증을 느끼며 '한잔술'을 기대해 오던 독자들의, 그 허탈감, 그 배신감은 또 어찌 감당할 수 있을 것인가?

이는 마치 천지가 회명(晦冥)하는 짙은 소나기발이 무르익은 끝에는, 천둥 번개와 함께 억수로 퍼붓는 한바탕의 취우(驟雨)를 겪고 나서야, 비로소 청신한 새날을 기대할 수 있듯이, '궁수천만단(窮愁千萬端)'을 늘어놓은 나머지면, 이를 척탕(滌蕩)할 '유련백호음(留連百壺飮―李白)'은 못할망정 일배주(一杯酒)를 어찌 사양할 수 있을 것인가? 하물며 애주, 호주, 때론 통음(痛飮)도 불사하던 작자가 언제 그리도 공리적, 타산적으로 소심해졌더란 말인가? 아닐 양이면 '登高'도 하지 말거나, 이미 '登高'를 했고, 안 마실 양이면 일컫지나 말거나, 이미 '술'을 일컫기까지 해 놓고서, 끝내는 아니 마셨다니, 오리발 내밀기의 엉터리가 아니고 무엇이랴?

이는 시 자체의 자연스러운 추성(趣性)에 따른 자연스러운 정위(定位)의 길을 인위적으로 왜곡한 해석이니, 이래 가지고서야 아무리 '자자개기 구구개율(字字皆奇 句句皆律〈胡應麟의 平〉)'이라 찬탄한들, 어찌 천하 졸품에로의 추락을 면할 수 있겠는가? 남의 시를 옹졸하게 만들어 놓고 공치사만 늘어놓는 격이 아닌가?

한때 끊었던 술이지만, 이날 따라 도리없이 새로이(다시) 마시지 않을 수 없었던 것이니, '新停杯'의 '新'의 묘미 또한 거기 제대로 갖추어져 있는 것이다. 이를 '새로이(다시) 술을 끊는다'로 풀이한다면 그의 '斷酒'는 첫번째가 아닌, 두 번째 또는 여러 번째란 뜻이 되어 더더욱 괴리는 깊어진다.

또 '新停濁酒杯'에서 술을 끊은 것이 '濁酒'라니 이 또한 말이

안 된다. '斷酒'란 말은 있을 수 있지만, '斷濁酒'란 말은 성립될 수 없다.

'白馬는 非馬'라고 한 맹자의 논리대로 '濁酒는 非酒'이기 때문이다. 단순한 '馬'나 '酒'는 다 개념상의 '말'이요 '술'이지만, '白馬'나 '濁酒'는 개념어가 아니라 구체어가 되기 때문이다. 보라, 그저 '말을 타고 가라' 했다면 아무 말이나 타고 가면 되겠지만, '白馬'를 타고 가라고 했다면, 수많은 말 무리 속에 白馬가 없다면 못 타고 갈 밖에 — '탁주를 끊었다'는 말에는 청주는 물론, 비탁주계의 모든 술은 당연히 제외되어 있는 것이 되지 않는가?

또 '潦倒'도 그렇다. 《諺解》에는 '늙고 사오나오매'로 되어 있으나, 이는 제3연의 뜻과 중복되는 풀이라, 적절하다 할 수 없다. 이는 '영락한 모양'을 나타낸 말, 곧 스스로 영락했음을 자인하는 나머지, '에라 모르겠다 될 대로 되라는 마음가짐의 모양'인 것이니, 지금까지의 지심(持心)을 퇴연(頹然)히 무너뜨리고 마는 정황인 것이다.

'흐린 술잔을 새려 머물웻노라'로 언해한 《杜詩諺解》의 역자들도 아마 전인들의 주에 정면으로 반론을 펴지는 못하였으나, 그러나 '술잔을 (손에) 머무르게 했다'는 뜻으로 잡힐 수도 있게, 아리송한 표현으로 호도(糊塗)하고 있음이 엿보이기도 한다.

시란 필경 자기 구원이기도 하기에, 적체(積滯)를 배설(排泄)하듯, 울기(鬱氣)를 발산하듯, 자구(自救)의 몸부림이 따르게 마련이거늘, 아무 반항도 없이 고즈넉이 절망 속에 자폐(自閉)하는 것은 한갓 감상물일 뿐으로, 독자를 실망시킬 것이다.

또한 시는 시로서의 독자적인 생명력을 가진 것이다. 당시에 비록 그런 구차한 사정이 있었다 할지라도, 그 때문에 '시' 자체를 죽일 두보는 아니었을 것이 아닌가?

이제 작자는 한 일 년 골몰해 오던 계주(戒酒)의 재갈을 결연(決

然)히 파기(破棄)하고 시원히 한 잔 길을 틈으로써, 막혔던 가슴이 일시에 탁 트이는 통쾌미를 맛보았을 것이나, 이는 또한 두고두고 독자들의 가슴마저도 열어 주는 정화 작용이기도 할 것이다.
　이상에서 구구한 많은 언사(言辭)를 소비하였으나, 요는 이 한 편의 시가 천하 걸작으로 그 본모습을 되찾느냐, 옹졸한 결말로 빛을 잃고 마느냐를 판가름하는 유일한 요어(要語)인 '停杯'의 참뜻이 이미 명백해졌고, 생명체로서의 시 자체의 발전·귀착이 또한 그럴 수밖에 없음에서 모든 독자의 공감이 이루어졌으리라 믿거니와, 그러나 찬동에 인색한 두시통(杜詩通) 가운데는 아직도 오히려 말할지도 모른다. 그것은 한갓 기주 성벽(嗜酒性癖)을 가진 한 개인의 막연한 주관에 불과한 것이라고 —.
　그렇다면, 이런 분들의 이해를 위하여, 다시 객관적 증거가 될 문헌상의 고찰이 불가피할 것 같다.
　우선 '停杯'의 용례부터 살펴보자. 이백의 〈파주문월(把酒問月)〉에,

　청천에 달 있으니
　몇 때나 있어 온고?
　내 이제 잔을 잡고
　달에 한번 묻노라.
　青天有月來幾時　我今停杯一問之

에서의 '停杯'는 시제(詩題)의 '파주(把酒: 손으로 술잔을 잡음)'와 조금도 다름이 없으며, 또 그의 〈장진주(將進酒)〉의,

　잠부자
　단구생이여!

내 한 잔 권하노니
　　멈추지를 마시라.
　　岑夫子丹邱生　將進酒君莫停

는 '뜸들이지 말고 받는 족족 지체 없이 잔을 비워 내라'는 독촉이다. 또 백거이(白居易)의 〈제선상(題船上)〉의,

　　술잔 손에 들고
　　버들 빛 보며,
　　제각기 고원의
　　봄을 그리네.
　　停杯看柳色　各憶故園春

는, 술잔을 쳐든 채, 저마다의 고향으로 봄나들이 가고 없는 넋나간 광경들이다. 양소(楊素)의 〈증설내사(贈薛內史)〉에는,

　　거문고 비껴 안고
　　외로이 앉아
　　술잔 손에 들고
　　님 기다리네.
　　橫琴還獨坐　停杯遂待君

는, 님 기다림의 초조로움을 술로 달램이다. 고려 말 삼은(三隱)의 한 분인 이숭인(李崇仁)의 〈처용무(處容舞)〉에는,

　　밤 깊어 펼치는

산라 노래를
잔 들고 모두들
함께 듣노라.
夜久新羅曲　停杯共聽之

는, 술잔 들고 관극(觀劇)하는 느직한 멋이다. 퇴계(退溪) 이황(李滉)의 〈紅桃花下有懷李珍〉에는,

꽃 아래 술잔 들고
'봄'에게 묻노니
어디서 왔다가
어디로 가느뇨?
花下停杯試問春　來從何處去何濱

는, 봄을 감탄하는 화하주(花下酒)의 멋이니, 이런 예는 이루 매거(枚擧)할 겨를이 없다. 또 이와는 약간 색다른 '停杯'도 있으니,

아름다운 안주도
맛보지 않고
맛있는 술이건만
잔을 놓았네.
嘉肴不嘗　旨酒停杯

라고 읊은 위문제(魏文帝)의 악부(樂府)나,

잔 놓고 저 던지고

마실 수 없어
칼 뽑아 둘러보니
마음 아득해―.
停杯投筯不能飮　拔劍四顧心茫然

라 읊은 이백의 〈행로란(行路難)〉 등의 '停杯'는 다 일시적인 심적 충격으로 말미암아 순간적으로 입맛이 써졌기 때문일 뿐, 충격이 완화되는 다음 순간 오히려 경음(鯨飮)할 소지를 내포한 것으로, 술 자체를 경원(敬遠)한 것이 아니니, '斷酒'와는 근본이 다른 것이다.

　위에서 본 바와 같이, '停杯'의 뜻이 이렇듯 명백하건만, 이를 굳이 '斷酒'로 몰고 간 데에는, 그럴 만한 연유가 없지 않은 듯, 그 주인(主因)은 전적으로 저 〈구일오수(九日五首)〉에 있는 것 같다. 왜냐 하면 〈九日五首〉의 제1·2수가 '斷酒'의 내용이요, 그 지은 날짜가 '登高'의 그것과 동일한 대력 2년의 중양절(重陽節)로 편차(編次)되어 있기 때문이다. 이제 그 첫째 수를 보면,

중양이라 잔술로 접구(接口)만 하고
병든 몸 일으켜 대(臺)에 올랐네.
죽엽(竹葉)도 내겐 이미 연분(緣分)이 없고
국화(菊花)도 앞으로야 피든 말든….
重陽獨酌杯中酒　抱病起登江上臺
竹葉於人旣無分　菊花從此不須開

＊ '接口'란 술을 형식적, 의례적으로 입술에 댔다 마는 것이요, '竹葉'은 '竹葉淸'이란 酩酒 이름이요, '菊花'란 중양절의 필수인 '국화주'의 원료이다.

또, 그 둘째 수에도,

옛날 중양절엔
오는 잔 거절 않았더니,
쑥대머리 허여센 이젠
국화 보기 부끄러워라.
舊日重陽日　傳杯不放杯
卽今蓬鬢改　但媿菊花開

하여, 두 수가 다 금주하고 있음을 내용으로 한 시이다. 그러고 보면, 같은 날의 지음인 〈登高〉의 '停杯'도 금주로 풀지 않고서는 사개가 맞지 않는다고 생각했음직하다.

여기서 우리는 이 〈九日五首〉의 성분(性分)과 제작 연대에 대해서 재고해 보아야 할 필요를 느낀다.

원래 〈九日五首〉란 한 제하(題下)에 묶을 수도 없는 것이요, 또 '오수'라지만 실은 사수뿐으로 한 수가 결(缺)한 그 자리에 〈登高〉를 충당해 놓은 판본도 있으나, 다 편자의 근거 없는 억측에 불과한 것이다. 이수(二首) 이상의 시를 한 제하에 묶으려면, 첫째 일련의 연작(連作)이어야 하고, 또 무엇보다도 시형(詩形)이 동일해야 함은, 이 경우의 기본적인 상식이다. 그러나 이 '九日五首'는 연작도 아닌데다, 시형도 각이(各異)하여, 오율(五律)이 2수, 오배(五排)가 1수, 칠률(七律)이 1수다. 게다가 그 넷째 수에는,

나그네 되어 검은 두건을 짓고
아이를 좇아 푸른 술 단지를 갖추다.
爲客裁烏帽　從兒具綠樽

라는, 위의 '斷酒'와는 상반되는 내용의 시도 섞여 있어, 같은 해의 중양일(重陽日)로는 볼 수 없는 잡동사니〔雜同散異〕들이니, 이 '五首'의 묶음이야말로 얼마나 엉터리인가를 알 수 있다.

이외에 한데 묶여지지 않고 외톨로 도는 〈九日〉이 한 수 따로 또 있으니, 추측컨대 최초의 편자(編者)가 '九日' 제하의 모든 시를 시형(詩形)에 아랑곳없이 한데 휩쓸어 모아 〈九日五首〉로 묶었다가, '去年登高鄆縣北…'으로 시작하는 전기(前記)의 칠률(七律)은, 그 끝 연에,

    술이 거나해짐에 십 년 일이 떠오르니,
    여산 맑은 길먼지에 애가 끊이어라!
    酒闌却憶十年事　腸斷驪山淸路塵

의 구가 제1·2수의 '斷酒'와는 상반되기에, 이를 〈九日〉로 독립시켜 주고, 그 나머지를 '九日四首'로 정정한다는 것이, 그만 깜빡 잊어버린 것이 아닌가 여겨진다. 아무튼 문제의 〈九日五首〉의 제1·2수는 〈登高〉와 같은 대력 2년의 '九日'이 아니라, 그 전년인 대력 원년의 '九日'임에 틀림없다. 이하에서 그 경위를 밝히게 될 것이다.

그해 봄·여름은 큰 가뭄으로 지병에다 상서병(傷暑病)까지 앓았으니, 〈雷〉에는,

    더윗병으로 위장이 무르녹으니
    땀이 불어 옷이 더럽도다.
    氣暍腸胃融　汗滋衣裳汚

했고, 또 같은 해 가을인 〈七月三日亭午…〉에는,

눈을 뜨지 못한 지 백여 일이건만
큰 강이 차마 마르진 않아라!
閉目踰十旬　大江不止渴

백여 일이나 병으로 죽살이쳤으니, 가뭄에 대강(大江)이 마르지 않듯이, 목숨이 부지해 있음을 희한하게 여기고 있다.
또 〈九日諸人集于林〉을 보면,

내일 아침이 중양절이건만
서로 맞아 노는 옛 풍속이 아니어라.
늙은 몸 일찍 나기 어려우매
어진 손들이 다행히 내게로 옴을 알도다.
옛날 따던 국화야 넉넉하다만
새로이 빗는 흰 머리 숱이 적도다.
젊은 사람의 즐김을 속절없이 보고만 있자니
참아 오던 눈물이 이미 옷깃을 적시어라!
九日明朝是　相要舊俗非
老翁難早出　賢客幸知歸
舊辨黃花膡　新梳白髮微
謾看年少樂　忍淚已霑衣

이는 대력 원년의 중양절 전날, 작자의 나들이가 여의치 못함을 안 연소(年少)한 추종자들이 작자의 처소로 몰려와 술을 마시며 즐기는 것을, 쇠진(衰盡)한 몸이라, 한데 어울리지는 못하고, 다만 멀거니 바라보기만 하는 신세임을 슬퍼한 것이다. 같은 대력 원년 가을의 작인 〈夜〉에는,

타향 국화를 다시 만나
내 병나 누웠거니
고향 소식 오지 않으니
기러기도 무정쿠나!
南菊再逢人臥病　北書不至雁無情

하고 탄식하였으며, 또 그의 〈寄薛三郎中璩〉에 보면,

협중에 한번 앓아누워
학질로 그 겨울과 봄을 마쳤네.
봄 되자 다시 폐를 더치니
이 병이야 그 까닭 없지 않아라!
峽中一臥病　虐癘終冬春
春復加肺氣　此病盖有因

* 폐를 더친 원인이 통음한 술 탓임을 암시하고 있다.

이 시는 대력 2년의 지음이니, 여기서 말한 '冬春'은 대력 원년의 겨울과 이듬해의 봄을 이름이다. 그의 고질인 폐결핵과 당뇨병에 학질을 앓게 된 것이다. 학질은 11년 전에도 걸려, 백일 동안이나 '한열상교전(寒熱相交戰)'으로 고통한 바 있거니와, 그것으로 한 겨울과 한 봄을 죽살이쳤으니, 술을 끊고 말고가 어디 있었겠는가?
　다음은 〈登高〉를 지은 대력 2년 가을의 시들에서 그의 병세를 살펴보면, 〈復愁十二首〉 중의 맨 끝 수에는,

병이 덜리니 시가 옹졸해지고

읊음을 많이 하니 뜻이 넉넉하도다.
病減詩仍拙　吟多意有餘

하여 병세가 매우 호전되어 꽤 생기가 도는 기상이요, 또 같은 해 가을의 〈江漢〉에서는,

지는 해에 마음이 오히려 건장(健壯)해지니
가을바람에 병이 나을 듯하도다.
落日心猶壯　秋風病欲蘇

가을바람에 심신이 소복(蘇復)됨을 자각할 만큼 좋아졌다. 그런가 하면 〈復愁〉의 11째 시에는,

이제 '九日'이 되니
술은 외상으로나마 사야겠네!
如今九日至　自覺酒須賒

라고 읊었으니, 이 '九日'이야말로 〈登高〉와 같은 해의 '九月 九日'이니, 외상으로까지 해서 산 술을 마시지 않았대서야 말이나 되겠는가? 뿐만 아니라 역시 같은 해의 가을에 지은 〈秋淸〉에는,

높은 가을에 폐 기운이 살아나니
내 흰머리를 내 손으로 빗노라.
高秋蘇肺氣　白髮自能梳
　—中略—
시월에 강물이 평온하거든

가벼운 배 제 가는 대로 좇아 가리라.
　　十月江平穩　輕舟追所如

한 것을 보면, 다시 물길 따라 고향으로 돌아갈 궁리까지 할 만큼, 몸에 자신이 붙었음을 알 수 있다. 한편 〈奇劉峽州伯華使君四十韻〉에,

노후(魯侯) 기리는 시로 회포를 펴며,
면수(澠水) 같은 아까운 술도 끊었네.
　　展懷詩頌魯　割愛酒如澠

라 한 것을 보면, '登高' 직전(直前)까지도 술을 끊고 있었음을 알 수 있는데, 〈登高〉에서 마시기 시작한, 그 직후(直後)의 것으로 보이는, 〈孟倉曹領酒醬見遺老夫〉에는,

험한 밥이지만 향미(香味)를 더하고
벗이 옴에 곤죽으로 취하다.
　　飯糲添香味　朋來有醉泥

했으니, 주량이며 취정(醉醒)의 수위(水位)도 전만큼이나 회복되어 있음을 알 수 있다.
　이리하여 2, 3개월 연기는 됐으나, 필경 계획대로 이듬해인 대력 3년 1월, 그곳을 출발, 삼협(三峽)의 험난(險難)을 거쳐, 3월에 강릉(江陵)에 도착, 가는 곳마다 주흥이 도도했으니, 그 한 예로 〈宴王使君宅二首〉에는,

스스로 시를 읊어 늙음을 보내고
서로 술을 권해 낯을 여노라.
自吟詩送老　相勸酒開顔

강호에 맑은 달 떨어질 제야
곤드레만드레로 더위 잡혀 돌아오다.
江湖墮淸月　酩酊任扶還

　남의 부축을 받아서야 집으로 돌아올 만큼 과음을 했으니, 그 기염이 얼마마했는가를 헤아릴 수 있으리라.
　위에서 열거한 실증(實證), 방증(傍證), 반증(反證) 등으로, '停杯'의 참뜻과, 당시 작자의 병세의 추이, 〈九日五首〉의 성분과 편차(編次)의 착종(錯綜)에서 빚어진 오해의 경위(經緯) 등을 밝혔거니와, 비록 이러한 문헌상의 증거가 없다 할지라도 문의(文意)의 명시하는 대로, 또 시 자체의 지향(指向)하는 대로, 그대로 순리대로 따르면 그만일 것을, 구태여 고인을 눈치 보느라 불필요한 문제를 빚게 된 것이매, 진실로 맹자(孟子) 소위 '진신서(盡信書)면 불여무서(不如無書)'임을 절감(切感)케 함이 있다.
　그러고 보면, '斷酒'로 풀이하면서도, '古今 七律의 으뜸'이라고 절찬(絶讚)한 명(明)의 호응린(胡應麟)의 평보다는, "다만 애석한 것은 맺음말이 낮고 약하여, 드디어 기세가 떨치지 못하였다(獨惜結語卑弱 勢逐不振)."라고 평한, 명(明)의 고신(顧宸)의 평이야말로 '斷酒'로 풀이됐을 때의 가장 적절한 평이 아닐 수 없다.
　천수백 년 동안 그 무수한 독두인(讀杜人)들이 '斷酒'의 선입견 때문에 이 시의 결말이 활짝 기세를 떨치지 못하고, 궁상을 떨다가 옹졸로 끝난 것으로 곡해됐다면, 그 곡해를 당해 온 시나 작자야말로,

어찌 억울하지 아니하며, 또한 그 때문에, '성문(城門)에 불이 나니 그 화가 못 물고기에 미친다(城門失火殃及池魚)'는 격으로, 엉뚱하게도 한국의 수험생들이 수난을 당하고 있는 현실은 또 무엇이라 해야 할 것인가?

두보 편 杜甫篇

향사
鄕思

—鄉思—

나그네의 밤

나그네 잠이 어찌
이내 오리오?
가을 하늘 밝음이
되레 귀찮다.

발 사이 비쳐 드는
지새는 달빛
돋아 베는 베개 너먼
먼 강물 소리

생계에 우둔하여
의식이 없어
막다른 길, 벗에게
의지했나니,

노처에의 편지의
매번 사연은
못 돌아갈 사정만
자세하여라!

客睡何曾着　秋天不肯明
入簾殘月影　高枕遠江聲
計拙無衣食　途窮仗友生

老妻書數紙　應悉未歸情
〈客夜〉

부연　나그네 되어 떠도는 몸, 자리에 눕는다고 어찌 이내 잠 들 수 있으랴? 매양 겪는 일이지만, 앉아서는 꾸벅꾸벅 졸리던 잠도, 정작 자리라 하여 눕고 보면, 되레 싸느라이 식어지면서 정신은 말똥말똥 살아나, 묻혀 있는 온갖 기억들을 들추어 낸다. 이럴 때 유난히도 밝은 가을 달은, 지난 일들을 되비쳐 주는 거울인양 갖가지 시름을 북돋운다. 그리운 처자, 생사조차 모르는 아우들, 두고 온 산하, 끝이 보이지 않는 전란, 나라의 운명… 등 차라리 저 달의 밝음이 고맙지가 않다.

이리 뒤척 저리 뒤척 시름을 뒤척이다 보니, 추양장(秋夜長) 긴긴 밤도 새벽으로 접어드는 듯, 어제 저녁 동창에 번듯하던 것이, 이제는 지새는 달빛으로 해사히 야위어, 서창 발 사이로 나를 기웃거리고 있다.

베개를 추스리어 다시 돋우어 베니, 어느 먼 강에선지 목메어 흐느끼는 가을 벌레 소리에 섞이어, 그윽한 여울 소리가 처량하게 들

---

* **題意** 보응 원년(762), 작자 51세, 이해에 현종·숙종이 차례로 죽고, 그 장례를 위하여, 장안으로 떠나가는 엄무(嚴武)를 배웅하여 배로 면주(綿州)에 이르렀다. 바로 이때 서지도(徐知道)의 모반으로 성도(成都) 일대는 대혼란에 들고 교통도 끊어져 가족이 있는 초당으로 돌아갈 수가 없어, 부득이 그곳에 머물렀던 것이다.
客睡何曾着(객수하증착) '曾'은 '이내, 곧바로'의 뜻과, '일찍이, 이전에'의 뜻의 중의(重義). 이내 잠들지 못함이 이전에도 번번이 그러했음을 말한 것. '睡着'은 잠듦.
不肯(불긍) 좋아하지 않음.
計拙(계졸) 생계에 소졸(疎拙)함. 생활 계책에 둔함.
途窮(도궁) 길이 궁함. 막다른 길에 이름.
友生(우생) 친구. '伏'은 의지함.
老妻書數紙(노처서수지) '數'는 한 번만이 아닌, '보낸 몇 번의 편지에마다'의 뜻.

려온다.
　이미 몇 번이고 되풀이하는 일이지만, 생각사록 지난 한 생애가 한스럽기 그지없다. 생계에 등한하여 한 가정을 건사하지도 못해, 뿔뿔이 헤어져 생사조차 모르는 채, 내 한 몸뚱이마저 자립하지 못하여 친구에 의탁해 있다니?
　요행한 인편이라도 있어, 늙은 아내에게 부칠 편지라고 쓸 때이면, 그때마다 사연의 대부분은, 으레 돌아갈 수 없는 사정만 늘어놓는 비정한 지아비가 아니던가….

평설　秋天不肯明!
　　　　이 천하의 역설을 보라.
　세인이 입을 모아 찬양해 마지않는, 가을 하늘의 밝은 달을, 도리어 귀찮아하다니?
　感時花濺淚　恨別鳥驚心　〈春望〉
에서처럼 '꽃을 보아도 눈물이요, 새소리에도 놀라는' 그 마음의 심층(深衷)을 어찌 모른다 하리?
　3·4구에서, 베개를 낮베었다 높베었다 하며 잠 못 이뤄 뒤척거리는 정황과, 날카로울 대로 날카로워진 시·청각의, 달그림자랑 강물 소리. '殘月'에 넌지시 기탁되어 있는 핏기 없이 수척해진 작자의 모습, 더구나 동창이다가 서창인 달의 궤적(軌跡)에 기록되어 있는, 기나긴 가을밤의 불면의 시간 길이, 그리고 5·6구의 불면에 으레 따르게 마련인, 떼쳐도 뿌리쳐도 집요하게 달라붙는 생애의 이런저런 회한사(悔恨事)! 끝으로, 늙은 아내에 대한 안쓰러움과 자책(自責) 등, 이 눈물 있는 사나이의 인정미와 진실성을 또한 어찌 간과할 수 있으랴?
　시형은 오언율시, 운자는 평성 '庚'운.

반가운 소식

검각(劍閣) 밖에서 홀연히 듣네.
계북(薊北) 수복의 반가운 소식
순간 느닷없이 쏟아지는 것
흥건히 옷자락을 사뭇 적셨네.

시름이 언제러뇨?
활짝 갠 처자 얼굴,
마구 책 걷어치며
미칠 듯 기쁜 내 마음.

흰머리에 노래 부르며
무진무진 술 마시리—
푸른 봄 가족 더불어
신나게 고향 가리—

당장, 파협(巴峽) 물길로
무협(巫峽)을 뚫어
이내 양양(襄陽)에 내려
낙양(洛陽)으로 향하리—.

劍外忽傳收薊北　初聞涕淚滿衣裳
却看妻子愁何在　漫卷詩書喜欲狂
白首放歌須縱酒　青春作伴好還鄉

卽從巴峽穿巫峽　便下襄陽向洛陽
〈聞官軍收河南河北〉

부연 검각산(劍閣山) 바깥인 서촉(西蜀) 지방, 이 외진 변경(邊境)에 홀연히 전해 온 황홀한 소식! 반군의 근거지가 되었던 하남·하북 지방을 관군이 수복(收復)했다는, 아 진정 꿈같은 소식인 것이다.

　몽매에도 기다려 오던 이 소식을 처음 듣는 순간, 나는 엉뚱하게도 눈물이 왈칵 쏟아져 내리는 것을 어찌하지 못했다. 걷잡을 길 없이 흐르는 눈물로 옷자락이 흥건히 젖도록 실컷 울고 났더니, 그제야 가슴속에 막혔던 것이 내리는 듯, 멍하니 정신이 든다. 둘러보니 언제나 짙은 시름에 찌들려 있던 아내며 아이들의 어둡던 얼굴도, 언제 무슨 걱정이 있었더냐는 듯이, 환한 얼굴로 획 바뀌어 있다.

　나는 읽고 있던 책을 후다닥 되는 대로 아무렇게나 걷어치우면서, 기쁨으로 두방망이질하는 가슴속의 고동을 가라앉힐 길 없어, 그야말로 미칠 지경이다.

---

* **題意** 광덕(廣德) 원년(763), 작자 52세 때의 봄. 자주(梓州)에서 이 승전의 쾌보를 듣는 순간의 흥분을 그린 것이다. 이보다 앞서 이 하남·하북 지방은 사사명(史思明) 반군의 막강한 세력 근거지로 점거되어 있었으나, 자중지난으로 사명이 그 아들 조의(朝義) 손에 죽고, 조의 또한 이회선(李懷仙)에게 죽음으로써 반란 5년 만에 비로소 그 막이 내린 것이다.

劍外(검외) 검각산(劍閣山)의 바깥, 곧 촉(蜀)을 이름.
薊北(계북) 하북성(河北省) 계현(薊縣)의 북쪽. 당시 반군의 근거지였던 곳.
漫卷(만권) 함부로 마구 걷어치움. '卷'은 '捲'과 통한다.
詩書(시서) ① 책. ② 시경과 서경. 여기서는 ①의 뜻.
縱酒(종주) 술을 마음껏 마심.
靑春(청춘) 푸른 봄. 푸른 봄 경치.
作伴(작반) 길동무를 삼음. ~와 함께 짝하여 감.

늙은 몸 새로 젊어진 듯, 흰 머리카락 풍류인 양 휘날리면서, 부끄럼 없이 큰 소리로 노래 노래 부르면서, 백 배(百杯) 천 배(千杯) 무진무진 마시리라.

연도(沿道) 어디 없이, 끝없이 펼쳐지는 신록의 봄 경치를 길벗 삼아, 식구들 거느리고 신나게 고향으로 돌아가리라.

지금 당장이라도 장강에 배를 띄워, '파협' 물길을 좇아, 하늘을 가린 기험(奇險)한 양안(兩岸)의 천인 절벽(千仞絶壁) 사이의 굴속과도 같은 좁은 물목인 '무협'을 꿰뚫어, 순식간에 '삼협(三峽)' 700리를 벗어나 양양에 닿게 되면, 거기서 배를 버리고, 육로로 해서, 그리운 고토(故土) 낙양으로 향해 돌아가리라.

평설 전편에 고동하는 흥분된 맥박, 상기된 숨결이 손에 잡힐 듯하다. 소식 듣는 순간 왈칵 쏟아지는 것이야, 8·15나, 6·25때의 서울 수복 등에서 겪어 본 이야 누구나 체험했던 일이다. 작자가 겪은 그 오랫동안의 얽히고 맺힌 생애의 분한(憤恨)도, 이 감격의 눈물의 정화 작용으로, 이미 반분(半憤)은 풀린 듯 반 보상은 받아 낸 듯, 가슴속이 후련히 뚫렸으려니, 이럴 때 점잖이고 체통이 어디 발붙일 틈이라도 있겠는가? 소년처럼 사뭇 작약(雀躍)하는, 그야말로 미칠 듯한 환희의 격정을 아무런 수식도 없이 진솔 소박하게, 다급한 휘몰이장단으로 내쳐 쏟아 놓았다. 근엄과 우수가 주조(主調)인 두시로서는 실로 희귀한 흥분물(興奮物)이 아닐 수 없다.

却看妻子愁何在　漫卷詩書喜欲狂

이에 대하여는 《두시언해》를 비롯한 많은 주해서들이 구구한 오해들을 하고 있다. '도리어 처자를 만나 보게 될 것이니 시름이 어디 있으리요?'로 보는 견해는, 처자와 서로 헤어져 있음을 전제로 한 풀이이나, 기실 처자는 그때 이미 솔권하여 함께 살고 있었으며, '漫卷'도 부질없이 시서를 권질(卷秩)함이 아니라, 때마침 읽고 있던 책을 되고 말고 걷어치우는 것으로, 흥분한 상태에서의 거친 동작일 뿐이다.

白首放歌須縱酒 靑春作伴好還鄕

'放歌'와 '縱酒'의 길길이 뛰고픈 해방감, '作伴'과 '還鄕'의 신나는 행차, '白首'와 '靑春'의 멋스러운 대조 등, 독자로 하여금도 한잔 아니할 수 없게 하지 않는가?

卽從巴峽穿巫峽 便下襄陽向洛陽

이는 신나게 고향 돌아가는 '好還鄕'의 거침없이 단숨에 가 닿는, 일사천리의 노정이다. '卽·便'이 그 속도를 보여 주고 있다. 이는 '삼협(三峽)'을 지나는 노정으로, 양양까지는 수로로 가고, 거기서 하선하여서는 육로로 가게 됨을 '下'와 '向'으로 가닥 잡아 나타내고 있다. '삼협'이란 구당협(瞿唐峽)·무협(巫峽)·서릉협(西陵峽)의 총칭인데, 그 길이 총 192km, 중국 리수로 '삼협 700리'라 통칭되어 오는 장강의 가장 험절(險絶)한 협곡이다.

꽃구름 백제성을
아침에 떠나
강릉이라 천리 길을
그날로 왔네.
朝辭白帝彩雲間 千里江陵一日還

이백도, 급류에 띄어 나는 듯이 달려온 배를 내리며 이렇게 읊었던 것이다.

그런데, 여기 '삼협'에도 들지 않은 '파협(巴峽)'을 일컬었는데, 이 또한 파산(巴山)이 양치(兩峙)한 준삼협(準三峽)의 협곡으로 무협과 서릉협의 중간 구간(區間)이다. 그러므로, 무협을 지나서야 파협인데, 여기대로라면 파협을 지나 무협인 양, 그 위치가 도착(倒錯)되어 있다. 물론 흥분에서 온 작자의 착각일 테지마는, 그러나 이럴 때 이런 착각이야말로 '喜欲狂'에서 빚어진 착란 현상이라 탓할 수 없을뿐더러, 어느 면으로는 '문 들어온다 바람 닫아라' 식의 코믹하기까지 하여 무심중 일소를 터뜨릴 만도 하다.

여기서 또 한 가지 지적할 일은, '삼협'의 '구당협', '서릉협'일랑 제쳐놓고, 하필 그 계열에도 들지 못하는 '巴峽'을 '巫峽'과 짝지은 것은 어째서인가? 그것은 그 둘이 똑같이 2음절어(二音節語)로 장단이 맞기 때문이며, 또 엄하게 제한되어 있는 '七言'이란 속박 속에 능히 포괄될 수 있기 때문일 뿐만 아니라, 산악이 찢어질 듯 천길로 소쿠라지는 격(激)한 물소리가, 이 격음(激音)이자 파열음(破裂音)인 '巴'의 'ㅍ'음에 그대로 생동하고 있기 때문이니, 이 '巴'의 공덕의 지대함이야 재탄 삼탄(再嘆三嘆)이 아깝지 않다.

또, '巫峽'은 무산산맥이 가로 잘려, 천인 절벽끼리 대치해 있는 협곡으로,

봉우리들은 북두성에 솟아 닿았고
배는 땅굴 속으로 들어가누나.
峰與天關接 舟從地窟行

할 만큼 험절한 곳이라, 무협 통과를 '穿巫峽'으로 한 '穿(뚫다)'의 일자야말로 위의 '地窟(땅굴)'과 상응하는 가장 적절한 유일자(唯一字)라 할 만하다.

참고 작자가 하남·하북 수복의 소식을 '자주'에서 듣게 된 경위는 이렇다. 곧 그 전년 7월, 성도윤(成都尹)이었던 엄무(嚴武)의 귀경을 배웅하여, 배로 면주(綿州)까지 갔다가, 그 사이에 서천병마사(西川兵馬使) 서지도(徐知道)가 모반하여 성도 일대가 대혼란에 빠졌으므로 돌아오지 못하고 '자주'로 옮아갔던 것인데, 황학(黃鶴)의 주에 의하면, 그해 겨울에 성도로 돌아가 가족을 데리고 다시 '자주'로 왔다 했고, 12월에는 자주의 속읍인 통천 등지로도 다녔다고 했으니, 그가 솔권(率眷)한 것은 늦어도 12월 이전임이 분명하다. 그렇다면 사조의가 죽고 하남·하북이 수복된 것은 다음해 정월이요, 이 소식이 검각산 바깥 변경에까지 전달되기에는 다시 상당 일수가 소요됐으리니, '青春作伴'도 바로 당시의 현실 계절을 두고 이름이요, '却看妻子' 운운도 동거하고 있는 처자의 표정이 딴판으로 바뀌었음을 이름임에 의심할 여지가 없다.

전쟁이 끝나고 고향으로 돌아가게 된 종전의 희소식! 그의 말 그대로 그 '미칠 듯한 기쁜 소식'에 극도로 흥분한 작자의, 상궤에 벗어난 언행을, 고래의 두주인(杜註人)들은, 오히려 민망해하며, 본 궤도로 되돌려 놓으려는 의도적인 해석들을 하고 있음은, 도리어 민망스럽기 그지없다. 실로 생애 최고의 기쁜 소식에도 점잔이나 빼고 있는 것은, 돌부처가 아니라면, 위선인, 가식인, 또는 정신병자가 아닐 수 없다.

실로 오랜만에야 보게 되는 작자의 작약(雀躍)하는 천진한 모습에 독자의 체증도 후련해지는 정화작용에 동참하는 듯하지 않은가?

시형은 칠언율시, 운자는 평성 '陽'운.

못 가는 고향

강물이 푸를수록
새하얀 물새
청산엔 타는 듯
붉은 꽃떨기….

이 봄도 그렁저렁
가고 있는 걸
이 몸은 어느 해나
돌아가련고?

江碧鳥逾白　山靑花欲然
今春看又過　何日是歸年
　　　〈絕句 二首中(一)〉

부연　봄이 되니, 금강(錦江)의 물은 쪽빛처럼 푸르렀는데, 어느새 먼 나그넷길에서 돌아왔는지 푸른 물에 노닐고 있는 철새들의 흰 깃털이 푸름을 배경으로 유달리도 희게 돋보이는가 하면, 녹음이 짙어져 가는 푸른 산 여기저기에 떨기떨기 흐드러

逾(유) 더욱. '愈'와 같음.
花欲然(화욕연) 꽃이 불타는 듯함. '然'은 '燃'의 본자.
看又過(간우과) 보고 있는 가운데 또 지나감.
歸年(귀년) 고향으로 돌아가는 해.
* '碧'은 짙은 녹색이요, '靑'은 연초록빛이다.

진 꽃들은, 마구 활활 타오르는 불길인 양 붉기도 하다.

해마다 봄 되면 귀향의 장정(長程)에 오르리라 별러 오던 일이지만, 이 봄도 예년에서나 다름없이, 어정어정 보고 있는 가운데, 어느덧 봄은 저대로 저물어 가고 있어, 금년도 이미 가기는 글렀다. 아! 도대체 이 나의 고향 돌아가는 때는, 그 어느 해에나 이루어질 수 있단 말이냐?

평설 광덕(廣德) 2년(764), 작자 53세 때의 봄, 성도(成都)의 완화초당(浣花草堂) 시절의 작이다.

江碧鳥逾白　山靑花欲然

이 대구에서 종횡으로 맞비추고 있는 색채의 대조미(對照美)며, '江山花鳥'의 안배의 묘를 상미(賞美)할 것이다.

縱 ― 碧 : 靑, 白 : 然(紅).　　江 : 山, 鳥 : 花.
橫 ― 碧 : 白, 靑 : 然(紅).　　江 : 鳥, 山 : 花.

이들 자연물이나 색채들은 서로 상대를 돋보이게 하는, 소위 대조(콘트라스트)의 효과에 의한 상승 작용을 하고 있음에 유의할 일이다.

今春看又過　何日是歸年

봄을 놓쳤으면 여름에라도 출발하면 될 게 아니냐고 할 참인가? 천만에! 봄이라야 해빙이 되고, 해빙이 되야 물길 대장정의 양자강을 내려, 다시 육로로, 그래도 엄동이 되기 전에 간신히 고향 땅을 밟게 될까 말까이기 때문이다. 그러므로 그 봄을 놓치면 다시 다음 봄을 기다릴 수밖에 없다. 따라서 다음 구의 '돌아가는 날(何日)'을 '年'으로 호응했음도 이해가 되리라.

다음 '看'을 음미해 보자. 아무 하는 일도 없이 어정거리는 가운데, 봄은 왔고, 그 봄은 점점 무르익어, 이젠 마지막 꺼지기 직전의 불길처럼 온 산천이 꽃으로 활활 타오르니, 저것이 바람 앞에 낙화로 허물어지는 날, 봄은 끝장이 나고 말 것이다. 그 사이 나는 무엇을 하고 있었더란 말인가? '눈뜨고 절명(絶命)한다'는 격으로, 몰랐다면 모를까. 뻔히 보고 있는 가운데, 때를 놓치고 말았으니, 이게 무엇인가? 이 '看'에 어려 있는, 심한 '회환'의 자책을 놓친다면, 시미(詩味)의 반을 잃고 말 것이다.

다음 '又'를 보라. 봄이면 떠나리라 해마다 다짐하면서도, 그 봄을 허송하고 마는 그런 일이 '今春'만이 아님을 말해 주고 있음이다.

다음 구의 '是'는 '歸年'을 지칭함이나, 그 '귀년'이란 것이 기실 허망한 미지의 일임에도 불구하고 '어느 날이야 이 돌아가는 해이려뇨?'로 '이'를 강조 감탄하였으니, 이 '이'의 '歸年'에 대한, 애타게 기대되는, 그 애닯고 초조로운 심정을 읽지 못한다면 또한 시미의 나머지 반을 마저 잃고 말리라.

불과 20자! 그 한 자 한 자마다에 함축되어 있는 곡진한 긴긴 사연들, 자간 행간에 없는 듯 서려 있는 은근하고도 절절한 정회! 이 봄의 막바지에 서서 넋을 놓고 장탄식하는 아, 천애의 나그네여!

시형은 오언절구, 운자는 평성 '先'운.

밤

이슬 내려 하늘은 높고 가을 물이 맑으니,
공산 홀로 한 밤의 나그네 넋을 놀래어라!

성긴 등불은 외로운 배에 잠든 얼굴을 비추어 있고,
초승달은 맞다듬이 소리 자지러지는 밤하늘에 걸려 있다.

남쪽 국화를 재차 만나매, 내 병나 누웠나니,
고향 소식 오지 않으니, 기러기도 무정해라!

달을 걷다 막대에 비겨 별빛을 바라보자니,
은하수도 감응하여 아득히 봉성에 닿아 있고녀!

露下天高秋水淸　空山獨夜旅魂驚
疎燈自照孤帆宿　新月猶懸雙杵鳴
南菊再逢人臥病　北書不至雁無情
步蟾倚杖看牛斗　銀漢遙應接鳳城
〈夜〉

부연　어느덧 백로의 계절이라, 밤엔 흥건히 흰 이슬은 내리고, 비구름 말끔히 걷히어 하늘은 높푸른데, 투명한 가을 물은 맑기만 하니, 이해도 벼르고 벼르던 고향으로의 꿈은 이루지 못한 채, 이미 세서(歲序)가 기우는 덧없음이, 삼협(三峽)의 입구인 기주의 밤에 홀로 깨어 있는 이 나그네의 마음을 놀라게 하는구나.

  장강 기슭에 매여 있는 돛배들에 드문드문 밝혀져 있는 등불은, 저 혼자 깨어 있어, 곤히 잠들어 있는 주인의 피곤한 얼굴을 물끄러미 굽어 비추어 있고, 은갈고리 같은 초승달은 아직도 지지 않고, 도드락도드락거리는 쌍다듬이 소리 요란히 퉁겨 올라가 집결하는 듯한 반공에 애처롭게 매달려 있다.

  기주에서의 국화 핌을 두 번이나 보도록 고향에 돌아가지 못한 채, 나는 마침내 병까지 얻어 눕게 되었건만, 고향에서는 소식 한 장 감감하니, 이럴 때 소무(蘇武)의 고사에서처럼, 기적이라도 있어 줌직도 하다마는, 모든 것이 나를 외면하는 듯, 무정하기만 하다.

  달빛을 밟아 걸으며 고향 생각에 잠기다가, 지팡이에 몸을 기대고 견우성이랑 북두성 등 별빛을 쳐다보노라니, 천상(天象)도 유심할사, 은하수도 감응한 듯 아득히 장안의 대궐에 닿아 있어 보이니, 국운이 되돌아올 조짐인 것도 같아 그윽이 한 가닥 희망을 품어 보

疎燈(소등) 여기저기 드문드문하게 비쳐 있는 등불.
自照(자조) 스스로 비춤. 다 자는데 저 홀로 비춤.
猶懸(유현) 진작 졌어야 할 것이 아직도 달려 있다는 뜻.
雙杵(쌍저) 두방망이질 하는 소리. 맞다듬이 소리.
南菊(남국) 남쪽 국화. 남쪽 타향의 국화란 뜻.
再逢(재봉) 다시 만남. 두 해째 그 피는 것을 봄.
人臥病(인와병) 사람이 병나 누웠음. '人'은 자신을 가리킴.
北書(북서) 북쪽에서 오는 집 소식.
雁無情(안무정) 기러기가 무정함. 기러기는 유정하여 그리운 사람 사이의 편지를 전달한다는 소무(蘇武)의 고사를 배경으로 한 말.
步蟾(보섬) 달빛 아래 거닐음. '蟾'은 달에 두꺼비가 있다는 전설에서, 달의 별칭으로 관용되는 말. 步月(보월).
倚杖(의장) 높은 곳을 쳐다보기 위하여 지팡이에 몸을 젖혀 기대는 자세를 이름이다.
牛斗(우두) 견우성(牽牛星)과 북두성(北斗星).
銀漢(은한) 은하수.
鳳城(봉성) 장안의 궁성을 이른 말.

기도 한다.

평설 대력(大曆) 원년, 기주(夔州)에서의 향사(鄕思)이다. 이 협구(峽口: 삼협의 입구)에 온 지도 두 해째인 가을, 이해 여름에 든 모진 학질은 가을·겨울을 지나 이듬해 봄까지 그를 비참하게 하였으니, '南菊再逢人臥病'도 이 사실을 가리켜 한 말이며, 또한 그 시정은, 〈秋興(一)〉에서는 '叢菊兩開他日淚'라 읊기도 했던, 고향 그리움의 절절한 심사인 것이다.

疎燈自照孤帆宿　新月猶懸雙杵鳴

등불에 비추인 잠든 얼굴! 그것도 돛대 아래 아무렇게나 쓰러져 잠들어 있는, 유랑 인생의 피로한 얼굴, 긴장도 매무새도 다 풀어 헤뜨리고, 될 대로 되라는 듯 내동댕이쳐 놓고 있는 목석 같은 몸뚱어리! 그것은, 근본 외롭고 부끄러운 인생의, 그 아득한 깊이가 여지없이 조사폭로(照射暴露)되고 있는 자화상을 대하는 듯, 정시하기에는 보는 이가 도리어 딱하고 미안하여 고개를 돌리고 말, 그런 정경이다.

칠흑 같은 밤하늘엔 초승달 하나 깨어 있고, 멀리서 들려오는 다듬이 소리, 그 도드락도드락거리는 동글동글한 소리들은 한결같이 반공으로 반공으로 퉁겨 올라가 달면에 닿았다가는 다시 퉁기어 싸락눈처럼 쏟아져 내리고 있다. 겨울옷 채비에 바쁜 아낙네의 손길에서 빚어 나는 그 초조로운 가락은, 아직도 베옷 차림의 나그네로 하여금 무한 향사에 잠기게 함이 있으니, 이 전후구의 경지는, 정히 시정도 심각한 천하 경인구(驚人句)가 아니고 무엇이랴?

그리고, 이 후구의 정황은, 시청각의 공감각적 현상임은 물론이다.

시형은 칠언율시, 운자는 평성 '庚'운.

구일오수(1)

중양이라 혼자 잔술로 접구하고
병든 몸 일으켜 강변 대에 올랐네.
죽엽주도 내게는 연분이 없고
국화도 앞으로야 피든지 말든지….

타관 땅에 해는 지고 원숭이는 우는데,
고향엔 서리 전에 백안도 왔으련만!
쓸쓸코야, 아우며 누이 어디들 가 있는고?
전쟁과 늙음이 서로 나를 핍박하네.

重陽獨酌盃中酒　抱病起登江上臺
竹葉于人旣無分　菊花從此不須開
殊方日落玄猿哭　舊國霜前白雁來
弟妹蕭條各何在　干戈衰謝兩相催
　　　　　　〈九日五首(一)〉

부연　오늘이 중양절이라, 고래의 습속대로 친구며 친척들 함께 수유(茱萸) 꽂고 대(臺)에 올라 국화주 마시며 즐길 좋은 명절이건만, 객지에 병들어 있어, 술 또한 못 마실 처지라, 다만 의례적으로 소량의 잔술(杯酒)을 접구만 하고, 병든 몸 일으켜 여기 강변 대에 올라온 것이다.

생각건대, 죽엽청과 같은 명주도 내게는 연분이 없게 되었고, 중양절의 국화주도 못 마실 처지고 보니 앞으로야 국화꽃이 피지 않는다손 안달할 것도 없게 될 것 같다.

  타향도 별난 타향인 이 삼협 지방에는, 해만 지면 검은 원숭이들의 처량한 울음소리가 끊이지 아니하니, 떠도는 신세의 서글픈 심사 금할 길 없거니와, 고향엔 서리 내리기 전엔 이미 백안도 제철을 알아 돌아와 있으련만, 가엾은 아우며 누이들! 그들도 철새들이랑 함께 고향 가 있기나 하면 좀 좋으련만, 그러나 어찌 그러기를 바랄 수나 있으랴?

  아, 가여워라! 그들은 각기 어디들 가 있는고? 전쟁과 늙고 병듦이 나를 못살게 핍박하여, 가위 인사 불성으로, 형 구실도 못하게 하는구나.

평설　〈九日五首〉란, 시형으로 보나 시작 연대로 보나, 도저히 한 제하(題下)에 묶을 수 없는 것을, 마치 연작인 양 일괄한 것은, 소잡(疎雜)한 후인의 소위일 것으로, 〈登高〉의 평설에서 밝힌 바 있으므로, 여기서는 재론하지 않거니와, 그중 첫 수인 본시와 둘째 수는, 그 제하의 주에 밝힌 바인 대력(大曆) 2년의 작이 아니라, 그 한 해 전인 대력 원년의 '九日'임이 틀림없다. 술을 끊은

獨酌盃中酒(독작배중주) 혼자 적은 양의 술을 마심. '杯中酒'는 잔술, 곧 배주(杯酒). '獨酌'은 '少飮'으로 된 데도 있으니, 곧 의례적(儀禮的)으로 소량의 술을 접구(接口)만 했다는 뜻이다.
竹葉(죽엽) 술 이름. 중국의 소흥(紹興) 명주인 '竹葉淸'을 이름.
于人(우인) 于＝於. '내게 있어서'의 뜻.
殊方(수방) 특수한 이향(異鄕).
白雁(백안) 기러기보다 몸집이 작고, 털빛이 흰, 기러기의 일종. 백안이 오면 서리가 내린다 하여, 상신(霜信)이라고도 한다.
衰謝(쇠사) 늙어 기력이 쇠진함. 노쇠.
兩相催(양상최) 두 가지가 서로 핍박해 옴.

것도, 그 해 가을, 겨울에서 이듬해 봄까지 끈 심한 학질로 해서 시작하여, 속발된 폐병으로 하여 그해 여름까지 계속했다가 병이 호전된 그해(태력 2년) '九日'에는 다시 마시기 시작하여, 이후 타계할 때까지 내내 주흥이 도도했던 것이다.

 원숭이 울음에서 뿔뿔이 흩어진 아우며 누이들을 상기하고는, 벌써 고향에 와 있을 백안처럼, 어쩌면 그들도 거기 가 있을 것도 같은 환상도 해 보지만, 다 부질없는 자위일 뿐, 전쟁과 노쇠 때문에 형 노릇도 못하고 있는 자신을 끝없이 한탄하고 있는 이 끝연의 자간(字間) 행간(行間)을 읽을 것이다.

 시형은 칠언율시, 운자는 평성 '灰'운.

추흥(1)

옥 같은 이슬에 신나무 숲이 이울어 떨어지니,
무산·무협에 가을 기운이 쓸쓸하구나.
강사잇 큰물결은 하늘에로 소쿠라지고,
성채 위의 바람과 구름은 땅에 이어 어둑하다.

떨기 국화 다시 피니, 지난날의 눈물이요,
외로운 배 한 번 매였으니, 고향 그리운 마음일다!
집집마다 겨울옷 채비에 바쁜 손길들
백제성 높이로 다급한 저녁 다듬이 소리여!

玉露凋傷楓樹林　巫山巫峽氣蕭森
江間波浪兼天湧　塞上風雲接地陰
叢菊兩開他日淚　孤舟一繫故園心
寒衣處處催刀尺　白帝城高急暮砧
〈秋興 八首中(一)〉

부연 백옥 같은 찬 이슬이 연이어 내리더니, 그리도 아름답던 신나무 숲의 붉은 단풍도 여지없이 시들어 떨어지는 숙살(肅殺)의 가을! 천험(天險)의 요해처(要害處)인 무산·무협은 쓸쓸하면서도 장엄한 기운이 감돌아, 나그네의 마음을 비장하게 하

凋傷(조상) 시들어 떨어짐.
巫山巫峽(무산무협) '巫峽'은 삼협의 하나인 협곡이요, '巫山'은 그 협곡을 이룬 산으로, 사천성(四川省) 기주에 있는 절경이다.

고 있다. 협곡 좁아진 목으로 소쿠라지는 강물은 하늘에 닿을 듯 용솟음쳐 오르고, 산윗성채(城寨=白帝城)에 설레는 바람과 구름은, 바닥에까지 드리워 어둑어둑하다.

성도를 떠나 장강을 하강하던 귀향길이, 이곳 기주(夔州)에서 발이 묶여, 벌써 두 번째로 국화 피는 것을 보고 울게 되니, 이는 지난해 울었던 바로 그 고향 그려 흘렸던 그 눈물 그대로요, 한편 늙고 병든 몸 의지할, 오직 하나인 외로운 배(親朋無一字 老病有孤舟 〈登岳陽樓〉)는, 한번 기주의 강 언덕에 비끄러매인 이래로, 다시는 그 고향에로의 한결같은 마음을 풀어 볼 길이 없이, 속절없는 나날만 보내고 있으니, 배 임자의 마음만 그러할 뿐 아니라, 배의 마음도 또한 '내내 고향 그리는 마음'으로 가득하다.

날씨는 날로 쌀쌀해져 썰렁한 베옷 소매가 민망하기 그지없는데, 집집마다엔 겨울옷 채비에 바빠졌는 듯, 마치 세모가 임박했음을 다그치듯, 숨가쁘게 재촉해 대는 저 두방망이의 맞다듬이질! 그 도드락도드락거리는 잦은 가락은, 곡예사가 여러 개의 죽방울을 연거푸 받아 올리듯, 연방 백제성 높이만큼이나 오르단 떨어지고 떨어지곤 하여, 기주의 저문 하늘을 온통 덮었으니, 이 고장 주부들의

蕭森(소삼) 쓸쓸함.
兼天湧(겸천용) 하늘에 닿을 듯 용솟음쳐 오름.
塞(새) 요새(要塞). 성채(城寨).
叢菊(총국) 떨기 국화. 무더기로 핀 국화.
兩開(양개) 성도를 떠난 후로 같은 기주(夔州)에서 국화 피는 것을 두 해째 보게 된다는 뜻.
他日淚(타일루) 지난날의 눈물.
刀尺(도척) 가위와 자. 곧 재봉하는 일.
白帝城(백제성) 사천성 기주에 있는 성.
砧(침) 다듬이.
* 두방망이질 양손으로 번갈아 치는 다듬이질.
 맞다듬이질 두 사람이 마주 앉아 두방망이질하는 다듬이질.

마음 바쁨도 저러하거든, 하물며 떠도는 나그네의 초조로움이야 다시 어떻다 하랴?

평설 이 시는 대력(大曆) 원년(766), 작자 55세 때, 성도(成都) 시대를 마감하고 배로 장강을 하강하다 기주(夔州: 지금의 奉節)에서 2년을 보내게 되는, 그 둘째 해의 가을의 지음이다.

전 8수의 이 연작시는 한 수 한 수가 독립되어 있는 한편, 전체는 전체대로 연괄(連括)되어 한 편의 장시를 이루고 있는, 그의 대표적 명작이다.

江間波浪兼天湧　塞上風雲接地陰

전구는 땅에서 하늘로, 후구는 하늘에서 땅으로, 상하하는 이 장관을 보라. 분등(奔騰)하는 무협의 수세(水勢), 산상의 성채에서 지상으로 이어져 설레는 풍운, 그 웅대한 경관과 비장한 감개는, 그대로 독자의 가슴속으로 이어져, 또한 분등하고 설레어, 처연케까지 함이 있으니, 진실로 천하의 대문자가 아니고 무엇이랴?

叢菊兩開他日淚　孤舟一繫故園心

'他日淚'를 지난날의 눈물이다, 미래의 눈물이다 등 고래로 논란하고 있으니 오히려 딱하기만 하다. 작년에 저 국화를 보고 고향 생각하면서 그렇게도 울었던 것인데, 여태도 못 돌아가고 다시 또 금년의 국화를 대하게 되니, 그것은 '국화'로보다는 오히려 '거년의 나의 눈물!' 바로 그것으로 비쳐 오는 것으로, 그 서러움 갑절이나 더함을 말해 주고 있는 것이다.

후구를 보자. 고향을 지향하여 신나게 달리던 배가, 한 번 이 기주의 강 언덕에 붙들어 매이자마자 그것을 마지막으로, 다시는 풀릴 기회를 얻지 못한 채, 배는 매양 애처롭게도 고향 생각에만 잠겨 있는 것으로 의인시(擬人視)되어 있다.

이는 물론 다름 아닌 작자 자신의 감정이입에서이겠지마는, 결과적으로 '고주', 곧 '고원심'의 등식으로까지 상관하게 된 것은, 전구의 '총국', 곧 '타일루'의 그것과 같은 것으로 그 표현과 대우(對偶)의 묘를 음미할 것이다. 또, '一繫'의 '一'에 깃들어 있는, 다시는 풀려나지 못하는 운명과도 같은 그 '매임'의 애달픈 맛도 놓치지 말 것이다.

寒衣處處催刀尺　白帝城高急暮砧

백제성은 기주에서는 까마득하게 올려다보이는 산 위의 성이라, 다듬이 소리는 성에서 나는 것이 아니라, 산 아래인 기주의 인가에서들 나고 있는 것이다. 간단없이 도드락거리는 그 방망이질은, 마치 무수한 죽방울을 연달아 쳐올리는 묘기와도 같아, 도드락도드락은 연달아 공중으로 공중으로 가볍게 떠올라 가는 느낌이다. 또, '城高'에는 '聲高'의 음감도 한몫 곁들어, 그 소리의 꽤나 높음을 은근히 함축하고 있다.

또, '急暮砧'을 보라. 하루 해도 저물고, 세서(歲序)도 늦어져, 모든 것이 촉박해졌음을 '急'과 '暮'로 나타냈으니, 베옷소매가 민망하게 오그라드는 나그네의 초조로운 향사를 이렇게도 생동하게, 경(景)의 뒤안에서 감쪽같이 그려 낼 줄이야! 이처럼 물성(物性)에까지 깊이 사무친 대시인의 입체적·복합적 함축을 단선적·평면적 해석으로 거두 절미하는, 종래의 안이한 평가는, 한갓 시의를 망치는 작업에나 이바지됐으리라.

시형은 칠언율시, 운자는 평성 '侵'운.

추흥(4)

듣자니 장안 형세
바둑 같다니,
한평생 세상일
설움도 겹다.

왕후의 높은 집엔
새 주인 들고,
문무의 의관도
예완 달라라!

관산 북엔 징·북소리
요란도 한데,
서(西)로 달린 정벌군(征伐軍)은
소식도 없다.

어룡도 적막할사
추강(秋江)은 찬데,
고국일레, 무시로
생각키는 건 ―.

聞道長安似奕棋　百年世事不勝悲
王侯第宅皆新主　文武衣冠異昔時
直北關山金鼓振　征西車馬羽書遲

魚龍寂寞秋江冷　故國平居有所思
〈秋興 八首中(四)〉

부연　장안 소식을 인편에서 듣자니, 관군과 적군의 형세는 마치 바둑판 위에 전개되는 국세와도 비슷하여, 몇 차례의 치열한 공방 끝에 이제는 완전히 적세하에 점거되고 말았다 하니, 한평생 겪는 신산(辛酸)한 세상일이야 그 슬픔 이루 감당할 길이 없구나. 이리하여 왕후 장상의 저택에는 새 주인이 갈아들고, 문무 의관의 복식도 옛날과는 다른 제도들이라 한다.

뿐만 아니라, 바로 북녘 고향 쪽에도 아직 전쟁은 그치지 않아, 군중(軍中)에서 울리는 징소리·북소리가 요란하게 들려오는 듯도 한데, 서녘으로 침입해 오는 회흘(回訖)을 물리치러 달려간 정벌군은 아직도 고전을 하고 있는 것인지, 첩보(捷報)를 전하는 우서(羽書)가 어찌 이리도 더딘지 초조하기 그지없다. 이렇듯 각 방면에서 외적이 쳐들어와 국운은 풍전 등화요, 백성은 어육이 나니, 이런 위급한 때이면 의당 천하를 평정할 영웅의 출현이 있음직도 하다마

聞道(문도) 듣건대.
似奕棋(사혁기) 기복 흥패(起伏興敗)의 형세가 마치 바둑판 위의 국세(局勢)와 비슷하다는 뜻.
百年世事(백년세사) 일생에 겪는 세상일.
衣冠(의관) ① 복식 제도. ② 열린 문물과 바른 예의. 여기서는 ①, ②의 중의.
金鼓(금고) 군에서 신호로 쓰는 징과 북.
羽書(우서) 긴급을 요하는 군용 문서. 새깃을 달았기에 이름. 여기서는 전황(戰況)을 알리는 속보(速報).
魚龍(어룡) ① 고기와 용. ② 용. 용의 일종. 여기서는 ②의 뜻. 〈庾信의 哀江南賦〉에 '草木之遇陽春 魚龍之逢風雨'란 구가 있어, 어룡이 풍우를 만나면 조화 등천(造化登天)한다 했고, 또 〈說文〉에는, '龍鱗蟲之長…春分而登天 秋分而潛淵'이라고 있어 용은 왕자(王者)나 호걸 준재(豪傑俊材)의 비유로 관용되어 온다.

는, 그러나 차가운 가을 물에 적막히 잠들어 있는 어룡과도 같이 소식이 감감하니, 피난살이 떠도는 이 몸에는, 그저 시도때도없이 나는 주책없는 고향 생각을 떼쳐 버릴 수가 없구나.

평설   제1구는, 이하 전구(全句)의 정황의 개괄에서 내려진 단정이요, 제2구는, 이하 전구의 감개를 포괄한 탄식이다. 따라서 제1·2구는 전편의 귀납이요, 이하 전구는 연역적 부연이다.

교호로 포진(布陣)하는 흑백 한 점 한 점에 변화 무쌍하게 바뀌어 가는 바둑판 위의 형세처럼, 일국의 수도인 장안은 반군과의 몇 차례에 걸친 치열한 공방 끝에 이제는 주객이 바뀌어 있을 뿐만 아니라, 문물 제도마저 변하여 있고, 사방의 국경 지대에는 외적의 침입으로 지금도 처처에 전쟁이 진행 중에 있는데, 천심도 냉담하여, 이럴 때 마땅히 출현하여 쾌도난마(快刀亂麻)로 나라를 평정할 구세 영웅의 소식 바이 없고, 일개 시인에 불과한 자신으로서는 국가에 이바지할 아무 능력도 없는 채, 다만 주책없는 향사만이 한시도 자신을 떠나지 않으니, 진정 일생에 겪는 세상일 설움도 겨움이여!

王侯第宅皆新主　文武衣冠異昔時
전구는 인물이 바뀌어 들었음이요, 후구는 문물 제도가 바뀌었음이다. 곧, 지금까지의 열린 문물과 바른 예의는 간데없고, 오랑캐의 문물과 예의로 변해 있다는 한탄이니, 제2구를 문무의 고관들도 새 사람들로 바뀐 것으로 보는 것은 전구의 내용과 중복될 뿐만 아니라 전혀 가당치 않다.

제6구의 '羽書遲'는 '羽書馳'로 된 데도 있어, 서신을 가지고 다급하게 달리는 것으로 보기도 하나, 이는 역시 급거 출동한 정서군으로부터의 승전 속보를 기다리는 초조한 심사를 읊은 것으로 봄이 온당할 듯하다.

魚龍寂寞秋江冷　故國平居有所思

　전구는 우리나라 신광수(申光洙)의 과시(科詩) '관산융마(關山戎馬)'의 수구에 '秋江寂寞魚龍冷'으로 뒤집어 인용되면서 더욱 널리 알려져 있는 명구이다. '魚龍'을 시인 자신의 은유로 보는 것은 온당하다 할 수 없다.
　시형은 칠언율시, 운자는 평성 '微'운.

악양루에 올라

동정호
악양루
예 듣다
올라 보니

동남으로 탁 터진 건
오나라 초나라요,
밤낮으로 둥실 뜬 건
하늘이요 땅이어라!

친척도 친구도
소식이 끊인
늙고 병든 몸엔
조각배 하나….

군마(軍馬) 득실대는
고향을 바라
헌함에 기대서니, 아.
하염없는 것, 눈물이어라!

昔聞洞庭水　今上岳陽樓
吳楚東南坼　乾坤日夜浮
親朋無一字　老病有孤舟

戎馬關山北　憑軒涕泗流
〈登岳陽樓〉

부연　내 진작부터 동정호의 천하 장관임을 익히 들어 오는 터이라, 한번 등림(登臨)하기를 염원해 왔었더니, 어찌 알았으랴? 오늘 그 소원이 이루어져, 이렇게 악양루에 올라, 그 전모 대관(全貌大觀)을 전망할 수 있을 줄이야!

헌함을 둘러 가며 사면을 둘러보노라니, 옛날 춘추시대의 양대국이었던 오나라와 초나라의 판도(版圖)는, 이 호수로 양분되어, 동쪽 남쪽으로 탁 터져 수평에 이은 지평이 일망 무제(一望無際)로 전개되어 있고, 위아래를 부앙(俯仰)하노라면, 일월 성신이며 운영 하채(雲影霞彩)며 산광 수색(山光樹色)이 밤낮없이 호면에 둥실 떠 있으니, 그 굉원 웅대(宏遠雄大)한 만천(萬千)의 기상이야 견줄 데가 다시 없다.

洞庭水(동정수) 호남성(湖南省) 북쪽에 있는 중국 최대의 호수, 동정호.
岳陽樓(악양루) 악양성의 서문루(西門樓)로서 당의 개원(開元) 연간에 장설(張說)이 건립한 누각.
吳楚(오초) 춘추시대에 있었던 두 나라. '吳'는 동정호의 동쪽인 江蘇省(강소성)·浙江省(절강성) 등지요, '楚'는 동정호의 남북에 걸친 호남성·호북성 일대이다.
坼(탁) 갈라짐. 터짐, 또는 전개(展開)됨.
乾坤(건곤) 음과 양, 하늘과 땅, 해와 달 등. 여기서는 천지간의 만물을 가리킴.
浮(부) 부동(浮動)함.
親朋(친붕) 친척과 붕우(朋友), 또는 친한 벗.
老病(노병) 늙고 병듦.
戎馬(융마) 군마(軍馬). 군대. 전쟁.
關山(관산) 고향의 산.
憑軒(빙헌) 헌함(軒檻)에 기댐.
涕泗(체사) 눈물. 눈에서 흐르는 것이 '涕'요, 코에서 흐르는 것이 '泗'이다.

그러나 순간, 창해 일속(滄海一粟)과도 같은 자신과의 대비에서, 감흥은 급전 직하(急轉直下), 걷잡을 수가 없다. 보라, 천애 이역(天涯異域)으로 전전히 표박(飄泊)하는 신세, 친척이며 친구들과는 서로 소식 끊어진 지 오래인데, 늙고 병든 몸의 의지할 데라고는 단 한 척의 조각배가 내 소유의 전부일 뿐이다.

더구나, 고향인 장안 일대는 아직도 적의 점령하에 있어, 오랑캐의 군마가 득실거리고 있다니, 돌아갈 기약도 망연하다. 갑자기 맥이 풀려 그 자리에 무너질 듯한 몸을, 간신히 난간에 의지하여, 아득히 북쪽 하늘을 바라보고 있노라니, 하염없이 줄줄 흘러내리는 눈물을 어찌할 길 없이 흘러내리는 그대로 내버려두고 있는 것이다.

평설 이 시의 전반부에 대한 후반부의 심한 낙차(落差)는, 유원 광대한 대자연 앞에 선, 혈혈 고종(子孑孤蹤)의 자신의 대비에서, 불가피하게 따를 시정의 급격한 전환이니, 이는 오히려 순리로운 당연한 귀결일 뿐이다.

1·2구의 '洞庭水'와 '岳陽樓'는 '호문(互文)'으로, 전후구에 상호 보완하며 교차 반복함으로써, 시의를 확충하고 시정을 부풀렸으니, '昔聞' 이래의 숙원이 '今上'으로 성취되는, 무한 감개가 행간(行間)에 자욱이 서리어 있음을 보게 됨도, 그러한 수사에 힘입음은 물론이다.

3·4구는 악양루 위에서의 극목(極目) 포괄한 우주 공간과, 주야로 연속되는 유구한 시간 속에 부동(浮動) 유전하는 묘막(渺漠)한 천지 만상이, 전후구의 '坼'과 '浮'를 기축(機軸)으로 전개되어 있음에 유의할 것이다.

6구의 '孤舟'는 현실적으로 그의 유일한 재산인 동시에, 의지가지

없이 풍랑에 부대끼는 자신의 상징이기도 하다.

  7·8구의 '憑軒'은, 맥이 빠져 몸을 가눌 수 없음에서요, '涕泗流'는 자제하려고도 아니하고, 쏟아지는 대로 방류(放流)해 놓고 있는 정황이다.

  이 시는, 대력 3년(768) 57세 때, 봉절을 떠나, 한 척 조각배로 장강을 하강, 이곳 동정호에 이르러서의 작으로 전한다.

  시형은 오언율시, 운자는 평성 '尤'운.

두보 편 杜甫篇

재회 再會 의 기쁨

—再會—

강촌(1)

험높은 붉은 구름
터진 사이로
지는 햇살 땅 위로
내리뻗칠 제,

새들 짖어 대는
사립문 앞엔
돌아온 나그네
천 리에 와라!

처자들, 내 살았음을
괴이해하다
놀라움이 가라앉자
눈물을 쏟다.

전란 속을 헤매어
떠돌던 이 몸
살아 돌아옴의
우연함이여!

담머리에 가득한
이웃 사람들
감탄하다 또한

흐느껴 운다.

밤 깊어 다시
촛불 밝히고
마주 대해 앉으니
꿈만 같아라!

　　崢嶸赤雲西　日脚下平地
　　柴門鳥雀噪　歸客千里至
　　妻孥怪我在　驚定還拭淚
　　世亂遭飄蕩　生還偶然遂
　　隣人滿牆頭　感歎亦歔欷
　　夜闌更秉燭　相對如夢寐
　　　　　〈羌村 三首中(一)〉

부연　　험준한 산악처럼 붉은 구름이 험상궂게 뭉게이는 서녘 하늘, 그 붉은 구름 간신히 터진 사이를 비집고 한 줄기 눈부신 햇발이 지상으로 내리꽂히는 저녁 무렵이다.

---

* 지덕(至德) 2년(757), 작자 46세 때의 가을, 부주(鄜州)에 피난해 있는 가족을 찾아갔을 때의 지음이다.
羌村(강촌) 두보의 처자가 피난해 있던, 부주의 마을 이름.
崢嶸(쟁영) 산이 높고 험한 모양. 여기서는 구름 봉우리의 형용.
赤雲(적운) 붉은 구름. 저녁놀.
日脚(일각) 햇발. 구름 사이를 비집고 내리쏘는 햇빛.
柴門(시문) 사립문.
鳥雀噪(조작조) 온갖 새들이 지저귐. '까치가 짖으면 집 나갔던 사람이 돌아오고, 거미가 모이면 재수가 있다(乾鵲噪而行人至, 蜘蛛集而百事嘉〈陸賈〉)'는 민간 신앙은 중국에서 비롯된 것인 만큼, 여기에도 그 뜻이 암시되어 있는 듯.

까치랑 온갖 새들, 저들도 낯선 이의 출현에 놀라, 떠들썩 짖어대는 사립문께엔, 돌아오는 한 나그네인 내가 천 리 먼먼 길 걷고 걸어 이제 막 당도한 것이다.

아내와 아이들은 죽었으리라고만 단정했던 내가, 이렇게 저들 눈앞에 살아 나타났음이, 도저히 믿어지지 않는다는 듯, 멍하니 바라만 보고 있다가, 차차 정신이 들자 그제야 실감하는 듯, 왈칵 눈물을 쏟아낸다.

어지러운 세상, 그 전란의 불길 속으로 정처없이 헤매던, 십중팔구 당연히 죽어 있어야 할 몸이, 구사 일생으로 이렇게 살아 돌아왔으니 이야말로 '우연!' 바로 그 우연이 아니고 무엇이랴?

이웃 아낙네들이 담 너머로 가득히, 우리의 만남을 넘어다보면서 반갑고 희한하여 감탄해 마지 못하다가, 끝내는 또한 모두들 흑흑 흐느껴 울어 버리고 만다.

밤이 늦도록 잠 못 이루어, 다시 촛불을 밝히고, 처자들과 마주 대해 앉으니, 이 만남이 아무래도 자꾸 꿈만 같아 믿어지지가 않는다.

歸客(귀객) 돌아오는 나그네. 두보 자신을 이름.
妻孥(처노) 처자.
驚定(경정) 놀랐던 마음이 가라앉음.
拭淚(식루) 눈물을 닦음.
飄蕩(표탕) 정처없이 떠돌아다님. '遭'는 조우(遭遇)의 뜻, 곧 (불운한 일을) 당함.
牆頭(장두) 토담의 위. 담머리.
歔欷(허희) 흐느껴 욺.
夜闌(야란) 밤이 깊어짐.
秉燭(병촉) 촛불을 손에 잡음. 불을 켬.
夢寐(몽매) 자면서 꿈을 꿈. 자나 깨나.

평설 광막한 천지, 흉흉한 기상을 배경으로 시작하여, 한 가닥 '햇발'에 이끌려 지상에로 내려와, 어느 사립문 앞에 멈춰 선 한 나그네에로 초점을 모아 옮겨 왔으니, 정히 천하를 떠돌다 돌아온 사나이 '歸客千里來'의 역정을 한눈에 조감하는 느낌이다. 또한 '赤雲'과 '日脚'은 '감도는 전운(戰雲) 속의 일루의 희망'으로 암유되어 있으니, 새소리의 효과음과 함께, 살아 돌아옴의 배경 묘사가 얼마나 감동적으로 생동하고 있는가를 음미할 일이다.

너무나 뜻밖의 생환에 처자들이 잠시 의아해하는 장면도 현장감 넘치는 대목이다. 또, '눈물을 닦다(拭淚)'는, 쏟아지는 눈물을 감당하지 못한 결과의 동작이니, '눈물을 흘린다(落淚)'는 작은 움직임보다 전자의 큰 움직임을 취했음은, 저만치 바라보는 처지에서의 사실이기도 하려니와, 또 그것은 결과로써 원인을 추리하게 하는, 더 효과적인 수법이기도 함을, 글자 한 자의 선택에도 반영되어 있음을 본다.

담머리에 가득 얼굴을 내밀고 마침내 흐느끼고 마는 이웃 아낙네들의 고운 인정도 그러려니와, 한편 그 울음은 또한 돌아오지 않는 자신들의 출정한 남편과 아들을 애달파하는 눈물임도 간과할 수 없으리라.

밤이 늦도록 잠 못 이루고, 다시 일어나 불 밝히고 '행복'을 확인하고 있는, 작자의 좀처럼 가라앉지 않는 이 흥분! 이 감격! 아, 참으로 그 오랜 동안의 그립고 마음 졸이며 간장을 태우던, 어쩌면 영영 못 만나고 말 뻔했던 만남이 아닌가?

천 수백 년이 지난 오늘날도, 6·25전란을 겪은 세대는 물론, 그 남은 많은 독자들도, 담머리의 이웃 아낙들의 눈물에 동참할 이 많으리라 본다. 이는, 작자의 꾸밈도 과장도 없는, 오직 평소 진실한 마음의 지극함에서일 것임은 덧붙일 나위도 없는 일이다.

시형은 오언고시, 운자는 거성 '實'운.

강촌(2)

늘그막에 구차히
살아가기에 쫓기니,
집에 돌아와도
즐거움이 적구나.
어리광부리는 아인
내 무릎을 뜨지 않으니,
아비 다시 가 버릴까
두려워함이리라.

시원한 바람 쐬던
옛날 일 생각나서
일부러 못가 숲을
거닐어 보았으나
오늘은 쓸쓸한 북풍
세차게 불어 설레어
온갖 일 온갖 시름
가슴만 달 뿐이어라!

다행히 가을 곡식은
거뒀는 듯도 하여
저 들려오는 소린
분명 술 거르는 소리렷다!
옳거니! 이러한 땐

술이나 마심직하니
이로써 또 나의
늙음을 달래리라.

晚歲迫偸生　還家少歡趣
嬌兒不離膝　畏我復却去
憶昔好追凉　故繞池邊樹
蕭蕭北風勁　撫事煎百慮
賴知禾黍收　已覺糟牀注
如今足斟酌　且用慰遲暮
　　〈羌村 三首中(二)〉

부연 이 늙어 가는 나이에 생활 문제 하나도 해결하지 못하고, 그날그날 살아가는 일에 골몰하다 보니, 집이라 돌아왔건만 즐거운 정취란 별로 없다.
어리광부리는 어린것은 내 무릎을 떠나지 않고, 나를 감시하듯

晚歲(만세) 만년(晚年).
迫偸生(박투생) 구차히 살아가기에 쫓김.
歡趣(환취) 즐거운 맛.
嬌兒(교아) 어리광부리는 아이.
復却去(부각거) 다시 훌쩍 가 버림.
追凉(추량) 시원한 바람을 쐼. 납량(納凉).
故(고) 짐짓. 일부러.
蕭蕭(소소) 쓸쓸한 모양.
撫事(무사) 온갖 일을 생각함.
煎百慮(전백려) 온갖 시름에 애가 탐.
賴知(뇌지) 다행히 앎.
禾黍(화서) 벼와 기장. '收'는 수확함.

하는 품이, 내가 언제 또다시 훌쩍 떠나 버릴 것만 같아 걱정스러운 눈치이다.

그 옛날 이곳에서 시원한 바람을 쐬며, 희망에 부푼 가슴으로, 가족들과 즐겁게 지내던 일 추억되어, 일부러 못가의 나무 사이를 누비며 거닐어 보았으나, 오늘은 흉흉한 세태 마냥, 윙윙거리는 북풍만 거세게 설레어, 마음만 더욱 산란케 하니, 온갖 일, 온갖 시름에 가슴만 들끓을 뿐이구나.

다행한 일은, 아내 혼자서 농사라 지어, 그래도 얼마간의 곡식은 수확했는 듯, 내 온 지 며칠 안 되었건만, 어느새 빚었는지, 귀가 번쩍 뜨이는 건, 쳇불에서 술 내리는, 저 처정거리는 소리인 것이다. 아, 고마운 아내! 곧 술상이 들어올 테지? 그래! 요즘처럼 마음 둘 데 없을 때는 술이나 마셔, 넉넉히 취해 봄직도 하니, 그럼으로써 달라붙는 온갖 시름을 떨쳐 버릴 수 있음은 물론, 또, 나의 이 늘그막의 따분한 신세를 위로할 수도 있으리라.

평설　　嬌兒不離膝　　畏我復却去

아버지 다시 가 버릴까 걱정되어, 자리를 뜨지 못하는 아이들의 내심이 들여다보이자니, 그 어린것들에 대한 안쓰러운 아비 마음 오죽했으랴만, 그런 자기 감정은, 독자 스스로 아비 되어 아파 보라는 듯, 언외(言外)에 부쳐 놓고, 상황만 제시하고 있는 이 사

已覺糟牀注(이각조상주) 벌써 쳇불에서 술 듣는 소리를 들음. '糟床'은 술을 거르는 장치. 곧, 항아리에 쳇다리를 걸치고 그 위에 체를 얹어 거를 수 있게, 마루나 부엌에 임시로 차린 시설.
如今足斟酌(여금족침작) 이와 같이 마음이 안정되지 않을 때는 술을 마실 만도 하다는 뜻. '足'은 족히. '斟酌'은 잔질함.
用(용) ～로써. '以'와 같은 뜻.
遲暮(지모) 늘그막. 만년(晚年).

실성!

　賴知禾黍收　已覺糟牀注

　난데없이 귀가 번쩍 뜨이는, 낙숫물 소리 같은 그윽한 소리! 그것이 술 거르는 소리임을 번개같이 알아차리는 그 청각! 그 애주! 이를 계기로 깊고 긴 어둠에서 구제되어 밝음으로 옮겨 가는 장면 전환의 천의 무봉(天衣無縫)함!

　시형은 오언고시, 운자는 거성 '遇' 운.

강촌(3)

닭들이 갑자기 꼬꼬댁거리더니
손이 다가왔음인지 덤벼들 듯 짖어 운다.
우여우여! 몰아 나무 위로 올리고야
사립문 두드리는 소릴 들어라!

마을 노인 너댓 분이
내, 오래 먼길 돌아옴을 위문하여 왔나니,
손에 손에 든 것이 있어
합을 기울이니 흐리고 맑은 술이어라!

"술맛 없지만 싫다 마시라,
기장 밭 갈 사람이 없음이니,
싸움 아직 멎지 않으매
자식들은 다 전장에 나갔다오."

"노인장들 위하여 노래하리니
어려운 때의 이 깊은 정을 어이 잊으리요."
노래 마치자 하늘을 우러러 탄식하노라니
온 방 안 사람들, 하염없는 눈물에 흥건하여라!

群雞忽亂叫　客至雞鬪爭
驅雞上樹木　始聞叩柴荊
父老四五人　問我久遠行

手中各有携　傾榼濁復淸
　　　莫辭酒味薄　黍地無人耕
　　　兵革旣未息　兒童盡東征
　　　請爲父老歌　艱難愧深情
　　　歌罷仰天歎　四座淚縱橫
　　　　　〈羌村 三首中(三)〉

부연　갑자기 닭들이 무슨 심상치 않은 낌새를 눈치 채서인지 어수선하게 꼬꼬댁거리며 술렁이더니, 누가 사립문에 다가왔음인지 마구 덤벼들 듯 우짖어 댄다. 우여우여! 두 팔을 저어, 닭들을 나무 위로 몰아 올리고 나니, 그제야 사립문 두드리는 소리가 들린다.

　　거기에는 마을 노인 너댓 분이 와 있었는데, 오랜만에 먼 객지에

忽亂叫(홀난규) 갑자기 어지럽게 울부짖음. '忽'은 '正'으로 된 데도 있다.
驅雞(구계) 닭을 몰아 쫓음.
叩柴荊(고시형) 사립문을 두드림.
父老(부로) 한 마을의 유덕한 노인들.
問(문) 위문.
榼(합) 술통.
濁復淸(탁부청) 탁주랑 청주랑.
莫辭(막사) 사양하지 말라. '苦辭'로 된 데도 있다.
黍地(서지) 기장을 심을 땅.
旣未息(기미식) 아직 멎지 아니함. '旣'는 '而'와 같음.
東征(동정) 동쪽 전쟁에 출정함.
艱難(간난) 매우 힘들고 어려움.
愧(괴) 愧謝(괴사)의 뜻으로 부끄럽고 한편 고마움.
深情(심정) 깊은 인정.
四座(사좌) 만좌(滿座).
縱橫(종횡) 세로와 가로. 가로세로 한데 얽힘.

서 돌아온 나를 위로해 주려는 고마운 배려의 행차였다. 그분네들 손에는 제각기 들고 온 것이 있었는데, 그것은 다름 아닌 술통이었으므로, 곧 상을 내와서 잔에 따르니, 혹은 탁주요 혹은 청주 들이다.

"술맛이야 없지만 사양치 마시고 많이 들어 주시오. 기장 밭을 경작할 일손이 없어, 좋은 술을 빚을 수가 없었음이오. 전쟁이 아직 그치지 않으매, 젊은것들은 죄다 동쪽 싸움터로 출정했기 때문이라오." 한다.

"내 자청하여, 노인장들 위하여 노래 부르노니, 어려운 때 베풀어 주신 이 깊은 인정의 고마움을 잊을 수 없으며, 받기만 하고 갚지 못하는 부끄러움 또한 그지없소이다."

이런 뜻을 담은 노래 한 곡조 마치자 하늘을 우러러 깊이 한숨쉬며, 불운한 시대를 한탄하노라니, 방 안에 가득 둘러앉았던 사람들, 가로세로 하염없이 쏟아져 내리는 눈물을 감당하지 못한 채, 그저 넋놓고 흥건히 젖고 있을 뿐이었다.

평설 서두에서 '닭[雞]'이 세 번토록 반복되어 있어, 다소 번거로움이 없지 않으나, 다 주제와 긴밀하지 않음은 없다. 닭은 개나 마찬가지로 낯선 사람의 내방(來訪)에 민감하여, 이를 주인에게 알리느라 우짖는 것이니, 첫수는 저만치 올 때의 경계 경보요, 둘째구는 사립문에 다가왔을 때의 다급함을 알리는 비상 경보이다. 또, 낯선 사람에 익숙하지 못한 닭들의, 그 극성맞은 우짖음에서, 오랫동안 외객의 발길이 끊어져 있었음과, 한 사람도 아닌 여러 사람의 내객(來客)임도 은연중 암시되어 있는 한편, 장차 술자리로 어우러져 눈물바다로 끝날 주객의 만남의 전주곡으로서의 멋진 한몫도 하고 있다.

'請爲父老歌 艱難愧深情'의 '歌'란 즉석에서 지은 자작시의 가창

(歌唱)이며, 이 전후구는 바로 그 시의 내용이다.

〈강촌(1)〉에서 우리는 이미 눈시울을 적신 바 있거니와, 여기서 다시 마을 노인들의 다사로운 인정과, 마침내 취한 가운데 서러운 세상을 함께 어우러져 울어 눈물바다를 이루는 장면에 이르러서는, 목석이 아닐진댄, 제 어찌 혼자 초연해할 수 있으랴?

시형은 오언고시, 운자는 평성 '庚'운.

두보편 杜甫篇

세정 世情 · 무상 無常

―世情・無常―

빈교행

손바닥 희뜩번뜩
비 됐다 구름 됐다
변덕스런 세속 인심
어찌 이루 헤아리료?

그댄 보지 않는가?
관포(管鮑)의 사귀던 도(道),
이 도를 요새 사람들
흙 버리듯 하는 것을 ―.

翻手作雲覆手雨　紛紛輕薄何須數
君不見管鮑貧時交　此道今人棄如土
　　　　　　〈貧交行〉

부연　손바닥을 한번 희뜩번뜩 번복하는 짧은 동안에, 아무 힘들일 것도 없이 구름을 만들었다 비를 만들었다 하는 요술과도 같이, 십년지기처럼 굴던 친구 사이가, 조그마한 이해관계로 해서 금세 원수처럼 갈라서고 마는, 그런 변덕스런 교우 관

貧交(빈교) 가난한 시절의 사귐.
翻手·覆手(번수·복수) 손바닥을 뒤집음과 엎어침. '여반장(如反掌)'의 뜻으로 손쉽게 변덕을 부림의 비유.
紛紛(분분) 어지러운 모양.
何須數(하수수) 어찌 구태여 헤아리리요? 이루 헤아릴 수도 없을 만큼 많다는 뜻.

계! 그 갖가지 수많은 경박한 사례들을 어찌 일일이 들어 헤아릴 수
나 있으랴?
 여러분도 들어 익히 알고 있지 않은가? 저 관중과 포숙아의 가난
했을 때의 우정을ㅡ. 그런 참다운 교우의 도를 요새 사람들은 한
가닥 미련도 없이 내버리고 있으니 한탄스럽다. 마치 한 줌의 흙을
버리듯, 망설임도 서운함도 없이 ㅡ.

평설 교우의 바탕이 도의에 있지 않고, 세리(勢利)에 있는 한,
참된 우정이란 지속되기 어렵다. 자신의 명리(名利)를
위하여 이용할 가치의 유무와 다과(多寡)에 따라 후박을 달리하는
표리 부동의 이중인격자나, 권세에 추종하여 동분 서주, 이합 집산
을 여반장(如反掌)으로 하는 정상배(政商輩), 모리배(謀利輩)들의, 이
루 셀 수도 없는 그 경박한 사례들이야, 차라리 '何須數오?'로 일괄
처리하였으니, 그 속에는 또 얼마나 깊고도 긴긴 한숨이 서려 있는
가를 볼 것이다. 요새 사람들은 친구 하나 버리는 일을, 쥐고 있던
흙 한 줌 버리는 것이나 다름없이 예사로이 하고 있음을 개탄하면
서, '君不見…'으로 은근히 세인들의 공감 동조를 구하고 있는 작자
의 답답한 가슴속을 또한 짐작해 볼 일이다.
 '棄如土' 세상에 지천인 것이 흙이다 보니, 흙 한 줌 버리는 일이
야 아까울 것도, 망설여질 것도 없는 일이다. 그러나 그것이 금이나

君不見(군불견) 그대는 보지 않는가? '악부체'에 쓰이는 강조의 관용구.
管鮑(관포) 춘추시대 제(齊)의 관중(管仲)과 포숙아(鮑叔牙). 관중은 가난하여 그 친구인
포숙아를 여러 번 속였으나, 포숙은 끝내 그를 믿고 이해하여 우정에 변함이 없었다.
관중이 영달한 뒤에 말했다. "나를 낳아 준 이는 부모요, 나를 알아준 이는 포숙아."라
고. 세인이 이를 '관포지교(管鮑之交)'라 했다.
此道(차도) 이 도. 이 교우지도(交友之道).

옥이었다면 그럴 수가 있을까? 금옥보다 귀한 것이 친구요, 그 사이의 의리이건만, 명리의 가교 위에 맺어진 사귐에는, 그 가교에 트집이 생길 경우면, 언제나 귀결은 그렇게 되게 마련으로, '棄如士'는 고사하고, '조진 궁장(鳥盡弓藏)'도, 심지어는 '토사 구팽(兎死狗烹)'도 자행되는 세태임을 어찌하랴? 이는 그 출발부터가 이미 잘못되었기 때문임은 물론이다.

　인간은, 어느 시대를 막론하고 부도덕한 일들은 있어 왔던 것으로, 유덕한 군자들은 한결같이 자기네 시대를 타락의 시대라 탄식해 왔던 것이다. 본시의 증언으로도, 그러한 것이 비단 20세기 말의 현상만은 아님을 보여 주고 있어, 말세적 현상이라 개탄하는 오늘날의 뜻있는 사람들의 마음을 다소나마 눙쳐 주는 뜻밖의 위안을 느끼게 해 줌은 어째서일까? 이는 물론 작자의 의도와는 전연 엉뚱하게도 말이다. 그만큼 오늘날의 위기 의식이 다급하던 나머지였기 때문은 아닐는지?

　하기야 선이 있는 곳에 악도 있게 마련이어서, 그것이 이런 깨우침에 의하여 대비될수록, 도의의 소중함이 다져져 가는 것이라고 본다면, 인류 사회란 이러구러 늘 자정 작업(自淨作業)으로 건전을 회복 유지해 가는 것이라 볼 수도 있다. 그러므로, 말세론은 세인에의 경종은 될지언정, 그 광신도들의 맹신과는 달리, 인류 역사란 뭐니뭐니 해도 아직은 미래에로의 건전한 약속하에 있다 할 수 있지 않을는지?

　시형은 칠언절구, 운자는 상성 '麌'운.

옥화궁

1. 시냇물 휘돌아 흐르는 곳
   솔바람 길이 불고
   낡은 기와 틈새로
   푸른 쥐 숨나니,
   알지 못하겠구나
   어느 임금 궁전인고?
   낡은 옛 건물이
   절벽 아래 있어라!

2. 어두컴컴한 방엔
   도깨비불이 푸르고
   무너진 길에는
   슬픈 여울 물소리 ―
   온갖 소리 진정
   풍악 가락 같은데,
   가을빛은 정히
   맑고도 쓸쓸하다.

3. 아름다운 사람이
   누른 흙이 되었거니
   잘 보이려 애태우던
   그 넋들 지금 어디뇨?
   당시 황금 가마를

호위하여 모시던 것
　　그 옛것이라곤 다만
　　'돌말'이 있을 뿐이어라!

4. 시름겨워지매
　　풀을 깔고 앉아서
　　목놓아 노래 부르니
　　눈물이 흥건코야!
　　언뜻언뜻 지나가는
　　세월의 흐름 속에
　　어느 뉘려뇨? 이 세상
　　길이 살 사람은―.

1. 溪廻松風長　蒼鼠竄古瓦
　 不知何王殿　遺構絕壁下
2. 陰房鬼火靑　壞道哀湍瀉
　 萬籟眞笙竽　秋色正瀟灑
3. 美人爲黃土　況乃粉黛假
　 當時侍金輿　故物獨石馬
4. 憂來藉草坐　浩歌淚盈把
　 冉冉征途間　誰是長年者
　　　　　　〈玉華宮〉

부연　1. 시냇물이 빙 둘러 흐르고, 그 일대를 뒤덮은 푸른 솔밭에서는 쓸쓸한 솔바람 소리가 끊임없이 들려오는데, 사람 기척에 익숙하지 못한 푸른 쥐들은, 엉성하게 벌어진 낡은 기왓장 사이로 황망히들 몸을 감춘다.

'도대체 어느 임금의 궁전이었던고?' 기록으로는 당 태종(太宗)의 이궁(離宮)으로 알려져 있으나, 겨우 형체만 남아 있는 황폐한 건물이 절벽 아래 위치해 있을 줄이야! 그때의 건물이라고는 도저히 믿어지지 않는다.

그중에도 그 위치가 더욱 그러니, 애당초 궁전을 절벽 아래 지었을 리 만무이고 보면, 주변의 지세도 이른바 창상(滄桑)의 변을 겪은 것이 아니고서야 어찌 저럴 수가 있으랴?

2. 어두컴컴하여 으스스한 방 안에는 대낮인데도 파란 도깨비불이 명멸하고, 무너진 길로는 시냇물 한 가닥이, 목이 메는 듯 슬픈 여울 소리를 내며 쏟아져 흐르는 대로 내맡겨져 있어, 이 길이 과연

---

* **解題** 이 시는, 지덕(至德) 2년(757), 작자 46세 되던 해의 팔월, 봉상(鳳翔)의 행재소(行在所)에서, 그의 가족이 있는 부주(鄜州)로 가는 도중의 지음이다. 바로 이 길에서 얻은 장편 기행시 〈북정(北征)〉은 전도상(全途上)의 감개를 노순에 따라 서술한 것이나, 그 중에서 이 옥화궁의 소감만은 한 편의 독립한 시로 분리하여 처리한 것이라 하겠다.

溪廻(계회) 시내가 휘돌아 흐름.
蒼鼠(창서) 쥐의 일종. 푸른 쥐.
遺構(유구) 남아 있는 건축물.
鬼火(귀화) 도깨비불. 묘지나 습지 같은 곳에 밤에 비쳐 보이는 파란불. 유리(遊離) 상태의 인(燐)이 산화되는 과정에 나타나는 현상이다. 귀린(鬼燐).
哀湍(애단) 슬픈 여울. 목메여 우는 듯한 여울물 소리.
萬籟(만뢰) 천지간에 나는 모든 자연의 소리. 시냇물 소리, 솔바람 소리 등등.
笙竽(생우) 악기 이름. 생황(笙簧).
粉黛(분대) 분과 눈썹먹. 화장품.
金輿(금여) 황금으로 장식한 천자의 가마.
石馬(석마) 돌말. 능묘(陵墓) 앞에 세우는 석물의 하나.
浩歌(호가) 높은 소리로 노래부름.
盈把(영파) 줌에 가득함. '줌'은 주먹으로 쥘 만한 분량.
冉冉(염염) 나아가는 모양. 지나가는 모양. 세월이 흐르는 모양.
征途(정도) 여로(旅路). 여기서는 인생 행로.

천자의 거둥하던 그 길이라고는 믿을 수가 없다.

　또, 솔소리, 물소리 등 온갖 천지간의 자연 음향이 한데 어우러져, 그 옛날 궁중에서 잡혔을 풍악 소리와도 같은데, 때는 바야흐로 소쇄한 가을이라, 쓸쓸한 심사를 가눌 수가 없다.

　3. 왕후 장상(王侯將相)과 비빈 궁녀(妃嬪宮女)의, 그 수많은 아름다운 사람들이 죽은 지 이미 오래라, 이제는 뼛조각 하나 남은 것 없이 누른 흙이 되고 말았을 것이니, 하물며 분이니 눈썹먹이니 하는 화장품 따위의 힘을 빌어서라도 더욱 아름답게 꾸미어 잘 보이려고 애태우던 그 '마음', 아니 그 '넋'은 지금 어디 있는가? 하나같이 목숨과 함께 한 오리의 실바람처럼 가뭇없이 사라져 없어졌지 아니한가? 당시 태종의 황금 가마를 호위하여 모시던 것으로, 남아 있는 옛것이라고는 다만 무덤 앞에 웅크리고 서 있는, 돌로 만든 석마(石馬) 하나가 있을 뿐이다.

　4. 금석지감(今昔之感)으로 시름겨운 마음 가눌 길이 없어, 뜰은 물론 축대에까지도 이들이들 무성한 잡초 한 자락을 깔고 앉아, 〈황성 옛터〉 한 가락 목놓아 부르노라니, 하염없이 흐르는 눈물이 손바닥에 흥건하다.

　언뜻언뜻 흘러가는 세월의 흐름 속에, 장생 불사할 사람은 그 누구이려뇨? 왕공 귀인도 저러하거니, 하물며 일반인으로서야 더욱 일러 무엇하료?

　| 평설 |　주제는, 퇴락한 고궁을 바라보며 인생의 무상을 탄식함이다. 진실로 광음은 살과 같고, 천지는 한 여관과도 같은데, 인생이란 거기 잠시 머물렀다 떠나가는 과객과도 같은 것임을 절감함이다.

　美人爲黃土　況乃粉黛假

연모(戀慕)의 대상으로 일컬을 때의 군주를 '美人'으로 애칭함은 고래의 관용이니, 여기의 '美人'도 미녀에만 국한하는 것이 아니라, 왕후 장상이며, 비빈 궁녀들을 총괄 대명한 것이라 보아야 할 것이다.

또, '粉黛假'도 매우 시사적이니, 이 또한 어찌 미색의 여인에만 한하랴? 고관 대작들도, 마치 미녀들이 아름답게 단장하여 총애를 입으려고 무진 애쓰는 것에 못지 않게, 권력의 시녀로서, 제왕의 총애를 의식하여, 온갖 분식 가장(粉飾假裝)과 권모 술수를 자행하던, 그 수고롭던 영혼도, 그의 육체와 함께 귀결하는 곳은 필경 미녀들의 그것과 조금도 다를 바가 없다는 함축이 아주 자연스럽게 내포되어 있는 명구(名句)이다.

그러나, 고래의 해석처럼, '하물며 분대를 빌어 거짓 꾸미던, 그 분이며 눈썹먹 따위가 지금에 남아 있지 않음이야 일러 무엇하리요?'로 보는 것은, 제왕마저 함께 싸잡기가 무엄하여, 일부러 건드리지 않으려는 안이한 마음에서가 아니라면, 너무나 피상적인 견해로서, 보석을 쓰레기통에 던져 버리는 것이나 다름없다 할 것이다.

시형은 오언고시, 운자는 상성 '馬'운.

제갈공명의 사당을 찾아

승상의 사당을 어디 가 찾으리요?
금관성 밖 잣나무 빽빽이 우거진 곳일레라!

축대에 비친 푸른 풀은 저절로 봄빛이 되어 있고
잎 그늘에 우는 누른 꾀꼬리는 공연히 흥겨운 소리로다.

세 번토록 번거로이 했음은 천하를 위해서요,
두 조정을 구제함은 늙은 신하의 충절이었네.

출병하여 못 이긴 채 몸이 먼저 죽으니,
길이 영웅으로 하여 눈물을 흥건케 함이어라!

丞相祠堂何處尋　錦官城外柏森森
映階碧草自春色　隔葉黃鸝空好音
三顧頻繁天下計　兩朝開濟老臣心
出師未捷身先死　長使英雄淚滿襟
〈蜀相〉

촉한의 재상인 제갈공명의 사당을 참배하려면 어디로 가야 하나 했더니, 이제 보니, 금관성 밖 교외에 큰 잣

蜀相(촉상) 삼국시대 촉한(蜀漢)의 재상, 곧 제갈양(諸葛亮)을 이름. 시제의 '蜀相'은 '蜀相廟'에서 끝자가 결(缺)한 것일 듯.

나무들이 촘촘히 늘어서 있는 그 숲속이더라.

 아마도 참배하는 사람이 없어, 밟히지 않고 자랐기 때문이겠지마는, 축대마저 푸른 빛으로 물들인, 뜰에 돋은 무성한 풀은, 그 자체 하나의 봄 경치를 이루어 있고, 잎 그늘에 숨어 우는 황금빛 꾀꼬리는, 여기가 천고에 한을 머금은 슬픈 곳임도 알지 못하는 채, 무엇이 그리도 기분이 좋아 저리도 명랑하게 노래해 쌓는지, 그 무심함이 또한 듣는 마음을 언짢게 하고 있다.

 그 옛날 유비가 삼고 초려로 공명을 빈번하게 찾아간 것은, 천하 통일을 위해서였으며, 이에 감격한 공명이 선주(先主)·후주(後主)의 두 조정에 봉사하여, 건국과 융흥(隆興)에 이바지한 것은, 늙은 신하인 그의 충성된 마음에서였다.

 그러나 위(魏)를 토벌하기 위하여, 저 유명한 '출사표'를 쓰고, 여섯 번째의 출병으로 대결전을 꾀하였으나, 애석하게도 미처 승전하기도 전에 오장원(五丈原)의 진중에서 전사하고 말았으니, 이는 길이 후세의 유지 남아(有志男兒)로 하여금 통한의 눈물로 옷깃을 적시게 하는 일이 아닐 수 없다.

丞相(승상) 재상(宰相).
祠堂(사당) 신주를 모셔 놓은 집. 제갈공명의 사당은 무후묘(武侯廟)라 하여, 성도(成都)의 서북 교외, 유비(劉備)의 묘(廟) 서쪽에 현존한다.
錦官城(금관성) 성도를 이름. 금성(錦城).
森森(삼삼) 수목이 무성한 모양.
黃鸝(황리) 누른 꾀꼬리.
三顧頻繁(삼고빈번) 유비가 공명의 집을 세 번토록 찾아가 도와주기를 청한 일. '頻繁'은 자주 번거롭게 함.
兩朝(양조) 두 조정. 유비와 그 아들 유선(劉禪)의 조정.
開濟(개제) 어려움을 타개(打開)하여 구제(救濟)함.
出師(출사) 출병(出兵).
未捷(미첩) 아직 이기지 못함. 미처 이기기도 전에.

평설 이는, 작자가 성도에 정착한 그 이듬해인 상원(上元) 원년(760), 그의 49세 때의 봄에 지은 시이다.

丞相祠堂何處尋　錦官城外柏森森

널리 온 천하의 광막 속에 던져진 전구의 자문에서, '柏森森'한 한 지점으로 초점이 모여드는 후구의 자답은, '丞相祠堂'의 소재 인상을 한결 강렬하게, 또 무척이나 진중하게 해 주는 한편, 주인공의 높은 충절이 '柏森森'에 시퍼러이 상징되어 있음을 본다.

映階碧草自春色　隔葉黃鸝空好音

이는 '春草年年綠 王孫歸不歸'의 감회이다. 해마다 봄풀은 다시 푸르건만, 공명도 한 번 가고 나니 그만, 그 모습 보이지 않고, 나무 그늘 우거진 적막한 속에 꾀꼬리 소리만이 홀로 명랑한 것이, 오히려 듣는 마음을 서글프게 하고 있다. 어찌 그뿐이랴? 봄 경치를 이루고 있는 마당의 풀과, 마냥 기쁘게 노래하고 있는 꾀꼬리! 일견 아름다운 봄의 찬미 같기도 하나, 그것은 기실 슬픔을 포장한 외화(外華)일 뿐이다. 보라, 마당의 풀이 봄 경치를 이룰 만큼 이들이들 무성함은, 참배하러 오는 사람이 없어 밟히지 않았기 때문이요, 꾀꼬리 소리의 명랑함은, 이곳에 사무친 천고의 슬픈 사연을 알지 못함으로써 참배할 줄조차 모르는 세정(世情)처럼, 무심하기 때문이다. 이러한 복합적인 착잡한 감회를, 그러나 직설하지 않고, 정의 물감으로 경을 그림으로써 슬픔을 승화하였으니, 대시인의 '경중유정(景中有情), 정중유경(情中有景)'의 허허 실실의 솜씨에 새삼 감탄하지 않을 수 없게 한다.

三顧頻繁天下計　兩朝開濟老臣心

삼고 초려로 어렵사리 서로 만난 현군(賢君)과 현상(賢相)의, 한실 중흥(漢室中興)을 위한 '天下計'와 '老臣心'! 그 임금에 그 신하로, 한 시대를 주름잡던 삼국 경영의, 그 드라마틱하게 전개되어 가는 장면 장면을, 파노라마를 지켜보듯 작자는 잠시 그 당시를 그려 보고 있는 것이다.

出師未捷身先死　長使英雄淚滿襟

불시에 차질을 빚어, 그 웅대한 천하 경영의 대업이, 일조에 무산되고 마는, 그 비극적 결말은 천하를 위해서나, 개인을 위해서나 길이 후세토록 통한사(痛恨事)가 아닐 수 없다. 더구나 국난이 끊이지 않던 당시인지라, 공명과 같은 구국 제민의 영웅의 출현을 갈망하고 있던 두보에 있어서는, 뜻 못 이룬 채 '身先死'한 영웅의 말로가 오죽이나 애달팠으면 길이 후세의 영웅들의 눈물까지 담보하는 것일까?

시형은 칠언율시, 운자는 평성 '侵'운.

곡강에서

한 조각 꽃이 져도 봄빛이 축나거니,
천만 점 흩날리니 진정 날 애태우네.
가는 봄 꽃보라 속에 잔이나 거푸 들자꾸나!

강 언덕 정자 위엔 비취새 깃들였고
뒤원 가 높은 무덤 돌기린도 누웠나니
어쩌자 헛된 이름에 이 한 몸을 얽매리 —

一片花飛減却春　風飄萬點正愁人
且看欲盡花徑眼　莫厭傷多酒入脣
江上小堂巢翡翠　苑邊高塚臥麒麟
細推物理須行樂　何用浮名絆此身
〈曲江 二首中(一)〉

부연 　한 조각 꽃이 떨어져도, 그 떨어져 나간 분량만큼 봄빛은 감소되는 것인데, 보라! 저 심술궂은 꽃샘바람이 천만 조각을 한꺼번에 흩날리니, 진정 보는 마음을 아프게 하고 있다. 또한 보라, 미구에 다 져 끝장이 나려는 저 꽃잎들이 우리의 눈앞을

---

* **解題** 이 시는, 건원(乾元) 원년(758), 47세 때의 봄, 좌습유(左拾遺)의 벼슬을 하여, 장안에 있을 때의 지음이다.
曲江(곡강) 장안의 동남쪽 경승지에 있는 호수 이름.
減却(감각) 덞. 깎음. 축남. 양이 줄어듦.
愁人(수인) 사람을 시름겹게 함.

스쳐 저리도 표랑하고 있는 것을—. 그러니, 어이 아니 마실 수 있 겠는가? 과음했다 평계 말고 잔이나 거듭 비우자꾸나!

물총새로 바뀌어 든 정자의 주인, 돌기린도 쓰러져 있는 고관의 무덤, 이런 무상한 사물의 이치를 자세히 미루어 헤아려 볼진댄, 인생이란 모름지기 살아 있는 동안 즐겁게 지낼 일이거늘, 어찌하여 헛된 이름에 이 몸을 얽매어, 한평생을 아득바득 살 것이료?

평설 　一片花飛減却春　風飄萬點正愁人
이 천하의 신운(神韻)을 보라, 이를 어찌 사람의 소작이라 할 수 있으랴?

봄은 꽃으로 얼굴하여 왔다가 낙화로 사라져 가고 마는, 사계 중 가장 덧없는 계절이다. 그것은 그리움으로 스멀거리는 매혹의 계절이요 도취의 계절이다.

그러므로, 꽃그늘 아래 서면, 마치 알지 못할 모종의 방사선에라도 조사(照射)되는 듯, 언제나 홀린 듯 취한 듯, 황홀한 가슴 설렘을 겪는 것이지만, 그러나 그것도 불과 며칠 사이의 일로 끝장이 나고 만다.

낙화!

且看欲盡花徑眼(차간욕진화경안) 또한 보나니 다 저버리려고 하는 꽃잎들이 휘날려 눈 앞을 지나는 것을.
莫厭(막염) 싫어하지 말라.
傷多(상다) 지나치게 많음. 과다(過多).
翡翠(비취) 물총새.
苑邊(원변) 부용원(芙蓉苑)의 근처. 부용원은 궁원(宮苑)의 이름.
麒麟(기린) 여기서는 실제의 기린이 아닌, 상상 속의 서수(瑞獸)로서, 묘도(墓道)에 세운 그 석상.
細推物理須行樂(세추물리수행락) 자세히 사물의 이치를 미루어 볼진댄, 인생이란 모름지기 즐겁게 살 것이란 뜻.

한 조각 꽃잎이 지는 것으로도, 봄으로서는 아픈 생채기요, 그 결손된 분량만큼 봄빛은 감소되는 것으로, ―이렇듯 정밀한 계산만큼이나 끔찍이도 아끼는 작자의 봄인 것을―, 어쩌자고 미친 꽃샘바람은 천만 조각을 일시에 마구 흩날리는 것인가? 그 어지러이 헝클어지는 스산한 꽃보라의 반투명 하늘 아래, 어이없이 서서 바라보는 작자의 가슴은 처연하다. 차마 맨마음으로는 지켜볼 수 없는 봄의 임종! 스스로 산산 조각 산화(散花)로 자조(自弔)하며 떠나는 봄을 장송(葬送)하여, 이날의 과음은 불가피할 듯, 이 찬란한 무상 앞에 아픈 마음을 달래어 무진무진 잔이나 기울이자고 친구를 충동이는, 이 격정! 이 낭만!

해마다 이 무렵이면 겪곤 하는, '다정도 병인 양한', 작자의 '봄앓이'인 것이다.

江上小堂巢翡翠　苑邊高塚臥麒麟

이런 능청맞은 표현도 음미해 봄직하다.

강정(江亭)에는 고운 깃털의 비취새가 제비처럼 둥지를 틀어 깃들어 있고, 옛 권력자의 높다란 무덤 앞엔 기린이 한가로이 누워 새김질이라도 하고 있는 양 평화롭다만, 천만의 말씀! 사람 그림자 얼씬도 않기에 방정맞은 비취새도 깃든 것이요, 잠잘 때도 서서 자는 기린이 누워 있다니, 누운 것이 아니라 쓰러진 돌기린으로, 다 황량한 폐허의 무상한 정황일 뿐이다.

개탄해 마지 않을 내용이건만, 철저히 감정일랑 배제한 사실적 묘사로 이를 포장하여, 아닌 보살로 시침 뚝 따고 있는, 이 '능청의 멋'도 작자의 항용 수법의 하나임을 짐작하리라.

시형은 칠언율시, 운자는 평성 '眞'운.

봄빛을 바라보며

나라는 부서져도
산하는 있어
옛 성엔 봄이라
초목이 깊다.

시세(時勢)를 설워하니
꽃을 봐도 눈물이요,
이별을 한탄하니
새소리에도 설레는 가슴

봉화 석 달이나
아니 끊이니
집 소식은 만금인 양
듣기 어렵다.

흰머리 긁자니
다시 짧아져
이제는 비녀마저
못 가누겠네.

國破山河在　城春草木深
感時花濺淚　恨別鳥驚心
烽火連三月　家書抵萬金

白頭搔更短　渾欲不勝簪
〈春望〉

부연　서울인 장안은, 반군에 점령되면서부터 주민들은 피난민 되어 떠나 버리고, 모든 건물은 불타고 파괴되어 폐허가 되어 버렸으나, 다만 산과 강은 예대로 남아 있어, 성 안에는 이제 봄이라 바야흐로 신록이 짙어져 가고 있다.

평시라면 꽃의 아름다움과 새의 노래에 한껏 부푼 마음 되어 즐거움을 누릴 좋은 철이건만, 나라 되어 가는 형편을 서러워하다 보니, 꽃을 보아도 도리어 눈물겨워지고, 생사마저 알 수 없는 가족들과의 이별을 한탄하다 보니, 새 우는 소리에도 설레고 조바심나 가슴이 덜컥한다.

석 달 동안이나 연달아 치솟는 봉화는 나라의 위급을 초조하게 알리는데, 가족들의 소식 듣기란, 만금에 맞먹을 만큼, 얻어 들을 길이 전혀 없다.

하 시름겨우매, 흰머리를 긁적여 보지만, 머리털은 빠질 대로 빠지고 짧아질 대로 짧아져, 이제는 비녀를 꽂으려 해도 더위잡아 붙

感時(감시) 세상일 되어 가는 것을 슬프게 여김.
花濺淚(화천루) 꽃이 보는 사람으로 하여금 눈물을 뿌리게 함.
恨別(한별) 이별을 한탄함.
鳥驚心(조경심) 새 우는 소리가 듣는 사람의 마음을 설레게 함.
家書(가서) 가족으로부터의 편지.
抵(저) 맞먹음. 해당함.
搔(소) 긁음.
渾(혼) 온전히. 죄다.
不勝簪(불승잠) 비녀를 이기지 못함. '簪'은 관이 벗어지지 않도록 고정하기 위하여 관의 뒷부분과 머리털을 싸잡아 가로지르는 수식(首飾)의 한 가지. 여자의 비녀 '釵'와는 다르다.

어 견딜 곳이 없을 지경이다.

평설 숙종(肅宗)의 지덕(至德) 2년(757), 작자 46세 때의 지음이다. 당시 작자는 적침하의 장안에 억류되어 있는 몸이다.

感時花濺淚　恨別鳥驚心

이 천하의 경인구(驚人句)를 보라. 이런 역설적 충정(衷情)을 또 보라. '꽃에도 눈물짓고, 새소리에도 마음이 설레는' 이런 감정이야 물론 직감적, 반사적으로 오는 미분화 상태의 종합적 감정이겠으나, 그 심리적 가닥을 구태여 따져 본다면 어떤 것일까? '꽃'이 아름다울수록, 원수의 품안에서 방긋거리는 철부지 어린애인 양 그 '천진(天眞)'함이 가엾고, 보아 줄 이도 없이, 평생을 수절해야 할 청상과부인 양, 그 '젊고 아리따움'이 애처롭고, 비록 모진 세상일망정 제 직분을 다하여, '봄'을 밝히고 있는 그 '갸륵함'이 안쓰러운 것이다. 그가 〈客夜〉에서 투정을 부린, '가을 하늘의 밝음을 즐기지 아니함(秋天不肯明)'도 같은 감정이며, 조지훈(趙芝薰)이, '승무'를 추는 여승의 '두 볼에 흐르는 빛이 정작으로 고와서 서러움'도 같은 맥락일 것이다.

'마음을 설레는 소리'란, 폐허의 밤을 울어 새우는 두견이야 워낙 이별에 한이 맺힌 새니, 말할 것도 없거니와, 문득 듣는 까치 소리에 헛된 기대로 가슴 설렘도 그것이요, 구슬프게 흐느끼듯 우는 비둘기 소리의 슬픈 사연 '계집 죽고 자식 죽고 물갓 전지(田地) 수폐(水廢)하고, 비들뜰뜰 비들뜰뜰…'에서는 가슴이 철렁했음도 그것이리라. 그러나 일반적으로, 이름 없는 산새들의 명랑한 수다로운 소리, 그 또한 명랑해서 슬프고, 수다로워서 슬픔도 그러하려니와, 새만 푸드득 날아도 "심청이 너 오나냐?"로 심 봉사를 쭝긋하게 했던 새의 날개 치는 소리도 그 범주에 들 듯하다.
　시형은 오언율시, 운자는 평성 '侵'운.

강두에 서서

1. 소릉의 촌늙은이
   소리 삼켜 흐느끼며
   곡강 한 굽이를
   봄날에 몰래 걷네.
   강두의 궁전에는
   일천 문이 잠겼는데,
   실버들 새 부들잎
   누굴 위해 푸르른고?

2. 그 옛날 오색 깃발
   부용원 내려올 제
   원중의 모든 얼굴
   생기 넘쳐 빛이 나고,
   소양전의 비연(飛燕)인 양
   제일 미인 양귀비는
   임금님 곁에 모셔
   옥련을 함께 탔네.

3. 옥련 앞 여관(女官)들은
   활이랑 화살 메고
   황금 재갈 물린
   백마에 높이 앉아
   하늘로 몸을 뒤쳐

구름을 올려 쏘니
　　한쌍의 날던 새가
　　한 화살에 떨어졌네.

4. 아리따운 양귀비여!
　　지금에 어디 있나?
　　피에 젖어 떠도는 넋
　　돌아가지 못할레라.
　　위수는 동류(東流)하고
　　검각은 아득한데,
　　간 이와 못 간 이의
　　서로 소식 끊어졌네.

5. 인생은 유정하여
　　눈물 훙건 흐르건만
　　강물이며 강꽃이야
　　언제 끝이 있으련고?
　　황혼에 닫는 호병(胡兵)
　　말굽 먼지 자욱하니
　　성남으로 가자 하나
　　남북 분간 못할레라.

1. 少陵野老吞聲哭　春日潛行曲江曲
　　江頭宮殿鎖千門　細柳新蒲爲誰綠
2. 憶昔霓旌下南苑　苑中萬物生顏色
　　昭陽殿裏第一人　同輦隨君侍君側

3. 輦前才人帶弓箭 白馬嚼齧黃金勒
     翻身向天仰射雲 一箭正墜雙飛翼
  4. 明眸皓齒今何在 血污遊魂歸不得
     清渭東流劍閣深 去住彼此無消息
  5. 人生有情淚霑臆 江水江花豈終極
     黃昏胡騎塵滿城 欲往城南忘南北
                  〈哀江頭〉

부연 1. 소릉(少陵)에 살아, '소릉'으로 자호(自號)하는 이 촌늙은이가 적군에 들킬세라, 소리마저 내지 못하고 속으로 흐느끼면서, 이 봄날 곡강의 한 굽이를 남몰래 거닐고 있다. 강머리에 벌여 있는 크고 작은 궁전의 화려하던 건물들은, 지금에

* **解題** 이 시는, 안녹산이 장안을 점령하기 직전에, 현종은 촉(蜀)으로 몽진 길에 오르거니와, 도중 마외파(馬嵬坡)에서 국난의 원인인 양귀비를 죽이지 않으면 나아가지 않겠다는 병사들의 완강한 저항에 부딪혀, 부득이 그녀에게 죽음을 내리는 비극적인 내용을 읊은, 악부체의 칠언고시이다. 지덕(至德) 2년(757), 작자 46세 때의 봄, 적침하의 장안에 억류되어 있을 때의 지음이다.

哀江頭(애강두) 곡강(曲江)의 강두에서 슬퍼한다는 뜻. 곡강은 장안의 동남쪽에 있는 명소로서, 강류가 굽어지는 곳에 이궁(離宮)이 있어, 현종도 양귀비와 함께 자주 놀러 오던 명승지이다.
少陵(소릉) 장안의 서남방에 있는 지명. 두보의 집은 이 '소릉'의 북쪽, '곡강'의 남쪽에 있었다. 따라서 소릉은 또 두보의 호이기도 하다.
野老(야로) 시골 늙은이. 두보 자신을 이름.
曲江曲(곡강곡) 곡강의 한 후미진 곳.
霓旌(예정) 오색 무지개와 같은 찬란한 천자의 기.
南苑(남원) 곡강 남쪽에 있었던 부용원(芙蓉苑)을 이름.
昭陽殿裏第一人(소양전리제일인) 한(漢)의 성제(成帝)의 총희였던 조비연(趙飛燕)을 이름. 여기서는 양귀비를 조비연에 견주어 이른 말.
同輦(동연) 천자가 타는 연에 동승함.
才人(재인) 후비(后妃)에 수종하는 여관(女官).

주인을 잃고 텅텅 비어 있어, 문이란 모든 문은 한낮이건만 적막히 잠겨져 있는데, 강 언덕의 실버들은 푸른 가지를 능청이고, 물가의 부들숲은 어느덧 푸른 새순이 길로 자랐으니, 도대체 이들 초목들은 누구를 위하여 이 봄을 꾸미고 있는 것인고? 무심한 자연은 일국의 서울이 적침하에 든 것도 아랑곳없이, 예런듯 봄빛을 자랑하고 있으니, 이 또한 보는 마음을 아프게 하고 있다.

2. 생각건대 그 옛날, 오색 무지개 깃발 앞세우고 천자의 화려한 거둥이 저 부용원으로 납실 당시는 궁원 가운데의 만물이 다 빛나고 아름다워 생기에 넘쳤으며, 그중에서도 소양전의 조비연이나 견줌직한 천하 제일의 미인 양귀비는, 임금님을 곁에 모시고 옥련을 함께 타는 총애를 입었었다.

3. 옥련 앞을 전구(前驅)하여 시위(侍衛)하는 내관들은, 활이며 화살을 메고, 황금 재갈을 물린 화사한 의장용 백마를 타고, 천자 앞에서 활솜씨를 자랑하느라, 하늘을 향해 몸을 번드치며 구름을 치올려 활을 당기니, 나란히 날고 있던 한 쌍의 새가, 한 화살에 맞아

嚼齧(작설) 씹음. 여기서는 재갈을 물림.
勒(륵) 재갈.
雙飛翼(쌍비익) 나란히 나는 두 마리의 새. 부부의 새. 이 부부의 새가 떨어졌다는 것은, 현종과 양귀비의 후일의 비극을 암시하는 것이란 설도 있다.
明眸皓齒(명모호치) 맑은 눈동자와 흰 이. 양귀비의 미모.
血汚遊魂(혈오유혼) 피에 더럽혀진 떠돌이 넋. 마외파에서 죽음을 당한 양귀비의 넋을 이름.
淸渭(청위) 맑은 위수(渭水). 마외파는 위수의 북쪽 강안(江岸)임.
劍閣(검각) 촉(蜀)의 성도로 들어가는 요해처(要害處)인 산 이름.
去住彼此(거주피차) 가 버린 그와 머물러 있는 이 사람, 곧 촉에 가 있는 현종과 가지 못하고 죽어서 남게 된 양귀비.
淚霑臆(누점억) 눈물이 가슴을 적심.
忘南北(망남북) 남북을 분간할 수 없을 정도로 낭패함.

떨어진다.

4. 맑은 눈동자에 하얀 잇바디의 절세미인 양귀비는 도대체 지금 어디에, 어떻게 되어 있는 것인가? 마외파에서 비명의 죽음을 당한 억울한 그녀의 넋은, 돌아갈래야 돌아갈 곳이 없어 허공을 헤매고 있으리니, 마외파를 씻어 흐르는 맑은 위수는 동으로 동으로 흘러 장안으로 가건마는, 위수 따라 함께 갈 수도 없고, 현종이 몽진해 간 검각산은 아득하게도 깊고 멀어 지향하기도 어려우니, 떠나가 버린 현종이나 못 가게 된 양귀비나, 피차에 소식이 돈절하다.

5. 인생은 유정도 하여, 이 비극적인 사랑의 종말에 가슴이 흥건하도록 눈물을 흘리거니와, 자연은 무정하여, 저 강물과 강가의 꽃은 돈단 무심(頓斷無心)! 그저 담담히 유유히 흐르고 또 흐르고, 해마다 잇달아 피고 또 피어, 끝날 날이 없으니, 대자연 앞에 펼쳐지는 인간의 역사란 한갓 하잘것없는 것이런가? 어느덧 황혼이 밀려드는데, 갑자기 적군의 기병 한 떼가 바람처럼 휘몰아 지나간다. 그 서슬에 말발굽에서 일어나는 흙먼지가 성안에 가득하여, 내 집이 있는 성남으로 가고자 하면서도, 갑작스러운 충격과 몽몽한 먼지로 하여, 방향 감각을 잃고 그저 망연 자실, 이윽도록 넋없이 하염없이 서 있는 것이다.

평설 표면적인 주제는 '귀비를 애도하며, 당의 조정의 불운을 슬퍼함'이나, 더 근본적으로는 총애하면서도 죽여야 하는 사랑의 이중성, 환락의 절정에서 비참의 나락으로의 전락, 인간의 애락에 아랑곳하지 않는 대자연의 유연함 등의 대비에서, 권력의 양면성에 담긴 깊은 풍자성, 낙극즉비(樂極則悲)의 자연 이세에 담긴 교훈성, 대자연의 불관인사(不關人事)의 범연성(氾然性) 등도 그러려니와, 더 깊은 바닥에는 미인 박명, 인생 무상이 도사리고 있음을 절감하게 하고 있다.
　백거이(白居易)는 이 내용을 120구의 서사시로, 그 서로의 절절한 심사를 굽이굽이 곡진하게 그려 냈으니, 이 곧 〈장한가(長恨歌)〉이다. 장한가는 현종과 양귀비와의 사랑의 비극적 과정을 세쇄하게 그렸을 뿐, 교훈적 풍자성이 결여되었다는 이유로, 본시에는 멀리 미치지 못한다고 평한 이도 있으나, 그러나 이 또한 음락 교사(淫樂驕奢)의 풍조를 넌지시 언외에 부쳐 경계함이 뚜렷하니, 세대(細大) 상략(詳略)의 차이에도 불구하고, 이 두 편은 쌍벽일시 분명하다. 또, 이는 원대(元代)의 〈오동우(梧桐雨)〉, 명대(明代)의 〈채호기(彩毫記)〉, 청대(淸代)의 〈장생전(長生殿)〉 등, 희곡으로 발전하는 바탕이 되기도 했던 것이다.
　첫 2구와 끝 2구에서, '潛行'의 이유가 '胡騎'에 들킬까 하여서임이 수미 상응으로 밝혀졌으며, '吞聲哭'과 '淚霑臆', '細柳新蒲爲誰綠'과 '江水江花豈終極'도 각각 전후가 호응하여 시의를 완결하고 있음을 볼 것이다.
　결구는, 몽몽히 일어나는 먼지 속에서 방향을 잃고 넋없이 서 있는 작자의 하염없는 모습이 여운으로 길이 남아, 독자마저 망연케 하고 있다.
　시형은 악부체의 칠언고시, 운자는 입성 '屋·沃·職'운.

두보 편 杜甫篇

기행 紀行

봉선현을 찾아가며

(一)
1. 두릉(杜陵) 옛 고을에 한 야인(野人) 있었으니,
   늙으면서 뜻은 더욱 세정(世情)에 소졸(疏拙)하고,
   자홀(自惚)함은 어찌 그리 한결같이 어리석어,
   은근히 스스로를 직(稷)과 설(契)에 견주던고?

2. 어느덧 부지중에 영락한 몸 되었건만,
   백두로도 근고(勤苦)함을 달갑게 여기나니,
   관 뚜껑 닫힌 후야 만사가 휴헐망정.
   생전에 이 뜻 한번 속시원히 펴고지고!

3. 내내 한 생애를 백성 일 시름하여
   긴 한숨 쉬노라면 창자도 타오르고,
   동학(同學)의 늙은이들 비웃는다 들을 제면,
   한스러운 내 노래는 가락 더욱 높아지네.

4. 강이나 바닷가에 차라리 은거하여
   세월이나 보낼 뜻도 없는 바 아니지만,
   한 세상 태어나서 요순 임금 만났다가,
   아주 영영 떠나기란 차마 하지 못할레라.

5. 오늘날 조정에는 모든 재목 갖췄거니,
   큰 집을 짓는 데도 모자람이 있으랴만,

해를 향해 돌아가는 해바라기 심성인 양,
타고난 본성이야 뉘 능히 빼앗으리?

6. 땅강아지 개미 같은 미물들을 생각건대,
제 몸 숨길 구멍 하나 찾으면 그만일 걸,
어쩌자 분수 없이 큰 고래를 사모하여,
대양에 꿈틀대려 시늉도 하는 것고?

7. 이로써 사는 이치 깨닫기도 했거니와
권문(權門)에 드나듦은 유독이 치사로워,
꼿꼿이 고집하여 지금에 이르도록
먼지에 파묻힌 채 고난을 참아 왔네.

8. 끝내 부끄럽긴 소부(巢父)와 허유(許由)지만,
아직도 못 바꿀 건 그 절개뿐이기에,
무진무진 술을 마셔 스스로 달래 보고,
노래도 불러 보나 시름은 더해 가네.

(二)
9. 한 해도 저무려니 초목들 잎 다 지고,
모진 바람 몰아치니 높은 메도 찢어질 듯,
서울은 음산하여 추위도 혹독한데,
나그네 초조한 맘 한밤중에 길 나서네.
매서운 서릿김에 옷끈이 끊어져도
손가락 마디 곱아 맬 수도 없을레라.

10. 이른 새벽 무렵 여산(驪山) 앞 지나자니,
    까마득한 저 어디에 옥좌(玉座)는 있으려니,
    불길한 꼬리별(彗星)이 찬 하늘을 가렸는데,
    골짜기 벼랑길은 걸음걸음 미끄럽다.

11. 온천에서 오르는 김 구름같이 서리는데,
    근위병 병장기들 부딪혀 나는 소리….
    군신이 유련(留連)하여 다 함께 즐기나니,
    풍악 소리 어우러져 아득히 번지어라!
    그러나 목욕함은 높은 감투 쓴 분이요,
    잔치에 참여함도 짧은 옷은 아닐레라.

12. 궁정에서 나눠 주는 저 비단 옷감들은,
    가난한 아낙네가 애써 짜낸 것이련만,
    세금 매겨 얼러대고 부부에 매질하여,
    모질게 거둬들인 그 공물(貢物) 아닐런고?

13. 이런 귀한 물건 임금님 하사함은,
    나라를 살리려는 거룩한 뜻이련만,
    신하로서 만의 하나 정사를 그르치면
    임금님은 이 물건을 버린 꼴 아니 되랴?

14. 가득히 인재들이 조정에 찼다지만,
    어진 신할진댄 송구함이 마땅하리.
    하물며 또 듣자니 궁중의 황금 기물,
    위씨 곽씨 집안으로 다 옮겨 갔음에랴?

15. 안에는 절세 미인, 옥 같은 그 살결엔
    안개 낀 듯 얇은 옷이 어렴풋 가렸다네.
    돈피 갖옷으로 몸은 다사롭고,
    거문고 피리 소리 그윽이 얼리는 속
    낙타 발굽 요리상을 빈객(賓客)에 권하나니,
    향귤(香橘) 가득 담긴 위엔 무르익은 유잘레라.

16. 귀인들 집에서는 고기 냄새 술 향기요,
    길바닥에 뒹구는 건 얼어 죽은 사람 뼈라.
    영화롬과 쇠잔함이 지척 사이 판이하니,
    애달파라 딱한 일들 무어라 또 말하리?

17. 북으로 방향 틀어 경수·위수 따라가다,
    또다시 나루에서 딴 길로 접어드니,
    수많은 얼음덩이 서에서 내려온다.
    시야를 가득 메워 까마득 높았으니,
    아마도 공동산(崆峒山)이 사납게 다가오매,
    천주(天柱)도 들이받혀 꺾였는가 두려워라.

18. 다행히 다린 아직 무너지지 않았으나,
    받침대 삐걱삐걱 소리 매우 불안하다.
    행인들이 서로 도와 붙잡고 건너지만,
    냇물이 하 넓으니 건너가기 어려워라.

(三)

19. 늙은 아내가 딴 고을에 부쳐 사니,
    눈바람에 가로막혀 서로 여읜 열 식구라,
    뉘 능히 오래도록 돌보지 않을쏜가?
    굶어도 함께 굶자 허위허위 와 닿았네.

20. 대문에 들어서니 곡성이 낭자터니,
    어린 아들 하나 굶주려 죽다 하네.
    내 어이 이 슬픔을 참을 수 있으리요?
    이웃들도 또한 함께 흐느껴 울었어라!

21. 차마 부끄럽긴 남의 아비 되었다가,
    먹이지 못하여서 그 어린걸 죽이다니!
    어찌 알았으료? 풍년이 든다 해도,
    주린 끝엔 갑작스레 이런 변고 당할 줄을—.

(四)

22. 한평생 이 몸이야 조세도 면제되고,
    이름도 병적에는 오르지 않았지만,
    지나온 일 돌아보면 쓰라림뿐이거늘,
    하물며 평민이야 그 처량함 오죽하랴?

23. 일손 잃은 가족들은 무슨 수로 살아가며,
    먼 국경 수비하는 군졸들은 또 어떤지?
    종남산 높이론 듯 시름은 연해 이니,

하염없는 이 심사여! 걷잡을 길 바이 없네.

(一)

1. 杜陵有布衣　老大意轉拙
   許身一何愚　竊比稷與契
2. 居然成濩落　白首甘契闊
   蓋棺事則已　此志常覬豁
3. 窮年憂黎元　嘆息腸內熱
   取笑同學翁　浩歌彌激烈
4. 非無江海志　瀟灑送日月

* **解題** 이는 천보(天寶) 14년(755), 작자 44세 때의 지음이다. 이해에 우위솔부(右衛率府)의 주조참군(冑曹參軍)이라는 관직을 얻게 되었으므로, 그 전년에 아는 사람에게 기탁해 두었던 처자를 찾아 봉선현(奉先縣: 장안의 동북 160km 거리)으로 가는 길의 견문과 소감을 읊은 장편 기행시로서, 〈北征〉과 아울러 희대의 웅편(雄篇)이다.

(一)

杜陵(두릉) 장안의 동남 교외에 있는, 전한(前漢) 선제(宣帝)의 능 이름이었으나, 인하여 그 부근 일대의 지명이 되었다. 두보는 대대로 이곳에 살았으므로, 자호를 '두릉' 또는 '소릉(少陵)'이라 했다.
布衣(포의) 베옷. 벼슬이 없는 사람을 이름. 야인(野人).
老大(노대) 늙어 감.
許身(허신) 스스로 자처(自處)함. 자허(自許)함.
稷與契(직여설) 순(舜)임금 때의 현신인 직과 설. 직은 농사, 설은 교육을 관장했다.
居然(거연) 어느덧.
濩落(확락) 쓸모없이 됨. 영락(零落).
契闊(결활) 생활을 위하여 부지런히 일하고 고생함.
蓋棺(개관) 관의 뚜껑을 닫음.
覬豁(기활) 속시원히 이루어지기를 바람.
窮年(궁년) ① 한 해가 다함. ② 한평생 내내. 《두시언해》에는 ①의 뜻을 취했으나, 여기서는 ②의 뜻을 취했다.
黎元(여원) 백성.

　　　　生逢堯舜君　不忍便永訣
　5. 當今廊廟具　構廈豈云缺
　　　　葵藿傾太陽　物性固莫奪
　6. 顧惟螻蟻輩　但自求其穴
　　　　胡爲慕大鯨　輒擬偃溟渤
　7. 以玆悟生理　獨恥事干謁
　　　　兀兀遂至今　忍爲塵埃沒
　8. 終愧巢與由　未能易其節
　　　　沈飮聊自遣　放歌頗愁絶

(二)
　9. 歲暮百草零　疾風高岡裂
　　　　天衢陰崢嶸　客子中夜發

江海志(강해지) 강이나 바닷가의 대자연에 노닐고자 하는 마음.
瀟灑(소쇄) 기운이 맑고 깨끗함.
堯舜君(요순군) 요임금과 순임금과 같은 성군(聖君). 여기서는 현종(玄宗)을 가리킴.
廊廟具(낭묘구) '낭묘'는 조정, '구'는 인재, 곧 정부에 인재가 구비되어 있다는 뜻.
構廈豈云缺(구하기운결) 큰 집을 지음에 어찌 재목이 모자란다 하겠는가, 곧 좋은 정치를 함에 인재가 모자라지 않다는 뜻.
螻蟻輩(누의배) 땅강아지나 개미와 같은 미물 따위.
求其穴(구기혈) 제 있을 구멍을 찾음. 제 한 몸의 행복을 추구함의 비유.
胡爲(호위) 어찌하여.
溟渤(명발) 큰 바다.
干謁(간알) 알현(謁見)을 청함. 사사로운 일을 청탁함.
兀兀(올올) 꼿꼿이 굽히지 않는 모양.
巢與由(소여유) 옛날의 은사인 소부(巢父)와 허유(許由). 요임금이 천자의 위(位)를 물려주려 했으나, 이를 거절했다는 옛 전설 속의 은사.
沈飮(침음) 통음(痛飮).
愁絶(수절) 더할 수 없는 슬픔. 크나큰 슬픔.

```
           霜嚴衣帶斷    指直不得結
   10. 凌晨過驪山      御榻在嵽嵲
           蚩尤塞寒空    蹴踏崖谷滑
   11. 瑤池氣鬱律      羽林相摩戛
           君臣留歡娛    樂動殷樛嶱
           賜浴皆長纓    與宴非短褐
   12. 彤庭所分帛      本自寒女出
           鞭撻其夫家    聚斂貢城闕
```

(二)

天衢(천구) ① 하늘의 길. 또는 하늘 거리. ② 서울. 국도(國都).《吳志·胡綜傳》에 '遠處河朔 隔絶天衢'라 있다. 여기서는 ②의 뜻을 취했다.
崢嶸(쟁영) ① 산의 험준한 모양. ② 추위가 혹독한 모양.《羅隱·雪霽詩》에 '南山雪乍晴 寒氣轉崢嶸'이라 있다. 여기서는 ②의 뜻을 취했다.
客子(객자) 나그네. 작자 자신을 가리킴.
指直(지직) 손가락이 곱음.
凌晨(능신) 이른 아침. 새벽.
驪山(여산) 장안 동쪽에 있는, 높은 산. 이 산기슭에 온천이 있어서, 현종은 여기에 '화청궁(華清宮)'이란 이궁(離宮)을 짓고, 해마다 시월에는 양귀비와 함께 피한(避寒)으로 와 있었다.
御榻(어탑) 옥좌(玉座), 용상(龍床).
嵽嵲(질얼) 산의 높은 모양. 여기서는 이궁의 높음을 산의 높음과 아울러 이른 것.
蚩尤(치우) 여기서는 '蚩尤旗'라는 별 이름. 자세한 것은 본시의【評說】참조.
鬱律(울률) 기운이 상승하는 모양. 김이 서리는 모양.
羽林軍(우림군) 근위군(近衛軍).
相摩戛(상마알) 병기들이 서로 부딪쳐 쩡그렁거리는 소리.
膠嶱(교갈) 광대(廣大)함.
長纓(장영) 긴 갓끈. 곧 높은 지위의 벼슬아치. 귀인.
短褐(단갈) 짧은 옷. 곧 비천한 사람.
彤庭(동정) 대궐의 뜰.
筐篚恩(광비은) 광주리에 담긴 물건을 하사하는 임금의 은혜.
夫家(부가) 남편과 아내. 부부. 여기서는 '부가지정(夫家之征)', 곧 일정한 업(業)이 없는 백성에게 벌금으로 부과하는 세금.

13. 聖人筐篚恩　實欲邦國活
　　臣如忽至理　君豈棄此物
14. 多士盈朝廷　仁者宜戰慄
　　況聞內金盤　盡在衛霍室
15. 中堂有神仙　煙霧蒙玉質
　　煖蒙貂鼠裘　悲管逐淸瑟
　　勸客駝蹄羹　霜橙壓香橘
16. 朱門酒肉臭　路有凍死骨
　　榮枯咫尺異　惆悵難再述
17. 北轅就涇渭　官渡又改轍
　　群氷從西下　極目高崒兀
　　疑是崆峒來　恐觸天柱折

聚斂(취렴) 가혹하게 조세를 거둬들임.
城闕(성궐) 궁성의 문이란 뜻에서 대궐. 조정.
衛霍(위곽) 위청(衛靑)과 곽거병(霍去病). 두 사람 다 한무제(漢武帝)의 황후인 위씨의 인척으로, 무제의 총애를 받았으므로, 여기서는 양귀비의 종형인 양국충(楊國忠)을 가리킨 것.
神仙(신선) 선녀와 같은 미인. 양귀비를 가리킨다는 설과, 양국충의 많은 무희들을 가리킨다는 양설이 있다.
煖蒙(난몽) 따뜻이 ~을 입음. '煖客'은 바로 아래의 '勸客'의 '客'과 중복되므로, '蒙'을 택했다.
貂鼠裘(초서구) 담비의 털가죽으로 만든 옷.
瑟(슬) 현악기 이름. 슬. 큰거문고. 이십오현금.
駝蹄羹(타제갱) 낙타의 발굽으로 요리한 국.
霜橙(상등) 서리를 맞아 농익은 유자.
朱門(주문) 귀인의 문. 대문에 붉은 칠을 했으므로 이름.
涇渭(경위) 경수(涇水)와 위수(渭水). 이 두 물은 여산 북쪽에서 합류한다.
官渡(관도) 관에서 관리하는 나루터.
改轍(개철) 수레를 바꾼다는 뜻으로, 다른 길로 접어듦을 이름.
崒兀(줄올) 산 같은 것의 높은 모양. 여기서는 유빙(流氷)을 두고 이름.
崆峒(공동) 감숙성에 있는 산 이름. 경수·위수가 이에서 발원한다.

18. 河梁幸未坼　枝撑聲窸窣
　　行旅相攀援　川廣不可越

(三)
19. 老妻寄異縣　十口隔風雪
　　誰能久不顧　庶往共飢渴
20. 入門聞號咷　幼子飢已卒
　　吾寧捨一哀　里巷猶嗚咽
21. 所愧爲人父　無食致夭折
　　豈知秋禾登　貧窶有倉卒

(四)
22. 生常免租稅　名不隸征伐
　　撫迹猶酸辛　平人固騷屑
23. 默思失業徒　因念遠戍卒
　　憂端齊終南　澒洞不可掇
　　〈自京赴奉先縣詠懷五百字〉

────────

天柱(천주) 부주산(不周山) 위에 있어, 하늘을 받치고 있다는 전설의 기둥(《列子》).
河梁(하량) 강에 놓은 다리.
窸窣(실솔) 삐걱삐걱하는 불안한 소리.
(三)
號咷(호도) 큰 소리로 욺.
秋禾(추화) 가을의 벼.
貧窶(빈구) 가난하여 초췌함.
倉卒(창졸) 뜻하지 않은 사이에 갑자기.
(四)
免租稅·名不隸征伐(면조세·명불예정벌) 당대(唐代)의 관리에는 면세(免稅)와 면병역(免兵役)의 특전(特典)이 있었다.

| 부연 | (一)

1. 두릉(杜陵) 고을에 벼슬하지 못하여 베옷 입고 사는 한 야인이 있었으니, 늙어 갈수록 더욱더 현세에는 용납될 수 없는 졸렬한 생각만 하고 있었다. 그 생각이 얼마나 어리석었는지, 예를 들면 자신을 평가하여, 옛날 순임금 때의 어진 신하였던 직(稷)과 설(契)에 못지 않다고 자홀(自惚)할 정도였다.

2. 그런 엉뚱한 생각이나 하고 있는 사이에, 세월은 덧없이 어느덧 쓸모없는 인간으로 늙어 버렸지만, 그런데도 그 꿈 깨지 않고, 오히려 흰머리에 관직도 없이, 온갖 고생을 감수하면서도 애써 노력하는 마음은 늦추지 않고 있다. 무릇 인간의 진가는 삶을 마감한 뒤에라야 정해지는 것이므로, 죽을 때까지는 언제나 충군 애국의 큰 포부를 달성하려는 것이 소원인 것이다.

3. 한평생 내내 민중의 일을 근심하고, 세상 되어 가는 꼴을 한탄하다 보면 창자도 타는 듯 뜨거워진다. 더구나 가장 이해해 주어야 할 옛날 동창 늙은이들이, 도리어 그런 나를 비웃는다고 들었을 때면, 나의 한스러운 노래의 가락은 한결 더 격렬해지는 것이다.

4. 때로는 차라리 강이나 바닷가의 대자연으로 돌아가, 세상을 다 잊고, 세월이나 보냈으면 하는 생각도 안 해 본 것은 아니지만, 모처럼 요순과 같은 어진 임금과 한 시대에 태어난 이 귀중한 인연을, 아주 영영 끊고 떠나 버리기란 차마 할 수 없었던 것이다.

5. 오늘날 조정에는 다방면의 재능을 가진 사람들이 적재 적소에 배치되어 있으니, 나라를 다스리는 데 있어 어찌 인재가 모자란다 할 수 있으랴마는, 태양을 향하여 돌아가는 해바라기의 물성과도

騷屑(소설) 쓸쓸히 바람 부는 모양. 처량한 모양.
憂端(우단) 근심의 단서. 걱정거리.
澒洞(홍동) 구름이 뭉게뭉게 피어오르듯 끝없이 뭉키는 모양.

같은 나의 충성심은, 아무도 빼앗을 수 없는, 오직 나의 천성일 뿐이다.

6. 가만히 생각해 보건대, 저 땅강아지나 개미 같은 벌레 따위야, 제 몸 하나 건사할 구멍이나 찾으면 그것으로 족할 것인데, 어찌하여 분수 없이 고래를 사모하여 대양을 꿈꾸기도 하는 것이랴?

7. 그런 미물이나 다를 바 없는 어쭙잖은 내가, 어찌 과람한 생각을 하랴 하다가도, 다시 생각하면 세상 사는 이치란, 미물도 그렇거늘, 하물며 사람으로 큰 포부를 품음이야 당연함이 아니랴 싶기도 하다. 그렇다고 권문 세가에 드나들며 구걸·청탁하는 일은 유달리 치사하여, 온갖 고난에도 참아 견디며, 오늘날까지 꼬장꼬장 굽힘 없이 살아왔는 것이다.

8. 옛날 요임금이 천하를 물려주려 했으나 이를 거절하고, 기산 영수(箕山潁水)의 절경 속에 은거하여 유유 자적한 소보(巢父)와 허유(許由)와는 달리, 다만 벼슬에만 연연해하는 것 같아, 그분네에게는 한 가닥 부끄러움이 없지 않으나, 그러나 충군 애국의 절개만은 다른 무엇과도 바꿀 수 없는 것이기에, 이 고민 달래 보려, 억배로 술을 마시기도 했고, 큰 소리로 노래를 불러 봤으나, 시름은 더해 가기만 할 뿐이다.

(二)

9. 한 해도 저물어 가자니, 온갖 초목들도 잎이 떨어지고, 모진 바람 사납게 몰아치니, 높은 메도 찢어질 듯, 서울의 거리는 음산하고 추위도 혹독하나마, 돌아가 처자를 데리고 오리라, 한번 마음먹고 나니, 그리운 마음 일각이 여삼추라, 날새기를 기다리기 지루하여, 한밤중에 길을 나선 것이다. 서리김 매서운 추위에 옷끈이 끊어져도 열 손가락이 마디마디 곱아 맬 수도 없을 정도이다.

10. 이른 새벽 무렵, 화청궁(華淸宮)이 있는 여산(驪山)을 지나자니, 저 높은 어딘가에 옥좌는 있으려니, 살별인 치우성(蚩尤星)은 긴 꼬리를 끌며 찬 하늘을 가로막아 있어, 금시 전란이라도 일어날 듯한 불길한 천상(天象)인데, 골짜기의 길은 눈얼음으로 뒤덮여 걸음마다 미끄러워 불안하기 그지없다.

11. 온천에서 서려 오르는 김이 자욱하게 골을 메운 가운데, 삼엄한 근위병들의 병장기들이 서로 부딪혀 나는, 그 쩡그렁거리는 금속성이 몸을 오싹하게 한다. 저 몽롱한 속에 임금님과 신하들이 정사는 저버리고, 이 유락지에 계속 머물러 있어, 함께 환락을 극도로 하고 있으니, 그 잡힌 풍악 소리가 한데 어우러져 멀리 높이 번져가고 있다. 그러나 온천에 목욕하도록 은혜를 입은 이는 다 긴 갓끈 맨 귀인들뿐이요, 주연에 참여하여 함께 즐기는 이도, 짧은 옷 입은 낮은 신분의 사람은 아닐 것이다.

12. 궁정에서 나누어 주는 저 비단 옷감들은, 본디는 가난한 집 아낙이 애써 길쌈하여 짜낸 것이련만, 관가에서 세금 매겨, 부처(夫妻)를 얼르고 매질하여, 모질게 거두어들인 것을 나라에 공물이라 바친 것이리라.

13. 이런 귀한 비단을 임금님이 신하에게 하사하는 것은, 기실 나라를 살리려는 성려(聖慮)에서였으련마는, 저 지극한 뜻을, 신하로서 만일 소홀히 하여 정사를 그르친다면, 임금님은 이 귀한 물건을 어찌 헛되이 내버린 꼴이 되지 않겠는가?

14. 많은 인재들이 조정에 가득 차 있다 한들, 그 가운데 어진 이가 있다면, 그 베푸시는 은혜에 대하여 마땅히 송구하여 몸 둘 바를 몰라할 것이다. 또 하물며 듣건대, 내전에 있던 황금 반상기는 죄다 위씨, 곽씨 같은 권신(權臣)들 집으로 옮겨 가 있음에서랴?

15. 내전에는 선녀 같은 미인이 있어, 연무(煙霧)같이 얇은 비단

옷으로, 백옥 같은 살결을 어렴풋이 가리고 있다 한다. 추울 때면, 돈피 갖옷에 포근히 감싸인 채, 애련한 피리 소리는 맑은 큰 거문고 소리를 좇아 그윽이 화음 되어 무르익는 분위기 속에, 낙타 발굽 요리를 빈객에게 권하는데, 향기로운 귤을 가득 괴어 놓은 위엔, 서리 맞아 흐뭇이 익은 유자가 웃기로 놓여 있다.

 16. 귀인들이 사는 붉은 대문 안에서는, 술 향기와 고기 굽는 냄새가 진하게 풍겨나고 있는가 하면, 길가에는 춥고 배고파 죽은 사람의 뼈가 뒹굴고 있어, 행복과 불행이 지척 사이에서 이와 같이 판이하니, 아, 애달프구나. 다시 무슨 말을 하리?

 17. 수레를 경수(涇水)·위수(渭水) 따라 북으로 향해 가다가 다시 나루터에서 수레를 바꿔 타니, 수많은 얼음덩이〔流氷〕들이 상류인 서쪽에서 떠내려오고 있다. 눈을 한껏 크게 뜨고 바라보노라니, 그것은 아마도 저 멀리 토번(吐蕃)·돌궐(突厥) 등의 외적들과 경계 대치(對峙)하여 있는 공동산(崆峒山)이 쳐들어오는 듯 하늘 기둥이 들이받혀 조각조각 깨뜨려진, 바로 그 파편들이 아닌가 의심스러워 두렵다. 다행히 교량은 아직 무너지지 않았으나, 다리의 받침대가 삐걱거려 무척이나 불안하다. 행인들이 서로 도와 붙잡고 건너지만, 강폭이 하 넓어서 건너가기가 어렵다.

(三)

 19. 늙은 아내가 딴 고을에 더부살이 하고 있으니, 전란으로 말미암아 열 식구가 서로 소식 없이 지내 왔던 것이다. 내 명색 가장된 몸으로 어찌 오래도록 돌보지 않을 수 있으랴? 굶어도 같이 굶으리라 허위허위 와 닿은 것이다.

 20. 대문에 들어서자 낭자하게 곡성이 들리더니, 알고 보니 어린 아들이 굶주린 끝에 그예 숨을 거두었다는 것이다. 내 어찌 이 슬픔

을 견딜 수 있으리요? 마을 사람들도 함께 흐느껴 운다.

21. 부끄럽기는, 내 남의 아비가 되었다가 먹일 것이 없어 그 어린 나이에 죽게 하였음이라. 어찌 알았으리요? 가을 흉년이 들었는데도, 주린 끝에는 갑작스런 이런 변고를 당하는 일이 있다는 것을―.

(四)

22. 나야 한평생 조세 면제의 특전(特典)도 입었고, 병적에 이름도 오르지 않아, 군인으로 나간 일도 없지마는, 그런데도 지나온 일 돌이켜 생각해 보면, 모두가 쓰라린 슬픔과 고생뿐이거늘, 하물며 그런 혜택도 받지 못하는 민중들이야, 그 고달픔 오죽하랴?

23. 가만히 생각하니, 일손 잃은 가족들은 어찌들 살며, 먼 국경 경비하는 군졸들은 또 어찌 견디는지? 저 종남산 위로 피어오르는 뭉게구름만큼이나 끝없이 뭉게이는 시름을, 아 걷잡을 길이 바이 없다.

평설 '五百字'란 오언 100구임을 뜻하는데, 그 운자만도 50자나 되는 것을, 〈北征〉에서와 마찬가지로, ㄹ종성의 입성운(入聲韻: 拙, 契, 闊, 豁, 熱, 烈…)으로 일관하였으니, 그 정제된 형식과 사조(辭藻)의 풍부함도 그러려니와, 그 어두운 듯 묵직한 운감(韻感)은 시의 내용과 표리가 되어, 침통·강개의 정을 한결 실감케 해 주고 있다.

때는 동짓달 초의 엄동으로, 행로의 고생도 이만저만이 아니었는 듯, 무엇보다도 안녹산의 반란이 일어나기 직전이었던 만큼, 천하의 형세가 흉흉하여 처처에 심상치 않은 불길한 조짐을 목격하게 되는 장면과, 여산(驪山)을 지나면서는, 양귀비의 미색에 혹하여, 정사는 뒷전으로, 온천지의 이궁(離宮)에 장기 체류하여, 유락(遊樂)에만 빠져 있게 한 현종의 중신(重臣)들에 대한 분만(憤懣), 그리고 당면해 있는 국가의 위기감 등을 사물에 빗대어 실감나게 표현 묘사하고 있다.

집에 도착하자 어린 아들의 아사(餓死)란 크나큰 충격과 비통을 겪으면서, 자기보다 혜택도 받지 못하는 민중들의 고통이야 오죽하랴면서, 자기의 슬픔을 민중 전체의 비극으로 자각하며, 나라 시름을 주체하지 못해 한다.

天衢陰崢嶸　客子中夜發　(9)

'天衢'는 국도(國都), 곧 서울을 뜻함이요, '崢嶸'은 추위가 대단함의 뜻임을 【註】에서 볼 것이며, 후구의 '中夜發' 하는 심정일랑 【부연】에서 읽을 것이다.

蚩尤塞寒空　蹴踏崖谷滑　(10)

'蚩尤'란 원래 황제(黃帝)의 신하였으나 반란을 일으켰으므로, 황제가 이를 정벌하여 주살했다는 전설의 역신(逆臣) 이름인데, 여기서는 그 반역자의 이름을 따서 만든 '치우기(蚩尤旗)'라는 별 이름으로 쓰인 것이다. 그 모양이 흡사 달리는 깃발이 가로 길게 나부끼며 끝이 구부러진 것 같다 하여 붙여진 것인데, 혜성(彗星: 살별 또는 꼬리별)의 일종인 이 요성(妖星)이 나타나면 병란이 일어날 조짐이라 하여 세인이 두려워했던 것이다. 이와 같이 '蚩尤旗'란 기의 이름이 아니라, 별의 이름인데도 이를 착각하여, '치우기'란 '승여(乘輿)를 전도(前導)하는 깃발'이라고 주석한 '조주(趙注)'에 따라,《두시언해》등 많은 주해서들이 이를 그르쳤다.

결국 이 전후구의 뜻하는 바는, 위로는 천상이 불길하고, 아래로는 자리가 불리하여, 금시 전쟁이 일어날 듯 위태롭고 불안함을 은유하고 있다.

疑是崆峒來　恐觸天柱折　(17)
河梁幸未坼　枝撐聲窸窣　(18)

　이들은 다 국가에 대한 극도의 위기감·불안감의 상징적 표현이다. '恐觸天柱折 河梁幸未坼'에서 다행히 다리만은 아직 무너지지 않았다는 어세의 호응으로 보아, 전구의 '天柱'는 '이미 꺾어졌는가?' 의심함이며, 유빙(流氷)도 그 '天柱'의 파편들인가 하여 두려워함이니, 이 대문 종내의 구구한 해설들과는 딴판임을 밝혀 두는 바이다. 【부연】에서 이 부분은 다시 한 번 읽어 주기 바란다.

북정

— 전략 —

(一)

1. 터덜터덜 들길을 지나가자니
   마을은 기척없이 쓸쓸만 한데,
   만나는 이 대개가 부상을 입어
   신음하며 피 흘리는 사람들일 뿐—.

2. 고개 돌려 봉상(鳳翔) 쪽 바라보자니
   저문 날 명멸(明滅)하는 행궁(行宮)의 깃발!
   쓸쓸한 첩첩 산길 오르노라니
   말 먹이던 물구덩이 흔키도 하다.

3. 빈주(邠州)의 들판은 지대가 낮아
   경수(涇水) 소쿠라져 질러 흐르고,
   사나운 호랑이 내 앞을 막아
   벼랑도 갈라지라 울부짖는다.

4. 국화는 올 가을 꽃이언마는
   돌길엔 옛 수레의 자국이어라!
   푸른 구름 시흥(詩興)을 일깨우나니
   그윽한 경물(景物)도 즐김직하다.

5. 자잘한 산 열매들 종류도 많아

도토리랑 섞이어 늘어섰는데,
　　더러는 단사(丹砂)마냥 새빨간 것들
　　옻으로 점찍은 듯 새까만 것들…
　　비에 이슬에 은혜를 입어
　　달건 쓰건 일제히 농익어 있다.
　　아득히 도원경도 이러하련만
　　생각사로 한심해라! 졸렬한 신세.

6. 두두룩한 부치(鄜畤) 마루 바라보자니
　　바위산과 골짜기가 갈마든 사이
　　나는 이미 물가에 내려왔건만
　　종은 여태 나무 끝에 꿈질거린다.

7. 누른 뽕나무엔 솔개가 울고
　　들쥐들은 구멍 앞에 공수(拱手)해 섰다.
　　이슥한 밤 옛 싸움터 지나노라니
　　싸늘한 달빛에 비친 백골들!
　　동관을 지키던 백만 대군은
　　어찌 그리도 덧없이 패해
　　절반도 넘는 중원 백성을
　　죽어 귀신 되게 하였음이랴?

(二)
8. 더구나 난 적진에 사로잡혔다
　　돌아옴에 온통 백발 됐느니,
　　해가 지나서야 집이라 오니

누덕누덕 기워 입은 처자들 몰골!
통곡하니 솔소리도 아득히 멀고
샘물도 슬퍼 함께 목이 메는 듯
평소에 귀엽던 사내아이는
낯빛이 눈보다도 더욱 흰 것이
아비 보자 얼굴 돌려 흐느끼는데,
때투성이 발에는 버선도 없다.
침상 앞에 서 있는 어린 두 딸은
기운 치마 무릎 겨우 가리었을 뿐,
바닷 그림 파도는 갈라져 있고,
낡은 수는 이음매가 뒤바껴 붙고
저고리에 기워진 천오(天吳)·자봉(紫鳳)은
저마다 엎어지고 자빠져 있다.

9. 늙은 지아비 심사 뒤틀려
　토사하여 며칠을 누워 지내다
　봇짐 속에 가져온 물건 있거니
　차마 너희 떠는 몸 못 가려 주랴?
　짐 풀어 화장품도 끄집어내고,
　옷감 될 천들도 늘어놓으니,
　여윈 아내 얼굴엔 생기가 돌고
　철없는 딸년들도 머릴 빗는다.
　어미 따라 무엇이고 못할 게 없어
　아침 단장 한답시고 손바람 내어
　이윽도록 연지 분 발라 쌓더니
　엉망으로 칠한 얼굴, 넓은 눈썹 새!

10. 살아 돌아와서 애들 대하니
　　기갈(飢渴)의 지난날도 잊은 듯해라!
　　수염 잡아당기며 물어 쌓지만
　　뉘 능히 그 자리에 차마 성내랴?
　　적에 잡혀 애타던 일 생각노라면
　　떠들썩한 북새판야 달게 여길 뿐,
　　갓 돌아와 우선 흐뭇한 터에
　　살림 걱정 구태여 끄집어내랴?
　　―후략―

前略(二十句)
(一)
1. 靡靡踰阡陌　人煙眇蕭瑟
　　所遇多被傷　呻吟更流血
2. 回首鳳翔縣　旌旗晚明滅

* **解題** 이 시는 지덕(至德) 2년(757), 46세 때의 가을, 당시 숙종(肅宗)의 행재소(行在所)가 있던 봉상현(鳳翔縣: 陝西省)을 출발하여 임시로 가족을 옮겨 놓았던 부주(鄜州: 陝西省)로 돌아가는 도중의 견문과 소감을 묘사 서술한 장편 기행시이다. 오언고시체로 총 140구, 700자의 대작으로, 두시 중의 압권이란 정평을 받고 있는 작품이다.
　특히 운각(韻脚)을 받친 70자의 운자는 죄다 입성운(入聲韻), 그중에도 '瑟·血·滅·窟…' 등 ㄹ종성운(終聲韻)으로 일관하였으니, 오열(嗚咽)·유열(愉悅) 등 구구 절절 감개로움에 떨리는 생생한 목소리의 사생(寫生)이며, 물 흐르듯 지체없이 진행되어 가는 기행시의 걸음걸이기도 한, 독특한 음감(音感)을 독자로 하여금 체감(體感)케 하는 효과마저 배려되어 있다.
　여기서는 전후를 생략하고 그중 하이라이트라고 할 수 있는 부분만을 보이기로 한다.
靡靡(미미) 길 가는 발길이 더딘 모양.
阡陌(천맥) 들길. 전답 사이로 난 길.
眇(묘) 적음. 아득함.

前登寒山重　屢得飮馬窟
3.　邠郊入地底　涇水中蕩潏
　　猛虎立我前　蒼崖吼時裂
4.　菊垂今秋花　石戴古車轍
　　靑雲動高興　幽事亦可悅
5.　山果多瑣細　羅生雜橡栗
　　或紅如丹砂　或黑如點漆
　　雨露之所濡　甘苦齊結實
　　緬思桃源內　益歎身世拙
6.　坡陀望鄜畤　巖谷互出沒
　　我行已水濱　我僕猶木末
7.　鴟鳥鳴黃桑　野鼠拱亂穴
　　夜深經戰場　寒月照白骨

鳳翔縣(봉상현) 숙종(肅宗)의 행궁(行宮)이 있는, 섬서성(陝西省)의 지명.
邠郊(빈교) 빈주(邠州)의 들판.
涇水(경수) 빈주의 들판을 가로질러 흐르는, 위수(渭水)의 지류.
蕩潏(탕휼) 물이 소쿠라져 흐르는 모양.
靑雲(청운) 푸른 구름. 곧 갠 날의 푸른 하늘에 이는 흰 구름.
幽事(유사) 세속을 떠난 산중의 경물(景物).
瑣細(쇄세) 자잘함.
橡栗(상률) 도토리.
丹砂(단사) 새빨간 빛의 환약(丸藥) 이름. 주사(朱砂).
點漆(점칠) 찍은 옻칠. 옻으로 찍은 한 점과 같이 새까만 둥근 것의 형용. 흔히 눈동자를 형용해서 '眼如點漆'이니, '目精明而點漆'이니 한다.
緬思(면사) 아득히 생각함.
桃源(도원) 무릉 도원. 곧 별천지.
坡陀(파타) 높고 큰 모양.
鄜畤(부치) 부주(鄜州)의 천제단(天祭壇).
鴟鳥(치조) 솔개.

潼關百萬師　往者散何卒
　　遂令半秦民　殘害爲異物

(二)
8. 況我墮胡塵　及歸盡華髮
　　經年至茅屋　妻子衣百結
　　慟哭松聲逈　悲泉共幽咽
　　平生所嬌兒　顏色白勝雪
　　見爺背面啼　垢膩脚不襪
　　牀前兩小女　補綻纔過膝
　　海圖坼波濤　舊繡移曲折

拱亂穴(공난혈) 어지럽게 나 있는 쥐구멍 앞에 들쥐들이 공수(拱手)를 하듯, 앞발을 맞대고 뒷발로만 꼿꼿이 발돋움하여 서 있는 자세를 이름인데, 이는 기실 적을 경계하여 그 동정을 살피는 행동인 것이다. 이런 들쥐의 일종을 공서(拱鼠) 또는 예서(禮鼠)라 하여 섬서성·감숙성 지방에 있다고 한다. '공수'란, 경의를 표하여 서서 두 손을 맞잡는 예의 한 가지.

潼關(동관) 云云 동관은 섬서성에 있는 관문. 안녹산의 난에 10만 대군을 이끈 가서한(哥舒翰)이 여기를 지켰으나, 조정의 독촉으로 영보(靈寶)의 들판에서 적을 맞아 싸우다가 대패하였다.

半秦民(반진민) 태반의 진나라 백성. '秦'은 지금의 장안을 중심으로 한 섬서성 일대를 가리켜 이른 말.

異物(이물) 사람과 다른 물건이란 뜻으로, 사자의 영혼. 귀신.

衣百結(의백결) 옷을 누덕누덕 기움.

幽咽(유열) 그윽히 흐느껴 움.

平生(평생) 평소. 평상시. 늘.

白勝雪(백승설) 눈보다 더 흼. 영양 부족으로 얼굴빛이 창백함.

補綻(보탄) 옷 떨어진 데를 기움. '補綴'로 된 데도 있다.

海圖(해도) 바다의 파도 문양을 그린 그림.

舊繡(구수) 수를 놓은 낡은 천.

移曲折(이곡절) 수의 고비가 서로 엉뚱한 데 가 붙어 있음.

       天吳及紫鳳　顚倒在短褐
　9. 老夫情懷惡　嘔泄臥數日
       那無囊中帛　救汝寒凜慄
       粉黛亦解苞　衾裯稍羅列
       瘦妻面復光　癡女頭自櫛
       學母無不爲　曉粧隨手抹
       移時施朱鉛　狼藉畵眉闊
　10. 生還對童稚　似欲忘飢渴
       問事競挽鬚　誰能卽嗔喝
       翻思在賊愁　甘受雜亂聒
       新歸且慰意　生理焉得說
       後略(四十八句)
　　　　　　　　　〈北征〉

부연　1. 비스듬한 들길을 터덜터덜 걸어 넘어가노라니, 마을은 있으나, 인가에는 가느다란 연기 한 올도 오르지 않

天吳(천오) 〈산해경(山海經)〉에 나오는 수신(水神)의 이름. 호신인면(虎身人面)에 손·발·꼬리가 각각 여덟씩이라고 하는 괴수(怪獸). 해도(海圖)에 그려져 있는 것.
紫鳳(자봉) 자색의 봉황새. 이 또한 낡은 수의 무늬로 놓여 있는 것을 이름.
短褐(단갈) 짧은 옷. 중국 사람들의 일종의 저고리.
那無(나무) 어찌 ~없으랴? '있다'의 반어.
粉黛(분대) 분과 눈썹먹. 화장품.
解苞(해포) 보따리를 끄름.
衾裯(금주) 이불과 홑이불. 여기서는 이것들로 재활용할 옷감.
朱鉛(주연) 연지와 분.
嗔喝(진갈) 성내어 꾸짖음.
翻思(번사) 돌이켜 생각함.
生理(생리) 생활의 계책. 살림살이.

는 적막한 상황인데, 만나는 사람들이란 대개 전쟁 통에 상처를 입어 앓고 있는 사람들로서, 그중에는 아직도 피를 흘리는 사람도 있다.

2. 늘 마음이 끌리는 봉상현 쪽으로 고개를 돌려 바라보노라니, 저물어 가는 어스름 속으로 펄렁이는 행재소의 깃발이, 보이랑 안 보이랑 가물거리고 있어, 마치 이 나라의 운명인 양하여 마음이 언짢다.

다시 겹겹으로 포개진 쓸쓸한 가을 산길을 올라가노라니, 옛날 군마에게 물을 먹이기 위하여 파 놓은 바위 굴의 샘터가 가끔 눈에 띈다. '장성음마굴행(長城飮馬窟行)'의 악부(樂府)를 연상하며, 예나 이제나 끊이지 않는 전쟁에 대한 장탄식을 금할 수가 없다.

3. 빈주의 교외 일대는 지대가 낮은데, 그 한가운데로 경수의 급한 물줄기가 굽이치며 용솟음쳐 흐르고 있고, 사나운 호랑이는 내 앞길을 가로막아 서서, 푸른 이끼 낀 벼랑도 갈라질 듯, 큰 소리로 울부짖기도 하여, 가는 길의 험난함이 이만저만이 아니다.

4. 어느덧 피어 흐드러진 길섶의 들국화는, 이 분명 금년 가을에 핀 새 꽃이련만, 길바닥의 돌에는, 옛날 병거(兵車)의 수레바퀴 자국이 아직도 또렷하게 남아 있어, '옛 싸움터에 핀 들국화'란 묘한 금석지감(今昔之感)을 일으키게 하고 있다.

이런 중에서도, 맑은 하늘에 뭉게이는 흰 구름은, 도도한 나의 시흥을 충동이어, 가슴이 울렁이고, 그윽한 산중의 온갖 경물들도 또한 나를 즐겁게 해 주기에 족하다.

5. 자잘한 산열매들은, 그 종류가 많기도 하여, 도토리랑 섞이어 가는 길섶에 계속 늘어 서 있는데, 그 가운데의 어떤 것들은, 단사(丹砂) 환약(丸藥)마냥 동글동글 새빨간 것도 있고, 또, 어떤 것들은, 옻으로 점을 톡톡 찍어 놓은 것 같은, 동글동글 새까만 것들도 있어, 하나같이 귀엽기 그지없다.

이것들은 저마다 비와 이슬 등 대자연의 은혜를 흐뭇이 입어, 어떤 것들은 단맛으로, 또 어떤 것들은 쓴맛으로 제각기 특징을 지니고, 일제히 이 가을에 열매를 맺은 것이니, 이런 광경은 저 먼 도원경이나 진배없건마는, 그러나 돌이켜 생각하면 졸렬한 이 한 몸, 불운한 이 세상이 생각할수록 한심하고 한탄스럽기만 하다.

6. 이윽고 옛날 천제를 지내던, 두두룩한 부치산마루가 전방에 나타난다. 자세히 바라보니, 산허리서부터 여러 갈래로 골이 졌는데, 골마다 바위등성이와 골짜기가 교호로 갈마들어 들쭉날쭉해 있다.

이제 부주(鄜州)가 가까워지고 보니, 금시 처자를 만날 것처럼 마음은 바빠지고 걸음은 빨라져, 나는 가파른 비탈길을 재빨리도 내려와 이미 물가에 당도했건만, 돌아보니 나의 종자는 아직도 저만치 산비탈을 내려오느라 골몰하고 있는 그 꼴이, 흡사 나뭇가지 끝에서 꼼질거리고 있는 듯이 보인다.

7. 가을이라 누렇게 잎이 뜬 뽕나무 가지에서는, 음흉한 음색의 솔개가 울고, 그 기분 나쁜 천적의 울음소리에 경계심을 발하여, 구멍 앞에 나와 망을 보고 있는 들쥐들은, 온통 쥐구멍투성이인 구멍 앞에서 저마다 두 앞발을 수평으로 들어 맞잡고, 뒷발을 발돋움하여 꼿꼿이 수직으로 서 있는 폼이 마치, 상대방에 경의를 표하여 '공수(拱手)'해 서 있는 사람과도 흡사하여, 부지중 실소할 뻔도 했으나, 그러나 거기도 자행되고 있는, 그 먹고 먹히는 동물 세계의 잔혹상이 딱하기만 하다.

밤은 깊어 이슥한데, 옛 전쟁터를 지나노라니, 여기저기 뒹굴고 있는 전사자의 백골들을, 냉랭한 달빛이 싸느라이 비추고 있어, 새삼 전쟁의 죄악상과 그 저주스러움을 일깨워 주고 있다.

회고하건대, 지난번 동관 요새를 지키던, 백만 대군의 관군은, 어찌 그리도 어처구니없이 졸지에 지리멸렬로 패해 흩어져, 결국 관중 백성의 태반이나 되는 많은 목숨들을 죽어 귀신 되게 했던 것이던고? 생각사로 애달프고 안타깝다.

8. 더구나 나는 오랑캐인 반군에 사로잡히어 장안에 억류되어 있다가, 간신히 탈출하여 돌아왔을 때는, 온통 머리가 허옇게 세어 버렸다.

해포 만에야 오막살이 초가로 돌아와 보니, 아내며 아이들은 누덕누덕 덧기운 누더기로 간신히 살을 가리고 있는 형편이다.

우리의 만남의 인사는 울음으로 시작되어 통곡으로 어우러졌으니, 그 처량한 음향은 솔바람 소리에 실리어 아득히 허공으로 번지어 멀어져 가고, 흐르는 샘물마저도 함께 목이 메어 흐느껴 우는 듯, 슬픈 분위기가 천지에 가득하다.

평소에 귀염둥이였던 사내아이는, 영양 부족으로 얼굴이 창백하기가 눈보다도 더한 것이, 아비를 보자 등을 돌려 흐느껴 우는데, 버선도 없는 맨발은 온통 때투성이요, 침상 앞에 서 있는 어린 두 딸년은, 노닥노닥 깁고 이어 낸 치마란 게 겨우 무릎을 가릴 정도로 모지라져 있다.

가만히 보노라니, 덧대어 기운 것은, 바다를 그린 그림의 천을 찢어 붙인 모양인데, 연속되어야 할 파도 무늬는, 따로따로 찢어 깁는 바람에, 파도의 높낮이가 어긋나 있고, 또, 낡은 자수를 찢어 덧대어 꿰맨 것은, 거기 새겨진 물건의 형상이 쪽쪽으로 찢어져, 그 이음매가 딴 곳으로 옮겨져 있다.

뿐만 아니라, 저고리의 기운 것을 보노라면, 바닷그림에 그려졌던 물귀신인 '천오'는 앞으로 엎어져 고꾸라져 있고, 자수에 놓였던 것으로 보이는 자줏빛 봉황새는 뒤로 나둥그러져 있다.

9. 이런 꼴을 보고 있는 늙은 이 몸은, 심기가 몹시 언짢아, 구토와 설사로 며칠 동안을 누워 있어야 했지만, 생각하니 봇짐 속에 가

지고 온 물건이 있으니, 내 어찌 벌벌 떠는 너희들의 추위를 구원해 주지 못하랴 싶어, 짐을 풀어 분이랑 눈썹먹 같은 화장품도 끄집어 내고, 옷감으로 대용할 수 있을 '금주' 따위도 조금씩 조금씩 끌어 내어 죽 늘어놓으니, 수척한 아내 얼굴엔 밝은 빛이 감돌고, 철없는 계집애들은, 제 손으로 머리를 빗으며 몸치장에 관심들을 보이고 있다.

어미 하는 대로 배워, 무엇이고 못할 게 없어, 아침 화장 한답시고 마구 손바람을 내어, 한참 동안이나 연지랑 분을 부지런히 발라 쌓더니, 마침내 엉망이 되어 나서는 환칠한 얼굴! 그중에도 시꺼멓게 그린 눈썹 사이의, 턱없이 넓어진 불균형이란! 하 같잖아 웃다가는 이내 눈시울이 뜨거워진다.

10. 구사 일생으로 내 살아 돌아와, 천진한 어린것들을 보고 있노라니, 목마르고 배고프던 지난날의 괴로움도 잠시 잊어버린 듯, 온갖 일 이것저것 물으며, 서로 경쟁하듯이 내 턱수염을 꺼들겨 쌓지만, 이럴 때 그 누가 차마 성내어 꾸짖을 수 있을 것인가?

한편, 적에 사로잡혀 있을 때의 애태우던 일을 생각하면, 떠들썩한 북새통이야 달게 여길 뿐이다.

내 이제 갓 돌아와, 우선은 이렇게 흐뭇해하며 있고 싶으니, 이후의 생활 걱정이야, 당분간 어찌 입 밖에나 끄집어낼 수 있으랴?

평설 구구 절절 감동을 자아내지 않음이 없는 가운데서도, 특히 일언을 덧붙여 보고 싶은, 다음 몇 군데를 초해 본다.

菊垂今秋花　石戴古車轍 (4)

옛 격전지에 피어 있는 들국화! 이는 우리의 백마고지에 피어 있는 진달래처럼 무수한 옛 죽음을 조상하는 듯, 또는 인간이 저지른 전쟁이란 엄청난 자해 행위(自害行爲)를 냉소(冷笑)하는 듯, 보는 이의 착잡한 감회를 자아내게 함이 있다.

山果多瑣細 ~ 甘苦齊結實 (5)

비와 이슬의 자연 혜택으로 봄 여름 내내 우주의 정기를 모아, 이제 가을 산에 한창 봉지봉지 흐뭇이 익어 가는 온갖 열매들의, 그 달고 쓰고 새빨갛고 새까만 것들에 대한, 이쁘고도 귀엽고도 살갑고도 정겨운 작자의 애정이, 얼마나 그 사실의 붓끝에 임리하게 배어 나와 있는가를 음미할 것이다.

我行已水濱　我僕猶木末 (6)

집이 가까워졌음을 알게 되자, 자신도 모르게 걸음이 빨라졌음이니, 나무의 뿌리 쪽인 계곡에 내려와서 돌아보는 종의 위치는, 그 나무의 가지 끝에 있어 보이는 것으로, 원근법에 의한 그림의 사실 수법임은 물론, 집을 향해 마음이 앞서는 심적 상태까지도 교묘히 묘사되어 있음을 볼 것이다.

그러나 저러나, 여기서 난데없는 '종'의 출현은, 척행(隻行)으로만 여겨 오던 독자들에게 적지 않은 놀라움과 실망과 거부감을 안겨 준다. 이런 이질적 사념의 존재가 작자의 곁을 떠나지 않고 있다는 것은, 아니 그의 탐조등 같은 눈빛의 조명 아래 있는 작자라 상상하면, 이 기행의 전 과정에 냉기류가 흐르는 듯, 시정을 저해함이 적지 않으니, '我僕' 운운은 이 '옥의 티'가 아닐 수 없다. 평설자의 아쉬운 견해로는, 이는 어느 험난한 한 구간의 길 안내로 산, 임시 고용인을 지칭한 것이기를 바라고 싶으나, 그렇다 하더라도 마치 가복(家僕)처럼 지칭함은 제 격일 수 없으니, 어쩌랴. 어차피 '티'는 '티'임을 면할 길이 없을 것만 같다.

鴟鳥鳴黃桑　野鼠拱亂穴 (7)

하필이면 뽕나무이며, 더구나 누른 뽕나무인가? 뽕나무는 자고로

집 둘레에 심게 마련인데, 누에를 춘추로 두 번 치다 보면 가을이 되어도 누렇게 이울 뽕잎이 남아 있을 수가 없다. 그러므로, 이는 마을이 황폐해 있음을 실감케 함이니, 다 주제에 긴밀하지 않은 것이란 없음을 알 수 있다.

또 솔개는 쥐의 천적이므로, 그 음흉한 소리를 들은 들쥐들은 제 김에 오금이 절여, 구멍 입구에서, 여차하면 들어가 버릴 용의하에, 마치 공수하고 섰는 사람 모양으로 키를 높이어 섰는 품이 우습기도 하나, 역시 약육 강식이 자행되고 있는 동물 세계의 관행이 딱하게 느껴졌음이리라.

夜深經戰場　寒月照白骨 (7)

옛 싸움터의 달빛에 바래지고 있는 무명 전사의 백골! 일찍이 뉘집 아들이며 어느 아낙의 남편이었던 저 백골! 그와 그의 가족 사이에 빚어졌던 숱한 불면과 애달픔과 원통함이, 달빛 아래 싸느라이 식은 화석(化石)인 양하여, 전쟁의 잔혹상과 죄악상이 월하에 더욱 처절하게 폭로되어 있다.

慟哭松聲迥　悲泉共幽咽 (8)

이 슬픈 해후의 장면에 자연도 무심치 않아, '松聲'과 '泉咽'이 반주가 되어, 이들의 통곡을 천지의 차원으로 확산하고, 슬픈 분위기를 우주에로 가득 조성하여, 만인을 함께 흐느끼게 하는 장면이다. 물론 이는 '감정 이입'의 현상이기는 하나, 이처럼 대자연도 의중(意中)대로 마구 구사하는 이 거필(巨筆)을 볼 것이다.

작자는, 이때의 같은 정황을 〈羌村(1)〉에서는,

처자들이 내 살아 있었음을 괴이히 여기다가
놀라움이 가라앉자 그제야 눈물을 닦는다.
妻孥怪我在　驚定還拭淚

라고 했고 또,

　이웃 사람이 담머리에 가득하여
　감탄하며 또한 흐느껴 운다.
　隣人滿牆頭　感歎亦歔欷

라고 했다.
　牀前兩小女 ~ 顚倒在短褐 (8)
　그 가난 여북하였으면 해진 옷에 덧대어 기울 헝겊 조각조차도 없어서, 그림과 자수를 찢어 기웠을까! 옷이 해지는 그때그때마다 그것들을 조각내어 미봉하자니, 그림이나 자수의 조형들이 뒤죽박죽이 되어 엉뚱한 곳에 가, 아무렇지도 않게 붙어 있는 것이다. 일견 익살스럽기까지 한 그 광경은, 기실 그동안의 가난의 기록이요, 이에 견디어 온 가족들의 아픈 마음의 형상화요, 지아비요 아비인 자신의 못난 사연으로, 자상히도 추적 묘사하고 있는 작자이니, 이야말로 익살로 포장되어 있는 눈물 보따리가 아닐 수 없다.
　學母無不爲 ~ 狼藉畫眉闊 (9)
　어린것들도 미용 본능은 매한가지, 각종 화장품을 열심히 처발라 쌓더니 어릿광대 모양이 되어 나서는, 그 얼굴의 불균형! 그러나 귀엽게 비치는, 그 천진스러운 행복한 표정에는 골계미마저 있어, 저도 모르는 사이에 실소하는 순간, 되레 눈시울을 적시고 마는 언외의 사연을 설마 놓칠 독자는 없으리라.
　問事競挽鬚　誰能卽嗔喝 (10)
　일견 동물적 애무 장면과도 같이 살과 살이 맞닿는 육친 사이의 차진 애정의 표현이기도 하다. 작자는 이때의 같은 정황을 〈羌村(2)〉에서는,

어리광부리는 애들이 내 무릎을 떠나지 않음은
내 다시 떠나 버릴까 두려워해서인 듯―.
嬌兒不離膝　畏我復却去

이라고 넘겨짚기도 했으니, 그런 한 가닥 애들의 걱정이 본시의 태도에서도 바이 없다 할 순 없을 듯.
　이상 모두가 구구 절절 눈물 없이는 차마 읽을 수 없을, 인정의 극치인 것이다.

두보 편 杜甫篇

곤궁한 생애
生涯 一

―生涯―

동곡현에서(1)

나그네, 나그네여! 두자미여!
허연 쑥대머리 귀를 덮었구려.

해마다 원공(猿公) 따라 도토릴 줍는
추운날 해 저무는 산골짝이여!

중원선 소식 없어 못 돌아가고
손발은 얼어 트고 살갗은 죽어….

아, 첫째 노래여! 그 노래 이리도 서럽거니,
슬픈 바람 나를 위해 하늘에서 불어온다.

有客有客字子美　白頭亂髮垂過耳
歲拾橡栗隨狙公　天寒日暮山谷裏
中原無書歸不得　手脚凍皴皮肉死
嗚呼一歌兮歌已哀　悲風爲我從天來
〈乾元中寓居同谷縣作歌(一)〉

부연　나그네여 나그네여! 오, 너 가엾은 두자미(杜子美)여! 다북쑥처럼 어지럽게 흐트러진, 허연 머리털이 귀밑까지 축 처져 있는 그 몰골! 참, 말이 아니구나. ─ 사뭇 기한(飢寒)에 쫓기느라, 빗질할 겨를도 거두어 올릴 경황도 없었으니 그럴 수밖에 ─.

흉년 들고 돈 없어 곡식을 구할 길은 없고, 한 가족의 연명을 위해서는 그래도 손쉬운 것이 도토리라. 그러나 그것도 아무 데나 나는 것이 아니기에, 이 방면의 가장 능수인 원숭이의 뒤를 따라 넌지시 그 행동을 행하다 보면 자신이야말로 영락없는 유인원(類人猿)인 양, 어느덧 해도 저물어 가는 추운 날의 외진 산골짜기에 혼자 웅숭그리고 있는 자신을 발견하곤 하는 것이다.

고향인 중원 땅은 아직 수복되었다는 소식이 전해 오지 않는 것을 보면, 상금도 반군에 점령되어 있음이 틀림없으니, 돌아갈 수가 없는 처지인데, 모진 추위에 손발은 얼어 터지고, 살갗은 죽은 것처럼 신경이 마비되어 아무 감각도 없다.

아아, 첫 번째 노래여! 그 노래 시초부터 이미 이렇게 서러우니, 하늘도 가여워하심인가? 나를 위민(慰愍)하듯, 천지간에 가득 하늬바람[天風·北風]이 불어 설렌다.

평설 건원(乾元) 2년(759), 작자 48세 때의 지음으로, 7수 중의 첫째 시이다. 작자는 그 전년 6월에 화주(華州·陝西省)의 사공참군(司功參軍)이란 관직에 있었으나, 이해 여름 계속되는 가뭄으로 대기근이 닥쳐오자, 7월에 관직을 그만두고, 먹을 것을 찾아, 가족을 데리고 진주(秦州·甘肅省)로 갔다가, 10월에 다시 동곡(同谷·감숙성)으로 옮겼다. 그러나 굶주림을 면할 길이 없어, 도토

字子美(자자미) 작자 자신의 자(字)가 자미(子美)임을 이름.
橡栗(상률) 도토리.
狙公(저공) 《장자(莊子)》에는 '원숭이를 기르는 사람'을 이름이나, 여기서는 '원숭이'를 대접하여 점잖게 이른 말. 원공(猿公). 예 : 우공(牛公), 견공(犬公).
中原(중원) 중국의 정치 문화의 중심지인 황하(黃河) 유역을 이름. 여기서는 두보의 고향인 장안(長安) 일대를 가리킴.
凍皴(동준) 살갗이 얼어서 틈.

리를 줍고, 산마를 캐는 등의 고초를 겪다가, 12월에는 험난한 촉도(蜀道)를 넘어 성도(成都)로 가게 되었던 것이다. 이는 구복(口腹)의 누(累)에 얽매여 거의 비인간화한 자신의 객관적 자화상이다.

제2구의 작자의 기묘한 몰골은, 다음 구에 등장하는 원숭이의 바로 그 몰골임을 넌지시 예시한 것이요, 또, '隨狙公'은 원숭이를 따라 그 행동을 본받다 보면, 결과적으로 필경 자신도 원숭이로 변신하여 있음을 발견하게 됨으로써, 그 자조(自嘲)와 자련(自憐), 자상(自傷)과 자도(自悼)는 극에 이르게 된 것이다.

두보의 시로서 이처럼 궁기가 자심한 시도 이례적이다. 그러나 그 극단의 비애도, 끝구의 '나를 위해 불어오는 하늘바람'으로 하여, '애이불상(哀而不傷)'의 구원을 얻게 되는 솜씨는 역시 두보답다 할 만하다.

동곡현에서(5)

온 산엔 바람 설레고
시냇물도 서두르는데,
흩뿌리는 찬 비 속에
젖어 섰는 고목(枯木)이여!

쑥밭 된 옛 성터는
구름으로 잠겼는데,
살쾡이는 날뛰고
여우는 막아선다.

내 인생 무엇 하자
이 궁곡에 와 있는고?
한밤중 일어 앉으면
엉겨 드는 온갖 시름….

아, 다섯째 노래여
그 노래 진정 길기도 하니,
넋은 불러도 오지 않고
저만 고향 돌아가네.

四山多風溪水急　寒雨颯颯枯樹濕
黃蒿古城雲不開　白狐跳梁黃狐立
我生胡爲在窮谷　中夜起坐萬感集

嗚呼五歌兮歌正長　魂招不來歸故鄉
〈乾元中寓居同谷縣作歌(五)〉

부연　사방 산에는 스산한 바람이 설레어, 걷잡을 수 없이 마음이 산란한데, 시냇물도 어서 이곳을 벗어나자 서두르는 듯, 바쁜 걸음으로 달려가는 곳, 쓸쓸히 찬비 흩뿌리는 속에 덩치 큰 고사목이 하염없이 젖고 섰다. 우두커니 서서 속절없이 젖고 있는 자신 또한 고사목 덩치나 무엇 다르랴 싶다.

누런 다북쑥으로 뒤덮인, 그야말로 쑥대밭이 된 황폐한 옛 성에는, 행여나 도망갈세라, 음산한 구름 장막으로 골짜기를 잠그었는데, 살쾡이의 무리들은 아무 거리낌도 없이 저들의 세상인 양, 함부로 이리저리 날뛰는가 하면, 여우의 무리는 사람을 보고도 도망은커녕, 여차하면 덤빌 태세로, 털을 치세우고 이빨을 드러내어 으르렁거리면서, 정면으로 길을 가로막아 선다.

颯颯(삽삽) 비바람이 쓸쓸히 흩뿌리는 모양.
枯樹(고수) 마른 나무. 죽은 나무. 고사목(枯死木).
黃蒿(황호) 누렇게 마른 다북쑥.
雲不開(운불개) 구름이 걷히지 않음.
白狐(백호) ① 흰 여우. ② 집이(執夷), 야묘(野猫), 곧 '삵·살쾡이'를 이름. 여기서는 ②의 뜻. 〈爾雅釋獸貙白狐注〉'一名執夷虎 豹之屬,〈疏〉貙一名白狐或曰似熊'이라 있고, 《莊子·逍遙遊》'狸狌東西跳梁'이라 있으니, '狸狌'은 곧 살쾡이이다.
黃狐(황호) 누른 빛의 여우. 《蘇軾詩》에 '黃狐老兎最狡健 賣侮百獸常矜誇'란 구가 있다.
跳梁(도량) 함부로 날뜀. 발호(跋扈)함.
立(립) 대립함, 항거하여 맞섬, 곧 이빨을 드러내어 여차하면 덤벼들 듯한 태세를 취하여 대항함.
魂招不來(혼초불래) 혼을 불러도 오지 않음, 곧 고향으로만 치닫는 넋을 제어하려 해도 뜻같이 되지 않음을 이름이다.

이 '나'란 인생은 도대체 무엇 하자고, 넓으나 넓은 중국 천지 다 외면하고, 시냇물도 벗어나려 서두르는 이 황량한 곳, 하찮은 산짐승에까지 멸시를 받는, 이 심산 궁곡에 와 있는 것인고? 자다 말고 한밤중에라도 일어 앉으면, 엉겨 드는 천만 가지 시름에 그예 헤어나지 못하고 만다.

아! 다섯 번째로 부르는 이 노래여! 그 속에 깃든 시름과 한은 여운과 함께 길기도 하니, 아무리 그렇게 되지 않게 하려고 마음먹고 있어도, 어느 틈엔가 나의 넋은 내 육체를 벗어나, 그리운 고향에로 저만 혼자 돌아가 있곤 하는 것이다. 이럴 때면, 나는 하는 수 없이 '넋 잃은 사람', '얼빠진 사람'이 될 수밖에 없는 것이다.

평설 1~3연은, 바람도 지향 없이 설레고, 물도 벗어나려 서두르는 곳, 산짐승이 오히려 오만하게 사람을 업신여기는 황폐한 옛 고을에, 흩뿌리는 찬비에 젖으며 하염없이 섰는 고사목처럼, 오도가도 못하고 머물러 있는, 못난 나그네인 자신에 대한, 깊으나 깊은 자탄이요 회한이다. 제3연은 바로 그 자탄과 회한이 소박한 직서(直敍)로 이어진 넋두리요 푸념인 것이다.

가끔 '넋 잃은 인간'에서 깨어나 보면, 한동안 그의 넋은 그의 단속에도 불구하고, 저 혼자 고향에 가 있다 옴을 확인하게 되는 것이니, 그의 고향 생각 오죽했으면 그러할까마는, 이 끝구의 표현의 묘 또한 기발하지 않은가?

'枯樹濕', '白狐·黃狐', '魂招不來' 등에 대한 고래의 어처구니없는 이설들은, 독자들의 현명한 판단에 맡길 뿐이다.

방에서 비에 젖으며

1. 팔월이라 한가을에
   난데없는 성난 바람
   내 집 지붕 세 겹 띠를
   휘말아 걷어 부니
   띠이엉 날아올라
   강 건너로 흩뿌려져
   높은 것은 긴 수풀의
   가지 끝에 걸려들고
   낮은 것은 뒹굴어서
   웅덩이로 빠져든다.

2. 건너 마을 뭇 아이들
   늙고 쇠한 나를 깔봐
   차마 면전에서
   보란듯이 훔쳐 내어
   버젓이 띠를 안고
   대숲으로 들어가니
   입술 타고 입은 말라
   소리쳐도 소용없다.
   돌아와 막대에 비겨
   스스로 탄식할 뿐…
   이윽고 바람 자고
   먹구름 몰려들어

가을 하늘 적막하게
　　어둠이 짙어진다.

3. 해묵은 무명 이불
　　쇠붙인 양 차가운데
　　개구쟁이 몸부림에
　　갈기갈기 찢긴 안찝….
　　잠자리에 비가 새어
　　마른 곳 전혀 없고
　　빗발은 노드리듯
　　끊이질 아니한다.
　　아니라도 난리 후론
　　잠이 노상 부족한데,
　　긴긴 밤 비에 젖어
　　이 밤을 어이 샐꼬?

4. 어쩌면 천만간
　　큰 집을 지어내어
　　천하의 가난한 일
　　다 드리어 기뻐할꼬?
　　비바람에 끄떡없는
　　태산같이 실한 집을 —.

5. 아, 어느 때나
　　눈앞에 우뚝 솟은
　　이 집 보게 될꼬?

그제면 내 집 부서져
　　얼어죽단 어떠리―.

1. 八月秋高風怒號　卷我屋上三重茅
　　茅飛渡江灑江郊　高者挂罥長林梢
　　下者飄轉沈塘坳
2. 南村群童欺我老無力
　　忍能對面爲盜賊　公然抱茅入竹去
　　脣焦口燥呼不得　歸來倚杖自嘆息
　　俄頃風定雲墨色　秋天漠漠向昏黑
3. 布衾多年冷似鐵　嬌兒惡臥踏裏裂
　　牀頭屋漏無乾處　雨脚如麻未斷絶
　　自經喪亂少睡眠　長夜沾濕何由徹
4. 安得廣厦千萬間　大庇天下寒士俱歡顔
　　風雨不動安如山
5. 嗚呼何時眼前突兀見此屋
　　吾廬獨破受凍死亦足
　　　　　　〈茅屋爲秋風所破歌〉

부연　1. 음력 팔월, 하늘도 드높은 한가을에 난데없는 폭풍이 성내어 울부짖으며, 내 집 지붕을 이은 세 겹의 띠 이엉을 송두리째 휘말아 불어 가니, 이엉은 날아 강을 건너 저편 강가 일대로 흩뿌려진다. 높이 날린 것들은 긴 수풀 높은 나뭇가지에

* **解題** 성도(成都)의 완화초당(浣花草堂)은 문자 그대로 띠 이엉을 이은 엉성한 가건물이었는데, 상원(上元) 2년(761), 그의 50세의 8월 어느 날, 사나운 폭풍에 이엉이 걷혀 날아가는 바람에 하룻밤을 고스란히 비에 젖으며 읊어 낸 작품이다.

걸리기도 하고, 낮게 날린 것들은 이리저리 뒹굴리다가 웅덩이에 빠지기도 한다.

2. 강 건너 남쪽 마을의 말썽꾸러기 아이들이 늙고 힘 없는 나를 업신여겨, 차마 못할 도둑질을 면전에서 잘도 하여 보란 듯이 한아름씩 띠를 안고 대숲으로 사라져 가니, 입술이 타고 입안이 마르도록 소리소리 지르며 말려도 소용이 없다. 어쩌랴, 돌아와 지팡이에 의지하여 스스로 긴 한숨 쉬며 한탄할 뿐이다.

3. 해묵은 무명 이불은 솜을 다져 쇠붙이같이 단단하고 차가운데

怒號(노호) 성나 울부짖음.
三重茅(삼중모) 세 겹으로 이은 띠 이엉.
江郊(강교) 강변의 들판.
挂罥(괘견) 걸림.
塘坳(당요) 웅덩이.
欺(기) 깔봄. 능멸함. 속인다는 뜻이 아님.
忍(인) 차마 못할 일을 예사로이 함.
對面(대면) 서로 얼굴을 바라보며. 눈앞에서.
脣焦口燥(순초구조) 입술이 타고 입안이 마름.
呼不得(호불득) 불러도 소용이 없음.
俄頃(아경) 잠시 후에. 이윽고.
漠漠(막막) 적막한 모양. 아득한 모양.
昏黑(혼흑) 어둠. 깜깜하게 어두워짐.
布衾(포금) 무명베로 지은 이불.
嬌兒(교아) 장난꾸러기 사내아이. 개구쟁이. '驕兒'와 같음.
惡臥(악와) 잠버릇이 고약함. 몸부림이 심함.
牀頭(상두) 침상 머리. 침상 근처 일대를 가리킴.
雨脚如麻(우각여마) 빗발이 노끈을 드리운 것같이 죽죽 쏟아짐. '麻'는 삼으로 꼰 노.
喪亂(상란) 전란(戰亂).
安得(안득) 어떻게 하면 희망대로 될 수 있으랴라는 뜻.
廣廈(광하) 넓고 큰 집.
寒士(한사) 가난한 사람.
突兀(돌올) 우뚝 솟은 모양.

다, 개구쟁이 아들 녀석의 고약한 잠버릇으로 이불 안은 갈기갈기 발길질에 찢겨 있다. 침상 근처 어디 없이 지붕이 새어 마른 곳이란 없고, 노드리듯 쏟아지는 빗발은 멎을 기미가 보이지 않는다. 그렇지 않아도 전란을 겪은 뒤로는 늘 잠이 부족한 처지인데, 흠뻑 젖은 몸이 되어, 이 긴긴 가을밤을 차마 어찌 새우랴?

4. 어떻게 하면 천간이나 만간이나 되는 넓고 큰 집을 지어내어 온 세상 가난한 사람들을 다 수용하여, 모두 함께 마주 보며 기뻐하는 얼굴 되게 할 수 있으랴? 오늘 같은 폭풍우에도 끄떡없는, 태산같이 안전한 그런 집을—.

5. 아아, 언제나 눈앞에 우뚝 솟은 이런 집을 보게 되려나? 어느 때고 이 꿈이 이루어지기만 한다면, 그때에야 내 집 홀로 부서져 얼어 죽는다 한들 또한 마음은 흡족할 것이다.

평설 작자는 불운한 처지에 있는 사람이 자기만이 아님을 언제나 의식한다. 그는 지금 자신과 같이 이 비에 젖고 있을 수많은 사람들을 상상해 본다. 그러다가 문득 천만간이나 되는 광대한 공동 주택을 설계해 본다. 폭풍우에도 끄떡없는 태산 같은 큰 집을! 이런 복지 시설이 실현된다면, 천하의 무주택자들을 모조리 수용할 수 있으리라. 그 수용된 사람들이 서로 바라보며 행복해 하는 모습을 떠올리면서 그는 생각한다. 이 황홀한 꿈이 과연 이루어지기만 한다면, 나 한 몸이야 어떻게 되든 말든, 그저 대만족일 뿐이라고—.

무릇 이 시인에게 가해지는 어떠한 슬픔이나 괴로움도 그것들은 마치, 미다스 왕의 손길에 스치는 모든 것이 황금으로 변하듯이, 그 즉시로 시의 꽃을 피워 내는 값진 소재로 둔갑하게 되는 듯, 방 안에서 날비를 맞으며, 수염에서 낙숫물이 듣는 중에서도, 생각하고 있는 것이란 오직 시사(詩思)뿐이고 보면, 풍마(風魔)도 우마(雨魔)도 그를 골탕 먹이기에는 역부족임을 느꼈으리라.

시형은 악부체의 칠언고시, 운자는 여러 번 환운.

부록 1

두 시인의 대비

1. 출생과 성격

이백	두보
• 호상(豪商)의 아들로 태어나 곤궁함을 모르고 자랐다.	• 시인 두심언(杜審言)의 손자로 태어났다.
• 시서를 통달하고 기서(奇書)를 좋아했다.	• 전통적인 유가(儒家) 교육을 받았다.
• 자부심이 강하다	• 항상 겸손하다.
• 호방하며 낙천적이다.	• 침중(沈重)하며 비관적이다.
• 공상적이며 낭만적이다.	• 현실적이며, 세속적이다.
• 단신(單身)으로, 자유분방하다.	• 가족적이며, 가족을 대동한 때도 많다.
• 눈물을 남에게 보이기 꺼린다.	• 인정이 두텁고 눈물이 많다.
• 초현실적 세계를 동경한다.	• 충군 애국심이 강하다.
• 도교적이다.	• 유교적이다.

2. 생활 태도

이백	두보
• 출세간적(出世間的)이다.	• 세간적이다.
• 도교적 공상에 심취한다.	• 유교적 도의를 중시한다.
• 행동이 방일(放逸)하다.	• 행동이 상궤(常軌)에서 벗어나지 않는다.
• 의기(意氣)에 감분(感奮)한다.	• 정열적이다.
• 음주(飮酒)에 절제가 없다.	• 음주에도 절제가 있다.
• 한때 만금을 뿌리며 호사했다.	• 늘 곤궁한 생활에서 벗어나지 못했다.
• 불여의(不如意)한 울분과 백년수(百年愁)를 해소하기 위하여 술을 마신다.	• 뜻을 펴기 위한 근고(勤苦)의 자세를 버리지 않는다.

3. 시작(詩作) 태도

이백	두보
• 시상에 기상천외(奇想天外)함이 많다. • 강렬한 감정대로 붓을 달린다. • 낭만적이며, 때론 퇴폐적이다. • 화려한 면만 내보인다. • 일기가성(一氣呵成)으로 조탁(彫琢)하지 않는다. • 궁상부리기를 싫어하고 화려한 멋 부리기를 좋아한다. • 인생무상이 바닥에 깔려 있다.	• 실감을 충직하게 표현 묘사한다. • 이성으로 감정을 통제한다. • 사실적이며 인생에 충실하다. • 비참한 내면을 숨기려 하지 않는다. • 경인구(驚人句)를 얻기 위해 고뇌를 거듭한다. • 인도주의에 입각하여 학대받는 대중 편에 서서, 고뇌를 대변한다. • 염전(厭戰) 사상이 바닥에 깔려 있다.

4. 시의 특색

이백	두보
• 분방하여 평측(平仄)에 파격이 많다. • 고시체(古詩體)에 능하다. • 절구(絶句)에 빼어났다. • 칠언율시가 적다. • 칠언고시가 많다.	• 염(廉)을 중시하고 정연한 형식미를 갖춘다. • 장편시에 빼어났다. • 율시(律詩)에 뛰어났다. • 칠언절구가 적다. • 오언율시가 많다.

5. 독자의 반응

이백	두보
• 주흥(酒興)에 편승하여 울적한 가슴을 헹구기에 좋다. • 술을 마시지 않은 독자도 취기를 느낀다. • 비교육적인 광언(廣言)도 많으나, 취중발(醉中發)이라, 따지려 하진 않는다. • 표표히 휘날리는 깃발을 바라보듯 거리가 있다. • 시선(詩仙)으로 선망(羨望)한다.	• 깊이 음미하여 눈물에 동참한다. • 술을 마신 독자도 신칙(申飭)한다. • 교육적 아닌 데가 없어, 자녀 교육의 교재로 제공되어 왔다. • 시 세계에로 몰입(沒入)되어, 자신의 일로 체험하게 된다. • 시성(詩聖)으로 존경한다.

부록 2
이백과 두보 연표

연대	시기	연령	이백	연령	두보	기타 사항
천수 1	690					측천무후(則天武后) 제위에 올라 주(周)로 국호(國號).
장안 1	701	1	출생지에 대해 여러 설이 있으나 중앙아시아 쇄엽(碎葉)이라는 설이 유력함.			
중종 신룡 1	705	5	아버지를 따라 사천성(四川省) 창명현(彰明縣)으로 옮겨 옴.			장간지(張柬之) 등의 쿠데타로 중종(中宗) 복위. 국호는 당(唐).
경룡 2	708				두보의 조부 두심언(杜審言) 60세로 사망.	상건(常建), 고적(高適) 출생.
예종 경운 1	710	10	시서(詩書)를 통달하고, 백가(百家)를 읽음.			
현종 선천 1	712			1	하남성(河南省) 공현(鞏縣)에서 출생.	이융기(李隆基) 제위에 오름. 승지문(宋之間) 출생.
개원 2	714					심전기(沈佺期), 이교(李嶠) 사망.
개원 3	715	15	검술을 좋아하며, 기서(奇書)를 읽음.			잠참(岑參), 이화(李華) 출생.

연대	시기	연령	이백	연령	두보	기타 사항
개원 4	716					배적(裴迪) 출생.
개원 6	718	18	도교에 심취하여 대천산에 숨어 독서함. (방대천산도사불우(訪戴天山道士不遇)).			가지(賈至) 출생
개원 7	719	19	성도(成都)를 유람함.			
개원 8	720			7	처음으로 시문을 지음.	장약허(張若虛) 죽음.
개원 10	722	22	아미산(峨眉山)을 유람하고, 민산(岷山)에 은거함.			
개원 13	725	25	가을, 촉을 벗어나 삼협을 거쳐 동정호에 놂. 호북·호남·강소·절강의 각지를 유람하고 또 금릉·양주 등지에 놀이, 일 년 사이에 30만금을 뿌렸다는 설이 있음.			
개원 14	726	26	양양(襄陽)·여산(廬山)·금릉(金陵)·양주(揚州)를 유람함. (아미산월가(峨眉山月歌)).			
개원 15	727	27	허어사(許圉師)의 손녀와 혼인. 안륙(安陸)에 머묾.	9	처음으로 대자(大字)를 익힘.	
개원 16	728	28	장녀 평양(平陽)이 태어남.			
개원 18	730	30	장안에 진출, 종남산에 머물며, 하지장	14	낙양(洛陽)에 있는 기왕(岐王)의 집에서 이귀년(李龜年)의 노래를 들음.	장설(張說) 죽음.

개원 19	731	31	(賀知章)·최종지(崔宗之)·맹호연(孟浩然) 등과 시사고, 주중팔선(酒中八仙)과 어울림.	20	오월(吳越) 지방인 소주(蘇州)·절강(浙江) 등지 유람.	
개원 20	732	32	안후에 체류하다 양원(梁園)에 우거함. 〈정야사(靜夜思)〉,〈추사(秋思)〉.			
개원 21	733	33	낙양을 거쳐 안륙으로 돌아감.			장구령(張九齡) 중서시랑(中書侍郎)이 됨.
개원 22	734	34	안륙에 머뭄.	23	계속 오월(吳越) 지방 여행	
개원 23	735	35	양양(襄陽)을 유람하고 한형주(韓荊州)와 사귐.	24	낙양으로 돌아옴. 장안에서 과거에 응시했으나 낙방함.	
개원 24	736	36	태원(太原)을 유람함.	25	연주사마(兗州司馬)가 됨. 소원명(蘇源明)과 사귐. 제(齊)·조(趙) 지방 유람.	장구령 중서령 사임. 이임보(李林甫)의 전횡 시작. 위응물(韋應物) 태어남.
개원 25	737	37	동로에서 장자 백금(伯禽)이 태어남. 공소부(孔巢父) 등과 조래산(徂徠山)에 죽계육일(竹溪六逸)과 놂. 낙양에서 원단구(元丹邱)를 만남. 〈춘야낙성문적(春夜洛城聞笛)〉.	26	제·조 지방 유람. 〈망악(望嶽)〉.	

연대	시기	연령	이백	연령	두보	기타 사항
개원 27	739	39	〈황학루송맹호연지광릉(黃鶴樓送孟浩然之廣陵)〉, 〈대기정인(代寄情人)〉.	28	제·조 지방 유람.	공자(孔子)를 문성왕(文聖王)으로 받듦. 최서(崔曙) 죽음. 장구령·맹호연 죽음. 현종 양옥환(楊玉環)을 총애함.
개원 28	740	40	악양(岳陽)에서 왕창령(王昌齡)을 만남.	29	〈등연주성루(登兖州城樓)〉.	
개원 29	741	41	부인 취서 죽음. 〈증맹호연(贈孟浩然)〉.	30	낙양에서 둘아와 육혼장(陸渾莊)에 머뭄.	
천보 1	742	42	동로에 머뭄.	31	낙양에 머뭄.	안녹산(安祿山) 평로절도사가 됨. 평로절도사(平盧節度使)가 됨.
천보 2	743	43	도사 오균(吳筠)과 함께 섬중(剡中)에 머뭄. 오균 소환되어 상경. 그의 주천으로 한림원대조(翰林院待詔)로 임명됨. 〈추하형문하형문(秋下荊門)〉.	32	낙양에서 조모상을 당함.	
천보 3	744	44	현종의 유연(遊宴)에 자주 배석하여 시를 지음. 〈청평조사(淸平調詞)〉 3수, 〈궁중행락사(宮中行樂詞)〉 8수, 〈오서곡(烏棲曲)〉, 〈오야제(烏夜啼)〉	33	이백·고적과 함께 양송 지방	
			고력사(高力士)와 양옥환의 참소로			안녹산, 범양절도사

천보 4	745	45	종가남. 낙양에서 처음으로 두보와 만남. 양송(梁宋) 지방 유람. 종씨(宗氏) 부인과 혼인.〈하중남산과기사인숙치주씨(下終南山過斛斯山人宿置酒)〉, 〈월하독작(月下獨酌)〉. 두보를 만나 우정을 다지고, 이내 헤어져 강동으로 가고는, 다시 만나지 못함.〈노군동석문송두이보(魯郡東石門送杜二甫)〉.	유람.〈증이백(贈李白)〉.	(范陽節度使)를 겸함.
				34	제로(齊魯:하남성·산동성) 지방 유람. 연주에서 이백을 만남. 다시 낙양으로 돌아감.〈동일유회이백(冬日有懷李白)〉.	양옥환이 귀비가 됨. 안녹산 거란(契丹)을 물리침.
천보 5	746	46	소주에 머무다 양주 와 해를 넘김.〈소대남고(蘇臺覽古)〉.	35	왕유·잠참(岑參)과 사귐.〈춘일억이백(春日憶李白)〉.	
천보 6	747	47	양주에서 금릉으로, 다시 당도(當塗)로, 가을에 회계(會稽)를 유람하고 다시 금릉으로 돌아와 2년간 우거.			이옹, 이임보에게 피살. 안녹산, 어사대부를 겸함.
천보 7	748	47	금릉을 떠나 곽산(霍山)으로 유람.〈기동로이치자(寄東魯二稚子)〉.	37	장안에 머물면서 자주 위제(韋濟)에게 시를 증정하여 도움을 청함.	양귀비의 세 언니, 국부인(國夫人) 칭호를 받음.
천보 8	749	49	다시 금릉으로 머뭄	38	겨울에 낙양으로 돌아감.	가서한(哥舒翰), 토번으로부터 석보성(石堡城)을 탈환, 그 공으로 어사대부가 됨.

연대	시기	연령	이백	연령	두보	기타 사항
천보 9	750	50	다시 양양에 가 반 년간 머물다 가을에 최종지를 찾아가 해를 넘김. 〈원단구가(元丹丘歌)〉, 〈양양가(襄陽歌)〉, 〈대주(對酒)〉.	39	장안에서 처음으로 정전(鄭虔)을 만남. 장자 종문 태어남.	안녹산 동평군왕(東平郡王)이 됨. 왕건(王建) 태어남.
천보 10	751	51	남양(南陽)에서 영양(潁陽)의 원단구를 방문, 회주에서 해를 넘김. 〈고풍(古風)〉.	40	장안에 머물면서 삼대례부(三大禮賦)를 현종에게 바침. 〈병거행(兵車行)〉	맹교(孟郊) 태어남. 안녹산, 하동 절도사를 겸함. 운남진(雲南鎭)에 대패함. 징병(徵兵) 성행.
천보 11	752	52	상주(商州)·남양·낙양·양원(梁苑)·한단(邯鄲)·유주(幽州)·창주(滄州) 거쳐, 양원으로 돌아옴. 〈장진주(將進酒)〉, 〈상산사호(商山四皓)〉, 〈신안민주인권주(信安人勸酒)〉, 〈북풍행(北風行)〉.	41	장안에 있다가 낙양으로 돌아옴. 가을에 다시 장안에서 고적과 어울림.	이임보 죽음. 양국충(楊國忠), 우상(右相)이 됨.
천보 12	753	53	양의·조남(曹南)·선성(宣城)·대루산(大樓山)·황산(黃山)을 유람하고, 겨울 당도에 이름. 〈춘일독작(春日獨酌)〉 2수, 〈파주문월(把酒問月)〉, 〈망천문산(望天門山)〉, 〈독좌경정산(獨坐敬亭山)〉.	42	장안에 머물면서 정건과 하장군(何將軍)의 산장에서 놂. 차자 종무(宗武) 태어남. 〈여인행(麗人行)〉.	가서한, 하남절도사를 겸하고 서평군왕(西平郡王)이 됨.
천보 13	754	54	당도에서 금릉으로 가, 다시 월중(越中)에 놂. 광릉에서 다시 금릉으로 돌아옴. 가을에 선성·남릉(南陵)·추포(秋浦)에 놂.	43	낙양의 가족을 장안의 성남으로 옮겼다가, 가을에 흉년이 들어 생계가 어려워지자 처자를 봉선현으로 옮김.	장마로 큰 흉년이 들어 무수 값이 비싸져 백성들이 도탄에 놂.

천보 14	755	55	·청양(靑陽) 등지를 유람하고, 추포에서 해를 넘김. 〈추포가(秋浦歌)〉 7수, 〈삼오칠언(三五七言)〉, 〈송우인(送友人)〉, 〈문왕창령좌천용표위유자기(聞王昌齡左遷龍標遙有此寄)〉 추포에서 선성으로, 다시 당도에 감. 가을에 양자강을 건너 여강(廬江)에 놀고, 다시 당도로 돌아옴. 안녹산의 난에 심양(潯陽)으로 돌아 피난, 금릉과 선성 등지를 여행. 〈분망도중(奔亡道中)〉 5수.	10월에 우위솔부조참군(右衛率府兵曹參軍)직을 얻고, 가족을 찾아감. 〈자경부봉선현영회(自京赴奉先縣詠懷)〉.	11월에 안녹산 반란, 황하 이북을 점거하고 낙양을 함락. 가서한은 부임수로 동관절진(潼關節鎭)을 지키고, 양자 이린(李璘)은 산남절도사(山南節度使)로 임명되어 양자강 유역의 방비를 맡음.
숙종 지덕 1	756	56	가을에 금릉, 추포를 거쳐 심양에 이르러 여산에 숨었으나, 가을에 영왕(永王) 인(璘)이 이백을 막료(幕僚)로 삼음.	가족을 부주(鄜州) 강촌(羌村)으로 옮겨 두고, 자신은 영무(靈武) 행재소(行在所)에서 숙종(肅宗)에게로 가다 적군에 잡혀 장안으로 압송 억류됨. 〈애왕손(哀王孫)〉, 〈월야(月夜)〉, 〈비진도(悲陳陶)〉.	가서한 대패, 현종 파난중 양귀비, 양국충 죽음. 7월에 태자가 이행(李亨)이 영무에서 즉위, 숙종. 영왕 인을 토벌하게 함.

연대	시기	연령	이백	연령	두보	기타 사항
지덕 2	757	57	영왕의 군이 패하자 이백은 잡혀 심양에 투옥, 이어 야랑(夜郞)으로 유배됨.	46	장안을 탈출, 봉상(鳳翔)에서 좌습유(左拾遺)의 직을 얻음. 그러나 방관(房琯)을 변호하다가 숙종의 노염을 삼. 8월 부주의 가족에게로 돌아갔다가, 11월 다시 장안으로 옴. 〈춘망(春望)〉, 〈숭희〉, 〈강촌(江村)〉 3수, 〈북정(北征)〉, 〈애강두(哀江頭)〉, 〈옥화궁(玉華宮)〉.	안녹산이 그의 아들 경서(慶緒)에게 죽음. 장안 수복. 숙종 귀환. 현종도 돌아와 중앙궁에 기함.
건원 1	758	58	야랑으로 유배되어 가는 도중, 동정(洞庭), 삼협을 거쳐 무산에 다다름. 〈여사랑중흠청황학루상취적(與史郞中欽聽黃鶴樓上吹)〉.	47	봄에 가지 왕우 참정 등과 창화(唱和)함. 6월에 화주의 사공참군(司功參軍)으로 좌천됨, 가을에 좌충중(崔衆宗), 왕유를 방문함. 〈곡강(曲江)〉 2수.	사사명(史思明) 모반, 따자의, 안경서 토벌에 나섬.
건원 2	760	59	봉절에서 사면되어 강릉으로 돌아옴. 가저와 우연히 만난 동정호에서 배를 탐. 영릉(零陵)에서 준서의 명가 회소(懷素)와 만나 사귐. 〈도방배체성조발백제성(早發白帝城)〉, 형주가(荊州歌).	48	낙양에서 화주로 감. 기근으로 관을 버리고 진주(秦州)로 감. 10월에 동곡(同谷)으로 옮김. 가나를 이을 수 없어 도로힘. 12월에 촉도 산미를 개어 연말함. 촉도의 험로를 넘어 성도에 감.	사사명이 안경서를 죽이고 대연황제(大燕皇帝)라 일컬음. 낙양이 다시 적군에 함락됨. 저광희(儲光羲) 죽고, 권덕여(權德輿) 출생.

상원1	760	60	양릉에서 섬양 무창, 가을에 강남 역양(歷陽) 등지를 유람함.		⟨삼리삼별(三吏三別)⟩, ⟨몽이백(夢李白)⟩ 2수, ⟨건원중우거동곡현작가(乾元中寓居同谷縣作歌)⟩ 7수, ⟨유객(有客)⟩.
				49	성도에서 완화초당을 지음. 가을에 촉주(蜀州)의 고적을 방문. ⟨촉상(蜀相)⟩, ⟨야망(野望)⟩, ⟨형화(螢火)⟩, ⟨강촌(江村)⟩, ⟨야로(野老)⟩, ⟨한별(恨別)⟩.	고적, 촉주 자사가 됨.
상원2	761	61	금릉, 양주를 거쳐 당도로 감. 이광필(李光弼)의 출병에 가담하려고 금릉에 이르렀으나, 병을 얻어 되돌아와, 당도 현령 이양빙(李陽氷)의 도움으로 지료함. 선성에 가 해를 넘김. ⟨대주(對酒)⟩.	50	조당에 기거함. ⟨만흥(漫興)⟩ 9수, ⟨만성(漫成)⟩ 2수, ⟨춘야희우(春夜喜雨)⟩, ⟨강정(江亭)⟩, ⟨모옥위추풍소파가(茅屋爲秋風所破歌)⟩.	3월에 시조의가 사사되어 죽임. 왕유 죽음. 엄무, 서천절도사(西川節度使) 성도윤(成都尹)이 됨.
보응1	762	62	봄, 선성에서 당도로 금릉으로 감. 가을에 당도로 돌아와, 11월에 이양빙 댁에서 병사. 병인은 아마도 과음으로 말미암은 농흉증(膿胸症=肝脇症)이	51	7월, 엄무를 전송하여 베도 면주에 와 헤어짐. 서지도(徐知道)의 반란으로 성도에 돌아가지 못하고 자주로 감. 늦기을에	현종, 숙종 잇달아 죽고 태자 숙이(대종). 그러나 실권은 이보국(李輔國)이 잡음. 환군이 시조의 군을 파(破)하고 낙양을 수복.

연대	시기	연령	이백	연령	두보	기타 사항
광덕 1	763		아난가 죽음함. 당도현 채석(采石)의 용산에 장사지냈으나 817년 청산(靑山)의 남쪽으로 개장됨.		성도의 가족을 데리고 자주로 옴. 《기야십이배이십운(寄岳十二白二十韻)》, 《객야(客夜)》.	이보국 암살됨.
				52	자주에서 하남, 하북 지방이 수복되었음을 듣고, 낙양으로 돌아 가리라 결심함. 《문관군수하남하북(聞官軍收河南河北)》, 《방선(放船)》.	1월, 사조의가 부하의 손에 죽음으로써, 8년에 걸친 안사의 난(亂)이 끝남. 10월 토번 침입, 장안이 또다시 함락. 곽자의, 이를 수복.
광덕 2	764			53	엄무가 성도윤으로 촉에 왔음을 알고 성도로 돌아옴. 엄무의 주천으로 검교공부원외랑(檢校工部員外郎)이 됨. 《절구(絶句)》 2수.	2월 엄무, 촉에 옴. 엄무, 티베을 쳐 물리침.
영태 1	765			54	막부(幕府)를 사임하고 초당으로 돌아옴. 5월, 가족과 함께 양자강을 하강, 9월 운안(雲安)에 이르자 병으로 이곳에 우거함. 《여야서회(旅夜書懷)》, 《우묘(禹廟)》.	고적 죽음. 엄무 죽음.

대력 1	766	55	기주(夔州)로 이거, 산중 객당(山中客堂)에 있다가 가을에 서각(西閣)으로 옮김. 여름에 기주도독 배무림(柏茂琳)이 주선으로 동둔 공전(東屯公田) 관리자가 됨. 이해에 괘병과 당뇨병이 도진 데다가 가을 들면서 학질을 앓아 이듬해 봄가지 끎. 극도로 쇠약하여 술도 못 마시게 됨. 〈밤[夜]〉, 〈추흥(秋興)〉 8수, 〈해민(解悶)〉 12수, 〈고안(孤雁)〉, 〈만성(漫成)〉, 〈구일오수(九日五首)〉.
대력 2	767	56	여름 들면서 학질도 낫고, 지병도 한결 좋아져 이해 중양절에는 다시 술을 마시기 시작함. 아우 관(觀)이 장안에 있다가 형을 찾아옴. 가향을 결심함. 왼쪽 귀가 어두워짐. 〈등고(登高)〉, 〈주야오수(秋野五首)〉.

연대	시기	연령	이백	두보	기타 사항
대력 3	768	57		기주(夔州)를 떠나 삼협을 가쳐 3월에 강릉 도착. 중제인 두위(杜位)의 집에 머뭄. 가을 공안현(公安縣)에 이거. 세모(歲暮)에 악주(岳州)로 옮김. 〈세안행(歲晏行)〉, 〈등악양루(登岳陽樓)〉.	한유(韓愈) 출생.
대력 4	769	58		1월 악주에서 동정호를 가쳐 상수(湘水)를 거슬러, 3월 담주(潭州)에 이름. 다시 남하하여 형주(衡州)에 갔다가 여름에 다시 담주로 돌아와 머뭄. 〈강한(江漢)〉.	
대력 5	770	59		담주에서 이귀년(李龜年)을 만남. 4월에 형주로 감. 가을에 다시 담주로 돌아와 머뭄. 양양 낙양을 가쳐 장안으로 돌아오려다가 가을 담주와 악주간의 배 안에서 죽음. 〈강남봉이귀년(江南逢李龜年)〉.	

찾아보기

李白篇

九日龍山飮　107
金陵酒肆留別　155
寄東魯二稚子　174
魯郡東石門送杜二甫　152
對酒　206
待酒不至(抄)　74
對酒憶賀監　189
獨坐敬亭山　101
登金陵鳳凰臺　142
望廬山瀑布　136
望天門山　134
聞王昌齡左遷龍標尉遙有此寄　198
訪戴天山道士不遇　124
白雲歌送劉十六歸山　161
沙丘城下寄杜甫　196
山中與幽人對酌　112
山中問答　104
三五七言　67
宣城見杜鵑花　184
送友人　158
尋雍尊師隱居　128
峨眉山月歌　35
楊叛兒　64
襄陽歌　213
與史郞中欽聽黃鶴樓上吹笛　181
烏夜啼　54
玉階怨　47
月下獨酌(一)　84

月下獨酌(二)　87
月下獨酌(三)　89
月下獨酌(四)　93
自遣　71
子夜吳歌(秋)　49
子夜吳歌(冬)　52
將進酒　219
靜夜思　167
早發白帝城　136
贈內　178
贈孟浩然　189
淸平調詞(一)　38
淸平調詞(二)　41
淸平調詞(三)　44
秋浦歌(一)　233
秋浦歌(十)　236
秋浦歌(十五)　238
秋下荊門　131
春思　61
春夜洛城聞笛　170
春怨　57
春日醉起言志　116
把酒問月　96
下終南山過斛斯山人宿置酒　78
行路難　229
黃鶴樓送孟浩然之廣陵　149
戲贈杜甫　109

杜甫篇

江亭 294
羌村(一) 418
羌村(二) 422
羌村(三) 426
江村 286
客夜 386
客至 297
乾元中寓居同谷縣作歌(一) 493
乾元中寓居同谷縣作歌(五) 497
孤雁 362
曲江(一) 443
九日五首(一) 400
潼關吏 325
登高 365
登岳陽樓 412
漫成 二首中(一) 305
漫興 九首中(一) 273
漫興 九首中(二) 275
漫興 九首中(四) 278
漫興 九首中(五) 281
漫興 九首中(九) 283
望嶽 270
茅屋爲秋風所破歌 459

夢李白 268
無家別 349
聞官軍收河南河北 389
兵車行 311
北征 478
貧交行 431
石壕吏 329
垂老別 342
新安吏 318
新婚別 335
哀江頭 452
夜 397
旅夜書懷 302
玉華宮 435
月夜 253
自京赴奉先縣詠懷五百字 468
贈衛八處士 257
蜀相 439
秋興(一) 403
秋興(四) 408
春望 447
春夜喜雨 290
恨別 358